MEDIKAMENTEN FÜHRER

Jutta Wellmann/Dr. med. Christiane Lentz

MEDIKAMENTEN FÜHRER

Alle wichtigen Arzneimittel, sanfte Medizin, Naturheilstoffe und bewährte Hausmittel

Cormoran

Inhalt

Zeichenerklärung: Steht in der Medikamentenliste hinter dem Produktnamen das Zeichen *Rp*, so ist das entsprechende Medikament nur auf ärztliche Verschreibung erhältlich.

Was dieses Buch für Sie tun kann

Welcher Typ sind Sie?

Zu welchem Medikamententyp gehören Sie, Hand aufs Herz? Zu jenen, die jede Pille verweigern, auch wenn Sie bereits schwerkrank darnieder liegen? Und die auch im Zweifel ärztlich verordnete Medikamente lieber gar nicht nehmen? Oder gehören Sie zu jenen sorglosen Medikamentenkonsumenten, die schon beim leisesten Wehwehchen lieber eine Pille zuviel nehmen? Und die mit Begeisterung Aufbaupräparate, Vitaminpillen, Enzyme, Stutenmilch, Gelee Royale und andere Segnungen der Pharmaindustrie kaufen?

Weder Hasenfuß noch Hypochonder: Dieses Buch möchte Ihnen helfen, den richtigen, verantwortungsbewußten Umgang mit Medikamenten zu finden. Angst entsteht aus Unkenntnis – wir geben Ihnen alle notwendigen Informationen.

Weder Hasenfuß noch Hypochonder

In Sachen Arzneimittel sind die beiden geschilderten Typen die weitaus häufigsten. Eher selten kommt der Patient vor, der einen normalen Umgang mit Medikamenten pflegt. Das sind jene Menschen, die weder panische Furcht vor Arzneimitteln haben noch bei jeder Kleinigkeit bedenkenlos zum Medikament greifen. Sie wägen Nutzen und Risiken eines Arzneimittels sorgfältig ab und halten sich im Zweifelsfall an die Ratschläge des Arztes oder Apothekers.

Abbau von Ängsten

Dieses Buch möchte Ihnen helfen, unbegründete Ängste vor unbekannten Medikamenten abzubauen. Das Buch will für Sie eine wichtige Entscheidungshilfe sein, wenn Sie selbstverantwortlich in der Apotheke Arzneimittel kaufen. Wir helfen Ihnen, sich im Krankheitsfall richtig zu entscheiden zwischen den sogenannten chemischen (allopathischen), pflanzlichen und homöopathischen Arzneimitteln. Schließlich finden Sie in diesem Medikamentenführer wichtige Informationen über die einzelnen Wirkstoffe der Medikamente und ihre verschiedenen Darreichungsformen. Tips für die sachgerechte Lagerung und über die Haltbarkeit von Medikamenten sowie die richtige Einnahmezeit der verschiedenen Arzneimittel ergänzen Ihr neues Wissen.

Eigenverantwortung macht selbstbewußt

Nicht immer jedoch ist der Griff zur Pille die alleinseligmachende Maßnahme. Deshalb gibt Ihnen dieses Buch auch Ratschläge, wie Sie mit diätetischen, physikalischen und anderen Behandlungsmethoden Ihr Leiden lindern können.

Ihre persönliche Schwachstelle

Sicherlich kennen Sie den Vorgang: Immer wenn es hart hergeht – Streß im Job, Ärger zu Hause –, Schlaf und Ernährung mal wieder viel zu kurz gekommen sind, dann stellen sich regelmäßig bestimmte körperliche Symptome ein: Bei manchen sind es Kopfschmerzen, bei anderen ist es der Magen, wieder andere reagieren mit dem Rücken oder den Bronchien. Jeder Körper besitzt seine ganz persönliche Schwachstelle. Und Ihre Aufgabe ist es, diesen »wunden Punkt« möglichst schnell herauszufinden.

Finden Sie Ihren persönlichen Schwachpunkt! Haben Sie den »wunden Punkt« Ihres Körpers gefunden, dann verhilft Ihnen dieser Ratgeber zur richtigen Therapie und Lebensweise.

- Notieren Sie sich Ihre Beschwerden: Wann tritt was auf?
- Beachten Sie dabei Belastungen, Ärger, Angst und alles, was den Rahmen Ihres gewohnten Lebens sprengt.
- Verschwinden die Beschwerden nach dem Wegfall der Extrabelastung wieder?
- Informieren Sie sich, welche Krankheiten in Ihrer Familie besonders häufig vorkommen oder in früheren Generationen auftraten.

Haben Sie Ihren persönlichen Schwachpunkt entdeckt, dann kann Ihnen dieses Buch helfen, gesünder zu leben oder mit der Krankheit zu leben oder zumindest Entscheidungen zu treffen. Daß diese Entscheidungen in jedem Fall die richtigen sind – dabei möchte Ihnen dieses Buch helfen.

Jutta Wellmann

Keine Angst vor bitteren Pillen

Keine Wirkung ohne Nebenwirkung

Die Furcht vor Medikamenten hat sicher mit dem noch heute uneingeschränkt gültigen Satz zu tun: »Keine Wirkung ohne Nebenwirkung.« Daraus resultiert die weitverbreitete Flucht vieler Verbraucher zum sogenannten Natur- oder Pflanzenheilmittel. Was viele dabei nicht berücksichtigen: Auch Heilpflanzen haben Nebenwirkungen, manche sogar ganz erhebliche – in Überdosis wirken einzelne Heilpflanzen sogar tödlich. Auf das richtige Maß kommt's dabei an.

Auch völlig natürliche Medikamente enthalten heute eine Portion Chemie. Denn ganz ohne Chemie geht in der Pharmaindustrie gar nichts mehr. Oft werden pflanzliche Wirkstoffe synthetisch nachgebaut.

Ohne Chemie geht heute nichts mehr

Chemische Medikamente oder jene der Schulmedizin werden oft wegen ihrer möglichen Nebenwirkungen in Bausch und Bogen verteufelt. Dies ist so nicht korrekt.

Tatsächlich enthalten auch die völlig natürlichen Medikamente eine Portion Chemie. Denn ganz ohne Chemie geht in der pharmazeutischen Industrie auch auf dem Pflanzensektor heute gar nichts mehr. Bei den pflanzlichen Arzneimitteln werden beispielsweise in der Regel die Wirkstoffe der Pflanzen chemisch isoliert oder gar synthetisch nachgebaut.

Hauptziele der Pharmaforschung

Ob Chemie oder Pflanze: Eines der Hauptziele der modernen Pharmaforschung ist, die Nebenwirkungen von Medikamenten gering und kontrollierbar zu halten. Ferner wird bei der Entwicklung eines Medikaments oder eines neuen Wirkstoffs sorgfältig geprüft, welche Wirkungen bei welcher Dosierung eintreten, wann Schädigungen zu befürchten sind, wie und in welcher Zeit die Substanz im Körper wirkt und abgebaut wird, ob und welche Spätfolgen oder Wechselwirkungen mit anderen Arzneien zu befürchten sind.

Forschung kostet viel Geld

Vor diesem Hintergrund kann es dann tatsächlich bis zu 13 Jahre dauern, bis ein neues Medikament endlich auf den Markt kommt. Zu diesem Zeitpunkt hat seine Entwicklung durchschnittlich 250 Millionen D-Mark gekostet.

Diese Kosten sowie der Umstand, daß die Bundesrepublik Deutschland international auf dem dritten Platz der pharmazeutischen Forschung liegt, garantieren den bundesdeutschen Verbrauchern, daß ihnen auf dem deutschen Markt Arzneimittel von relativ hoher Wirksamkeit zur Verfügung stehen.

Merke!
Nebenwirkungen oder nicht vorhersehbare Spätfolgen eines Medikaments sind leider gar nicht so selten auf krasse Einnahmefehler der Patienten zurückzuführen!

Die Katastrophe mit Contergan

Uns allen ist sicher die Contergankatastrophe noch gut in Erinnerung. So schrecklich die Folgen für die Betroffenen auch waren, müssen wir uns angesichts der Entwicklung der pharmazeutischen Forschung in Deutschland doch vor Augen halten, daß solche unvorhersehbaren dramatischen Folgen eines Arzneimittels wirklich die Ausnahme sind.

Nie mit Kanonen auf Spatzen schießen

Wer bei Medikamenten nach der Devise »Viel hilft viel!« verfährt, hat schon einen entscheidenden Fehler gemacht.

Es ist übertrieben, schon leichte Kopfschmerzen mit schwersten Schmerzmitteln zu bekämpfen. Vielmehr empfiehlt es sich grundsätzlich, leichtere Beschwerden zunächst mit einfachen und risikolosen Hausmitteln zu bekämpfen. Bei Kopfweh etwa mit einem Eisbeutel oder einem langen Spaziergang an der frischen Luft. Und Omas Wärmflasche hilft auch heute noch bei vielen Beschwerden genauso gut wie eine Pille.

Bei Kopfschmerzen braucht es nicht immer Tabletten: Oft hilft ein Eisbeutel oder ein langer Spaziergang an der frischen Luft.

Fünf Grundregeln zur Selbstbehandlung

- **Regel 1:** Greifen Sie nicht unüberlegt zum Medikament! Gerade bei kleineren Beschwerden geben Sie Ihrem Organismus lieber eine Chance, sich selbst zu helfen. Meistens schafft er das mit seinen eigenen Mitteln. Andernfalls sind zunächst einfache und wirksame Hausmittel zu empfehlen.
- **Regel 2:** Mit rechtzeitiger Selbstbehandlung kann bei leichteren Erkrankungen durchaus Schlimmeres verhütet werden. Erfolgt die Selbstbehandlung jedoch über einen längeren Zeitraum, können auch ernstzunehmende Symptome kaschiert werden. Medikamente auf eigene Faust niemals länger als höchstens 14 Tage nehmen. Bleiben die Beschwerden, sollten Sie doch zum Arzt gehen.
- **Regel 3:** Auf Wirkstoffe eines Arzneimittels reagiert jeder Patient anders. Treten bei Ihnen unerwünschte Nebenwirkungen auf, setzen Sie das selbstverordnete Medikament besser ab und ziehen Ihren Arzt oder Apotheker zu Rate.
- **Regel 4:** Erkundigen Sie sich schon beim Kauf des Arzneimittels bei Ihrem Apotheker, ob das Medikament eventuell Wechselwirkungen mit anderen Arzneimitteln hat, ob es sich mit Ihrem abendlichen Bierchen verträgt und ob es Ihre Reaktionsfähigkeit und Ihr Konzentrationsvermögen (Straßenverkehr, Arbeitsplatz!) beeinträchtigt.
- **Regel 5:** Den Beipackzettel sollten Sie stets aufmerksam lesen – auch wenn es sich um Medikamente handelt, die Sie seit Jahren kennen. Es kann sich im Beipackzettel durchaus einmal etwas ändern, was für Ihre Gesundheit von entscheidender Bedeutung ist.

Der Arzt versucht, Ihnen bei Ihrer Krankheit zu helfen. Vertrauen Sie ihm, denn er ist nicht Ihr Feind. Besprechen Sie Ihre Einwände mit ihm als Partner.

Ihr Arzt ist nicht Ihr Feind

Anders verhält es sich mit ärztlich verordneten Medikamenten. Sie sollten grundsätzlich in der vom Arzt vorgeschriebenen Dosierung zur empfohlenen Tageszeit genommen werden. Ärztlich verordnete Mittel eigenmächtig abzusetzen ist nicht ratsam. Wenn Sie also bei einem Medikament Bedenken haben, sprechen Sie mit Ihrem Arzt!

Der Horror auf dem Beipackzettel

Viele Patienten nehmen die vom Arzt verschriebenen Medikamente deshalb nicht, weil sie zu Hause den Beipackzettel dieser Arzneimittel gelesen haben. Besonders bei stärker wirksamen Medikamenten kann das, was man dann liest, wirklich erschreckend sein.
Bedenken Sie jedoch eines: Der Gesetzgeber verpflichtet den Arzneimittelhersteller dazu, jede einzelne Nebenwirkung – und sei sie auch noch so unwahrscheinlich oder selten – pflichtgetreu im Beipackzettel aufzuführen. Es ist also in den allermeisten Fällen mehr als unwahrscheinlich, daß Sie persönlich mit dieser Nebenwirkung rechnen müssen. Und in Zweifelsfällen fragen Sie wirklich Ihren Arzt oder Apotheker!

Merke!
Ärztlich verordnete Medikamente müssen immer in der vorgeschriebenen Dosis zur empfohlenen Tageszeit und so lange wie vom Arzt vorgegeben eingenommen werden!

Mein Körper gehört mir

Richtig! Deshalb sollten wir auch die große Chance erkennen, die in der Gesundheitsreform steckt: Mehr Eigenverantwortung für die Gesundheit!
Wenn sich bei Ihnen in bestimmten Lebenssituationen (Streß, Ärger, außergewöhnliche Belastungen) immer wieder die gleichen Beschwerden einstellen, ist es sicherlich langfristig wenig ratsam, jedesmal wieder zur Tablette zu greifen. Vielmehr sollten Sie dann vernünftiger leben, um den Symptomen vorzubeugen. In diesem Medikamentenführer finden Sie ausführliche Ratschläge für Bewegungstraining, gesunde Ernährung, Streßabbau und eine ausgeglichene Lebensweise. Beim einen blockiert der Magen in Krisenzeiten, ein anderer reagiert auf Belastungen stets mit einer Erkältung, und besonders Frauen leiden häufig unter Kopfschmerzen. Finden Sie Ihre persönliche Schwachstelle heraus!

Mehr Eigenverantwortung! Je mehr Verantwortung Sie für Ihren Körper und Ihre Lebensweise übernehmen, um so besser können Sie in Krisenzeiten auf Erkrankungen des Organismus reagieren.

Arzneimittelkauf

Medikamente kauft man nicht wie einen Staubsauger oder eine neue Bluse. Anders als beim Kauf von Komsumgütern gelten beim Arzneimittelkauf folgende gängigen Kriterien nicht:

- Immer das Preiswerteste nutzen!
- Sonderangebote auf Vorrat kaufen!
- Die beste Werbung zeigt das beste Produkt!
- Ich kaufe das, was auch meinen Freunden geholfen hat!

Medikamente wirken ganz individuell

Bei Medikamenten muß immer eine individuelle Entscheidung getroffen werden. Natürlich kann im Einzelfall auch einmal das preiswertere Medikament für Sie persönlich gerade das richtige sein. Auch kann durchaus das Medikament, das Ihrer Nachbarin geholfen hat, in Ihrem Fall empfehlenswert sein. Kann, wie gesagt, aber das muß nicht sein.

Ihr Apotheker ist Experte! Er kennt die Medikamente, ihre Wirkungen und Nebenwirkungen. Nutzen Sie das Wissen dieses Experten, und holen Sie sich seinen Rat!

Krankheitssymptome sind individuell verschieden – und genauso unterschiedlich sind die Medikamente, die Sie zur Behandlung benötigen. Zudem reagiert jeder Körper anders auf die Wirkstoffe in den verschiedenen Arzneimitteln; zu berücksichtigen sind im Einzelfall auch andere Medikamente, die der Patient zusätzlich nehmen muß, Faktoren wie Gewicht, Alter, Ernährung, Lebensumstände und schließlich noch etwaige denkbare allergische Reaktionen.

Lieber gleich in die Apotheke

Sie sehen schon jetzt, daß es bei der Entscheidung für das richtige Medikament – und dies gilt ganz besonders für freiverkäufliche Arzneimittel! – viele Faktoren zu berücksichtigen gilt. Dies sind Entscheidungen, mit denen im Einzelfall der Verbraucher überfordert sein kann. Deshalb gibt es Experten, und die finden Sie in Ihrer Apotheke. Scheuen Sie sich bitte nicht, Ihren Apotheker bei Ihren Problemen und Fragen zu Rate zu ziehen!

Alle Faktoren, die es beim Kauf eines Medikaments zu berücksichtigen gilt, sowie alle Fragen, die Sie persönlich zu dem Arzneimittel haben, kann Ihr Apotheker kompetent klären. Dafür hat er ein langes Studium absolviert. Die richtige Darreichungsform, die optimale Dosierung, etwaige Wechsel- oder Nebenwirkungen, Unverträglichkeiten und preiswerte Alternativen – auf all diese Fragen bekommen Sie in der Apotheke eine Antwort.
Auch wenn Sie zu einem Medikament, das Ihnen der Arzt verschrieben hat, noch eine Frage haben, kann Ihnen der Apotheker hier weiterhelfen.

Pillen, Tropfen, Salben, Tee – oder was?!

Vielleicht kennen Sie auch den folgenden Dialog.
Eine Frau kommt in die Apotheke. Sie sagt: »Guten Tag, ich hätte gern ein Johanniskrautpräparat gegen Depressionen.«
Der Apotheker: »Gern, möchten Sie Tropfen, Dragees, Tee oder einen Pflanzensaft?«
Die Frau schaut verwirrt und sagt schließlich nach längerer Pause: »Tja, was würden Sie denn empfehlen?«

Arzneimittel gibt es in zahlreichen verschiedenen Darreichungsformen: Welche Form Sie wählen sollten, hängt von der gewünschten Wirkung, von Ihrer persönlichen Situation und Vorliebe ab. Fragen Sie auch hier Ihren Apotheker um Rat!

Die Qual der Wahl

Arzneimittel gibt es in vielen verschiedenen Darreichungsformen. In welcher sie schließlich in die Hand des Patienten gelangen, hängt keineswegs davon ab, welche Darreichung dem Patienten am angenehmsten wäre. Ausschlaggebend für die Verpackung der Arzneimittelwirkstoffe sind zahlreiche andere Kriterien.

- **Die biologische Verfügbarkeit**
  Hinter diesem Schlagwort versteckt sich das Bestreben der Arzneimittelhersteller, die einzelnen Wirkstoffe dem Körper so zu verabreichen, daß dieser sie annimmt und die Stoffe ihre gewünschte Wirkung voll entfalten können. Käme ein Arzneimittelwirkstoff in der falschen Verpackung daher, könnte es theoretisch passieren, daß er von der Leber

wieder abgebaut wird, bevor er überhaupt irgendeine Wirkung entfaltet hat. Welche Darreichungsform jeweils die richtige ist, hängt entscheidend von der Beschaffenheit und den chemischen Eigenheiten der Wirkstoffe ab.

- **Wirkungseintritt und Wirkungsdauer**
  Auch das hat mit der Verpackung zu tun. Manche Darreichungsformen garantieren einen raschen Wirkungseintritt (was bei starken Schmerzen oder im Notfall wünschenswert ist), andere wiederum geben die Wirkstoffe nur langsam ab und haben daher ein Langzeitwirkspektrum.
- **Vermeidung von Nebenwirkungen**
  Bei Patienten mit empfindlichem Magen oder Darm sowie bei Leberkranken kann es beispielsweise ratsam sein, diese Organe bei der Verabreichung von Medikamenten zu umgehen. Auch dies läßt sich weitgehend über die Darreichungsform steuern.
- **Anwendungsfehler vermeiden**
  Ist die Handhabung eines Arzneimittels zu kompliziert, kann dieses seine Wirkung schon deswegen völlig verfehlen. Ärzte beklagen dies immer wieder im Zusammenhang mit Bronchial- und Asthmasprays sowie Injektionen, die Patienten sich selbst verabreichen sollen.

Verschiedene Darreichungsformen

Badezusätze

Ein Bad ist wohltuend für Körper und Seele: Es wirkt über Haut und Atmung, wärmt und entspannt. Badezusätze können so sanft in den Körper eindringen.

Mit dem Wannenbad als Arzneimittel erzielen Sie gleich einen dreifachen Effekt:

- Die klassische Wohltat des warmen Wassers
- Die Aufnahme der Wirkstoffe durch die Haut ins Blut
- Und zum dritten – vorwiegend bei Wirkstoffen gegen Erkältungskrankheiten – noch eine Aromatherapie über die Atemwege.

Die Wirkung im Organismus tritt nach etwa einer halben Stunde ein, weshalb Sie nach dem Bad auch etwas ruhen sollten. Die Belastung des Magen- und Darmtrakts entfällt, auch die Leber wird weit geringer beansprucht.

Cremes, Salben, Gels, Lotionen, Öle

Was lokal auf die Haut aufgetragen wird, wirkt auch nur an dieser Stelle bzw. über diesen Weg. Auch hier wird die Belastung von Magen, Darm und Leber vermieden. Diese Anwendungsform bietet sich natürlich in erster Linie bei Hauterkrankungen an, aber auch bei Schmerzzuständen an Muskeln und Gelenken, bei Rücken- und Kopfschmerzen sowie Erkältungen (hier werden geringe Mengen der ätherischen Öle in Salben sogar über die Atemwege aufgenommen).

Injektionen wirken sofort und können deshalb lebensrettend sein. Unter normalen Umständen dürfte aber die Injektion nicht die geeignete Form der Selbsttherapie sein, außer z. B. das Insulinspritzen des Diabetikers. Sie gehört in die Hände eines erfahrenen Mediziners.

Dragees

Hier werden die Wirkstoffe (beispielsweise gepreßte Heildrogen) in einer bunten Zuckerhülle verpackt. Die Wirkung tritt erst nach Auflösung im Magen ein, etwa eine halbe bis ganze Stunde nach der Einnahme. Für die Akuttherapie sind Dragees weniger geeignet!

Filmtabletten

Filmtabletten sind inzwischen neben Kapseln eine der beliebtesten Wirkstoffverpackungen überhaupt. Die Vorteile: Die Wirkstoffe werden vom Körper schneller und besser aufgenommen. Filmtabletten haben einen zuckerfreien Lacküberzug. Sie sind weniger geeignet, wenn von einem Wirkstoff im Einzelfall größere Mengen benötigt werden, denn in eine Filmtablette paßt nicht viel hinein. Dann müßte der Patient unter Umständen mehrmals täglich viele Tabletten schlucken.

Injektionen

Die Möglichkeit, pharmazeutische Wirkstoffe zu injizieren, ist vor allem aus der Notfallmedizin und in der akuten Schmerztherapie nicht mehr wegzudenken. Intravenöse Injektionen (unmittelbar ins Blut) sind die schnellste Möglichkeit, einen Wirkstoff direkt und ohne Umweg an sein Ziel zu bringen. Dies kann im Ernstfall lebensrettend sein. Intramuskuläre Injektionen können hingegen gerade dann sinnvoll sein, wenn ein verzögerter Wirkungseintritt bzw. eine Depotwirkung beabsichtigt ist. Überdies haben sie den Vorteil, den Magen- und

Darmtrakt zu umgehen und die Leber geringer zu belasten. Dies kann auch dann sinnvoll sein, wenn es sich um Wirkstoffe handelt, die sonst von der Leber zu schnell wieder abgebaut würden.

Kapseln

Diese Form, Arzneiwirkstoffe zu verpacken, mausert sich mittlerweile zum Liebling der Pharmaindustrie. Denn in die mit Hart- oder Weichgelatine überzogenen ovalen Kapseln läßt sich nahezu alles in jeder beliebigen Kombination verpacken: Pulver, Granulate, Pellets, Flüssigkeiten, Öle. Ja, sogar Mikrotabletten lassen sich in diesen schlanken Transportbehältern verstecken.
Ihre Wirkung ist der von Filmtabletten oder Dragees durchaus vergleichbar, allerdings ist ihre Verfügbarkeitfür den Körper höher und zuverlässiger.
Vorteil für den Patienten: Kapseln sind leicht zu schlucken!

Die Kapseln sind der Liebling der Pharmaindustrie, denn in diese bunten Hüllen läßt sich praktisch alles verpacken. Auch der Patient ist zufrieden: Kapseln sind angenehm zu schlucken!

Pflanzensäfte

Sie sind vorwiegend in Drogerien und Supermärkten erhältlich. Pflanzensäfte werden aus der frischen Heilpflanze gepreßt. Sie enthalten keine Konservierungsmittel, keinen Alkohol, sind also ein sehr naturnahes Produkt. Diese Darreichungsform stellt dem Körper erstaunlich hohe Mengen der jeweiligen Wirkstoffe zur Verfügung.
Nachteil: Begrenzte Haltbarkeit.

Pflaster und transdermale Systeme

Hier werden die Wirkstoffe über einen Zeitraum von bis zu sieben Tagen kontinuierlich durch die Haut an den Organismus abgegeben. Neben der gleichmäßigen und lang anhaltenden Wirkstoffabgabe hat diese Methode noch den Vorteil, daß die Dosis des benötigten Wirkstoffs (z. B. beim Hormonpflaster) geringer gehalten werden kann als bei einer vergleichbaren oralen Therapie. Außerdem kann diese Behandlung rasch durch einfaches Abziehen des Pflasters beendet werden, wenn dies nötig sein sollte.

Sirup

Die mit Honig und Zucker schmackhaft konservierten Säfte, häufig verwendet bei Hustensäften, sind besonders bei Kindern sehr beliebt. Ihre Wirkung ist anderen flüssigen Darreichungsformen durchaus vergleichbar. Besonders hilfreich kann ein Sirup auch dann sein, wenn beispielsweise ein Husten mit einer schmerzhaften Halsentzündung und üblen Schluckbeschwerden einhergeht.

Nicht geeignet ist Sirup wegen des hohen Honig- und Zuckeranteils für Diabetiker!

Tabletten ohne Überzug

Sie könnten problematisch werden für Patienten, die ohnehin nicht gerne Pillen schlucken. Denn diese Tabletten rutschen etwas schlechter als andere. Dafür werden sie schnell im Magen aufgelöst, garantieren also rasche Wirkung. Für Magenempfindliche gibt es auch magensaftunempfindliche Varianten!

Tees

Tees werden in der Regel aus getrockneten und feingeschnittenen Heilpflanzen gewonnen. Die Kombination der Heilpflanzen mit der warmen Flüssigkeit garantiert einerseits hohe Magenverträglichkeit und andererseits einen raschen Wirkungseintritt.

Tees sind lecker und gesund: Die Wirkstoffe der kleingeschnittenen Heilpflanzen gelangen im warmen Wasser schnell in den Kreislauf. Teetrinken entspannt und fördert die gemütliche Atmosphäre.

Tropfen

Tropfen wirken wie Pflanzensaft oder Tee. Vor allem Auszüge aus Heildrogen werden wegen der Haltbarkeit in einer wäßrig-alkoholischen Lösung konserviert, was gelegentlich wegen des hohen Alkoholgehalts und der niedrigeren Wirkstoffmenge kritisiert wird.

Zäpfchen

Auch wenn deren Anwendung nicht jedermanns Sache ist, haben sie zwei unbestreitbare Vorteile: Sie belasten den Magen nicht, und ihre Wirkstoffe werden durch den Darm rasch aufgenommen.

Natur statt Chemie?

Der Trend »Zurück zur Natur« hält sich gerade bei Heilmitteln besonders hartnäckig. Dies beruht vor allem auf drei Vorurteilen, die im folgenden zurechtgerückt werden sollen:

- Es ist ein Irrglaube, daß alles, wo »Natur« draufsteht, auch pure Natur enthält.
- Es herrscht eine irrationale Angst vor den unbekannten Wirkstoffen aus dem Chemielabor.
- Viele Menschen geben sich der trügerischen Hoffnung hin, daß Arzneimittel mit dem Stempel »Natur« grundsätzlich frei von Nebenwirkungen seien.

Ein verantwortungsbewußter Umgang mit Medikamenten sollte vom krassen »Entweder Natur oder Chemie« zum vernünftig abgewogenen »Sowohl Natur als auch Chemie« voranschreiten. Denn Sicherheit und Gesundheit des Verbrauchers sind Errungenschaften der pharmazeutischen Industrie.

Ein falsches Entweder-Oder

Es ist falsch, bei der Auswahl eines Arzneimittels das Kriterium »Natur oder Chemie« zugrunde zu legen. Denn von wenigen Ausnahmen abgesehen, wie etwa Pflanzensäften aus frischgepreßten Heilpflanzen und Tees aus getrockneten Kräutern, ist alles, was unter der Bezeichnung »Heil- oder Arzneimittel« läuft, heute ein Produkt der Chemie.

Auch wenn dies im ersten Moment für manche Naturheilfreunde enttäuschend klingt: Dies ist keineswegs auf Rationalisierungs- oder Kosteninteressen der pharmazeutischen Industrie zurückzuführen, sondern tatsächlich eine Errungenschaft der modernen Pharmazie im Interesse der Gesundheit und Sicherheit des Verbrauchers.

Merke!
Wir sollten Naturheilmittel und chemische Arzneimittel nicht länger als Konkurrenzprodukte betrachten, sondern ihre sinnvolle Ergänzung suchen! Anstelle des Entweder-Oder bei Natur und Chemie sollten wir einen vernünftigen Sowohl-Als-auch-Umgang mit beidem suchen.

Die Kunst der natürlichen Medizin

Im wesentlichen gibt es drei Möglichkeiten, die Wirkstoffe eines modernen Arzneimittels, und zwar auch eines Naturarzneimittels, zu gewinnen.

- Man isoliert die benötigten Wirkstoffe aus den entsprechenden Naturstoffen (z. B. Pflanzen, Mineralien, Meerestiere u. a.) und reinigt diese anschließend.
- Substanzen, die früher aus natürlichen Stoffen gewonnen wurden, werden im Labor aus anderen Grundstoffen künstlich nachgebaut.
- Durch modernste chemische und biologische Verfahren werden neue, abgewandelte Stoffe entwickelt, die in dieser Form in der Natur bisher nicht vorkamen.

Hilfe aus dem Labor

Anhänger der Naturheilkunde sollten wissen, daß es einige gute Gründe dafür gibt, daß heute natürliche Wirkstoffe überwiegend im Labor künstlich nachgebaut werden.

Das Labor hilft der Natur bei vielem: Natürliche Wirkstoffe werden beispielsweise künstlich nachgebaut, denn zahlreiche Heilpflanzen gibt es nicht in ausreichender Menge.

- Zum einen sind einige Heilpflanzen in der weltweit benötigten Menge gar nicht mehr zu bekommen.
- Zum anderen entspricht es dem Wesen der Natur, daß der Gehalt der jeweiligen Substanz in der einzelnen Pflanze stark schwankt, die genaue Dosierung für den Patienten also sehr schwer zu bestimmen ist.
- Zu guter Letzt werden einige Wirkstoffe in ihrer natürlichen Form vom Körper nur sehr schlecht resorbiert, während die entsprechend modifizierte chemische Variante gut aufgenommen wird.

Die Natur ist nicht harmlos

Daß Naturheilmittel keine Nebenwirkungen haben, ist leider auch nicht mehr als ein frommer Wunsch. Von allergischen Reaktionen über Magen- und Darmstörungen bis hin zu tödlichen Vergiftungen ist alles möglich.

Genau wie bei allen anderen Arzneimitteln wird es auch bei Naturheilmitteln gefährlich, wenn sie unsachgemäß eingesetzt werden oder die Dosierung falsch gewählt ist.

Merke!
Auch Naturheilmittel kommen heute aus dem chemischen Labor. Dies ist ein wichtiger Schritt hin zu mehr Gesundheit und Sicherheit der Patienten.

Dieser Medikamentenführer nennt Ihnen zu jedem Krankheitsbild die wichtigsten Arzneimittel der drei großen Therapierichtungen

- Allopathie (die sogenannte Schulmedizin)
- Naturheilkunde
- Homöopathie.

Im nachfolgenden erläutern wir Ihnen kurz die Unterschiede der einzelnen Behandlungsmöglichkeiten.

Die Allopathie (Schulmedizin)

Unter diesem Begriff fassen wir heute alle Medikamente zusammen, die einen oder mehrere Wirkstoffe enthalten, die nicht entweder rein pflanzlichen Ursprungs sind oder zumindest einen pflanzlichen Wirkstoff enthalten, der im Labor nachgebaut wurde.

Nahezu alle Medikamente der modernen Medizin gehören zur Gruppe der allopathischen Medikamente. So heißt wissenschaftlich die Schulmedizin. Wer möchte auf die oft lebensrettende Wirkung dieser Medizin verzichten?

Hierzu zählt heute der allergrößte Teil der verschreibungspflichtigen Medikamente, aber auch solche gängigen Klassiker wie Aspirin, Alka-Seltzer oder Togal. Nahezu alle schweren Geschosse der modernen Medizin – die eben auch meistens lebensrettend wirken – sind ausnahmslos Medikamente der Schulmedizin.
Die Grenzen zum Naturheilmittel sind jedoch manchmal sehr unscharf: Starke Medikamente wie etwa das Morphin gegen Schmerzen oder Digitalispräparate für das Herz basieren auch auf natürlichen Stoffen.

Phytopharmaka (Naturheilmittel)

Dies sind Arzneimittel, die einen oder mehrere Wirkstoffe aus der Natur enthalten – sei es in natürlicher Form (aus der Pflanze) oder synthetisch hergestellt, wie es oft bei Vitaminen der Fall ist.

Hauptanwendung der Naturheilmittel sind heute die sogenannten leichten Befindlichkeitsstörungen wie Kopfschmerzen, Erkältungen, Unwohlsein, Magen- und Verdauungsbeschwerden, Gliederschmerzen und Vergleichbares mehr.

Naturheilmittel unterliegen denselben strengen gesetzlichen Kontrollen wie alle anderen Arzneimittel auch.

Vorsicht bei importierten Naturheilmitteln!
Vorsicht ist geboten bei importierten Naturheilmitteln aus asiatischen Staaten.
Manchmal entpuppen sich diese bei näherem Hinsehen als reinste »Wundertüte«: Sie enthalten zahlreiche Stoffe, die nicht auf der Packung angegeben sind, und solche, die mit Naturheilkunde nichts mehr zu tun haben.
Vergleichen Sie bitte solche Importnaturheilmittel mit anderen Produkten, um sich ein klares Bild vom Inhalt zu machen. Oder fragen Sie Ihren Apotheker!

Auswahlkriterien

Bei der Auswahl eines Naturheilmittels sollten Sie auf folgende Kriterien achten:

- Beachten Sie die Liste der Inhaltsstoffe!
- Verzichten Sie auf Mittel mit zu vielen Inhaltsstoffen. Zehn oder noch mehr Wirkstoffe in einer Kapsel sind wirklich Unfug.
- Biologen empfehlen auch, auf Naturheilmittel zu verzichten, die sowohl rein pflanzliche als auch künstlich hergestellte in Kombination enthalten.
- Stellen Sie Preisüberlegungen etwas zurück! Das billigste Naturheilmittel ist vielleicht nicht das beste.
- Vergleichen Sie asiatische »Wundermittel« mit anderen Produkten, beispielsweise von europäischen Herstellern!
- Fragen Sie ruhig Ihren Apotheker, ob es sich beim Hersteller des Mittels um eine seriöse Firma handelt und was er von diesem Mittel hält.

Bitte lesen Sie die Beipackzettel der Naturheilmittel (Phytopharmaka), besonders wenn die Medikamente aus asiatischen Staaten stammen! Manchmal sind solche Naturheilmittel die reinsten »Wundertüten«.

Homöopathische Heilmittel

Grundpfeiler der Homöopathie ist das »Ähnlichkeitsprinzip«, das ihre Anhänger mit dem Satz »Gleiches mit Gleichem heilen« umschreiben. Das Prinzip besagt, daß Krankheiten mit denjenigen Wirkstoffen (Mineralien, Pflanzen) behandelt werden, die im Prinzip dieselbe Krankheit hervorrufen könnten. Welche Wirkung die jeweilige Arznei hat, ist nur eine Frage der Dosierung.

Testreihen bringen Aufschluß

Der Begründer der Homöopathie, Dr. Samuel Hahnemann (geboren am 10. 4. 1755 in Meißen, gestorben am 2. 7. 1843 in Paris; bedeutende Publikation »Organon der rationellen Heilkunde«, 1810), machte mit den verschiedenen Substanzen Versuche an gesunden Freiwilligen. Die auftretenden Symptome ordnete Hahnemann nach sogenannten Arzneibildern. Kranke Versuchspersonen behandelte er dann mit jener Arznei, die bei gesunden Probanden ähnliche Symptome hervorgerufen hatte.

Dr. Samuel Hahnemann gilt als Begründer der Homöopathie. Der zentrale Grundsatz seiner Lehre ist das Ähnlichkeitsprinzip, d. h., »Gleiches mit Gleichem zu heilen«.

Heilung durch Erkrankung

Hauptziel dieser Heilmethode war die Aktivierung der eigenen Widerstandskräfte zur Selbstheilung. Daher ist es auch durchaus ganz im Sinne des Erfinders, daß die jeweiligen Krankheitssymptome zu Anfang der Behandlung zunächst verschlimmert werden. Dies, so überzeugte Homöopathen, beschleunige die Ausleitung von Schad- und Giftstoffen aus dem Körper und bahne so den Weg zu einem rascheren Heilungsverlauf.

Das Geheimnis des Erfolgs liegt im wesentlichen in der richtigen Verdünnung (z. B. D1, D6, D10) des jeweiligen Wirkstoffs. Da hierbei Probleme auftreten können, ist Laien auch davon abzuraten, sich ohne Grundkenntnisse auf das Gebiet der Homöopathie zu wagen. Ziehen Sie lieber einen erfahrenen Apotheker, einen Heilpraktiker oder einen Arzt für Naturheilkunde zu Rate!

Rezept oder Cash?

Immer häufiger muß der Patient, der ein Medikament braucht, heute in der Apotheke in die eigene Tasche greifen. Ganze Arzneimittelgruppen sind im Zuge der Gesundheitsreform von der Verordnungsfähigkeit ausgeschlossen worden, z.B. jene gegen Erkältungskrankheiten. Bei anderen wird die ärztliche Verordnung nur noch im Ausnahmefall anerkannt. Und die als verschreibungspflichtig (d.h. rezeptpflichtig) deklarierten Medikamente bekommen Sie freilich nach wie vor nicht ohne ärztliches Rezept in der Apotheke. Dem stehen die apothekenpflichtigen und die freiverkäuflichen Medikamente gegenüber.

Rezept- oder apothekenpflichtig oder freiverkäuflich?

- Rezeptpflichtige Medikamente bekommen Sie nur auf Rezept in der Apotheke.
- Apothekenpflichtige Medikamente bekommen Sie ohne Rezept, aber ausschließlich in Apotheken.
- Freiverkäufliche Medikamente erhalten Sie jederzeit in beliebigen Läden ohne Rezept.

Achten Sie in jedem Fall auf die Angabe der Inhaltsstoffe und die Anwendungshinweise!

Rezept- oder apothekenpflichtig?

Hochwirksame Medikamente sind rezeptpflichtig, denn nur der ausgebildete Arzt weiß über Einnahmedosis und -dauer Bescheid. Apothekenpflichtige Arzneimittel bekommen Sie zwar ohne Rezept, jedoch ausschließlich in Ihrer Apotheke. Freiverkäufliche Medikamente gibt's auch in Kaufhäusern, Drogerien, Reformhäusern und Supermärkten.

Bitte beachten Sie: Auch freiverkäufliche Arzneimittel, z. B. aus dem Supermarkt, sind nicht risikolos und ohne Nebenwirkungen!

Die weitverbreitete Annahme, daß Arzneimittel, die in jedem Supermarkt erhältlich sind, ohne Risiko und praktisch frei von Nebenwirkungen sind, ist nur bedingt richtig. Zwar bergen die starken, verschreibungspflichtigen Medikamente in der Regel die höchsten Risiken, jedoch auch mit den freiverkäuflichen können Sie unliebsame Überraschungen erleben, wenn Sie sie zu hoch dosieren oder mangels genauer Anleitung andere Einnahmefehler machen.

Unerwartete Nebenwirkungen

Der Gesetzgeber stellt hohe Anforderungen, wenn die Zulassung für ein neues Medikament beantragt wird. Zahlreiche Tests, Prüfungen und klinische Studien muß das Arzneimittel durchlaufen, bevor es das endgültige Okay von der obersten Kontrollinstanz bekommt. Diese Studien können sich über Jahre hinziehen. Ist das neue Medikament dann zugelassen, nimmt der Patient natürlich an, daß es damit als sicher eingestuft wurde.

Auch durch noch so viele Tests und Prüfungen können Nebenwirkungen von Medikamenten nicht völlig ausgeschlossen, sondern nur auf ein erträgliches Maß begrenzt werden. Ein Restrisiko bleibt immer bestehen.

Restrisiko

Nach der Zulassung zum Markt darf der Kunde im großen und ganzen mit Recht unterstellen, daß das Medikament nun sicher ist. Aber es gibt Ausnahmen. Ein gewisses Restrisiko kann auch bei den besten klinischen Tests und Prüfungen nicht ausgeschlossen werden. So kann es eben Jahre nach der Zulassung doch einmal vorkommen, daß bei einem Patienten plötzlich Nebenwirkungen auftreten, an die vorher niemand gedacht hatte.

Risikobegrenzung durch Beobachtung

Aufgrund internationalen Datenaustausches und wesentlich schärferer gesetzlicher Bestimmungen für neu zugelassene Medikamente besteht jedoch die sichere Gewißheit, daß solche bis dahin unbekannten Risiken sehr schnell erfaßt werden. Je nach Schwere der Risiken kann der Gesetzgeber dann verschieden reagieren: im schwersten Fall mit der Rücknahme des Medikaments vom Markt, in weniger schweren Fällen mit der Anbringung von Warnhinweisen oder mit der Einschränkung der Anwendungsgebiete für das Medikament.

Der Hersteller des Medikaments muß dem Bundesinstitut für Arzneimittel und Medizinprodukte zwei Jahre nach der Erstzulassung und danach alle fünf Jahre einen ausführlichen Bericht über die in diesem Zeitraum weltweit gesammelten Erfahrungen mit dem Medikament vorlegen.

Heilung kontra Gefährdung

Das Medikament ganz ohne Nebenwirkungen gibt es leider noch nicht. Lediglich eine hohe Sicherheit, daß die möglicherweise auftretenden Nebenwirkungen gering und beherrschbar sind, kann man voraussetzen.
Bei der Erstzulassung eines Medikaments hat das Kontrollorgan vor allem nach zwei Kriterien abzuwägen: dem Schweregrad der denkbaren Nebenwirkung und der Wahrscheinlichkeit ihres Auftretens.

Gute Karten hat der Hersteller, wenn sowohl der Schweregrad als auch die Wahrscheinlichkeit des Auftretens dieser Nebenwirkung recht gering sind. Sind jedoch beide Faktoren als hoch einzustufen, kann die Behörde dem Medikament die Zulassung verweigern. Oder das Medikament wird nur unter der Auflage entsprechender Warnhinweise zugelassen – nämlich dann, wenn der Nutzen des Medikaments erheblich höher einzustufen ist als die denkbaren Nebenwirkungen. Dies ist z. B. dann der Fall, wenn mit einem solchen Medikament trotz schwerer Nebenwirkungen das Leben eines Patienten gerettet werden kann.

Nebenwirkungen kontra Wechselwirkungen: Unerwünschte Nebenwirkungen von Medikamenten sind nicht beabsichtigte, aber unvermeidbare Wirkungen des Stoffes. Mit Wechselwirkungen bezeichnet man das Zusammenwirken des Medikaments mit anderen Fremdsubstanzen im Körper, z. B. Alkohol. Die Wechselwirkungen werden meist stark unterschätzt.

> **Merke!**
> Zu den häufigsten Nebenwirkungen sehr vieler Medikamente gehört die Beeinträchtigung der Konzentration und des Reaktionsvermögens.
> Hier liegt ein oft unterschätztes Gefahrenpotential für Personen, die Maschinen bedienen oder Auto fahren!

Unerwünschte Wechselwirkungen

Alle Welt redet von Nebenwirkungen. Dabei werden gern die teils erheblichen Wechselwirkungen vergessen. Der Beipackzettel weist auf etwaige Interaktionen mit anderen Medikamenten hin.
Die Wirkung eines Medikaments kann durch ein anderes erheblich eingeschränkt werden. Entsprechende Hinweise finden

Sie auf dem Beipackzettel – auch auf Wechselwirkungen mit Alkohol, der bei vielen Medikamenten die Wirkung der Arzneimittelsubstanz erheblich verstärken kann. Dies gilt z. B. bei Beruhigungs- und Schlafmitteln.
Fragen Sie im Zweifelsfall Ihren Arzt oder Apotheker. Er informiert Sie gerne weiter über Wechselwirkungen bestimmter Medikamente.

Lesen Sie den Beipackzettel Ihrer Medikamente gründlich! Lassen Sie sich aber nicht von zahlreichen aufgeführten Nebenwirkungen abschrecken, deren Wahrscheinlichkeit meist sehr klein ist. Lesen Sie den Zettel auch dann, wenn Sie die Arznei bereits gut kennen.

Goldene Regeln für die Selbstbehandlung

- **Regel 1:** Greifen Sie nicht bei jedem kleinen Wehwehchen zur Pille! Geben Sie Ihrem Organismus lieber eine Chance, selbst mit den Beschwerden fertig zu werden.
- **Regel 2:** Zwar kann eine rechtzeitige Behandlung erster Krankheitssymptome wie etwa Husten, Magenbeschwerden oder Gelenkschmerzen Schlimmeres durchaus verhüten, aber eine Selbstbehandlung über einen längeren Zeitraum kann die Krankheitssymptome auch verstecken und verdrängen.
  Möglicherweise hätten Sie längst ärztliche Hilfe benötigt, wissen dies aber nicht, da Sie die Symptome seit längerem mit Medikamenten unterdrücken. Daher: Arzneimittel auf eigene Faust niemals länger als zwei Wochen nehmen!
- **Regel 3:** Auf die Substanzen in Arzneimitteln reagiert jeder Patient anders. Daher können bei Ihnen durchaus Nebenwirkungen auftreten, die beispielsweise Ihre Freundin bei demselben Medikament nicht hatte. Treten also während der Selbstbehandlung mit einem Medikament irgendwelche neuen Symptome auf, setzen Sie das Medikament lieber ab, und ziehen Sie den Apotheker zu Rate.
- **Regel 4:** Den Beipackzettel sollten Sie stets gründlich lesen! Und zwar auch dann, wenn Sie das Medikament schon häufiger genommen haben. Denn Beipackzettel werden den neuesten Erkenntnissen über das jeweilige Medikament und seine Wirkstoffe angepaßt, so daß sich etwas geändert haben kann, was für Ihre Gesundheit von entscheidender Bedeutung ist.

Non-compliance – der aufmüpfige Patient

Der englische Begriff heißt »Nichtbefolgung« und beschreibt Patienten, die zum Leidwesen ihrer Ärzte nicht das tun, was ihnen geraten wurde. Sie nehmen die verschriebenen Medikamente gar nicht, in geringerer Dosis oder setzen sie zu früh eigenmächtig ab.

Auf der anderen Seite halten sie sich nicht an die Ratschläge ihres Arztes bezüglich gesünderer Lebensweise und des Verzichts auf Genußmittel. Dies Verhalten ist nur zu gut zu verstehen, denn nichts ist schwerer zu überwinden als die eigene Trägheit, und nichts gibt der Mensch weniger gern auf als liebgewonnene Gewohnheiten.

Gründe der Non-compliance

Für Non-compliance bei Arzneimitteln gibt es eine Reihe von Gründen:

- Die Beschwerden verschwinden nach einer Weile:
  Also scheint es auch keinen Grund mehr zu geben, das Medikament weiter zu nehmen.
- Die Krankheit selbst macht überhaupt keine Beschwerden:
  Also braucht man auch keine Medikamente oder vergißt sie schlicht (typisches Beispiel: Bluthochdruck!).
- Nebenwirkungen treten auf, die der Patient nicht akzeptieren will.
- Bei der Lektüre des Beipackzettels packt den Patienten das blanke Entsetzen:
  Hände weg von diesen Pillen!
- Die weitaus häufigste Ursache ist jedoch:
  Die Einnahme des Medikaments wurde schlicht vergessen.

Der aufmüpfige Patient ist bei Ärzten nicht beliebt. Trotzdem: Wenn Sie Ihre Kritik an Arzneimitteln partnerschaftlich mit Ihrem Arzt besprechen, dann wird sich in den meisten Fällen eine für beide Seiten zufriedenstellende Lösung finden.

Der Beipackzettel verschweigt Positives

Non-compliance ist weit verbreitet, obwohl natürlich jeder Patient weiß, daß inkonsequente oder falsche Einnahme seiner Gesundheit keineswegs förderlich ist.

Fehler der Pharmaindustrie

Der Schwarze Peter liegt jedoch nicht beim Patienten allein:

- Die Tatsache, daß Patienten nach dem Studium des Beipackzettels vor einem Medikament zurückschrecken, muß sich die Pharmaindustrie auf ihre Fahnen heften.
- Der Inhalt vieler Beipackzettel ist in der Tat bedrohlich, während über die positiven Wirkungen des betreffenden Medikaments kaum etwas zu erfahren ist. Zumindest nichts, was der Patient verstehen würde.

Was Patienten in der Regel auch nicht wissen: Der pharmazeutische Hersteller ist vom Gesetzgeber verpflichtet, sämtliche Gegenanzeigen, Wechsel- und Nebenwirkungen des Produkts zu nennen. Nicht genannt werden jedoch positive Heilanzeigen in schlichtem Deutsch.

Vergessen Sie bei der Lektüre des Beipackzettels bitte nicht, daß das Medikament auch eine Liste von positiven Wirkungen hat. Diese werden aber hier nicht genannt. Das Auftreten von Nebenwirkungen ist jedoch unwahrscheinlich.

Merke!
Was nicht im Beipackzettel steht: die Tatsache, daß viele der aufgelisteten Nebenwirkungen höchst selten auftreten. Der Gesetzgeber verpflichtet den Hersteller jedoch dazu, jede denkbare Nebenwirkung zu nennen – auch wenn ihr Auftreten noch so unwahrscheinlich ist.

Regeln für ärztlich verordnete Arzneimittel

- **Regel 1:** Besprechen Sie den Nutzen eines Medikaments und dessen mögliche Risiken für Sie persönlich stets ausführlich mit Ihrem Arzt oder Apotheker!
- **Regel 2:** Wenn Sie bei Lektüre des Beipackzettels erschrecken: Gehen Sie in die Apotheke, und fragen Sie!
- **Regel 3:** Bedenken Sie beim Beipackzettel immer, daß die Wahrscheinlichkeit, daß die genannten Nebenwirkungen bei Ihnen auftreten, unter einem Prozent liegen kann.
- **Regel 4:** Halten Sie sich an die vom Arzt empfohlene Einnahmedosis und -dauer. Machen Sie sich klar, daß Ihre Krankheit wieder aufflackern kann, wenn Sie ein Medikament zu früh absetzen!

- **Regel 5:** Es ist gleichermaßen riskant, die Dosis eines Medikaments zu senken wie auch sie zu erhöhen.
  Im ersteren Fall stellt sich wahrscheinlich der gewünschte Erfolg nicht ein, im letzteren jedoch können ernste Vergiftungserscheinungen auftreten.
- **Regel 6:** Wenn sich Nebenwirkungen einstellen oder Sie aus anderen Gründen schwere Bedenken gegen das Medikament haben, greifen Sie zum Telefon. Entscheiden Sie gemeinsam mit Ihrem Arzt, ob es ratsam ist, die Dosis zu verändern oder gar das Medikament abzusetzen. Sagen Sie ihm offen, wenn es Ihnen sympathischer wäre, ein anderes Arzneimittel zu nehmen, zu dem Sie mehr Vertrauen haben.

Jeder Mensch besitzt eine innere, biologische Uhr. Alle Organe und Stoffwechselvorgänge richten sich nach einem bestimmten Stundenplan. Nutzen Sie die Chancen, die Ihnen Ihr Organismus mit dieser Ordnung bietet.

Die Spitzenreiter unter den Medikamenten

Die »Top nine« der hierzulande meistverkauften Medikamente: An der Spitze stehen Hilfsmittel für banale Erkrankungen wie Erkältungen und Verdauungsstörungen.

1. Husten- und Erkältungsmittel
2. Magenmittel und Verdauungshilfen
3. Vitamine und Mineralstoffe
4. Schmerzmittel
5. Kräftigungs- und Stärkungsmittel (auch Knoblauch)
6. Verbände und Salben für Wunden, Haut und Schleimhäute
7. Salben für Rheuma und Muskelschmerzen
8. Herz-, Kreislauf- und Venenmittel
9. Beruhigungs- und Schlaftabletten

Auch wenn damit der Hauptanteil bei relativ harmlosen Medikamenten liegt, sollten Sie sich klarmachen, daß jede Arznei, auf welcher Basis sie auch immer hergestellt sein mag und wie sorgfältig sie auch getestet wurde, in das Geschehen in Ihrem Körper eingreift. Kaufen Sie daher verantwortungsbewußt ein!

Therapie im Einklang mit der Natur

Die biologische Uhr

Medikamente, die an einem bestimmten Organ im Körper eine Wirkung hervorrufen sollen, können dies logischerweise nur tun, wenn das betreffende Organ auch arbeitet, wenn der Wirkstoff dort ankommt.

Nun sind aber die Organe des menschlichen Körpers keineswegs rund um die Uhr tätig. Sie arbeiten nach Ihrem individuellen Stundenplan, der sich am Ablauf von Tag und Nacht ebenso orientiert wie an Ihrer persönlichen Situation. Die Organe haben Spitzenzeiten, zu denen sie Höchstleistungen erbringen – und legen andererseits auch Ruhephasen ein. Es ist nur einleuchtend, daß ein Wirkstoff, der ein Organ in einer Ruhephase antrifft, nicht viel ausrichten kann.

Die Wirkungen eines Medikaments sind zum nicht geringen Teil von der Einnahmezeit abhängig: Nutzen Sie den Zeitpunkt höherer Wirksamkeit, und senken Sie lieber dafür die Dosis. Achten Sie auf Ihre innere Uhr!

Was die alten Chinesen schon wußten …

Die traditionelle chinesische Heilkunst besitzt dieses Wissen seit langem und berücksichtigt den Stundenplan des menschlichen Körpers bei ihren Therapien. Das Wissen um die Funktion und Wirkungsweise der inneren Uhr des Menschen, die Chronopharmakologie, steckt in der westlichen Medizin leider noch in den Kinderschuhen. Dabei haben auch unsere Wissenschaftler, z.B. das Max-Planck-Institut für Verhaltensphysiologie, längst nachgewiesen, daß es tatsächlich Zusammenhänge zwischen der Arzneimittelwirkung und der Tageszeit, zu der die Medizin eingenommen wird, gibt. Nebenbei sei hier auch auf den Biorhythmus hingewiesen.

… wird bei uns wieder erforscht

Erst bei wenigen Krankheiten werden diese Erkenntnisse konsequent berücksichtigt.

- **Beispiel Asthma:** Man weiß, daß die Anfälle häufiger nachts und in den frühen Morgenstunden auftreten, weshalb der medikamentöse Ratschlag inzwischen lautet, die Medikamente am Abend höher zu dosieren.

- **Beispiel Magen:** Magensäure wird vorwiegend in den Nachtstunden produziert, weshalb Mittel, die diese Säureproduktion eindämmen sollen, am besten abends genommen werden.
- **Beispiel Herz und Kreislauf:** Untersuchungen haben ergeben, daß entsprechende Medikamente je nach Tageszeit unterschiedlich schnell vom Organismus angenommen werden. Der Blutdruck sinkt in der Nacht ohnehin ab, weshalb es bei Blutdruckmedikamenten sinnvoll ist, sie morgens einzunehmen.

Auch Nebenwirkungen sind zeitabhängig

Sogar die gefürchteten Nebenwirkungen scheinen nach neueren Erkenntnissen dem Stundenplan des Körpers zu gehorchen: Am Beispiel des Wirkstoffs Acetylsalicylsäure, des Wirkstoffs des Aspirins, konnte nachgewiesen werden, daß die bekannte Nebenwirkung »Schädigung der Magenschleimhaut« bei 40 Prozent aller Patienten auftritt, die das Medikament morgens nehmen. Wird Aspirin am Abend genommen, ist diese Nebenwirkung weitaus seltener. Im Einzelfall nutzt uns diese Erkenntnis freilich gar nichts, wenn die zu behandelnden Kopfschmerzen leider am Morgen auftreten! Soweit es aber möglich ist, sollten Sie sich an die im Beipackzettel des Medikaments angegebenen Einnahmezeiten halten.

Die Tabelle auf der nächsten Seite gibt Ihnen Auskunft über den Stundenplan Ihres Organismus. Die Heilung von Krankheiten geht um so schneller, je besser Sie die Therapie auf Ihre innere Uhr einstellen.

Ihr persönlicher Timer

- Hören Sie auf Ihren Körper und Ihre innere Uhr.
- Vergleichen Sie den Tagesrhythmus mit Ihrem Atemrhythmus: Je leichter sich Dinge in Ihren Rhythmus einpassen, um so leichter fallen sie Ihnen.
- Die Heilung von Krankheiten geht um so schneller, je besser Sie Ihren Tagesablauf und die medikamentöse Behandlung auf Ihre innere Uhr abstellen.
- Wenn Sie beruflich zu einem anderen Tagesablauf gezwungen sind (beispielsweise bei Schichtarbeit), dann versuchen Sie, einen neuen persönlichen Rhythmus zu finden und beizubehalten.

Die Spitzenzeiten der einzelnen Organe

Uhrzeit	Organ	Tip
1 bis 3 Uhr	Leber	Sie leistet jetzt Schwerarbeit. Deswegen sollten Sie zu dieser Zeit Alkohol vermeiden.
3 bis 5 Uhr	Lunge	Bronchial- und Asthmasprays wirken jetzt besonders gut. Wichtig für die Lunge: Frische Luft – mit ausreichend Feuchtigkeit – im Schlafzimmer!
5 bis 7 Uhr	Dickdarm	Deswegen müssen die meisten Menschen um diese Zeit auf die Toilette!
7 bis 9 Uhr	Magen	Die beste Zeit fürs Frühstück!
11 bis 13 Uhr	Herz	Jetzt bringt das Trimmen am meisten für die Fitneß!
13 bis 15 Uhr	Dünndarm, Galle	Essenszeit! Anschließend ist der Körper mit der Verdauung beschäftigt.
15 bis 17 Uhr	Blase	Günstig für Blasentees!
17 bis 19 Uhr	Niere	Um diese Zeit sollten Sie mit viel Flüssigkeit die Tätigkeit dieses Organs unterstützen!
ab 21 Uhr	Alle Organe schalten jetzt auf Sparflamme.	Möglichst nichts mehr essen! Der Stoffwechsel begibt sich jetzt langsam zur Ruhe.

Arzneimittel in verschiedenen Lebensabschnitten

Wirkung und eventuelle Nebenwirkungen eines Medikaments sind individuell ganz verschieden. Sie hängen von zahlreichen Faktoren ab: Geschlecht, Alter, Gewicht und Größe, allgemeinem Gesundheitszustand, Lebensführung, Ernährung und schließlich auch noch von psychischen Einflüssen.

Wirkungen und Nebenwirkungen von Medikamenten sind von vielen individuellen Faktoren abhängig: Alter, Geschlecht, Gewicht, Größe und körperlicher Verfassung. Nur für Kinder, Schwangere und Senioren lassen sich einige allgemeingültige Regeln aufstellen.

Kein Medikament für alle Menschen

All diese Faktoren können freilich bei der Entwicklung eines Medikaments nicht vollständig berücksichtigt werden. Ihr Arzt oder Apotheker kann sie aber bei der Auswahl eines geeigneten Medikaments größtenteils berücksichtigen. Dies natürlich um so besser, je länger und genauer er Sie kennt.
Lediglich für Kinder, Schwangere und Senioren lassen sich einige allgemeingültige Regeln aufstellen.

Arzneimittel und Kinder

Das Wort »kindersicher« hat nirgends eine so große und ernste Bedeutung wie bei Arzneimitteln. Über 60 000 Kinder erleiden in Deutschland jährlich eine Vergiftung, über ein Viertel davon ist auf Arzneimittel zurückzuführen. Wenn also in Ihrem Haushalt Kinder leben oder auch nur gelegentlich welche zu Besuch kommen, sollten Sie Medikamente gut wegschließen.

Merke!

- Medikamente gehören nicht in Kinderhand! Niemals!
- Schließen Sie alle Medikamente weg!
- Auch wenn Kinder nur zu Besuch kommen, ist schnell ein Unglück passiert.

80 Prozent aller Vergiftungen betreffen Kinder!

Es klingt fast unglaublich, ist aber bittere Wahrheit: Allein auf den Lebensabschnitt zwischen dem zweiten und fünften Lebensjahr, wenn Kinder alles anfassen und probieren möchten, entfallen 80 Prozent aller Vergiftungen. Medikamente sind da besonders verführerisch, denn die kleinen Schachteln und vielen bunten Pillen, die wie Bonbons aussehen, verlocken zum Probieren.

Kinder finden all die bunten und verlockenden Pillen, Döschen und Schachteln höchst interessant. Bitte sorgen Sie dafür, daß Kinder nicht allein Zugang zu Medikamenten finden! Bedenken Sie: 80 Prozent aller Vergiftungen betreffen Kinder zwischen dem zweiten und fünften Lebensjahr.

Regeln zur Medikamentenaufbewahrung

Bitte beherzigen Sie peinlichst genau die folgenden drei Grundregeln:

- Niemals Arzneimittel herumliegen lassen, auch nicht im Bad, auf dem Nachtschrank oder neben dem Krankenbett!
- Sämtliche Medikamente im Haushalt gehören in einen verschließbaren Schrank, dessen Schlüssel Sie sorgfältig aufbewahren sollten!
- Am besten hängen Sie Ihre Hausapotheke so hoch auf, daß sie von Kindern auch nicht über Tische oder Stühle erreicht werden kann!

Klären Sie Ihre Kinder möglichst frühzeitig über die Gefahren von Arzneimitteln auf. Machen Sie ihnen eindringlich klar, daß Medikamente grundsätzlich nur für kranke Menschen da sind und ein Kind sie niemals selbst nehmen kann, sondern immer nur von Erwachsenen bekommt.

Grundsatz des geringsten Risikos

Wenn Ihr Kind ein Arzneimittel braucht, verfahren Sie bitte stets nach dem Grundsatz des geringsten Risikos. Nicht jeder Wirkstoff, den der erwachsene Organismus wieder abbauen kann, wird vom Kind vertragen, genauso ist auch die Dosierung eines Arzneimittels anders zu handhaben, nämlich weit geringer anzusetzen. Bei leichteren Störungen, die Sie selbst behandeln können, lassen Sie sich unbedingt vom Apotheker beraten, und bleiben Sie unbedingt bei der empfohlenen Dosis.

Vitamine für Kinder?
Schulkinder stehen heute erheblich stärker unter Streß als früher. Viele Eltern fragen sich, ob sie ihrem Kind nicht etwas Gutes tun könnten, wenn sie ihnen ein paar Vitaminpillen, Mineralstoffe oder Lebertran geben.
Die Antwort hängt natürlich ganz vom Einzelfall ab. Als Faustregel gilt: Kinder, die abwechslungsreich und vollwertig ernährt werden, mit Appetit essen, lebenslustig sind und genügend frische Luft bekommen, brauchen solche Produkte nicht. Kränkelt das Kind jedoch, fühlt es sich überfordert, leidet es an Schlafstörungen und Appetitlosigkeit, so sollten Sie diese Frage mit dem Kinderarzt besprechen.

Arzneimittel und Schwangerschaft

Gerade in der Schwangerschaft ist die Verlockung, rasch zu einem Medikament zu greifen, besonders hoch. Denn mit der Umstellung des gesamten Organismus stellen sich häufig zahlreiche kleine Befindlichkeitsstörungen ein, die in der Regel nicht krankhaft sind.

In der Schwangerschaft gilt: Nur im Notfall Medikamente! Bitte bedenken Sie, daß die Inhaltsstoffe der Arzneien viel stärker auf den kleinen Organismus des Ungeborenen wirken als auf Ihren Körper.

Nur im Notfall Medikamente!

Die obersten Gebote für Schwangere im Hinblick auf Medikamente sind:

- Gebrauchen Sie Medikamente wirklich nur im äußersten Notfall!
- Nehmen Sie Arzneimittel immer – ohne Ausnahme! – nur nach Rücksprache mit Ihrem behandelnden Arzt!

Bitte bedenken Sie stets:

- Nicht nur Ihr eigener Organismus verspürt die Wirkstoffe des Medikaments, sondern auch der heranwachsende Ihres Kindes.
- Der kindliche Organismus ist für die Wirkstoffe wesentlich anfälliger.

- Das Arzneimittel wirkt länger und stärker auf den kleinen Körper ein, weil das Fruchtwasser, in dem der Fetus schwimmt, die Wirkstoffe speichert.
- Zusätzlich kann der kleine Organismus sie natürlich nicht so schnell abbauen wie der eines erwachsenen.
- In den ersten zwölf Wochen der Schwangerschaft ist der heranwachsende Erdenbürger am meisten gefährdet.
- Verzichten Sie daher in dieser Zeit möglichst ganz auf Medikamente, sofern dies kein Risiko für die Schwangere selbst darstellt.

Gegen Calciummangel in der Schwangerschaft braucht es keine Medikamente: Milch und Milchprodukte haben dieselbe Wirkung, sind dabei gesünder und leckerer obendrein.

Merke!
In der Schwangerschaft gilt:
Sowenig Medikamente wie möglich, und wenn doch, dann nur in Absprache mit dem Arzt!
Der verantwortungsbewußte Arzt wird für eine schwangere Patientin auch nur solche Medikamente auswählen, die langjährig erprobt sind und hinreichend bekannte und einschätzbare Risiken haben.

Schwangerschaftsbeschwerden

Typische Beschwerden während der Schwangerschaft sind: Übelkeit, Erbrechen, Kopfschmerzen, Schlaflosigkeit, Verstopfung, Schmerzen in den Beinen, Bluthochdruck, Hautprobleme, Eisen- und Calciummangel.

Derartige Schwangerschaftsbeschwerden müssen nicht gleich medikamentös bekämpft werden, im allgemeinen kriegen Sie sie mit Omas Hausmitteln auch ganz gut in den Griff. So hilft beispielsweise frische Luft gegen Kopfschmerzen, ein kalter Wasserguß bei Venenleiden, ballaststoffreiche Ernährung gegen Verstopfung und Milch bzw. Milchprodukte, um dem Calciummangel vorzubeugen. Erst wenn Sie mit diesen sanften Hausmitteln keinen Erfolg haben, besprechen Sie mit Ihrem Arzt oder Apotheker, ob eventuell der Einsatz eines leichten pflanzlichen Heilmittels angeraten ist.

Arzneimittel und Senioren

Vieles ist im Alter leider anders. Das gilt auch für Arzneimittel, deren Wirkungen und Nebenwirkungen. Was von einem durchschnittlichen Erwachsenen noch gut vertragen wird, kann einen älteren Menschen unter Umständen wie ein Hammer treffen. Dafür gibt es zahlreiche natürliche Gründe:

- Durch den ganz normalen Alterungsprozeß ist der Organismus geschwächt.
- Die Abwehrkräfte bringen nicht mehr die gewohnte Leistung.
- Hinzu kommen bei vielen älteren Menschen chronische Erkrankungen; Spitzenreiter sind die Herz-Kreislauf-Erkrankungen, gefolgt von Blutdruckproblemen, Beschwerden an Muskeln und Gelenken mit entsprechenden Bewegungseinschränkungen.
- Teilweise läßt auch das Gedächtnis nach.

Im Alter verfügt der Organismus meist über weniger Körperflüssigkeit. Die Wirkung von Medikamenten verstärkt sich dadurch, der Abbau von Nebenstoffen verlängert sich. Trinken Sie genug, um den Flüssigkeitsvorrat aufzufüllen!

Erschwerend kommt bei vielen älteren Menschen eine einseitige, vitaminarme Ernährung hinzu sowie ein geringer Flüssigkeitsvorrat im Körper, weil ältere Menschen oftmals zuwenig trinken.
Zuwenig Körperflüssigkeit verstärkt die Wirkung von wasserlöslichen Tabletten, die sich ja auf einen wesentlich geringeren Wasservorrat im Körper verteilen. Leber und Niere, die Medikamente verarbeiten und abbauen müssen, arbeiten im Alter ebenfalls langsamer, was die Verweildauer des Wirkstoffs im Körper erhöht.

»Altersschwäche« durch Medikamente

Wenn der Körper weit länger mit dem Medikament zu tun hat als geplant, stellen sich auch Nebenwirkungen ein, die gern dem Alter zugeschrieben werden, in manchen Fällen aber in Wirklichkeit eine Folgeerscheinung des Medikamentenkonsums sind, z. B. Schwäche, Gedächtnisstörungen, Verwirrtheit, Zittern, Lähmungserscheinungen, Kontrollverlust.

Merke!
In der Regel wirken Medikamente bei älteren Menschen stärker und länger. Auch können ihre Nebenwirkungen ausgeprägter sein als bei jüngeren Menschen.

Senioren und Tablettenkonsum

Unterstellt man, daß Medikamente im älteren Körper länger und stärker wirken, leuchtet ein, daß ihr Einsatz wohl abgewogen werden muß. Und hier liegt der Hase im Pfeffer! Senioren in Deutschland sind nämlich ausgesprochen pillenfreudig.

Wußten Sie schon? Nahezu die Hälfte aller verschriebenen Medikamente wird von Menschen über 65 Jahren eingenommen. Manche Senioren bringen es auf 20 Tabletten pro Tag.

Statistiken besagen über den Tablettenkonsum von älteren Menschen:

- Nahezu die Hälfte aller bei uns verschriebenen Medikamente wird von Patienten über 65 Jahren konsumiert.
- Vier verschiedene Arzneimittel täglich sind bei Menschen jenseits der 70 gar keine Seltenheit.
- Extremfälle bringen es auf etwa 20 verschiedene Tabletten am Tag.

Hier wird es dann wirklich schwer, zwischen den Nebenwirkungen irgendeines Medikaments und anderen »echten« Krankheitssymptomen zu unterscheiden.

Ein Vitaminstoß tut gut

Was für ältere Menschen hingegen empfehlenswert sein kann, ist eine Nahrungsergänzung in Form von Vitaminen, Mineralstoffen und anderen aufbauenden Substanzen. Denn viele Senioren ernähren sich leider sehr karg, ihre Nahrung ist oft einseitig und enthält zuwenig Frischkost.
Wenn Sie als Senior Lust auf solche aufbauenden Vitaminpräparate haben:

- Greifen Sie immer lustig zu!
- Ebenso gut und vielleicht noch leckerer ist frisches Obst, beispielsweise in einem Müsli oder als Fruchtsalat.

Drei goldene Regeln für Senioren

- **Regel 1: Viel trinken!**
  Ältere Menschen verspüren leider selten Durst und trinken deshalb zuwenig. Mindestens zwei Liter täglich sollten Sie jedoch trinken, weil der ältere Organismus Flüssigkeit braucht, um das Gewebe und alle Organe funktionstüchtig zu erhalten. Empfehlenswert: Mineralwasser, ungesüßte Obst- und Gemüsesäfte, Früchte- und Kräutertees.

- **Regel 2: Gut essen!**
  Sparen Sie nicht ausgerechnet an der Ernährung, denn die sollte im Alter hochwertig und leicht bekömmlich sein. Ausreichend Vitamine, Mineralstoffe, Spurenelemente, Eiweiß und Ballaststoffe müssen enthalten sein. Geizen Sie mit tierischen Fetten, Zucker und Weißmehlprodukten, essen Sie dafür häufig Vollkornprodukte, frisches Obst und Gemüse, viel Fisch.
  Tip: Kochen Sie lieber in kleinen Portionen, wärmen Sie Speisen niemals auf, und verzichten Sie weitgehend auf Fertiggerichte und Konserven!

- **Regel 3: Nicht zu viele Pillen schlucken!**
  Wenn Sie neben den ärztlich verordneten Medikamenten gegen etwaige Krankheiten noch selbst eine Reihe von Medikamenten kaufen und einnehmen, packen Sie einmal das ganze Sortiment in eine Tasche, und gehen Sie damit zu Ihrem Arzt oder Apotheker. Lassen Sie sich über etwaige Wechsel- und Nebenwirkungen der einzelnen Medikamente aufklären und beraten, ob Sie auf einige davon nicht besser verzichten sollten.
  Möglicherweise werden Sie sich wundern, wieviel besser und gesünder Sie sich fühlen, wenn Sie täglich ein paar Medikamente weniger einnehmen. Und sparen können Sie dabei auch.

TIP
Essen Sie lieber öfter und in kleinen Portionen! Verzichten Sie weitgehend auf Konserven und Fertigprodukte, und bevorzugen Sie frisches Gemüse, Vollkorn- und Milchprodukte, Obst und viel Fisch! Nutzen Sie die Vorteile einer Tiefkühltruhe für kleine Portionen.

Abwehrschwäche

Normalerweise wird die körpereigene Abwehr recht gut mit Krankheiten, Viren und Bakterien fertig. Werden jedoch Belastungen durch ungesunde Lebensweise oder Streß für den Körper auf Dauer zuviel, kann auch das Immunsystem einmal schlappmachen.
In der Folge ist der Körper krankheitsanfälliger als normalerweise, mit hoher Wahrscheinlichkeit werden sich derart geschwächte Menschen jeden Infekt einfangen und wohl auch bei jeder Grippewelle dabei sein.

Merke!
Das körpereigene Abwehrsystem eines Menschen kann immer nur so gut sein, wie die Lebensführung und die psychische Situation es ermöglichen.

Die körpereigene Abwehrkraft

Krankheitserreger wie Viren, Bakterien oder Pilze dringen in der Regel durch eine der Körperöffnungen – Mund, Nase, Ohren, Scheide, Harnröhre oder After – in den Körper ein. Wenn sie dabei die Schleimhäute passieren müssen, stoßen sie auf eine erste Abwehrbarriere: Kleinste Härchen töten Keime sofort ab oder werfen sie schlicht wieder hinaus.

Ein Vitaminstoß tut gut! Viele Senioren ernähren sich leider sehr vitamin- und mineralstoffarm. Wenn Sie Lust auf Vitamin- oder Mineralstoffpräparate haben, dann greifen Sie ruhig zu. Manchmal erfüllt aber auch ein leckeres frisches Müsli den gleichen Zweck.

Insbesondere Bakterien haben auch noch einen ganz natürlichen Gegner im Körper, nämlich die »guten«, körpereigenen Bakterien. Sie setzen jetzt ebenfalls alles daran, daß sich die Eindringlinge von außen im Körper nicht ansiedeln können. All diese Eindringlinge werden im Körper vom Immunsystem gründlich überprüft und, sofern sie als Feinde erkannt werden, von speziellen Abwehrzellen vernichtet. Das Immunsystem bildet Antikörper, die bei der Vernichtung gefährlicher Krankheitserreger schlagkräftig helfen.

Abwehrkraft und Fieber
Fieber ist an sich noch keine Krankheit, sondern vielmehr das Signal unseres Abwehrsystems, daß gerade alle Truppen heftigst gegen einen gefährlichen Gegner kämpfen. Deshalb ist es auch unsinnig, Fieber sofort mit starken Medikamenten zu bekämpfen. Ausnahme: Wenn das Fieber so hoch steigt, daß es selbst eine Gefahr für den Körper wird, dann muß mit fiebersenkenden Medikamenten eingegriffen werden.

Die körpereigene Abwehr wird mit Bakterien und Viren normalerweise gut fertig. Durchbricht ein Erreger den Schutzmantel der Haut, dann machen ihm die Antikörper im Blut den Garaus.

Typische Krankheitssymptome

Unser Immunsystem ist Tag und Nacht im Einsatz, um den Körper zu schützen. Da wir sehr vielen Krankheitserregern ausgesetzt sind, toben auch ständig heftige Abwehrkämpfe gegen diese Feinde. In der Regel gewinnt unser Abwehrsystem derartige Schlachten, und wir bemerken überhaupt nichts von dem Angriff der Krankheitserreger.

Schonung des Abwehrsystems

Gerade leichtere Krankheitssymptome wie Fieber, Erbrechen, Durchfall und Entzündungen sind häufig ein Signal dafür, daß das Abwehrsystem im Moment total ausgelastet ist mit dem Kampf gegen einen gefährlichen Angreifer. Spätestens dann ist es ratsam, den Körper zu schonen und pfleglich zu behandeln, damit das schwer arbeitende Abwehrsystem nicht noch zusätzliche Arbeit aufgebürdet bekommt.

Alarmsignale für Abwehrschwäche
- Sind Sie oft erkältet?
- Fühlen Sie sich ständig schlapp und matt?
- Leiden Sie häufig unter banalen Befindlichkeitsstörungen?
- Verlaufen Krankheiten bei Ihnen stets schwer?
- Dauert der Heilungsverlauf bei Ihnen ungewöhnlich lang?
- Sind Sie im Urlaub anfällig für Reisekrankheiten?

Die Krankheitsursachen

Für die Ursachen einer Abwehrschwäche können verschiedene Faktoren ausschlaggebend sein:

Ein gefährlicher Gegner unserer Körperabwehr ist der Streß, besonders wenn er sich alltäglich wiederholt.

- Unser Abwehrsystem ist stärker gefordert, weil sich seine Feinde, die Viren und Bakterien, dauernd vermehren und ständig neue Stämme bilden.
- Ganz normal ist eine vorübergehende Abwehrschwäche des Körpers, wenn er sich von einer Operation oder einer schweren Krankheit erholt. Deshalb ist es auch sinnvoll, in der Zeit der Rekonvaleszenz Ruhe zu halten.
- Auch etliche Medikamente, beispielsweise die Chemotherapeutika in der Krebsbekämpfung, können das körpereigene Abwehrsystem gehörig schwächen.
- Ein gefährlicher Immunkiller ist unser täglicher Streß, besonders wenn er zum alltäglichen und normalen Dauerzustand ausartet.
- Einige der täglichen Gesundheitssünden machen dem Immunsystem heftig zu schaffen: Rauchen, zuviel Alkohol, zuwenig frische Luft und Schlaf, Bewegungsmangel.

Wann Sie den Arzt brauchen

Bei einer leichten Abwehrschwäche, die sich beispielsweise in häufigen Erkältungen ausdrückt, brauchen Sie keinen Arzt. Mit einer vernünftigen Lebensweise und anderen abwehrstärkenden Maßnahmen können Sie Ihre Immuntruppe selbst wieder auf Trab bringen. Siehe hierzu auch den Abschnitt »Enzyme« Seite 510.

Der Arztbesuch ist anzuraten, wenn

- Immer wieder Infektionen ausbrechen
- Sie sich ständig matt, schlapp und elend fühlen
- Erkältungen zum Dauerzustand werden
- Der Verdacht auf allergische Reaktionen naheliegt
- Sie sich viel zu langsam von Krankheiten erholen.

Die sanfte Selbstbehandlung

Bei einer leichteren Abwehrschwäche ist mit gesunder Lebensführung schon sehr viel gewonnen:

- Regelmäßig frische Luft
- Ausgleichssport
- Genügend Schlaf
- Eine frische, naturbelassene Ernährung.

Merke!
Wesentlich unterstützen Sie Ihre Abwehrtruppe, wenn Sie auf Genußmittel und -gifte weitgehend verzichten: Zigaretten, Alkohol, Süßigkeiten und Kaffee bitte nur in Maßen, am besten gar nicht konsumieren!

Warm und kalt für jung und alt

Der absolute Geheimtip für eine intakte Immunabwehr heißt Abhärtung. Hier empfehlen sich besonders die Wasseranwendungen von Pfarrer Kneipp.

Wechselduschen

- Zunächst einige Minuten mit etwa 40 Grad warmem Wasser duschen.
- Zehn Sekunden kaltes Wasser über den Körper laufen lassen.
- Jetzt wieder für etwa drei Minuten warmes Wasser.
- Diese Wechselduschen machen Sie zwei- bis viermal hintereinander, je nachdem, wie lange Sie es als angenehm empfinden.
- Aber bitte täglich wiederholen!

Bei der sanften Selbstbehandlung hat Pfarrer Sebastian Kneipp auch heute noch oft die besten Ratschläge: Wasseranwendungen!

Kalte Duschen

Vor der kalten Dusche sollten Sie Ihren Körper gründlich anwärmen.
Anschließend den Körper kräftig trockenrubbeln und einige Bewegungsübungen machen!

Arm- und Beingüsse

- Zunächst etwa zwei Minuten lang angenehm warmes Wasser über den Körper laufen lassen.
- Dann Arme und/oder Beine kurz kalt abbrausen.
- Die Kalt-warm-Güsse mehrfach wiederholen!

Wassertreten

- Die Badewanne bis auf etwa Wadenhöhe mit kaltem Wasser füllen.
- Wie ein Storch einige Minuten auf und ab gehen.
- Wichtig: Beine immer ganz aus dem Wasser herausziehen!

Tau- oder Schneetreten

- Barfuß laufen im morgenfeuchten Gras oder im Schnee aktiviert sämtliche Abwehrzellen.
- Nachteil: Nichts für Morgenmuffel!

Sauna

- Am besten am frühen Abend, jedoch mindestens zwei Stunden nach der letzten Mahlzeit in die Sauna gehen.
- Anfänger bleiben nur fünf Minuten drin, später können sie die Verweildauer langsam erhöhen.
- Wie bei den Warm-heiß-Wasseranwendungen wirkt hier abwehrstimulierend der Wechsel zwischen der extrem heißen Luft und dem anschließenden kalten Wasser.
- Nach dem Saunagang unbedingt eine halbe Stunde lang entspannt ausruhen.

Vitamin C unterstützt die Mobilisierung der körpereigenen Abwehr: Empfehlenswert sind bis zu 100 Milligramm pro Tag als Vorbeugung und bis zu zwei Gramm pro Tag bei akuten Infekten.

Das richtige Medikament

Für die Mobilisierung der körpereigenen Abwehrkräfte empfehlen sich etliche Heilpflanzen. Ergänzend empfiehlt sich Vitamin C, das in geringen Dosen (bis zu 100 Milligramm pro Tag) vorbeugend genommen werden kann, in höheren Dosierungen (bis zu zwei Gramm am Tag) unterstützend bei der Bekämpfung akuter Infekte. Vitamin C gibt es in verschiedenen Darreichungsformen und unterschiedlichen Preislagen.

Nutzen und Risiko der Wirkstoffe

Pflanzliche Immunstimulanzien heißen in der Fachsprache diejenigen Wirkstoffe, die Ihre Abwehrkräfte in Schwung bringen. Es gibt sie als Einzel- oder Kombinationspräparate, wobei bei sinnvollen Kombinationen durchaus auch eine Wirkungssteigerung der einzelnen Extrakte erreicht werden kann.

Echinacin, gewonnen aus dem Roten Sonnenhut, war schon bei den Indianern ein erprobtes Mittel gegen schlecht heilende Wunden, Entzündungen und Schlangenbisse.

Die Medikamente sind weitgehend nebenwirkungsfrei und können bei sachgemäßer Anwendung bedenkenlos über mehrere Wochen genommen werden.

Echinacin

Der wichtigste Wirkstoff ist zweifellos das Echinacin, das aus dem Roten Sonnenhut gewonnen wird. Schon die Indianer verwendeten die Wurzeln dieser Pflanze zur Behandlung von schlecht heilenden Wunden, Entzündungen und sogar Schlangenbissen.

Daneben gibt es den Wasserhanf, der vor allem im Krankheitsfall schweißtreibend und fiebersenkend wirkt. Wilder Indigo und Arnika unterstützen die Wirkung des Echinacins.

Unser Tip: Pflanzenkraft!
Echinacin, kombiniert mit Wasserhanf, wildem Indigo und Arnika:
Diese Kombination sollten Sie mehrere Wochen vor der ersten Grippewelle als Kur machen!

Erfolgreich zur Mobilisierung der Abwehrkräfte eingesetzt werden ferner der Lebensbaum (Thuja), Ginseng und der sibirische Vertreter dieser Gruppe, die Taigawurzel (Eleutherococcus).

Das Futter der Bienenköniginnen

Auch die Bienen leisten einen wertvollen Beitrag zur menschlichen Gesundheit: Das Propolis, ein Bienenharz, und das Gelee Royale, der Futterstoff der Bienenköniginnen, helfen auch Ihrem Immunsystem auf die Sprünge. Als Kur anwenden bringt den größten Erfolg!

Name/Hersteller	Wirkstoffe	Risiken & Nebenwirkungen
Echi 500 Media Pharmaceutica	Echinacin	Allergische Reaktionen möglich (Korbblütler). Enthält Alkohol!
Echinacea compositum-Hevert Hevert	Echinacin, Aconitum, Acid nitricum, Lachesis	Gelegentlich allergische Reaktionen.
Echinacea Hevert purp. forte Hevert	Echinacin	Allergische Reaktionen möglich. Enthält Alkohol!
Echinacea Kräutertropfen Dr. Theis Naturwaren	Echinacin	Auf allergische Reaktionen achten. Enthält Alkohol!
Echinacea-ratiopharm ratiopharm	Echinacin, mit Hilfsstoffen	Allergische Reaktionen möglich.
Eleu-Kokk / -M Thomae	Wurzelextrakt von Eleutherococcus senticosus	Nebenwirkungen nicht bekannt. Enthält Alkohol!
Kneipp Tonikum-Bad Fichtennadel Aquasan Kneipp	Fichtennadelöl, Eukalyptusöl, Terpentinöl	Vorsicht bei größeren Hautverletzungen, fieberhaften Erkrankungen, Herzschwäche und Bluthochdruck!

Beratung	Darreichungsform
Vorbeugend zum Training des Immunsystems: 3 Wochen nehmen, danach I Woche Pause. Bei Kindern erniedrigte Dosis!	Tropfen
Zur homöopathischen Abwehrstärkung empfohlen bei Erkrankungen der Atemwege, Schleimhäute, Nieren und Harnwege.	Injektionslösung
Zur Vorbeugung gegen häufige Erkältungen und chronische Entzündung der Magenschleimhaut.	Tropfen
Homöopathisches Mittel zur Vorbeugung gegen Infektionskrankheiten.	Tropfen
Zur Abwehrsteigerung, auch zur Vorbeugung und Behandlung leichter Erkältungen. Kinder nehmen verringerte Dosis.	Tabletten, Tropfen
Über die Wirksamkeit der Stoffe aus der Wurzel des sibirischen Taigastrauchs Eleutherococcus senticosus streiten sich die Wissenschaftler. Hier gilt: Wer heilt, hat recht!	Lösung, Dragees
Zur Unterstützung der Vitalität und zur Erhöhung der Widerstandskraft. Zwei- bis dreimal wöchentlich darin baden.	Badezusatz

Abwehrschwäche

	Name/Hersteller	Wirkstoffe	Risiken & Nebenwirkungen
	Pascotox 100 Pascoe	Echinacin	Ungeeignet bei Tuberkulose, Reifungsstörungen weißer Blutzellen (Leukosen), Bindegewebsveränderungen und multipler Sklerose.
	Salus Echinacea Salushaus	Echinacin	Alkoholhaltig! Allergische Reaktionen möglich.
Österreich	**Echinacea Nobel-Med Complex** Dynamit Nobel	Homöopathische Zubereitung	Überempfindlichkeitsreaktionen möglich.
Österreich	**Echinaforce** Hauser-Chefarin	Echinacin	Enthält Alkohol!
Österreich	**Myo-Echinacin** Madaus	Echinacin	Nicht bei Tuberkulose, Leukosen, Bindegewebsveränderungen und multipler Sklerose.
Schweiz	**Echinaforce** Bioforce	Echinacea Herba, Echinacea Radix	In seltenen Fällen wurden Überempfindlichkeitsreaktionen (Hautausschläge) beobachtet. Enthält Alkohol!
Schweiz	**Esberitox N** Asta Medica	Pflanzliche Mischung	Keine Risiken bekannt. Enthält Alkohol!

Beratung	Darreichungsform
Stimuliert die Abwehr bei wiederkehrenden Infektionen der Atem- und Harnwege.	Tabletten
Regt vorbeugend die Immunabwehr gegen Infekte an.	Tropfen
Zur Anregung der Selbstheilungstendenz, vor allem bei Erkrankungen in der Mundhöhle (entzündetes Zahnfleisch, Soor, Parodontose).	Tropfen
Zur Anregung der Selbstheilungstendenz. Auch gegen fieberhafte Infekte und Entzündungen jeder Art.	Lösung
Zur Stimulierung der körpereigenen Immunzellen. Als unterstützende Behandlung bei wiederkehrenden Infekten der Atem- und Harnwege.	Ampullen zur Injektion
Pflanzliches Heilmittel zur Steigerung der körpereigenen Abwehr, bei Anfälligkeit gegen Erkältungskrankheiten, bei leichten Allgemeininfektionen sowie bei fiebrigen Erkältungskrankheiten. Nicht länger als 2 Monate ununterbrochen einnehmen.	Tropfen
Pflanzliches Arzneimittel zur Steigerung der körpereigenen Abwehr und bei Anfälligkeit gegen Erkältungskrankheiten.	Tabletten, Lösung

Allergien

Verantwortlich für das allergische Geschehen im Körper ist das Immunsystem. Bei gesunden Menschen bildet es Antikörper, die sogenannten Antigene, als Abwehrmittel gegen körperfremde Stoffe, die damit vernichtet werden.

Das Immunsystem verliert die Orientierung

Bei einer Allergie passiert im Körper im Prinzip dasselbe, nur daß jetzt das Immunsystem nicht mehr zwischen Freund und Feind unterscheidet, sondern auch harmlose Stoffe wie wild attackiert. Dies können Gräser, Pollen, Tierhaare, Staub, Milben, Lebensmittel und Umweltschadstoffe sein. Vor allem, wenn die Betroffenen auf mehrere Dinge allergisch reagieren, wird es sehr schwer, diesen im täglichen Leben auszuweichen.

Allergische Reaktionen gibt es gegen Gräser, Pollen, Tierhaare, Staub, Milben, Lebensmittel, Umweltschadstoffe u.v.a.m. An eine Allergie sollten Sie denken, wenn bestimmte Beschwerden in spezifischen Situationen immer wieder auftreten.

Typische Krankheitssymptome

Die Beschwerden, die durch Allergien verursacht werden, hängen davon ab, um welche Form der Allergie es sich handelt. Es gibt Inhalations-, Kontakt-, Lebensmittel- und Medikamenten- bzw. Insektengiftallergien. Und je nachdem, ob diese Allergene eingeatmet, gegessen oder über die Haut aufgenommen werden, verursachen sie an den Stellen, wo sie in Kontakt mit der Körperabwehr kommen, die entsprechenden Beschwerden.

Die Haut – am meisten gefährdet

Die am häufigsten durch Allergien ausgelösten Krankheitserscheinungen sind Atemwegsprobleme, Hautreizungen und Magen-Darm-Störungen. An eine Allergie sollten Sie immer dann denken, wenn sich bestimmte Beschwerden über einen längeren Zeitraum nicht bessern wollen, es keine erkennbare krankhafte Ursache gibt – und vor allem dann, wenn die Beschwerden in ganz bestimmten Situationen immer wieder auftreten.

Checkliste: Allergien

Bei diesen Symptomen sollten Sie eine allergische Erkrankung in Erwägung ziehen:

- Leiden Sie ständig unter Nießattacken, jucken die Augen, werden sie rot?
- Haben Sie oft eine Bindehautentzündung?
- Leiden Sie häufig unter Hautausschlag mit Juckreiz und Rötungen oder anderen Hautproblemen?
- Bekommt Ihnen häufig das Essen nicht, leiden Sie unter Verstopfung, Durchfall oder Magenschmerzen?
- Haben Sie Krankheiten, die Ihrem Arzt unerklärlich sind?
- Treten die Krankheitssymptome immer wieder beim Kontakt mit bestimmten Stoffen oder in ganz bestimmten Situationen auf?

Allergien treten meist nur als Reaktion auf bestimmte Stoffe auf. Bei Überreaktionen unseres Abwehrsystems können die Allergien jedoch auch chronisch werden, z.B. bei Asthma.

Die Krankheitsursachen

Bei einer Allergie befindet sich das Immunsystem quasi auf Abwegen. Die Antikörper des Abwehrsystems machen plötzlich aus Freunden Feinde, indem sie z. B. völlig harmlose Blütenpollen attackieren; darüber hinaus mobilisiert das Immunsystem in einem solchen Fall nicht die normalerweise notwendige Zahl von Antikörpern, sondern ein Vielfaches der benötigten Menge.

Merke!

Bei bestimmten Allergien – und in der Regel bei allen im Anfangsstadium – verschwinden die Krankheitssymptome rasch, wenn der Kontakt mit dem entsprechenden Allergen, also dem auslösenden Stoff, vermieden wird. Etliche dieser Überreaktionen unseres Abwehrsystems können jedoch chronische Schäden nach sich ziehen.

Asthma beispielsweise kann eine solche Dauerfolge einer Allergie sein.

Wann Sie den Arzt brauchen

Wenn es darum geht, mit einer Allergie zu leben, können Sie sich in vielen Fällen recht gut selbst helfen. Einmal jedoch braucht jeder Allergiker einen Arzt, nämlich um mit Hilfe entsprechender Tests festzustellen, um welche Allergie es sich handelt und wie stark sie ausgeprägt ist. Der geeignete Facharzt hierfür ist der Dermatologe oder besser noch der Spezialist, der Allergologe.

Der Hauttest

Der Facharzt kann dann einen Haut-, Blut- und/oder Provokationstest machen. Beim Hauttest wird die Haut am Unterarm oder Rücken eingeritzt und eine Lösung des verdächtigen Stoffes daraufgeträufelt oder in die Haut injiziert. Besteht eine Allergie, wird die Haut an der entsprechenden Stelle rot und bildet Quaddeln.

Merke!
Der Hauttest ist nicht der zuverlässigste, vor allem dann nicht, wenn es sich um Allergien handelt, die andere Organe als die Haut (Augen, Nase, Magen oder Darm) betreffen.

Der Provokationstest

Vor allem bei Lebensmittelallergien, die immer stärker zunehmen, haben sich Blutuntersuchungen im Labor bewährt. Hier werden Antikörper im Blut aufgespürt, die das Immunsystem als Reaktion auf den verdächtigen Stoff freigesetzt hat. Beim sogenannten Provokationstest wird der Allergieauslöser, den Patient und Arzt vermuten, direkt auf das betroffene Organ geträufelt. So z. B. bei Heuschnupfenpatienten, wenn eine stark verdünnte Pollenlösung direkt in Auge oder Nase gebracht wird. Bei einer Lebensmittelallergie erfolgen derartige Untersuchungen in Form einer Rotationsdiät, bei der das verdächtige Lebensmittel nur an ganz bestimmten Tagen in vom Arzt genau festgelegten Mengen verzehrt wird.

Indem man die allergische Reaktion mittels verschiedener Substanzen provoziert, testet man die allergischen Einstellungen des Patienten. Eine Alternative zum Provokationstest sind Blutuntersuchungen.

Darüber hinaus brauchen Sie selbstverständlich ärztliche Betreuung, wenn eine Allergie bei Ihnen bereits chronische Schäden, z. B. allergisches Asthma, verursacht hat. Auch die schwere Neurodermitis, die auf Lebenmittelallergien zurückgehen kann, bedarf selbstverständlich ärztlicher Betreuung.

Bei Allergien gilt zuallererst: Meiden Sie den Auslöser, wenn Sie ihn identifiziert haben!

Die sanfte Selbstbehandlung

Je häufiger Sie mit dem allergieauslösenden Stoff Kontakt haben, desto wahrscheinlicher treten die krank machenden Symptome bei Ihnen auf. Selbstbehandlung kann also in diesem Fall nur heißen: Verzicht auf jeglichen Kontakt mit dem allergieauslösenden Stoff. Das ist natürlich leichter gesagt als getan. In einzelnen Fällen, z. B. bei einer Katzenallergie, geht das relativ leicht; man kann sich, wenn auch vielleicht unter Tränen, von dem liebgewordenen Tier trennen.

Erreger meiden!

Bei anderen Stoffen ist es nur bedingt möglich, z. B. bei der Pollenallergie, denn den gefährlichen Stoffen kann man in diesem Fall nicht so einfach aus dem Weg gehen. Wer will sich schon über Wochen oder gar Monate, wenn die entsprechenden Pollen unterwegs sind, in der Wohnung verkriechen und die Fenster geschlossen halten!

Auch der Verzicht auf krank machende Lebensmittel ist nur dann von Erfolg gekrönt, wenn der oder die Betroffene nicht auf allzu viele Lebensmittel allergisch ist. Denn dann kann ein konsequenter Verzicht auch zu gefährlichen Mangelerscheinungen im Körper führen.

Merke!

Die Möglichkeiten zur Selbstbehandlung von Allergien beschränken sich auf zwei Methoden:

- Beobachten Sie die Reaktionen Ihres Körpers!
- Meiden Sie den Allergieauslöser!

Die eigene Abwehr unterstützen!

Da natürlich auch die Abwehr durch den ständigen sinnlosen Kampf gegen vermeintliche Feinde weitaus stärker gefordert ist als normal, ist es bei Allergien grundsätzlich sinnvoll, alles zu tun, um diese Abwehrkräfte zu stärken.

- Ernähren Sie sich abwechslungsreich, vitamin- und ballaststoffhaltig; bevorzugen Sie frische Kost.
- Achten Sie auf einen gesunden Stoffwechsel und eine rege Darmtätigkeit. Über Nieren und Darm werden belastende Stoffwechselschlacken und Gifte ausgeschieden.
- Kurbeln Sie Ihre Nierentätigkeit an, indem Sie viel trinken – mindestens zwei Liter täglich! Günstig sind auch regelmäßige Fastentage, Saunagänge und Kneippsche Wasseranwendungen.
- Bemühen Sie sich um Ausgeglichenheit und Zufriedenheit. Versuchen Sie, Hetze und Streß so gut wie möglich von sich fernzuhalten – dann sind Sie auch insgesamt stabiler und weniger krankheitsanfällig!

Kreuzallergien

Recht häufig kommen auch sogenannte Kreuzallergien vor, was bedeutet, daß eine Allergie eine andere auf biologisch oder chemisch verwandte Stoffe nach sich zieht.

Der wichtigste Rat für die Praxis lautet hier: Wenn Sie beispielsweise an einer Katzenallergie leiden, meiden Sie am besten auch andere Stoffe, die mit hoher Wahrscheinlichkeit Allergien auslösen; schaffen Sie sich also nicht unbedingt ausgerechnet einen Hund an.

Mit Kreuzallergie bezeichnet man eine Allergie, die automatisch eine andere Allergie auf verwandte Stoffe nach sich zieht.

Das richtige Medikament

Allergie erkannt – Allergie gebannt? So einfach ist es leider auch in der modernen Medizin nicht. Insbesondere dann, wenn es für den Betroffenen keine Möglichkeit gibt, dem Allergen auf Dauer zu entfliehen. Grundsätzlich kann man auf dreierlei Weise gehen Allergien vorgehen:

- Mit der sogenannten Hyposensibilisierung, bei der der Körper mit stetig steigenden Dosen des krank machenden Stoffes langsam an das Allergen gewöhnt wird. Diese Behandlung ist besonders erfolgreich bei Pollen- und Hausstauballergien. Bei Tierhaaren hingegen bringt sie wenig.
- Medikamentös kann man die ärgsten Symptome bekämpfen, wie etwa Schnupfen, tränende Augen und Hautausschläge. Entsprechende Empfehlungen dazu finden Sie in den Kapiteln zu den jeweiligen Beschwerden.
- Die dritte Möglichkeit ist die Beeinflussung des überaktiven Immunsystems mit entsprechenden Medikamenten.

Antihistaminika sind Medikamente, die im Immunsystem den Überträgerstoff Histamin bremsen. Histamin ist an der Bildung von Antikörpern beteiligt. Allerdings hängt die Wirkung von Antihistaminika stark vom Einzelfall ab.

Nutzen und Risiko der Wirkstoffe

Zum Einsatz bei Allergien kommt eine bestimmte Gruppe von Wirkstoffen, die Antihistaminika. Sie bremsen im Immunsystem den körpereigenen Überträgerstoff Histamin, der an der übermäßigen Immunreaktion beteiligt ist. Allerdings ist die Wirkung nicht bei allen Allergiepatienten gleich gut. Der Erfolg hängt z. B. von der Art der Allergie ab. Bei manchen Patienten, z. B. jenen mit Heuschnupfen oder Nesselsucht, ist die Behandlung recht zufriedenstellend und kann die ärgsten Krankheitssymptome eindämmen.

Risiken und Nebenwirkungen

Der Haken bei der Sache: Fast alle Antihistaminika haben einen gravierenden Nebeneffekt – sie machen müde. Wenngleich viele Hersteller neuerer Produkte von ihren Wirkstoffen behaupten, daß die dämpfende Wirkung nicht mehr so ausgeprägt sei, ist doch beim Autofahren, bei Arbeiten an Maschinen u. ä. Vorsicht angebracht – zumal jeder Patient anders auf ein solches Medikament reagieren kann.

Unser Tip: Ausprobieren!
Zahlreiche Antihistaminika sind rezeptfrei in der Apotheke erhältlich.
Wenn Ihre allergischen Beschwerden nicht zu stark ausgeprägt sind, ist es durchaus einen Versuch wert, ob mit einem solchen Medikament Besserung erreicht werden kann. Fragen Sie auf jeden Fall Ihren Apotheker um Rat.

Allergien

Name/Hersteller	Wirkstoffe	Risiken & Nebenwirkungen
Avil, Avil retard Albert-Roussel	Pheniramin	Benommenheit. Reaktionsvermögen und Fahrtauglichkeit können eingeschränkt sein.
Dimegan Kreussler	Brompheniramin	Müdigkeit, eingeschränkte Reaktionsfähigkeit.
Fenistil Zyma	Dimetiden	Übelkeit gelegentlich. Müdigkeit und eingeschränkte Reaktionsfähigkeit.
Heuschnupfen Systral Asta Medica	Terfenadin	Kopfschmerzen möglich, gelegentlich Verdauungsstörungen.
Hismanal Janssen	Astemizol	Bei längerer Einnahme ist leichte Gewichtszunahme möglich. Tropfen enthalten Alkohol!
Inhibostamin Zyma	Tritoqualin	Gelegentlich Senkung des Blutzuckerspiegels bei Diabetikern.
Lisino Essex Pharma	Loratadin	Mundtrockenheit. Vorsicht bei Kombination mit Cimetidin!

Beratung	Darreichungsform
Für allergische Kleinkinder nur bei exakter Dosierung geeignet. Finger weg bei Blasenproblemen! Nur bedingt für Schwangere zu empfehlen.	Injektionslösung, Tabletten, Sirup, Dragees
Gegen allergische Reaktionen der Haut und der Schleimhäute.	Kapseln
Gegen alle juckenden Hautreizungen, auch gegen Insektenstiche und Ernährungs- oder Arzneimittelallergien. Für Schwangere und Stillende verboten!	Dragees, Tropfen, Sirup, Retardtabletten, Injektionslösung
Gegen Allergien und Neurodermitis. Untersagt für Schwangere und Stillende!	Tabletten
Wird gegen Heuschnupfen und andere allergische Krankheiten, etwa allergische Konjunktivitis, verordnet. Verboten für Stillende! Ungeeignet für Schwangere und bei Akutsituationen.	Tabletten, Tropfen
Verboten für Schwangere! Wenig geeignet für Stillende. Sonst Verordnung bei histaminbedingten Allergien.	Tabletten, Tropfen
Für Schwangere, Stillende und Kinder unter 6 Jahren verboten! Leberleidende sollten die Dosis halbieren. Geeignet bei chronischen Jucksymptomen.	Tabletten

Allergien

Name/Hersteller	Wirkstoffe	Risiken & Nebenwirkungen
Mereprine Marion Merrell	Doxylamin	Müdigkeit, eingeschränkte Reaktionsfähigkeit und Fahrtauglichkeit. Sirup enthält Alkohol!
metaplexan Rhône-Poulenc	Mequitazin	Sehstörungen, eingeschränkte Reaktion und Fahrtauglichkeit.
Omeril Bayer	Mebhydrolin	Mundtrockenheit, manchmal Verdauungsstörungen.
Optimine Essex Pharma	Azatadin	Selten verstärkter oder verminderter Appetit.
Periactinol Frosst Pharma	Cyproheptadin	Vorsicht beim Autofahren: Eingeschränkte Fahrtüchtigkeit möglich! Gelegentlich Benommenheit, Schwindel, Übelkeit.
Polaronil Essex Pharma	Dexchlorpheniramin	Schläfrigkeit, eingeschränkte Fahrtüchtigkeit.
Polistin Päd Trommsdorff	Carbinoxamin	Lichtempfindlichkeit der Haut, Übelkeit gelegentlich.

Beratung	Darreichungsform
Wirkt auch als Schlafmittel. Sonst gegen allergische Reaktionen der Haut und der Atemwege. Während der ersten 3 Schwangerschaftsmonate ungeeignet. Soll auch Unruhe bei Kindern dämmen.	Dragees, Sirup
Verboten während der Schwangerschaft und Stillzeit! Sonst gegen Heuschnupfen, Bindehautkatarrh, Quinckeödem und Juckreiz. Ungeeignet für Kinder. Vorsicht bei Nierenschäden!	Tabletten, Sirup
Mittel gegen allergische Erkrankungen, insbesondere Heufieber und Ekzeme.	Dragees, Saft
Anwendung bei allergischen Reaktionen zusätzlich zu den Standardmaßnahmen. In Schwangerschaft und Stillzeit mit Vorsicht zu gebrauchen.	Tabletten
Ungeeignet für Kinder unter 2 Jahren, ältere geschwächte Patienten und Stillende. Bei Verwendung anderer Medikamente, z. B. trizyklischer Antidepressiva, Hinweise auf Wechselwirkungen beachten. Wirkt gegen Migräne.	Tabletten
Für Schwangere und Stillende wenig geeignet. Mittel gegen Hautkrankheiten sowie Berufs-, Nahrungsmittel- und Arzneimittelallergien.	Tabletten
Nicht für Schwangere und Stillende! Antiallergikum für Kinder.	Lösung

Allergien

Name/Hersteller	Wirkstoffe	Risiken & Nebenwirkungen
Polistin T-Caps Trommsdorff	Carbinoxamin	Lichtempfindlichkeit.
Pro-Actidil Wellcopharm	Triprolidin	Müdigkeit, eingeschränkte Fahrtüchtigkeit, Hautreaktionen.
Repeltin, Repeltin forte Pierre Fabre-Medikosma	Alimemazin	Benommenheit, eingeschränkte Fahrtüchtigkeit.
Soventol Nordmark	Bamipin	Benommenheit, gelegentlich Miktionsbeschwerden bei Kindern unter 12 Jahren.
Tavegil Sandoz	Clemastin	Enthält Alkohol! Verminderte Reaktionsfähigkeit.
Teldane, Teldane forte Marion Merrel	Terfenadin	Magen-Darm-Störungen, Kopfschmerzen.
Tinset Cilag	Oxatomid	Müdigkeit. Gelegentlich zu Behandlungsbeginn erhöhte Eßlust.

Beratung	Darreichungsform
Nicht für Schwangere und Stillende! Gegen juckende Hautkrankheiten und nach Insektenstichen.	Retardkapseln
Antiallergikum. Ungeeignet für Schwangere, Stillende, Kinder unter 10 Jahren und Patienten mit Leber- und Nierenschäden!	Tabletten
Wenig geeignet für Schwangere und Stillende. Sonst gegen Juckreiz.	Tabletten
Mittel gegen allergische Hauterscheinungen, Heuschnupfen, Reisekrankheit.	Filmtabletten
Problematisch für Schwangere und Stillende sowie für Patienten mit Magengeschwür oder Blasenstörungen. Lösung gegen akute Allergien.	Injektionslösung, Sirup, Tabletten
Antiallergikum. Nicht geeignet für Schwangere und Stillende, Kinder unter 6 Jahren (Tabletten), Kinder unter 1 Jahr (Suspension), Kinder unter 12 Jahren (Tabletten forte)!	Tabletten, Suspension
Mittel gegen Allergien, insbesondere Heuschnupfen. Verboten für Schwangere und Stillende!	Tabletten

Allergien

	Name/Hersteller	Wirkstoffe	Risiken & Nebenwirkungen
	Zyrtec UCB/Cassella-Riedel	Cetirizin	Kopfschmerzen, Schwindel, Mundtrockenheit, Überempfindlichkeitsreaktionen.
ÖSTERREICH	**Clarytin** Aesca	Loratadin	Mundtrockenheit. Vorsicht bei Kombination mit Cimetidin!
ÖSTERREICH	**Hismanal** Janssen/Cilag	Astemizol	Bei längerer Einnahme ist leichte Gewichtszunahme möglich. Tropfen enthalten Alkohol!
ÖSTERREICH	**Triludan** Hauser-Cheparin	Terfenadin	Kopfschmerzen möglich, gelegentlich Verdauungsstörungen.
SCHWEIZ	**Fenistil** Zyma	Dimetiden	Möglichst nicht in Schwangerschaft und Stillzeit. Übelkeit, Schwindel, Kopfschmerzen möglich.
SCHWEIZ	**Rhinopront** Mack	Carbinoxamin, Phenylephrin	Schwindel, Übelkeit, Erbrechen, Kopfschmerzen, erhöhte Nervosität und Blutdruckanstieg möglich.
SCHWEIZ	**Teldane/- forte** *Rp* Marion Merrell	Terfenadin	Schwere Leberfunktionsstörungen, Schläfrigkeit, Kopfschmerzen und Magen-Darm-Beschwerden möglich.

Beratung	Darreichungsform
Mittel gegen chronische Nesselsucht (Urtikaria). Ungeeignet für Schwangere, Stillende, Kinder unter 12 Jahren und Patienten mit schweren Nierenerkrankungen!	Filmtabletten, Tropfen, Saft
Für Schwangere, Stillende und Kinder unter 6 Jahren verboten. Leberleidende sollten die Dosis halbieren. Geeignet bei chronischen Jucksyndromen.	Tabletten, Suspension
Wird gegen Heuschnupfen und andere allergische Krankheiten, etwa allergische Konjunktivitis, verordnet. Verboten für Stillende! Ungeeignet für Schwangere und bei Akutsituationen.	Tabletten, Suspension
Nicht für Schwangere und Stillende. Gegen Allergien und bei Neurodermitis.	Tabletten, Suspension
Symptomatische Behandlung von Allergien, insbesondere der oberen Atemwege. Verminderung der Reaktionsfähigkeit. Nicht für Säuglinge und Kleinkinder.	Dragees, Tropfen
Bei Schnupfen, Heuschnupfen, Schwellungszuständen der Nase und der Nasennebenhöhlen. Vorsichtige Dosierung bei Herz-Kreislauf-Erkrankungen, Schilddrüsenerkrankungen und Diabetes. Möglichst nicht in Schwangerschaft und Stillzeit.	Kapseln, Saft
Gegen Heuschnupfen, Hausstauballergien, Bindehautentzündung, allergische Hauterkrankungen. Enthält Alkohol! Vorsicht bei Kombination mit anderen Medikamenten! Möglichst nicht in Schwangerschaft und Stillzeit.	Tabletten, Suspension

Altersbeschwerden

Wie üblich zuerst die schlechte Nachricht: Den Jungbrunnen hat die Menschheit bis heute nicht gefunden, das lang ersehnte Wundermittel gegen den Alterungsprozeß gibt es leider noch immer nicht.

Und nun die gute: Wie gesund und fit wir im Alter sind, bestimmen wir weitgehend selbst. Allerdings nicht, wenn wir schon alt sind, sondern von Jugend an. Wer zeitlebens vernünftig und maßvoll gelebt hat, hat auch bessere Karten, sein Alter ohne schwere Krankheiten zu verleben.

Typische Krankheitssymptome

Hauptursachen von Alterserkrankungen

Auch wenn es noch keinen Jungbrunnen gibt, kann jeder selbst mitbestimmen, wie gesund und fit er im Alter sein wird. Eine gesunde und vernünftige Lebensweise ist dabei das wichtigste.

- **Normaler Verschleiß**: Es ist noch nicht unbedingt als krankhaft anzusehen, daß im höheren Alter alle Organe des Körpers langsamer arbeiten, Knochen, Muskeln, Sehnen und Gelenke schwächer werden. Daß damit der ganze Körper insgesamt störanfälliger wird, ist durchaus normal und unvermeidlich.
- **Erworbene Krankheiten:** Dies sind vor allem jene, die wir uns im Laufe eines Lebens durch Fehler in der eigenen Lebensweise selbst eingehandelt haben. Mit ziemlicher Sicherheit rächen sich langjährige Sünden wie Rauchen (die Folge sind Herz-Kreislauf-Probleme, Krebs), Alkoholgenuß (führt zu Bluthochdruck, Leberleiden), falsche Ernährung (Übergewicht, Herz-Kreislauf-Probleme, Bluthochdruck, Diabetes u.a.), Bewegungsmangel (Übergewicht, Venenleiden, Herz-Kreislauf-Probleme u.a.). Solcherart selbstverschuldete Erkrankungen können oft Hand in Hand gehen mit
- **Anlagebedingten Erkrankungen:** Dies ist die Gruppe all jener Krankheiten, die in der Familie liegen. Häufig sind dies z. B. Bluthochdruck, Venenschwäche, rheumatische Erkrankungen, Krebs und viele mehr.

Die Symptome der allgemein als Altersschwäche bezeichneten Krankheit sind eher unspezifisch. Sie reichen von geringerer Leistungsfähigkeit und Belastbarkeit über nachlassende Gedächtnisleistung bis hin zu Schwäche- und Ermüdungszuständen.

Unser Tip: Vorbeugen!

Wenn in Ihrer Familie bestimmte Krankheiten aufgetreten sind, die zumindest anlagebedingt, wenn nicht vererbbar sind, sollten Sie dem Ausbruch dieser Krankheit unbedingt mit einer entsprechenden Lebensweise vorbeugen – und zwar von Jugend an!
Vorbeugen ist leicht, krank sein ist grausam.

Ein weiterer wichtiger Aspekt ist im Alter die psychische Situation: Häufig treten Angstgefühle, Depressionen und Kontaktscheu auf.

Auch können sich charakterliche Merkmale verstärken, sogar ins Negative umschlagen. Aus Sparsamkeit kann dann ausgeprägter Geiz werden, aus Umgänglichkeit weltabgewandtes Eigenbrötlertum.

Im Alter können sich frühere Charaktereigenschaften verstärken oder auch ins Gegenteil umschlagen: Aus Sparsamkeit kann ausgeprägter Geiz werden; aus einem geselligen, umgänglichen Zeitgenossen kann ein weltabgewandter Eigenbrötler werden.

Die Krankheitsursachen

Die Gründe für eine allgemeine Altersschwäche liegen zunächst einmal in der Tatsache, daß wir heute deutlich älter werden als die Menschen in früheren Jahrhunderten. Allerdings haben wir auch wesentlich bessere Karten, das Leben auch in hohem Alter zu genießen, aktiv, fröhlich und fit zu bleiben. Dank guter Ernährung, moderner Hygiene und medizinischer Errungenschaften haben immer mehr Menschen heute die Chance, im Alter selbstbewußt am Leben teilzunehmen.

Einschränkungen sind unvermeidlich

Trotz all dem Optimismus: Gewisse Einschränkungen müssen wir am Ende eines langen Lebens natürlich in Kauf nehmen; Einschränkungen, die auch nur teilweise von uns zu beeinflussen sind. Diese können natürlich individuell verschieden sein. Einzelne Organe machen einfach eher schlapp als andere, und lebenswichtige Nährstoffe können vom Körper nicht mehr ausreichend aufgenommen werden.

Wann Sie den Arzt brauchen

Bei allgemeiner, noch als normal einzustufender Altersschwäche brauchen Sie in der Regel keinen Arzt, sondern liebevolle Verwandte und Freunde, die Ihnen eventuell beschwerlich fallende Verrichtungen abnehmen können. Die Hilfe des Experten sollten Sie jedoch in Anspruch nehmen, wenn

Unser Tip: Sauerstoff tanken!
Der älter werdende Organismus nimmt Sauerstoff nur noch zu 40 Prozent auf.
Deshalb: Reichlich frische Luft tanken! Einmal im Jahr eine Sauerstoffkur machen!

- Spezifische Krankheitssymptome auftreten wie z. B. Gedächtnisausfälle, Herzbeschwerden, Kreislaufstörungen, Probleme mit Magen, Darm, Blase oder anderen einzelnen Organen
- Schwere psychische Störungen auftreten wie z. B. Angstgefühle, Hilflosigkeit, Orientierungsprobleme und sogar Depressionen.

Die sanfte Selbstbehandlung

Auch im dritten Lebensabschnitt können Sie eine Menge dazu beitragen, aktiv und fröhlich zu bleiben. In erster Linie sollten Sie Ihre Lebensweise so umstellen, daß Sie den Bedürfnissen des geschwächten Körpers Rechnung tragen und ihn so gut wie möglich unterstützen.

Trinken Sie genug? Gerade ältere Menschen nehmen viel zuwenig Flüssigkeit auf. Mindestens zwei, besser jedoch drei Liter Flüssigkeit sind dringend zu empfehlen.

Fünf goldene Regeln für ein glückliches Alter

Regel 1: Viel trinken!

Ältere Menschen verspüren selten Durst und trinken daher entschieden zuwenig. Der Körper braucht die Flüssigkeit jedoch, um das Gewebe und alle Organe funktionstüchtig zu erhalten. Zwei Liter Flüssigkeit am Tag sind ein absolutes Muß! Günstig: Mineralwasser, ungesüßte Obst- und Gemüsesäfte, Früchte- und Kräutertees.

Auch im dritten Lebensabschnitt sollten und können Sie noch voll auf der Höhe sein: Trainieren Sie Ihr Gedächtnis, Ihre Fitneß. Je mehr Sie unternehmen, desto mehr können Sie wieder leisten.

Regel 2: Gut essen!

Gerade am Essen dürfen Sie nicht sparen! Der ältere Organismus braucht eine sehr hochwertige Kost, die reich sein soll an Vitaminen, Spurenelementen, Mineralstoffen, Eiweiß und Ballaststoffen. Geizen Sie mit Fetten, vor allem tierischen, Zucker und Weißmehlprodukten, bevorzugen Sie frische Kost (Obst, Gemüse, Rohkost), Vollkornprodukte, und essen Sie regelmäßig Fisch. Niemals Speisen aufwärmen, nicht zu häufig Konserven, Fertiggerichte oder Tiefkühlkost verzehren!

Regel 3: Treiben Sie Gehirnjogging!

Schlüssel verlegt, Verabredung vergessen – das sind die ersten Zeichen der nachlassenden Tätigkeit Ihrer grauen Zellen. Damit müssen Sie sich nicht abfinden. Machen Sie gezielt Gehirnjogging, am besten täglich. Ein gutes Training sind Kreuzworträtsel, Spiele wie Mühle, Dame, Schach oder Halma – führen Sie ein Tagebuch, schreiben Sie Briefe. Bedenken Sie auch: Übergewicht, hoher Blutdruck, Diabetes und ein zu hoher Cholesterinspiegel fördern die Arterienverkalkung und schmälern damit auch die Hirnleistung. Solche Erkrankungen müssen Sie ärztlich behandeln lassen. Auch Alkohol und Nikotin sind gefährliche Gehirnkiller.

Regel 4: Werden Sie ein Freizeitprofi!

Beugen Sie Depressionen, Angstzuständen und Einsamkeit vor, indem Sie ganz bewußt Freundschaften pflegen. Schließen Sie sich nicht zu Hause ein, besuchen Sie statt dessen Theater- und Konzertveranstaltungen, treten Sie einem Verein bei. Warum sich nicht noch einmal weiterbilden – etwa mit Volkshochschulkursen –, neue Menschen und vielleicht andere Länder kennenlernen? Werden Sie aktiv, Sie haben jetzt viel Zeit – und diese sollten Sie sinnvoll für sich nutzen!

Regel 5: Trimmen – auch für Senioren!

Leichtere Beschwerden an Herz, Kreislauf, Muskeln und Gelenken werden von älteren Menschen gern als Vorwand genommen, keinen Sport mehr treiben zu können. Die Folgen sind jedoch verheerend: Die Krankheiten schreiten rascher als sonst voran, Muskeln und Gelenke rosten immer mehr ein, Ihre Selbständigkeit wird zunehmend eingeschränkt. Versuchen Sie unbedingt, entsprechend Ihren körperlichen Möglichkeiten regelmäßig etwas Ausgleichssport zu treiben. Trimmende Senioren bestätigen: Das Treppensteigen fällt wieder leichter, Schmerzen im Rücken und in den Gelenken gehen zurück, die Hüften werden beweglicher. Hervorragend für alte Menschen geeignete Sportarten sind moderates Joggen, Wandern, Schwimmen, Wassergymnastik, Radfahren und Skilanglauf.

Geriatrika sind Medikamente, die den Alterungsprozeß und die Verschleißerscheinungen bremsen. Sie mobilisieren den Stoffwechsel und das Immunsystem und stabilisieren Psyche und Lebensmut.

Das richtige Medikament

Gegen die Altersschwäche, die verstärkt auftretenden täglichen Störungen der Befindlichkeit und Verschleißerscheinungen gibt es eine Gruppe von Wirkstoffen unter dem Namen Geriatrika. Sie können damit den Alterungsprozeß zwar nicht aufhalten, jedoch seine Auswirkungen in Grenzen halten und die Voraussetzungen dafür schaffen, daß Sie leistungsfähig und fröhlich bleiben.

Unser Tip: Konsequent einnehmen!
Geriatrika greifen in der Regel sanft in die verschiedenen Vorgänge im Körper ein. Sie sollten daher regelmäßig und über einen längeren Zeitraum eingenommen werden.

Was leisten Geriatrika?

Im Handel sind zahlreiche Produkte mit unterschiedlicher Wirkung. Sie verbessern Durchblutung, Sauerstoffzufuhr und Kreislauf, sie mobilisieren Stoffwechsel und Immunsystem, sie stabilisieren Psyche und Lebensmut.

Merke!
Geriatrika können nur Auswirkungen des Alterungsprozesses bremsen. Mit ihnen allein sind bereits bestehende ernste Schäden an Gefäßen oder Organen nicht mehr zu beheben.

Nutzen und Risiko der Wirkstoffe

Klassiker Ginseng

Der Klassiker unter den Geriatrika ist die in China beheimatete Ginsengwurzel. Sie bessert ganz allgemein die Leistungs- und Konzentrationsfähigkeit und trägt zur Stabilisierung der Psyche bei. Ähnlich wirkt die aus Rußland stammende Taigawurzel (Eleutherococcus). Grundsätzlich kann man Ginseng fast bedenkenlos langfristig einnehmen; da jedoch Nebenwirkungen nicht ganz auszuschließen sind, ist folgendes zu beachten: Bluthochdruckkranke sollten vor Einnahme den Arzt zu Rate ziehen; in sehr seltenen Einzelfällen kann es bei der Therapie zu Hautausschlägen und Nervosität kommen – dann setzen Sie das Präparat lieber ab.

Die Dosis macht's: Knoblauch ist erwiesenermaßen hilfreich bei erhöhten Blutfettwerten, Arterienverkalkung, Gefäßverengungen und hohem Blutdruck.

Lecithin und Knoblauch

Ebenfalls zur Steigerung der Konzentrations- und Leistungsfähigkeit wird das Lecithin empfohlen.

Gegen Gefäßverengungen, Fetteinlagerungen in den Gefäßwänden, gegen die Arterienverkalkung, erhöhte Blutfettwerte sowie den hohen Blutdruck empfiehlt sich der Knoblauch. Die Wirkung ist wissenschaftlich nachgewiesen, mit Nebenwirkungen ist nicht zu rechnen. Zu beachten ist beim Verzehr von Knoblauchpräparaten lediglich: Die Dosis macht's!

Durchblutungsfördernder Gingko

Vor allem gegen Durchblutungsstörungen im Gehirn sowie in den Gefäßen von Händen, Armen und Beinen empfiehlt sich Ginkgo, ein Extrakt des gleichnamigen japanischen Baumes. Die Wirkung des Ginkgos ist überzeugend, Nebenwirkungen wurden bislang nicht beobachtet.

Zusätzliche Vitamine, Mineralstoffe und Spurenelemente sind im Alter durchaus ratsam. Hier sind es vor allem die Vitamine der B-Gruppe, A und C sowie die Mineralstoffe Magnesium, Calcium und die Spurenelemente Chrom und Zink.

Altersbeschwerden

Name/Hersteller	Wirkstoffe	Risiken & Nebenwirkungen
Buerlecithin Roland	Sojalecithin	Vorsicht: Enthält Alkohol!
Geriatric Pharmaton Thomae	Ginseng und andere	Ungeeignet bei Eisenverwertungs-störungen, Jodempfindlichkeit, Epi-lepsie. Vorsicht bei Schwangerschaft und in der Stillzeit, in Einzelfällen bei allergischer Überempfindlichkeit!
Geriatricum-Pascoe Pascoe	Procain und Vitamine	Ungeeignet bei Überempfindlichkeit gegen Procain und erhöhtem Calciumgehalt im Blut (Hyper-kalzämie). Wechselwirkung mit anderen Medikamenten möglich.
Gingium Hexal	Ginkgo biloba	Selten leichte Magen- oder Darmbeschwerden. Vorsicht bei Überempfindlichkeit gegen Ginkgo biloba!
Ginkgo biloba comp. Hevert Hevert	Ginkgo biloba	Überempfindlichkeit gegen Ginkgo biloba. Tropfen enthalten Alkohol!
Ginkobil-N ratiopharm ratiopharm	Ginkgo biloba	Selten leichte Magen- oder Darmbeschwerden. Überempfindlichkeit gegen Ginkgo biloba.
Ginkodilat Azupharma	Ginkgo biloba	Selten leichte Magen- oder Darmbeschwerden. Überempfindlichkeit gegen Ginkgo biloba.

Beratung	Darreichungsform
Pflanzliches Kombinationsmittel aus Phospholipiden; gegen Leistungsabfall, Arteriosklerose, Nervosität angeboten.	Tonikum
Kombinationspräparat aus Ginsengextrakt, Vitaminen und zahlreichen anderen Stoffen; gegen verminderte Leistungsfähigkeit angeboten.	Kapseln
Homöopathisches Kombinationspräparat zur biologischen Behandlung von Alterskrankheiten und Krankheiten, die den Körper stark angreifen. Vorsicht in der Schwangerschaft!	Dragees
Pflanzliches Mittel; angeboten zur Behandlung von Hirnleistungs- und Durchblutungsstörungen.	Filmtabletten, Lösung
Homöopathisches Mittel bei Mangeldurchblutung im Gehirn und arteriosklerotischen Beschwerden.	Tropfen, Injektionslösung
Pflanzliches Mittel gegen Hirnleistungsstörungen.	Filmtabletten
Pflanzliches Mittel gegen Hirnleistungsstörungen.	Filmtabletten

Altersbeschwerden

Name/Hersteller	Wirkstoffe	Risiken & Nebenwirkungen
Ginkopur Nattermann	Ginkgo biloba	Selten leichte Magen- und Darmbeschwerden. Überempfindlichkeit gegen Ginkgo biloba.
Ginsana Boehringer Ingelheim	Ginseng	Tonic enthält Alkohol! Nebenwirkungen nicht bekannt.
Ginseng Biopharma	Ginseng	Nebenwirkungen nicht bekannt.
Ginseng Gold N Spreewald-Pharma	Ginseng	Enthält Alkohol!
Kaveri Lichtwer	Ginkgo biloba	Nicht bei Überempfindlichkeit gegen Ginkgo biloba. Selten Magen- und Darmbeschwerden.
Kneipp Drei-Pflanzen-Dragees Kneipp	Mistel, Weißdorn, Knoblauch	Vorsicht bei Eiweißüberempfindlichkeit! Selten allergische Reaktionen oder Magen-Darm-Beschwerden.
Kneipp Ginseng Dragees Kneipp	Ginsengwurzel	Keine Risiken bekannt.

Beratung	Darreichungsform
Pflanzliches Mittel gegen Hirnleistungsstörungen.	Filmtabletten
Pflanzliches Mittel gegen Schwäche und Erschöpfung und zur Leistungssteigerung. Für Kinder ungeeignet.	Kapseln, Tonic
Pflanzliches Mittel bei nachlassender Leistungs- und Konzentrationsfähigkeit.	Kapseln
Pflanzliches Tonikum zur Stärkung bei Müdigkeit und Schwächegefühl.	Tonic
Pflanzliches Mittel gegen Störungen der Hirndurchblutung.	Tropfen, Filmtabletten
Pflanzliches Mittel zur Vorbeugung gegen Arterienverkalkung.	Dragees
Zur Stärkung und Kräftigung bei Müdigkeits- und Schwächegefühl, nachlassender Leistungs- und Konzentrationsfähigkeit sowie in der Genesungsphase.	Dragees

Altersbeschwerden

	Name/Hersteller	Wirkstoffe	Risiken & Nebenwirkungen
	Kneipp Ginseng Tonic Kneipp	Ginsengwurzel, Alkohol	Nicht bei Leberkranken, Alkoholkranken, Epileptikern, Hirngeschädigten, Schwangeren und Kindern. Enthält 15 Vol.-% Alkohol!
	Kneipp Knoblauch Dragees N Kneipp	Knoblauchzwiebeln	In seltenen Fällen Magen-Darm-Beschwerden und allergische Reaktionen.
	Kwai Lichtwer	Knoblauch	Selten Magen-Darm-Beschwerden oder allergische Reaktionen.
ÖSTERREICH	**Ceremin** Madaus	Ginkgo biloba	Selten Magen-Darm-Beschwerden, Kopfschmerzen, Schlafstörungen.
ÖSTERREICH	**Ginsana** Bender	Ginseng	Nicht bei Allergie gegen Ginseng. Bei hohen Dosen Nervosität, Zittern, Hautreaktionen.
SCHWEIZ	**Ginsana** GPL	Ginsengextrakt	Fahrzeug- und Maschinenführer den Alkoholgehalt von Tonic beachten!
SCHWEIZ	**Panax Ginseng »Pine Brand«** Panax	Ginsengextrakt	Wegen des Alkoholgehalts keine Anwendung während Schwangerschaft und Stillzeit.

Beratung	Darreichungsform
Als Tonikum zur Stärkung und Kräftigung bei Müdigkeits- und Schwächegefühl, nachlassender Leistungs- und Konzentrationsfähigkeit sowie in der Genesungsphase.	Tonikum
Mehrere klinische Studien ergaben, daß dieses Produkt eine sehr gute Wirkung hat. Zur Vorbeugung altersbedingter Gefäßveränderungen (Arterienverkalkung). Völlig geruchlos.	Dragees
Knoblauch und Weißdorn gegen frühe Altersbeschwerden.	Dragees
Pflanzliches Mittel zur Verbesserung der Gehirndurchblutung und der Hirnleistung.	Tabletten, Tropfen
Vorsicht in Schwangerschaft und Stillzeit. Bei Müdigkeit, Abgespanntheit, zur Konzentrationssteigerung.	Kapseln, Tonikum
Pflanzliches Präparat. Enthält als Tonic Alkohol. Dient der körperlichen und geistigen Leistungssteigerung. Tonic ohne Alkohol für Diabetiker ungeeignet, da zuckerhaltig.	Kapseln, Tonic, Tonic ohne Alkohol, Tabs
Dieses Heilmittel auf pflanzlicher Basis steigert die geistige und körperliche Leistungsfähigkeit, insbesondere bei Konzentrationsschwäche und in der Rekonvaleszenz.	Kapseln, Extrakt in Tropfenform

Atemwegserkrankungen

Das gesamte System unserer Atemwege umfaßt Nase, Mund und Rachenraum, Kehlkopf sowie Bronchien, Lunge und Zwerchfell. Die Atemwege sind besonders gefährdet, denn sie müssen nicht nur ständig mit Umwelt- und Luftschadstoffen sowie eventuell Zigarettenrauch fertig werden, sondern sind auch verstärkt den Angriffen durch Viren und Bakterien ausgesetzt. Im folgenden behandeln wir vor allem die weitverbreiteten Krankheiten Bronchitis (siehe Seite 77) und Asthma (siehe Seite 81), deren Behandlungsmöglichkeiten und entsprechende Medikamente. Auf Seite 81 wird darüber hinaus genau erklärt, was eigentlich passiert, wenn wir husten.

Zu den häufigsten Erkrankungen der Atemwege zählen grippale Infekte. Ausführliche Informationen über Behandlungsmöglichkeiten und Medikamente finden Sie im Kapitel »Erkältung/Grippe« Seite 160.

Die Atmungsorgane

Die Luft, die wir zum Leben brauchen, atmen wir durch Mund und Nase ein. Durch die Luftröhre gelangt die – inzwischen vorgewärmte und angefeuchtete – Luft in die Bronchien, ein feinverästeltes Röhrensystem, das die Luft nunmehr zu ihrem eigentlichen Zielort weiterleitet, nämlich in die Lungenbläschen.

Sauerstoffabrik Lunge:
In der Lunge wird der eingeatmete Sauerstoff ins Blut geschleust, während umgekehrt das Kohlendioxid aus dem verbrauchten Blut wieder ausgeatmet wird.

Sauerstoffabrik Lunge

Hier passiert die lebensnotwendige Arbeit: Aus der frisch eingeatmeten Luft wird der Sauerstoff ins Blut übernommen, während die Schadstoffe aus dem verbrauchten Blut (Kohlendioxid) in die Lungenbläschen zurückbefördert und später ausgeatmet werden. Der Vorgang des Ein- und Ausatmens geschieht durch ständige Pumpbewegungen der Atemmuskulatur in Brustkorb und Zwerchfell.

Bronchitis

Bei der Bronchitis sind die Schleimhäute der Luftwege entzündet und angeschwollen, es bildet sich verstärkt Schleim, der abgehustet wird. Zu unterscheiden ist zwischen der

- Akuten Bronchitis, die in der Regel im Zusammenhang mit einer Erkältung auftritt, und der
- Chronischen Bronchitis, unter der vor allem viele Raucher leiden.

Akute Bronchitis erkennt man an:

- **Schmerzhaftem Husten**
- **Leicht erhöhter Temperatur**
- **Schleimigem Auswurf.**

Typische Krankheitssymptome

Die akute Bronchitis ist verbunden mit schmerzhaftem Husten, eventuell leicht erhöhter Temperatur und schleimigem Auswurf. Der Husten kann so stark werden, daß er gelegentlich sogar zum Erbrechen führt.

Rauchern droht Atemnot

Die Symptome einer chronischen Bronchitis sind ganz ähnlich, auch wenn viele Raucher diese verschämt als morgendlichen Raucherhusten bezeichnen. Typisch für die chronische Bronchitis ist, daß sie das ganze Jahr über anhält und der ausgehustete Schleim immer zäher wird, bis er in einem fortgeschritteneren Stadium bereits zur Atemnot führt.

Bei der chronischen Bronchitis bzw. immer wieder auftretenden bronchialen Erkrankungen ist die Schleimhaut der Bronchien mit hoher Wahrscheinlichkeit schon vorgeschädigt, so daß Infektionen Tür und Tor geöffnet ist.

Die Krankheitsursachen

In der Regel sind für die akute Bronchitis auch jene Erreger zuständig, die alle anderen Erkältungssymptome hervorrufen. Dabei handelt es sich in der Regel meist um Viren, seltener um Bakterien.

Vor allem für Raucher gilt:
Chronischen Husten nicht auf die leichte Schulter nehmen!
Denn die zunächst noch als harmlos verkannte Krankheit verschlimmert sich leise schleichend, bis sie sogar lebensbedrohlich werden kann.
Der Zustand der Bronchialschleimhaut verschlechtert sich ständig weiter, Atemnot und Sauerstoffmangel können die Folge sein.
Schließlich ist sogar die ganze Lunge betroffen: Ihre Blutgefäße werden eingeengt, sie wird anfälliger für Krankheitserreger, die Gefahr von Lungenentzündungen und sogar Lungenkrebs steigt erheblich.

Chronisch unterschätzte Bronchitis: Leider wird Bronchitis oftmals stark unterschätzt. Der allmorgendliche Husten ist ebensowenig normal wie die häufige Atemnot. Vor allem Raucher verschließen die Augen vor der Realität.

Wann Sie den Arzt brauchen

Eine akute Bronchitis sollte sich bei Selbstbehandlung mit Hustentees, -säften oder Inhalationen nach zwei bis drei Tagen bessern. Tut sie es nicht, muß der Arzt zu Rate gezogen werden. Ferner ist der Arztbesuch unerläßlich, wenn

- Sie beim Husten Blut spucken
- Sich hohes Fieber einstellt
- Atembeschwerden und Schmerzen beim Atmen auftreten.

Die chronische Bronchitis gehört ohnehin in ärztliche Behandlung – je eher, desto besser! Scheuen Sie bitte nicht den Weg zum Arzt!

Die sanfte Selbstbehandlung

Neben einer Arzneimitteltherapie mit naturnahen Produkten können Sie noch einiges mehr tun, um zum einen eine weitere Reizung Ihrer Atemwege zu vermeiden und zum anderen das Abhusten zu erleichtern.

- Für ausreichende Luftfeuchtigkeit in beheizten Räumen sorgen, indem Sie z. B. eine Schüssel Wasser auf die Heizkörper stellen.
- Stets für gut durchlüftete Räume sorgen.
- Vermeiden Sie in dieser Zeit konsequent den Aufenthalt in schlechter Luft mit Autoabgasen oder anderen Umweltschadstoffen sowie trockener und überheizter Büroluft voll Reizstoffen von rauchenden Kollegen und Bürogeräten!
- Trinken Sie, soviel Sie können! Aber keine kalten Getränke, am besten Tees oder lauwarmes Mineralwasser. Die Flüssigkeit erleichtert das Abhusten und Atmen.
- Im akuten Krankheitsfall auf keinen Fall rauchen!
- Lutschen Sie ständig Hustenbonbons oder Pastillen, die die Speichelproduktion ankurbeln und die Bronchialschleimhaut schützen und feucht halten.

Hustentees mit Pflanzenauszügen (z. B. Thymian, Fenchel, Spitzwegerich) helfen in der Regel gut gegen akute Bronchitis.

Das richtige Medikament

Bei der medikamentösen Behandlung der Bronchitis geht es vor allem um zwei Ziele: zum einen, den Husten und die damit verbundenen Schmerzen abklingen zu lassen, und zum zweiten, den zähen Schleim aus den Bronchien zu verflüssigen, um ihn so leichter herauszubefördern.

Nutzen und Risiken der Wirkstoffe

Für die Behandlung einer akuten Bronchitis genügen in aller Regel gängige Hustentees mit Pflanzenauszügen (z. B. Thymian, Fenchel, Spitzwegerich). Informationen über die im Handel befindlichen Hustenmittel, deren Wirkstoffe und Risiken finden Sie im Kapitel »Erkältung/Grippe« Seite 160.

Antibiotika für schwere Fälle

Bei schweren Verlaufsformen, wenn vom Arzt bakterielle Erreger als Ursache festgestellt wurden, sowie bei einigen schweren Formen der chronischen Bronchitis kann auch der Einsatz von Antibiotika sinnvoll sein.

Gegen die schwere Bronchitis wird häufig das Antibiotikum Amoxicillin eingesetzt. Bei diesem Wirkstoff handelt es sich um einen Vertreter der Penicilline, der im Gegensatz zu anderen Penicillinen vom Körper gut aufgenommen wird.

Unser Tip:
Antibiotika nicht leichtfertig nehmen!
Erwägen Sie gemeinsam mit Ihrem Arzt sehr sorgfältig, ob die Risiken, die eine Antibiotikatherapie birgt, in Ihrem Fall wirklich in Kauf genommen werden sollen!

Antibiotika nicht leichtfertig einsetzen!

Neben zahlreichen im Einzelfall unterschiedlichen anderen Nebenwirkungen bergen Antibiotika vor allem zwei Hauptrisiken:

- **Resistenzgefahr**
  Antibiotika vernichten Bakterien, und diese wissen sich gut zu wehren.
  Je öfter sie mit Medikamenten beschossen werden, desto größer wird das Risiko, daß die Bakterien gegen die Antibiotika eine Resistenz entwickeln.
  Resistente Bakterien können von den bekannten Antibiotika nicht mehr erfolgreich bekämpft werden.

- **Gefahr von Pilz- und Virusinfektionen**
  Die Wirkstoffe im Antibiotikum können nicht zwischen guten und schlechten Bakterien unterscheiden, und deshalb kann es bei einer solchen Therapie auch zur Zerstörung von nützlichen Bakterien auf den Schleimhäuten und im Verdauungsapparat kommen, die lebenswichtige Schutz- und Hilfsfunktionen für den Körper ausüben. Diese Schwächung kann wiederum krankmachenden Pilzen und Viren eine Gelegenheit zur Ausbreitung geben.

Wenn Bakterien zu oft mit einem Antibiotikum behandelt werden, dann können sie gegen dieses Mittel resistent werden; d.h., dieses Antibiotikum bleibt ohne Wirkung. Deshalb der Rat: Setzen Sie Antibiotika nicht leichtfertig ein!

Nach einer Antibiotikatherapie treten häufig auf:

- Pilz- und Virusinfektionen
- Verdauungsstörungen (Durchfall).

Was passiert, wenn wir husten?

Husten ist ein automatischer Reflex, der durch eine Reizung der Innenwände der Atemwege ausgelöst wird. Dies kann durch Entzündungen oder durch äußere Einwirkungen verursacht sein.

Sinn des Hustens ist die Wahrnehmung einer Schutzfunktion: Fremdkörper werden dadurch genauso nach außen befördert wie Schleim, der sich bei Entzündungen bildet. Die Atemwege werden freigehalten.

In der Regel ist der Husten also eine nützliche Einrichtung und braucht nicht behandelt zu werden. Dies ist erst nötig, wenn er lang anhaltend, quälend und trocken ist. Im Normalfall hört er aber auf, wenn die Reizursache beseitigt oder ausgeheilt ist.

Hilfreich ist immer, viel zu trinken – dadurch wird der Schleim verflüssigt und kann leichter ausgehustet werden. Genauso wirken Inhalationen und Einreibungen mit ätherischen Ölen.

Asthma

Das Asthma ist eine der Bonchitis eng verwandte Krankheit; nicht immer sind die beiden voneinander zu unterscheiden. In beiden Fällen sind Schleimhaut und Muskulatur der Bronchien betroffen.

Asthma und Bronchitis: Beide Krankheiten sind eng verwandt. Im Gegensatz zur Bronchitis tritt Asthma jedoch anfallsartig auf und verursacht Atemnot.

Typische Krankheitssymptome

An zwei Faktoren können Sie relativ leicht erkennen, ob es sich bei Ihrer vermeintlichen Bronchitis um Asthma handelt oder wenigstens eine asthmatische Neigung vorliegt:

- Im Gegensatz zur Bronchitis tritt Asthma anfallsartig auf.
- Neben dem Reizhusten kommt es auch zu Atemnot.

Beim Asthmaanfall zieht sich die Bronchialmuskulatur krampfartig zusammen, der zähe Schleim kann kaum hochgehustet werden, der Kranke bekommt keine Luft mehr.

Die Krankheitsursachen

Beim Asthma greifen viele Faktoren ineinander, die im Einzelfall ganz unterschiedlich sein können.

Merke!
Heute ist die Tatsache gesichert, daß die Neigung zu einer überempfindlichen Schleimhaut der Bronchien angeboren ist. Wenn also in Ihrer Familie schon Erkrankungen der Atemwege aufgetreten sind, sollten Sie in Ihrer persönlichen Lebensführung alles vermeiden, was Ihre Bronchien zusätzlich belasten kann.

Selbsttherapie ist bei Asthma nicht möglich: Zusammen mit Ihrem Arzt können Sie den Auslöser der Krankheit herausfinden. Heute gilt als gesichert, daß die Neigung zu Asthma angeboren sein kann.

Als besonders häufige Auslöser des Asthmas gelten heute:

- Chronische Bronchitis
- Psychische Überlastung durch Streß, unterdrückte Aggressionen und Frustrationen
- Allergien, hier vor allem Tierhaare, Pollen, diverse Chemikalien, Hausstaub, Medikamente
- Häufige Infektionen der Atemwege
- Ständiger Aufenthalt in stark verschmutzter Luft
- Klimatische Faktoren (feuchtkalte Luft, Nebel).

Diagnose nur durch den Arzt

Beim geringsten Verdacht auf Asthma geht es nicht mehr ohne ärztliche Hilfe. Denn nur der Mediziner kann eine sichere Diagnose stellen, und nur gemeinsam können Sie den Auslöser für das Asthma herausfinden.

Zudem sind die stärker wirksamen Asthmamedikamente überwiegend verschreibungspflichtig – aus gutem Grund:

- Zum einen muß der Arzt Ihnen die richtige Anwendung der Medikamente erläutern.
- Zum anderen soll der Erfolg der Behandlung regelmäßig kontrolliert werden.

Kinder haben größere Chancen!
Kinder erkranken heute recht häufig zwischen dem fünften und zehnten Lebensjahr an Asthma. Im Gegensatz zu Erwachsenen, bei denen die Krankheit in aller Regel nicht auszuheilen ist, verschwindet sie bei Kindern oftmals mit Ende der Pubertät.

Die sanfte Selbstbehandlung

Wie gesagt, ohne Arzt geht es beim Asthma nicht. Eine Selbstbehandlung ist nicht ratsam. Sie können lediglich einiges tun, um einem Asthmaanfall vorzubeugen:

- Unbedingt das Rauchen aufgeben.
- Streß abbauen, ruhig und ausgeglichen leben.
- Meiden Sie einen längeren Aufenthalt in Gegenden mit hoher Luftverschmutzung.
- Machen Sie regelmäßig Urlaub für die Gesundheit: wenig ratsam sind Ferien in extremen Klimalagen (Tropen, feuchtkalte Klimata).
- Schützen Sie sich in der kalten Jahreszeit vor Erkältungen.
- Treiben Sie moderaten Ausgleichssport, z. B. Schwimmen, Wandern, Radfahren, Gymnastik.

Unser Tip: Entspannen!
Beim Asthmaanfall spielt psychische Überforderung eine große Rolle. Und diese kann durch die Krankheit selbst verstärkt werden, nämlich durch die Angst vor dem nächsten Anfall. Als sehr hilfreich haben sich hier die verschiedenen Entspannungstechniken erwiesen, besonders das autogene Training.

Vorbeugung als einzige Chance
- Meiden Sie psychische Überforderung!
- Stellen Sie das Rauchen ein!
- Leben Sie entspannter!
- Machen Sie wirklich erholsamen Urlaub!
- Treiben Sie Sport!

Das richtige Medikament

Der Zweck aller Asthmamedikamente ist, die Bronchien zu erweitern.
Zu unterscheiden ist hier zwischen Mitteln, die dem Asthmaanfall generell vorbeugen sollen, und jenen, die beim akuten Anfall eingesetzt werden können.

Nutzen und Risiko der Wirkstoffe

Zur Vorbeugung von Asthmaanfällen wird häufig der Wirkstoff Theophyllin eingesetzt. Die häufigsten Nebenwirkungen: Magenstörungen, Unruhe, Herzrhythmusstörungen, unter Umständen auch Krämpfe.

Unser Tip: Compliance!
Nehmen Sie Asthmamittel nur in der vom Arzt empfohlenen Dosis! Wenn Sie glauben, daß Sie mehr davon benötigen, sprechen Sie unbedingt mit Ihrem Arzt darüber!

Mit diesem Wirkstoff sollte vorsichtig umgegangen werden, auch weil die richtige Dosierung individuell verschieden und für den einzelnen Patienten schwer zu ermitteln ist. Ferner gibt es Wechselwirkungen mit anderen Medikamenten, auch Rauchen ist der Behandlung verständlicherweise nicht zuträglich.

Medizin gegen Atemnot

Eine andere Wirkstoffgruppe, die Betasympathomimetika, wird vor allem zur Behandlung akuter Asthmasymptome eingesetzt (Atembeschwerden). Hierzu gehören beispielsweise die Wirkstoffe Salbutamol, Reproterol, Terbutalin und auch Fenoterol. Die Medikamente wirken bemerkenswert rasch und gut, was Patienten (und manchmal sogar deren Ärzte) gern zu dem Trugschluß verführt, daß es mit der Krankheit ja gar nicht so schlimm ist.
Im Gegenzug können die Wirkstoffe jedoch ernste Nebenwirkungen haben: Neben Muskelzittern sind dies vor allen Dingen Herzrhythmusstörungen und unter Umständen eine Erhöhung der Herzfrequenz.

Medikamente aus der Gruppe der Betasympathomimetika wirken überraschend schnell und gut gegen Asthma. Jedoch sind ihre Nebenwirkungen nicht unerheblich.

Sprühen will gelernt sein!
Viele Asthmamedikamente werden als sogenannte Dosieraerosole angeboten. Die Erfahrung zeigt, daß bis zu einem Viertel aller Patienten diese Darreichungsform nicht richtig handhabt.
Lassen Sie sich unbedingt von Ihrem Arzt erklären, wie es gemacht wird!

Cortison ist das letzte Mittel gegen Asthma, wenn nichts anderes mehr hilft. Für Kinder kommt es jedoch generell nicht in Frage.

Für schwere Asthmaformen gibt es eine Reihe von Präparaten mit cortisonähnlichen Wirkstoffen, die aber in aller Regel nur eingesetzt werden sollten, wenn andere Mittel nicht wirken. Für Kinder sind sie überhaupt nicht geeignet. Typische Nebenwirkungen: Pilzerkrankungen in der Mundhöhle, lang anhaltende Heiserkeit.

Checkliste: Asthma
Die Krankheit muß nicht immer in gefährlichen Formen auftreten. Man unterscheidet die folgenden Erkrankungsgrade, deren Behandlung auf alle Fälle dem Arzt überlassen werden sollte:

- Leichtes Asthma wird meist nur als alltägliche Belästigung empfunden. Am auffälligsten sind häufiger Husten und Neigung zur Kurzatmigkeit. Trotzdem sollte die Krankheit unbedingt behandelt werden, da sonst auf längere Sicht Lungenschäden auftreten können. Allen normalen Aktivitäten, auch Sport, kann in der Regel nachgegangen werden.
- Mittelschweres Asthma beeinträchtigt vor allem durch Ermüdungserscheinungen das normale Leben. Nach gewisser Zeit sind Lungenschäden unausweichlich.
- Schweres Asthma wirkt durch Atemnot lebensbedrohlich. Die gefürchteten Asthmaanfälle bringen beschleunigte Atmung, pfeifende Lungengeräusche und Angstzustände mit sich. Der Patient kann im Gesicht bläulich anlaufen.

Atemwegserkrankungen

Name/Hersteller	Wirkstoffe	Risiken & Nebenwirkungen
Aarane *Rp* Fisons	Cromoglicinsäure	Vorsicht in der frühen Schwangerschaft! Bei besonders empfindlichen Patienten können feines Fingerzittern, Herzklopfen, Rachenreizung und Unruhe auftreten.
Aerobin *Rp* **(Aerobin mite, normo, forte)** Farmasan	Theophyllin	Verboten nach Infarkt, bei Epilepsie, Magengeschwür, Bluthochdruck, Schilddrüsenüberfunktion, Herzrhythmusstörungen. Häufig Schlafstörungen, Kopfschmerzen.
Afonilum *Rp* **Afonilum retard** Knoll Deutschland	Theophyllin	Siehe Aerobin. Außerdem ungeeignet für Kinder und Jugendliche unter 60 kg Körpergewicht.
Allergospasmin *Rp* Asta Medica	Cromoglicinsäure	Vorsicht in der frühen Schwangerschaft! Bei besonders empfindlichen Patienten können feines Fingerzittern, Herzklopfen, Rachenreizung und Unruhe auftreten.
Amagesan *Rp* Jossa-Arznei	Amoxicillin	Nicht bei Penicillinüberempfindlichkeit und Anlage zu allergischen Reaktionen. Gelegentlich Übelkeit, trockener Mund, Geschmacksveränderungen.
Ambacamp 800 *Rp* Upjohn	Bacampicillin	Nicht bei Penicillinüberempfindlichkeit und Anlage zu allergischen Reaktionen. Gelegentlich Übelkeit, trockener Mund, Geschmacksveränderungen.
Aminophyllin *Rp* OPW	Theophyllin	Verboten nach Infarkt, bei Epilepsie, Magengeschwür, Bluthochdruck, Schilddrüsenüberfunktion, Herzrhythmusstörungen. Häufig Schlafstörungen, Kopfschmerzen.

Beratung	Darreichungsform
Kombinationssuspension in Treibmittel zur Inhalation zur wirkungsvollen Vorbeugung und bei Atemwegsbeschwerden.	Suspension
Bewährtes Mittel bei akuten und schweren Atemnotzuständen. Vorsicht in der frühen Schwangerschaft und in der Stillzeit!	Injektionslösung, Retardkapseln
Wirkt gegen akute Anfälle von Brochialasthma und Atemnot bei Rechtsherzbelastung. Vorsicht in der frühen Schwangerschaft und in der Stillzeit!	Injektionslösung, Kapseln
Auf Wechselwirkungen mit anderen Medikamenten achten! Kombinationspräparat zur Vorbeugung und Therapie bei chronischer Atemnot.	Dosieraerosol
Antibiotikum gegen Erreger von Infektionen der Atemwege. Nicht geeignet für Schwangere und Stillende.	Trockensaft
Antibiotikum gegen akute und chronische bakterielle Infektionen auch der Atemwege.	Filmtabletten
Bewährtes Mittel gegen Atemnot bei Atemwegs-, Lungen- und Herzerkrankungen. Vorsicht in der frühen Schwangerschaft und in der Stillzeit!	Injektionslösung, Tabletten

Atemwegserkrankungen

Name/Hersteller	Wirkstoffe	Risiken & Nebenwirkungen
Amoxicillin 1000 mg *Rp* Sanol	Amoxicillin	Nicht bei Penicillinüberempfindlichkeit und Anlage zu allergischen Reaktionen. Gelegentlich Übelkeit, trockener Mund, Geschmacksveränderungen.
Amoxicillin-ratiopharm *Rp* ratiopharm	Amoxicillin	Nicht bei Penicillinüberempfindlichkeit und Anlage zu allergischen Reaktionen. Gelegentlich Übelkeit, trockener Mund, Geschmacksveränderungen.
Amoxicillin Riker *Rp* 3M Medica	Amoxicillin	Nicht bei Penicillinüberempfindlichkeit und Anlage zu allergischen Reaktionen. Gelegentlich Übelkeit, trockener Mund, Geschmacksveränderungen.
Amoxicillin Stada *Rp* Stada	Amoxicillin	Nicht bei Penicillinüberempfindlichkeit und Anlage zu allergischen Reaktionen. Gelegentlich Übelkeit, trockener Mund, Geschmacksveränderungen.
Amoxi-Wolff *Rp* Wolff	Amoxicillin	Nicht bei Penicillinüberempfindlichkeit und Anlage zu allergischen Reaktionen. Gelegentlich Übelkeit, trockener Mund, Geschmacksveränderungen.
Amoxy-Diolan *Rp* Engelhard	Amoxicillin	Nicht bei Penicillinüberempfindlichkeit und Anlage zu allergischen Reaktionen. Gelegentlich Übelkeit, trockener Mund, Geschmacksveränderungen.
Amoxypen *Rp* Grünenthal	Amoxicillin	Nicht bei Penicillinüberempfindlichkeit und Anlage zu allergischen Reaktionen. Gelegentlich Übelkeit, trockener Mund, Geschmacksveränderungen.

Beratung	Darreichungsform
Antibiotikum insbesondere gegen Entzündungen der Lunge und der Atemwege.	Filmtabletten
Antibiotikum insbesondere gegen Entzündungen der Lunge und der Atemwege.	Filmtabletten
Antibiotikum insbesondere gegen Entzündungen der Lunge und der Atemwege.	Filmtabletten
Antibiotikum gegen Infektionen auch der Atemwege.	Trockensubstanz, Filmtabletten
Antibiotikum insbesondere gegen Entzündungen der Lunge und der Atemwege.	Filmtabletten
Antibiotikum insbesondere gegen Entzündungen der Lunge und der Atemwege.	Filmtabletten
Antibiotikum insbesondere gegen Entzündungen der Lunge und der Atemwege.	Filmtabletten

Atemwegserkrankungen

Name/Hersteller	Wirkstoffe	Risiken & Nebenwirkungen
Aspecton Krewel	Süßholzextrakt, Anis- und Salbeiöl	Nicht bekannt.
Asthma-Bomin H Pflüger	Pflanzenextrakte, u.a. aus Ammi-visnaga-Früchten, Echinacin und Kakteen	Nicht bekannt.
Asthmakhell N Steigerwald	Auszüge der Ammi-visnaga-Früchte (Visnagin)	Enthält Alkohol! Bei erster Einnahme kann sich der Krankheitszustand vorübergehend verschlimmern.
Berodual *Rp* Boehringer Ingelheim	Ipratropium, Fenoterol	Vorsicht in der Schwangerschaft, bei Neigung zu grünem Star, Herzkrankheiten, Zuckerkrankheit Kinder sollten das Aerosol nur unter Aufsicht Erwachsener verwenden.
Berotec *Rp* Boehringer Ingelheim	Fenoterol	Ungeeignet bei Herzkrankheiten und Zuckerkrankheit sowie in der Schwangerschaft und besonders kurz vor der Geburt. Gelegentlich Unruhe, Benommenheit.
Bricanyl *Rp* Pharma-stern	Terbutalin	Ungeeignet bei Herzkrankheiten und Zuckerkrankheit sowie in der Schwangerschaft und besonders kurz vor der Geburt. Gelegentlich Unruhe, Benommenheit.
Bronchoretard / -junior / -mite / -forte *Rp* Klinge	Theophyllin	Verboten nach Infarkt, bei Epilepsie Magengeschwür, Bluthochdruck, Schilddrüsenüberfunktion, Herzrhythmusstörungen. Häufig Schlafstörungen, Kopfschmerzen.

Beratung	Darreichungsform
Pflanzliches Mischpräparat gegen akute und chronische Atemwegskatarrhe und Bronchitiden, Husten. Zuckerfrei, daher auch für Diabetiker geeignet.	Tropfen
Homöopathisches Mittel gegen alle Asthmaformen und Katarrhe der Luftwege.	Tropfen
Homöopathikum gegen asthmatische Erkrankungen.	Flüssigkeit
Zur Vorbeugung gegen bronchospastische Erkrankungen und zu ihrer Behandlung. Gelegentlich Anpassungsschwierigkeiten.	Dosieraerosol, Inhalationslösung mit Spender
Gegen Bronchitis und Lungenkrankheiten nützlich.	Tabletten, Saft
Mittel gegen Atemwegserkrankungen bei starker Schleimentwicklung.	Tabletten, Retardtabletten, Elixier, Dosieraerosol
Bewährte Substanz bei Atemwegsbeschwerden, auch bei Asthma bronchiale. Bei Herz- und Lebererkrankungen sowie bei älteren Patienten Dosis anpassen. Vorsicht in der frühen Schwangerschaft und in der Stillzeit!	Retardkapseln

Atemwegserkrankungen

Name/Hersteller	Wirkstoffe	Risiken & Nebenwirkungen
Ditec *Rp* Boehringer Ingelheim	Fenoterol, Cromoglicinsäure	Ungeeignet bei Herzkrankheiten und Zuckerkrankheit sowie in der Schwangerschaft und besonders kurz vor der Geburt. Gelegentlich Unruhe, Benommenheit.
Euphyllin *Rp* Byk Gulden	Theophyllin	Verboten nach Infarkt, bei Epilepsie Magengeschwür, Bluthochdruck, Schilddrüsenüberfunktion, Herzrhythmusstörungen. Häufig Schlafstörungen, Kopfschmerzen.
Euspirax *Rp* Asche	Theophyllin	Verboten nach Infarkt, bei Epilepsie Magengeschwür, Bluthochdruck, Schilddrüsenüberfunktion, Herzrhythmusstörungen. Häufig Schlafstörungen, Kopfschmerzen.
Gelodurat Pohl	Eukalyptus	Ungeeignet bei entzündlichen Erkrankungen des Magens, Darms sowie bei Lebererkrankungen.
Gelomyrtol, Gelomyrtol forte Pohl	Myrtol	Vorsicht in der Schwangerschaft, bei Überempfindlichkeit gegen Myrtol sowie Nieren- oder Gallensteinen!
Inhacort *Rp* Boehringer Ingelheim	Flunisolid	Vorsicht bei Kindern unter 6 Jahren Nicht für Schwangere, Stillende und Tuberkulosekranke. Selten Heiserkeit, verminderte Immunabwehr gegen Mundinfektionen.
Pulmicort *Rp* Astra Chemicals/ Pharma-stern	Budesonid	Ungeeignet für Schwangere und Tuberkulosekranke sowie bei Infektionen und Pilzerkrankungen der Atemwege. Heiserkeit.

Beratung	Darreichungsform
Geeignet zur Vorbeugung gegen leichte bis mittelschwere Formen von Atemnot, Asthma bronchiale und Anstrengungsasthma.	Dosieraerosol
Bewährt bei Atemwegserkrankungen. Zäpfchen nicht geeignet für Kinder unter 1 Jahr! Vorsicht in der frühen Schwangerschaft und in der Stillzeit!	Filmtabletten, Retardkapseln, Injektions- und Infusionslösung, Zäpfchen, Kinderzäpfchen
Bewährter Wirkstoff. Medikament gegen Krampfzustände der Atemwege bei chronischer Bronchitis. Vorsicht in der frühen Schwangerschaft und in der Stillzeit!	Tabletten, Retardtabletten
Eukalyptusöl bei Bronchitis und Erkältungen der oberen Luftwege.	Tropfen
Pflanzliches Mittel gegen akute und chronische Erkrankungen der Atemwege, etwa Bronchitis oder Nasennebenhöhlenentzündungen.	Kapseln
Mittel gegen Asthma bronchiale.	Dosieraerosol
Mittel gegen Atemwegserkrankungen, bei denen eine Therapie mit Corticosteroiden erforderlich ist.	Dosieraerosol

Atemwegserkrankungen

	Name/Hersteller	Wirkstoffe	Risiken & Nebenwirkungen
	PulmiDur / forte *Rp* Pharma-stern	Theophyllin	Verboten nach Infarkt, bei Epilepsie, Magengeschwür, Bluthochdruck, Schilddrüsenüberfunktion, Herzrhythmusstörungen. Häufig Schlafstörungen, Kopfschmerzen.
	Sanasthmax *Rp* Glaxo	Beclometasondipropionat	Nicht geeignet für Kinder, Schwangere, Stillende, Lungenkranke und Patienten mit Pilzerkrankungen im Bereich der Atemwege.
	Sultanol *Rp* Glaxo	Salbutamol	Ungeeignet für Schwangere, Stillende und Herzkranke. Unruhe, Schlaflosigkeit, Kopfschmerzen – geringer ausgeprägt bei Inhalation. Zäpfchen weniger zuverlässig.
	Zatiden *Rp* Wander Pharma	Ketotifen	Vorsicht in der Schwangerschaft! Trockener Mund und Müdigkeit, leichter Schwindel, meist schnell abklingend. Infolge Appetitsteigerung gelegentlich Gewichtszunahme.
ÖSTERREICH	**Amoxilan** *Rp* Lanacher	Amoxicillin	Nicht bei Penicillinüberempfindlichkeit und Anlage zu allergischen Reaktionen. Gelegentlich Übelkeit, trockener Mund, Geschmacksveränderungen.
ÖSTERREICH	**Asthma 23 D** *Rp* Donau-Pharmazie-Cehasol	Theophyllin, Ephedrin, Coffein	Herzklopfen, Magen-Darm- oder Sehstörungen.
ÖSTERREICH	**Intal** *Rp* Fisons	Cromoglicinsäure, Dinatriumsalz	Vorsicht in der frühen Schwangerschaft! Bei besonders empfindlichen Patienten können feines Fingerzittern, Herzklopfen, Rachenreizung und Unruhe auftreten.

Beratung	Darreichungsform
Bewährtes Mittel gegen Atemwegsbeschwerden. Vorsicht in der frühen Schwangerschaft und in der Stillzeit!	Retardtabletten
Bewährtes cortisonähnliches Mittel zur lokalen Anwendung bei Asthma.	Dosieraerosol
Gegen Asthma bronchiale, Bronchitis, Lungenemphysem (Lungenblähung) empfohlen.	Dosieraerosol, Inhalationslösung, Zäpfchen, Tabletten
Nützlich zur vorbeugenden Behandlung von Atemwegserkrankungen. Nicht geeignet zur Therapie des akuten Asthmaanfalles. Sirup enthält Alkohol!	Kapseln, Sirup, Tabletten
Antibiotikum gegen bakterielle Infekte, vor allem des Hals-Nasen-Ohren-Bereichs und der Atemwege.	Kapseln, Tabletten
Mischpräparate von zweifelhaftem therapeutischen Nutzen.	Tabletten, Zäpfchen
Vorbeugende Anwendung bei Asthma und allergischer Bronchitis.	Pulver in Kapseln zur Inhalation, Inhalationslösung

Atemwegserkrankungen

	Name/Hersteller	Wirkstoffe	Risiken & Nebenwirkungen
Österreich	**Ipradol** *Rp* Hafslund Nycomed	Hexoprenalin	Unruhe, Schwindel, Erregung, Herzschmerzen, Herzdruck.
Österreich	**Isophyllen** *Rp* Laevosan	Theophyllin	Verboten nach Infarkt, bei Epilepsie Magengeschwür, Bluthochdruck, Schilddrüsenüberfunktion, Herzrhythmusstörungen. Häufig Schlafstörungen, Kopfschmerzen.
Schweiz	**Bricanyl** *Rp* Astra	Terbutalin	Nicht nach frischem Herzinfarkt und bei Herzgefäßerweiterungen. Vorsicht bei Diabetes! Bei Kindern können Schlaf- und Verhaltensstörungen auftreten.
Schweiz	**Lomudal** *Rp* Fisons	Cromoglicinsäure	Während Schwangerschaft und Stillzeit nur auf ärztliche Anweisung. Nervosität und Schlaflosigkeit.
Schweiz	**Penimox** *Rp* Ibsa	Amoxicillin	Übelkeit, Erbrechen, Durchfall, Entzündungen der Mundschleimhaut und allergische Reaktionen (Hautausschläge).
Schweiz	**Rivoxicillin** *Rp* Rivopharm	Amoxicillin	Verdauungsbeschwerden, allergische Reaktionen in Form von Hautausschlägen.
Schweiz	**Unifyl Continus** *Rp* Mundipharma	Theophyllin	Vorsicht bei Epilepsie, Schilddrüsenüberfunktion, Bluthochdruck, Magengeschwüren sowie bei Kindern unter 2 1/2 Jahren!

Beratung	Darreichungsform
Auf die Lunge wirkendes Mittel. Bei drohendem oder akutem Asthmaanfall und spastischer Bronchitis.	Ampullen, Tabletten, Inhalationslösung, Dosieraerosol
Bei Atemwegserkrankungen bewährte Substanz. Löst Verkrampfungen der Bronchien, erweitert auch die Herzkranzgefäße.	Ampullen, Zäpfchen
Behandlung von Asthma bronchiale, chronischer Bronchitis sowie anderen Lungenerkrankungen.	Tabletten, Sirup, Mundspray, Inhalationslösung, Ampullen
Inhalat zur Behandlung vieler Formen von Bronchialasthma und asthmatischer Bronchitis. Nicht bei Herzrhythmusstörungen. Vorsicht bei Gefäßerkrankungen, Bluthochdruck und Schilddrüsenüberfunktion!	Mundspray, Kapseln, Ampullen
Behandlung von Infektionserkrankungen der Atemwege, der Harn- und Geschlechtsorgane. Zur Behandlung von Kindern geeignet. Nicht für Patienten mit Pfeifferschem Drüsenfieber und Leukämie.	Kapseln, Tabletten, Sirup
Geeignet zur Behandlung von Infektionserkrankungen des Ohren-Nasen-Bereichs, der Atemwege, der Harn- und Geschlechtsorgane sowie der Haut.	Kapseln, Pulver
Zur Behandlung von Asthma bronchiale, chronischer Bronchitis und Lungenaufblähung. Möglichst nicht in Schwangerschaft und Stillzeit. Nicht nach frischem Herzinfarkt.	Tabletten

Augenkrankheiten

Die Augen sind eines der empfindlichsten Organe des menschlichen Körpers – und eines der wichtigsten. Wenn dieses Sinnesorgan nicht mehr richtig funktioniert, bedeutet das auch eine eingeschränkte Lebensqualität.

Verschiedene Augenleiden
Bei den Augenkrankheiten kann man unterscheiden zwischen Fehlsichtigkeiten, also dauerhaften Sehstörungen; Augenkrankheiten, die auf Einflüsse wie Bakterien- oder Virusinfektionen zurückzuführen sind; und Verletzungen am Auge. Ratschläge zu Augenverletzungen finden Sie im Kapitel »Erste Hilfe« Seite 190.

Die Augen sind die Türen zum Kopf. Sie sind nicht nur das wichtigste, sondern auch das empfindlichste Organ unseres Körpers. Die häufigste Augenerkrankung ist die Bindehautentzündung.

Die Augen

Das äußerste Teil des Auges ist das Augenlid, das das Organ vor Schmutz und Fremdkörpereinwirkung schützen soll und die Tränenflüssigkeit auf der Oberfläche verteilt. Zum eigentlichen Augapfel gehören noch die Augenlinse, der Glaskörper, die Netzhaut und der Sehnerv, der die empfangenen Lichtsignale zum Gehirn weiterleitet.

Hilfreiche Tränen

Die Tränenproduktion findet am äußeren Auge statt und läuft rund um die Uhr – auch wenn wir nicht weinen. Die Tränenflüssigkeit hat die wichtige Aufgabe, die Hornhaut des Auges feucht zu halten sowie Fremdkörper und Krankheitskeime auszuschwemmen.

Ein empfindliches Organ

Im Prinzip können alle Teile des Auges erkranken bzw. von einer Krankheit in Mitleidenschaft gezogen werden. Die weitaus häufigste Augenkrankheit ist die Bindehautentzündung, die wir deshalb im folgenden ausführlicher behandeln. Hinweise auf weitere verbreitete Augenerkrankungen finden Sie am Ende dieses Kapitels.

Wenn Ihr Auge juckt, tränt und brennt, wenn Sie glauben, ein Sandkorn im Auge zu haben, wenn das Auge morgens eitrig verklebt ist – dann haben Sie vermutlich eine Bindehautentzündung, die häufigste Augenerkrankung.

Typische Krankheitssymptome

In leichteren Fällen ist die Bindehautentzündung vor allem am lästigen Jucken bzw. an dem Gefühl, ein Sandkorn im Auge zu haben, und eventuell an erhöhtem Tränenfluß zu erkennen. Röten und Brennen können sich zusätzlich einstellen, manchmal sind die Augen morgens durch leichte Eiterungen verklebt.

Die Krankheitsursachen

Daß die Bindehautentzündung so weit verbreitet ist, hat gute Gründe, denn ihre Ursachen werden zunehmend mehr:

- Ultraviolettes Licht
- Zugluft
- Falsche Brille, unsaubere Kontaktlinsen
- Gifte und Dämpfe am Wohn- oder Arbeitsplatz
- Staub und Rauch
- Industrie- und Autoabgase
- Überanstrengung am Computerbildschirm oder dem Fernsehgerät
- Infektionen durch Bakterien oder (seltener) Viren.

Wann Sie den Arzt brauchen

Eine vorübergehende Bindehautentzündung ist noch kein Grund für einen Arztbesuch. Lediglich wenn sich die Krankheit verschlechtert oder immer wiederkommt, sollten Sie den Augenarzt zu Rate ziehen.
Auch wenn die Beschwerden nach zwei oder drei Tagen nicht abgeklungen sind, sollten Sie sich auf den Weg in die augenärztliche Praxis machen.

Ihre Beschwerden	Mögliche Ursachen	Therapievorschläge
Brennen, müde, gerötete Augen	Überanstrengung	Feuchte Kompressen, Augentropfen
Juckende, gerötete Augen	Umweltgifte, verräucherte Luft, Heuschnupfen	Feuchte Kompressen, Augentropfen
Lidschwellungen	Insektenstich, allergische Reaktion, Heuschnupfen	Augensalbe, Augentropfen
Entzündete Augen, geschwollene Lider	Bindehautentzündung	Augensalbe, -tropfen; Arzt aufsuchen, wenn nach 3 Tagen keine Besserung
Leichtes Schielen	Überanstrengung	Arzt aufsuchen, Ruhe
Leseschwierigkeit, unscharfes Sehen	Dauernde Überanstrengung, Weitsichtigkeit	Arzt aufsuchen, Sehhilfe
Weitsichtigkeit ab 40	Alterssichtigkeit	Arzt aufsuchen, Sehhilfe, Entspannungsübungen
Verzerrtes Sehen	Netzhauterkrankung	Arzt aufsuchen
Flimmern, Blitze, Ruß vor Augen	Netzhautablösung	Arzt aufsuchen, Laserbehandlung
Verschleiertes Sehen	Trübung der Augenlinse, grauer Star	Pupillenverengende Tropfen, Arzt aufsuchen
Plötzliche Sehverschlechterung auf einem Auge	Grüner Star, Verletzung des Sehnervs, Schädigung der Netzhaut	Arzt aufsuchen; Gefahr gesteigerten Augendrucks durch Flüssigkeitsaufnahme

Sie sollten unbedingt zum Augenarzt, wenn
- Plötzlich unerklärliche Schmerzen am Auge auftreten
- Sich die Sehleistung langsam oder rapide verschlechtert – auch wenn dies nur an einem Auge auftritt
- Sie eine Sehhilfe tragen und plötzlich Schmerzen oder Sehstörungen feststellen
- Die Sicht verschleiert oder verzerrt ist
- Kleine dunkle Flecken vor den Augen erscheinen
- Anzeichen von Weit- oder Kurzsichtigkeit auftreten, Sie also die Zeitung im Lauf der Jahre immer näher vor die Augen nehmen oder immer weiter wegschieben müssen.

Bitte beachten Sie: Der Selbsthilfe bei Augenerkrankungen sind enge Grenzen gesetzt.

Die sanfte Selbstbehandlung

Um es gleich zu sagen: Der Selbsthilfe sind gerade bei Augenerkrankungen enge Grenzen gesetzt. Lediglich bei Überanstrengung, leichten Reizungen oder Entzündungen der Augen können Sie mit feuchtwarmen Kompressen selbst etwas tun.

- Bereiten Sie einen Tee aus beruhigenden Heilkräutern. Geeignet sind Augentrost, Fenchel, Kamille und Tausendgüldenkraut. Sie können die Kräuter einzeln oder auch gemischt aufgießen.
- Tränken Sie ein Tuch mit dem heißen Tee, wringen Sie es aus, und legen Sie es noch heiß auf das betroffene Auge.
- Diese Kompressen können Sie beliebig oft wiederholen und sollten sie so lange auf dem Auge liegen lassen, bis das Tuch abgekühlt ist.

Unser Tip: Regelmäßige Kontrollen!
Mit zunehmendem Alter verschlechtert sich die Sehfähigkeit der Augen, was durchaus normal ist. Dies geschieht jedoch meist schleichend, und der Betroffene merkt es erst, wenn die Augenschwäche bereits manifest ist.
Damit Sie nicht gleich starke Brillengläser oder gar eine Augenoperation benötigen, sollten Sie jenseits der 40 Ihre Augen regelmäßig einmal im Jahr kontrollieren lassen.
Möglicherweise kann Sie eine einfache Lesebrille vor zunehmender Altersweitsichtigkeit oder überlasteten Augen – mit zum Teil starken Kopfschmerzen als Folge – bewahren.

Trimmen für die Augen?

Die häufig angepriesene »Gymnastik für die Augenmuskeln« blieb bisher jeden wissenschaftlichen Nachweis schuldig, jemals eine Fehlsichtigkeit gebessert zu haben. Schlimmer noch: Oftmals verstreicht über solchen Versuchen kostbare Zeit, in der ein ernstes Leiden rechtzeitig zu kurieren wäre.

Ebenso unsinnig ist es, Brillen mit Korrekturgläsern ohne ärztliche Verordnung zu kaufen. Davon sollten Sie Abstand nehmen, denn einerseits können Sie mit der falschen Brille Ihre Fehlsichtigkeit eher verschlimmern, andererseits bleiben möglicherweise ernsthafte Augenkrankheiten unentdeckt.

Wenn Sie das Gefühl haben, daß Ihre Brille oder Ihre Kontaktlinsen nicht mehr richtig passen, dann gehen Sie bitte zum Augenarzt! Mit zu langem Abwarten kann sich die Fehlsichtigkeit verschlimmern.

Das richtige Medikament für Ihre Krankheit
Für die Behandlung leichterer Bindehautentzündungen sind Augentropfen oder Salben im Handel, die weitgehend bedenkenlos anzuwenden sind.
Zu beachten ist jedoch, daß diese Medikamente über einen längeren Zeitraum nicht auf eigene Faust genommen werden sollen. Bei solcher Dauereinnahme können sie einerseits ernste Erkrankungen des Auges kaschieren, andererseits im Einzelfall sogar eine Schädigung der Netzhaut und der Gefäße bewirken.

Nutzen und Risiko der Wirkstoffe

Für die Behandlung gibt es zum einen milde, desinfizierende Wirkstoffe wie Wismut, zum anderen Zinksulfat, das eine leichte Zusammenziehung des Gewebes bewirkt und damit den Tränenfluß bremst. Außerdem verhindert es die Vermehrung von Bakterien.

Gegen Juckreiz und tränende Augen

Gefäßverengend, antientzündlich und schmerzlindernd wirken die sogenannten Sympathomimetika, die zudem noch den Juckreiz nehmen und das lästige Tränen der Augen bremsen

(u. a.: Naphazolin, Tetrazolin, Ephedrin, Phenylephrin). Die Wirksamkeit dieser verschiedenen Stoffe ist gut, die Nebenwirkungen halten sich in Grenzen, wenn man die Anwendungsvorschriften befolgt, das Haltbarkeitsdatum nicht überschreitet und die Medikamente nicht über einen längeren Zeitraum ohne ärztlichen Rat nimmt.

Vitamin A für gute Sicht: Das Augenvitamin A verbessert die Sehleistung der Augen, schützt gegen Blendempfindlichkeit und verbessert das Dämmerungs- und Nachtsehen.

Vitamin A für die Sehkraft

Das Augenvitamin A ist manchen Mitteln beigegeben oder auch als Monosubstanz erhältlich. Es verbessert grundsätzlich die Sehleistung des Auges, schützt vor allem gegen Blendempfindlichkeit und verbessert das Dämmerungs- und Nachtsehen.

Augensalben

Vornehmlich Augensalben enthalten den Wirkstoff Dexpanthenol, ein Vitamin der B-Gruppe, das juckreizstillend und entzündungshemmend wirkt. Augensalben sollten nachts aufgetragen werden, anschließend die Augen geschlossen werden. Sie wirken sanft und sind praktisch nebenwirkungsfrei.

Unser Tip: Die Ursachen ausmerzen!
Bevor Sie immer wieder bei leichteren Bindehautentzündungen zu Medikamenten greifen, prüfen Sie, wo die Ursache dafür liegt!

Modekrankheit »Trockenes Auge«
Hierbei handelt es sich um eine krankhaft verminderte Produktion von Tränenflüssigkeit. Die Folge sind juckende Augen, Sandkorngefühl, ständige Schmerzen. Die Gründe dafür liegen buchstäblich in der Luft: Umweltreizstoffe (Rauch, Staub, Abgase), trockene Luft in überheizten Räumen sowie die Verteilung von Schmutzpartikeln, Chemikalien und Bakterien in geschlossenen Räumen. Zur Behandlung stehen die sogenannten Tränenersatzmittel zur Verfügung, die dem Auge das geben, was es selbst nicht mehr ausreichend produziert.

Augenkrankheiten

Name/Hersteller	Wirkstoffe	Risiken & Nebenwirkungen
Allergocrom *Rp* Ursapharm	Cromoglicinsäure	Vorsicht in der frühen Schwangerschaft! Während der Behandlung sollten keine Kontaktlinsen getragen werden. Gelegentlich Juckreiz oder Rötungen.
Aquamycetin-N *Rp* Winzer	Chloramphenicol	Nicht zu verwenden bei Bluterkrankungen und schweren Leberschäden sowie in der Schwangerschaft und Stillzeit.
Arteoptic *Rp* CIBA Vision	Carteolol	Ungeeignet bei Herzerkrankungen und in der Schwangerschaft. Kopfschmerzen, allergische Reaktionen und Blutdrucksenkung möglich.
Atropin-POS *Rp* Ursapharm	Atropin	Vorsicht bei Kindern, Patienten mit Blasenentleerungsstörungen, Engwinkelglaukom, trockener Nasenschleimhautentzündung!
Betamann *Rp* Mann	Metipranol	Ungeeignet bei Herzerkrankungen und in der Schwangerschaft. Kopfschmerzen, allergische Reaktionen und Blutdrucksenkung möglich.
Biciron Basotherm	Tramazolin	Ungeeignet für Patienten mit Engwinkelglaukom, Bluthochdruck und schweren Herzkrankheiten.
Bulbotruw Truw	Adoniskraut (Adonis vernalis), Hamamelisrinde, Schachtelhalm	Keine bekannt.

Beratung	Darreichungsform
Wirkt vorbeugend gegen allergische Erkrankungen des Auges, gegen akute oder chronische Entzündung der Bindehaut (Konjunktivitis), einschließlich Heuschnupfenkonjunktivitis.	Augentropfen
Behandlung und Prophylaxe bakterieller Infektionen des Auges, wenn andere Antibiotika nicht verwendet werden können. Konserviert mit Chlorbutanol und Borsäure.	Augentropfen, wäßrige Lösung
Mittel (Betarezeptorenblocker mit Desinfektionsmittel Benzalkonium) zur Behandlung des erhöhten Augeninnendrucks (grüner Star, Glaukom). Vorsichtige Anwendung bei Kindern! Kontaktlinsen vor dem Einträufeln herausnehmen.	Augentropfen
Sinnvoll zur Pupillenerweiterung, etwa bei Augenentzündungen, zu diagnostischen Zwecken und zur Behandlung von Schielkindern. Reaktionsvermögen möglicherweise vermindert.	Augentropfen, Augensalbe
Kombinationsmittel (Betarezeptorenblocker und Benzalkonium) zur Behandlung erhöhten Augeninnendrucks (Glaukom) und zur Drucksenkung nach Linsenentfernung.	Augentropfen
Kombinationspräparat (enthält einen gefäßverengenden Stoff und das Desinfektionsmittel Benzalkonium). Sinnvoll bei Reizzuständen des Auges.	Augentropfen
Pflanzliches Mischpräparat. Enthält Alkohol! Gegen Reizzustände der Bindehaut und Entzündungen durch Bakterien.	Augentropfen

Name/Hersteller	Wirkstoffe	Risiken & Nebenwirkungen
Chibro Cadron *Rp* Chibret	Dexamethason, Neomycin	Ungeeignet bei Verletzungen der Hornhaut, Glaukom und Windpocken. Allergische Reaktionen. Nicht anwenden während des Tragens von Kontaktlinsen.
cleer Mack, Illert.	Tetryzolin	Vorsicht bei Säuglingen und Kleinkindern! Nicht bei Engwinkelglaukom, trockener Entzündung der Nasenschleimhaut. Nicht verwenden bei weichen Kontaktlinsen.
Cromo-ratiopharm Augentropfen ratiopharm	Cromoglicinsäure, Dinatriumsalz	Nicht empfehlenswert während Schwangerschaft und Stillzeit. Allergische Reaktionen möglich, ebenso vorübergehend Augenbrennen, Juckreiz.
Ficortril *Rp* Pfizer	Hydrocortison	Ungeeignet bei vorhandenen Augenschäden. Erhöhung des Augeninnendrucks (Glaukom) und Linsentrübung (Katarakt) möglich.
Gentamicin-POS *Rp* Ursapharm	Gentamicin	Augensalbe nicht bei Kontaktlinsen anwenden! Vereinzelt vorübergehend Augenbrennen und verminderte Reaktionsfähigkeit möglich.
Gentamytrex *Rp* Mann	Gentamicin	Augensalbe nicht bei Kontaktlinsen anwenden! Vereinzelt vorübergehend Augenbrennen und verminderte Reaktionsfähigkeit möglich.
ISO Augentropfen C Iso	Hamamelis, Pappel	Nebenwirkungen nicht bekannt.

Beratung	Darreichungsform
Kombination eines Nebennierenhormons (Glucocorticoid) und eines Antibiotikums (Neomycin) zur kurzfristigen Anwendung bei Entzündungen der Horn- und Bindehaut sowie der Lidränder durch neomycinempfindliche Erreger.	Augensalbe, Augentropfen
Kombination eines gefäßverengenden Wirkstoffs mit einem Desinfektionsmittel (Benzalkonium) zur Behandlung von Bindehautentzündungen.	Augentropfen
Antihistaminikum ohne Konservierungsmittel zur Behandlung allergisch bedingter akuter und chronischer Bindehautentzündung (Konjunktivitis). Frei erhältlich auch als Kombinationspackung mit Nasenspray.	Augentropfen
Schwach wirksamer cortisonähnlicher Wirkstoff mit geringen Nebenwirkungen, empfohlen bei akuter und chronischer Bindehautentzündung (Konjunktivitis).	Augensalbe
Kombinationspräparat aus Antibiotikum und Desinfektionsmittel (Benzalkonium) gegen Augenentzündungen und – speziell – gentamicinempfindliche Keime. Augensalbe nach operativen Eingriffen.	Augentropfen, Augensalbe und Kombinationspackung
Kombinationspräparat aus Antibiotikum und Desinfektionsmittel (Benzalkonium) gegen Augenentzündungen und – speziell – gentamicinempfindliche Keime. Augensalbe nach operativen Eingriffen.	Augentropfen, Augensalbe
Homöopathisches Mittel aus Bestandteilen mehrerer Pflanzen.	Augentropfen

Augenkrankheiten

Name/Hersteller	Wirkstoffe	Risiken & Nebenwirkungen
Isopto Carbachol *Rp* Alcon-Thilo	Carbachol	Vorsicht bei akuter Irisentzündung, Herzerkrankungen, Blasenentleerungsstörungen! Selten Kopf- und Augenschmerzen, Sehstörungen, verminderte Reaktionsfähigkeit.
Mydrial-Atropin *Rp* Winzer	Aminoethylphenol, Atropin, Epinephrin	Vorsichtig dosieren bei Säuglingen und Kleinkindern sowie Herz- und Hochdruckpatienten! Verminderte Reaktionsfähigkeit möglich.
Naphazolin Boots	Naphazolin	Bei Säuglingen und Kleinkindern sorgfältig dosieren, ebenso bei Herz- und Hochdruckpatienten.
Otriven CIBA Vision	Xylometazolin	Bei Säuglingen und Kleinkindern sorgfältig dosieren, ebenso bei Herz- und Hochdruckpatienten.
Pherajod Boots	Kaliumjodid, Natriumthiosulfat	Allergische Reaktion bei Jodüberempfindlichkeit.
Pilocarpin *Rp* ankerpharm	Pilocarpin	Nicht bei Augenkrankheiten mit Pupillenverengung, bei Herzschwäc[he,] Asthma bronchiale, Blasenentleeru[ngs]störungen. Lokale Reizung möglich. Erschwertes Dämmerungssehen.
Thilocanfol *Rp* Alcon-Thilo	Chloramphenicol	Ungeeignet bei schweren Leberstörungen. Allergische Reaktionen möglich.

Beratung	Darreichungsform
Kombination eines gefäßerweiternden Wirkstoffs mit einem Desinfektionsmittel (Benzalkonium) zur Behandlung des Augeninnendrucks (Glaukom). Darf bei verletzter Hornhaut nicht am Auge angewendet werden!	Augentropfen
Sehr starkes Kombinationspräparat zur Erweiterung der Pupillen (Mydriatikum) bei Augenentzündungen.	Augensalbe
Kombinationspräparat (gefäßverengendes Mittel und Konservierungsstoff Chlorhexidingluconat) zur Behandlung akuter und chronischer Reizzustände der Bindehaut sowie von Schwellungen nach Verletzung oder Operation.	Augentropfen
Kombinationspräparat (gefäßverengende Substanz mit dem Desinfektionsmittel Benzalkonium) zur Behandlung von Reizzuständen des Auges, vor allem der Bindehaut.	Augentropfen
Kombinationspräparat, das gegen grauen Star (Trübung der Linse, Katarakt) angeboten wird. Wirksamkeit nicht erwiesen. Als sinnvolle Maßnahme bei grauem Star gilt allein die meist erfolgreiche operative Entfernung der Linse.	Augentropfen
Verstärkt durch Pupillenverengung den Wasserabfluß und senkt somit den erhöhten Augeninnendruck bei Glaukom (grüner Star). Mit Desinfektionsmittel Benzalkonium.	Augentropfen
Antibiotikum gegen bakterielle Infektionen des Vorderauges.	Augensalbe, Augentropfen

Augenkrankheiten

	Name/Hersteller	Wirkstoffe	Risiken & Nebenwirkungen
	Visadron *Rp* Basotherm	Phenylephrin	Bei Säuglingen und Kleinkindern sorgfältig dosieren. Ungeeignet bei grünem Star (Glaukom). Selten allergische Erscheinungen am Auge. Herzklopfen möglich.
	Yxin Pfizer	Tetryzolin	Vorsicht bei Säuglingen und Kleinkindern, Herzkranken und Glaukompatienten! Ungeeignet für weiche Kontaktlinsen.
Österreich	**Hydoftal** *Rp* Agepha	Hydrocortison, Neomycin	Nicht bei grünem Star, Hornhautverletzungen, Viruserkrankungen. Verstärkung des Augeninnendrucks möglich.
Österreich	**Refobacin** *Rp* Merck	Gentamicin	Nicht verwenden beim Tragen weicher Kontaktlinsen. Allergische Reaktionen möglich.
Österreich	**Ultracortenol** *Rp* CIBA Vision	Prednisolon	Nicht bei bakteriellen Infektionen und Verletzungen des Auges. Verstärkung des Augeninnendrucks und Linsentrübung möglich.
Schweiz	**Ophtagram** *Rp* Novopharma	Gentamicin	Möglichst nicht in Schwangerschaft und Stillzeit. Lokale Allergien können auftreten.
Schweiz	**Opticrom** Fisons	Cromoglicinsäure	Nach Behandlung kann Brennen oder Stechen vorkommen. Vorübergehend sieht man nur verschwommen.

Beratung	Darreichungsform
Kombination eines gefäßverengenden Stoffes mit einem Desinfektionsmittel (Benzalkonium) gegen Reizzustände am Auge.	Augentropfen
Gefäßverengendes Mittel in Kombination mit einem Desinfektionsmittel (Benzalkonium) gegen Reizzustände am Auge.	Augentropfen
Kombination eines Corticoids (Nebennierenhormon) mit einem Antibiotikum (Neomycin). Enge Zusammenarbeit mit dem Arzt wird empfohlen.	Augentropfen, Augensalbe
Antibiotikum gegen bakterielle Infektionen des vorderen Auges und zur Vorbeugung gegen Infektionen sowie nach Verletzungen und Linsenextraktionen.	Augentropfen, Augensalbe
Cortisonähnlicher Wirkstoff mit dem Desinfektionsmittel Benzalkonium gegen allergische Bindehaut- und Hornhautentzündung. Anwendung möglichst in enger Zusammenarbeit mit dem Arzt.	Augentropfen, Augensalbe
Behandlung von schweren Infektionen des vorderen Augenabschnitts. Anwendung bei bakterieller Bindehautentzündung und Hornhautabszeß. Nicht zur vorbeugenden Behandlung geeignet.	Augentropfen, Augensalbe
Geeignet zur Linderung und Behandlung verschiedener Formen von Bindehautentzündung. Vorsicht bei Behandlung von Kindern unter 4 Jahren!	Augentropfen, Augensalbe

Blasen- und Nierenleiden

Hauptaufgabe unserer beiden Nieren und der Blase ist die Ausscheidung von Abfallprodukten des Stoffwechsels und anderen Schadstoffen. Diese Entgiftung des Organismus ist lebensnotwendig und muß kontinuierlich erfolgen.

Die Nieren sind die Reinigungsanlage unseres Blutes. Wenn dieser Filter mit zuviel Verunreinigungen, mit Bakterien und Giften, mit Alkohol und Nikotin belastet wird, dann ist die Leistungsfähigkeit eingeschränkt.

Die Harnwege und Nieren

In den Nieren werden unverwertbare und giftige Stoffe gefiltert, mit nicht gebrauchtem Wasser vermengt und weitergeleitet. Das ist jedoch nicht ihr einziger Job. Daneben sorgen sie noch für das Gleichgewicht im Salz- und Wasserhaushalt und tragen durch ihre ausgleichende Funktion zur Normalisierung des Blutdrucks bei.
Von den beiden Nieren läuft der Harn in die Nierenbecken, dann weiter in die Harnleiter und in die Blase, wo er gesammelt wird. Schließlich wird der Harn über die Harnröhre entleert.

Die Filter in Gefahr

Vor allem zwei Dinge können diesem fein ausgeklügelten Filtersystem des Körpers arg zusetzen:

- Eine ungesunde Lebensweise – zu fettes, süßes Essen, zuviel Genußmittel wie Alkohol und Nikotin, übermäßig Medikamente. Das alles verkraftet die Niere auf die Dauer nicht.
- Krankheitskeime, vor allem Bakterien, haben besonders bei Frauen leichtes Spiel: Sie können über die Harnwege in den Blutkreislauf und damit im schlimmsten Fall sogar in die Nieren gelangen.

Typische Krankheitssymptome

Die Beschwerden unterscheiden sich im Einzelfall nach Art und Ursache der Erkrankung. Im einzelnen:

Blasen- und Harnröhrenentzündung

Eine der häufigsten Harnwegserkrankungen, die Frauen weitaus häufiger betrifft als Männer, denn durch die weibliche Scheide können die Bakterien leicht in die Harnröhre und weiter in die Blase gelangen. Die männliche Harnröhre ist besser geschützt. Beschwerden: Ständiger Drang, Wasser zu lassen, wobei eigentlich nichts herauskommt; eventuell brennende und ziehende Schmerzen, übler Geruch und manchmal Blut im Harn.

Wenn Sie dauernd »müssen«, aber doch nicht können, dann sollten Sie an eine Blasenentzündung denken. Gehen Sie dann unmittelbar zum Arzt!

Nierenentzündung

Die typischen Symptome sind rötlichbrauner Urin, Schwellungen durch Wasseransammlungen vornehmlich im Gesicht, an Knöcheln und Unterleib, gelegentlich Kopfschmerzen und vorübergehend hoher Blutdruck.

Harnsteine

Sie können sich in den Nieren, den Harnleitern und der Blase bilden. Wenn sich im Harn vermehrt die Stoffe Calcium oder Oxalsäure ansammeln, bilden sich Kristalle, die im Extremfall zu tennisballgroßen Steinen werden können, die das ganze Nierenbecken füllen. Harnsteine können Reiskorngröße haben, dann machen sie mit hoher Wahrscheinlichkeit keine Beschwerden. Die typischen kolikartigen Schmerzen verursachen jedoch auch kleinere Steine, wenn sie eingeklemmt sind.

Blasenschwäche

Der Harnabgang erfolgt tagsüber oder nachts unkontrolliert; der Drang zu »müssen« stellt sich häufig mehrmals pro Stunde ein.

Nierenschwäche

Sie kann die Folge von häufigen Nierenentzündungen sein. In diesem Fall können die Nieren ihre Filterfunktion nicht mehr voll wahrnehmen; Abfallprodukte des Stoffwechsels und Giftstoffe des Körpers werden nicht mehr vollständig mit ausgeschieden.

Die Krankheitsursachen

Blasen-, Harnröhren- und Nierenentzündungen sind in aller Regel Folgen einer bakteriellen Infektion. Die Nierenentzündung tritt häufig sogar als Folge einer Infektion eines ganz anderen Körperteils auf, beispielsweise nach einer Streptokokkeninfektion oder einer Mandelentzündung.

Blasen-, Harnröhren- und Nierenentzündung gehen immer auf Infektionen zurück.

Ein Wintermärchen…
Gerne weisen noch heute Frauenärzte ihre Patientinnen darauf hin, daß häufige Blasenentzündungen auf dünne Reizwäsche im Winter zurückzuführen sind. Das ist nur insofern richtig, als die Kälte dann reflektorisch über bestimmte Nervenleitungen eine Schwächung der Immunabwehr in der Blasenschleimhaut bewirkt (ähnliches passiert bei kalten Füßen). So können dann Infektionserreger schlechter bekämpft werden und es kommt u. U. zu einer Blasenentzündung.

Bei Blasenschwäche kommen als Ursache ebenfalls Infektionen in Frage, häufiger aber eine generelle Schwächung der Blasenschließmuskulatur. Bei älteren Frauen ist oft die hormonelle Umstellung nach den Wechseljahren der Grund.

Nierenschwäche durch Nierenentzündungen

Eine Nierenschwäche kann entweder nach wiederholten Nierenentzündungen, durch die das Nierengewebe verletzt und anschließend vernarbt ist, entstehen oder aber durch jahrelange Einnahme von Medikamenten z. B. infolge von Bluthochdruck oder Diabetes.

Lästige Harnsteine

Für Harnsteine kommt als Ursache entweder eine zu salzhaltige Ernährung, eine zu geringe Flüssigkeitszufuhr oder auch langjähriger Medikamentenkonsum in Frage. In Einzelfällen können chronische Erkrankungen des Darms die Ursache sein.

Wann Sie den Arzt brauchen

Als Faustregel bei Entzündungen gilt: Wenn Ihre sanfte Selbstbehandlung nicht binnen drei Tagen Besserung bringt, sollten Sie den Arzt aufsuchen.
In jedem Fall gehören Blasen- und Nierenschwäche sowie Nieren- bzw. Nierenbeckenentzündungen in die Hand des Arztes.

Eine Blasenentzündung ist zwar schmerzhaft, aber eigentlich nicht schlimm. Die größte Gefahr liegt in ihrer Verschleppung, so daß es zu einer Nieren- oder Nierenbeckenentzündung kommt.

Ferner sollten Sie sofort den Rat eines Mediziners einholen, wenn

- Starke Schmerzen oberhalb der Hüften (an den Nieren) auftreten
- Plötzlich kolikartige Schmerzen einsetzen
- Blut im Urin ist
- Harngrieß abgeht
- Harnsteine abgehen
- Sie nachts häufig auf die Toilette müssen
- Sie gleichzeitig von Übelkeit, Gewichtsverlust, Fieber und Müdigkeit geplagt werden
- Sie Ausfluß haben.

Den Arzt sollten Sie auf alle Fälle aufsuchen, wenn zu den Problemen beim Wasserlassen hinzukommen:

- Fieber
- Schüttelfrost
- Übelkeit
- Erbrechen.

Merke!
Eine Blasen- oder Harnröhrenentzündung ist gut zu behandeln, muß aber in jedem Fall auskuriert werden.
Sonst kann es zu ernsten Komplikationen bis hin zu chronischen Nierenschäden kommen.
Deshalb sollten Sie, falls die Selbstbehandlung erfolglos bleibt, unbedingt den Arzt aufsuchen.

Die sanfte Selbstbehandlung

Ein probates Mittel ist schlicht Bettruhe mit viel Wärme, ein noch besseres aber Wasser in jeder Form. Im einzelnen:

- Warme Fuß- und Sitzbäder, am besten mit einem Aufguß von Kamillenblüten.
- Bis zu drei Liter Flüssigkeit am Tag trinken, um die Krankheitserreger schnell auszuschwemmen. Am besten sind Blasen- und Nierentees. Lediglich bei einer Blasenschwäche sollten Sie weniger trinken, um die gereizte Blase nicht noch mehr zu strapazieren.
- Täglich eine Stunde lang einen feuchtheißen Heublumensack (fertig aus der Apotheke) auf den Unterbauch legen.
- Vorübergehend Reizstoffe meiden, vor allem Alkohol, Kaffee, schwarzen Tee, scharfe Gewürze.

»Wenn nur die Menschen nicht so töricht wären, die Kräuter mit Füßen zu treten, anstatt sie zu ihrem Nutzen zu verwenden!« (Pfarrer Sebastian Kneipp). Heutzutage gibt's den Siebenkräutertee.

Das richtige Medikament

Neben ausschwemmenden Tees stehen eine Reihe von pflanzlichen Wirkstoffen zur Behandlung der Harnwegserkrankungen zur Verfügung. Erst bei schweren bakteriell verursachten Entzündungen wird der Arzt zu effektiveren Mitteln greifen müssen und Antibiotika verschreiben.

Nutzen und Risiko der Wirkstoffe

Als Tee, Tabletten oder Tropfen gibt es die pflanzlichen Diuretika, die dreierlei bewirken: Sie verdünnen den Harn, beschleunigen die Ausscheidung und haben teilweise noch eine keimhemmende, sprich, antibakterielle Wirkung. Hier empfehlen sich vor allem die Heilpflanzen Wacholderbeeren, Hauhechelwurzel, Liebstöckelwurzel, Birkenblätter und Goldrutenkraut. Der Erfolg ist zumeist recht eindrucksvoll.

Unser Tip: Abspecken!
Übergewicht verschafft auch den Harnwegsorganen unnötig viel Arbeit. Bauen Sie es daher mit einer sanften Diät möglichst bald ab.

Viel trinken!

Zu berücksichtigen ist jedoch, daß, wer solche Mittel einnimmt, immer viel trinken muß. Überdies sollten diese Medikamente auf keinen Fall länger als vier bis sechs Wochen eingenommen werden, da sie sonst eine zu starke wasserausschwemmende Wirkung im Körper entfalten könnten.

Kürbissamen gegen Harndrang

Gegen Schmerzen beim Wasserlassen und allzu häufigen Harndrang empfiehlt sich der Kürbissamen. Er enthält Mangan, Selen und Vitamin-E, die die empfindliche Blasenmuskulatur kräftigen.
Zu einem Versuch mit einer derartigen Kürbissamentherapie kann geraten werden, da sie auf jeden Fall frei von Nebenwirkungen ist.

Wußten Sie schon? Kürbissamen helfen gegen Blasenschwäche und kräftigen die Blasenmuskulatur.

Antibiotika für schwere Fälle

In schweren Fällen muß der Arzt Antibiotika verordnen, die meist innerhalb von einigen Stunden wirken, aber dann von Frauen etwa sieben Tage genommen werden müssen, von Männer eine Woche länger. Zum Einsatz kommt hier relativ häufig der Wirkstoff Trimethoprim, der allerdings mit den für Antibiotika bekannten Nebenwirkungsrisiken behaftet ist:

- Magen-Darm-Störungen
- Allergische Hauterscheinungen
- Eventuell Fieber
- Blutbildveränderungen.

Unser Tip: Fruchtsäfte!
Aber nicht irgendwelche: Preisel- und Johannisbeeren sind der Geheimtip aus den USA bei häufigen Harnwegsinfektionen. Diese Beeren senken den pH-Wert im Urin und schaffen damit für Krankheitserreger denkbar schlechte Wachstumsbedingungen.

Name/Hersteller	Wirkstoffe	Risiken & Nebenwirkungen
Bactrim *Rp* Roche	Trimethoprim, Sulfamethoxazol	Nicht für Nierenkranke und bei Überempfindlichkeit gegen Sulfonylharnstoffe. Ampullen und Sirup enthalten Alkohol!
Barazan *Rp* Dieckmann	Norfloxacin	Vorsicht bei Nierenkranken, Menschen mit Schlaganfallneigung, älteren Personen! Allergische Reaktionen, Magen-Darm-Beschwerden, verminderte Reaktionsfähigkeit.
Blasen-Nieren-Tee Uroflux S Nattermann	Extrakte aus Birkenblättern, Queckenwurzelstock	Übelkeit bei Magenempfindlichen und Kindern möglich. Vorsicht bei Ödemen infolge eingeschränkter Nieren- oder Herzfunktion!
Blasen- und Nierentee N Stada	Pflanzenbestandteile, Extrakte aus Birkenblättern, Goldrutenkraut, Süßholzwurzel	Nebenwirkungen nicht bekannt. Vorsicht bei Ödemen infolge eingeschränkter Nieren- oder Herzfunktion!
Cotrim-Diolan / forte *Rp* Engelhard	Trimethoprim, Sulfamethoxazol	Ungeeignet in Schwangerschaft und Stillzeit sowie für Neugeborene, Nierenkranke und bei Überempfindlichkeit gegen Sulfonylharnstoffe.
Cotrim Hexal *Rp* Hexal	Trimethoprim, Sulfamethoxazol	Ungeeignet in Schwangerschaft und Stillzeit sowie für Neugeborene, Nierenkranke und bei Überempfindlichkeit gegen Sulfonylharnstoffe.
Cotrimox-Wolff / -forte *Rp* Wolff	Trimethoprim, Sulfamethoxazol	Ungeeignet in Schwangerschaft und Stillzeit sowie für Neugeborene, Nierenkranke und bei Überempfindlichkeit gegen Sulfonylharnstoffe.

Beratung	Darreichungsform
Sinnvolles Kombinationspräparat aus antibakteriell wirksamen Stoffen mit breiter Wirksamkeit, insbesondere gegen Harnwegsinfekte. Ungeeignet in Schwangerschaft und Stillzeit sowie für Neugeborene.	Infusionslösung, Injektionslösung, Tabletten, Kindertabletten, Sirup für Kinder und Erwachsene
Antibiotikum gegen Infektionen der Harnwege. Ungeeignet für Schwangere, Stillende, Kinder und Jugendliche.	Filmtabletten
Pflanzliches Mittel in Teeform zur Durchspülung der Harnwege bei entzündlichen und krampfartigen Erkrankungen der Harnwege. Wesentlich vor allem Spülwirkung.	Tee
Pflanzliches Mittel in Teeform zur Durchspülung der Harnwege bei entzündlichen und krampfartigen Erkrankungen der Harnwege. Wesentlich vor allem Spülwirkung.	Tee
Sinnvolles Kombinationspräparat aus antibakteriell wirksamen Stoffen mit breiter Wirksamkeit, insbesondere gegen Harnwegsinfekte.	Tabletten, Suspension
Sinnvolles Kombinationspräparat aus antibakteriell wirksamen Stoffen mit breiter Wirksamkeit, insbesondere gegen Harnwegsinfekte.	Tabletten
Sinnvolles Kombinationspräparat aus antibakteriell wirksamen Stoffen mit breiter Wirksamkeit, insbesondere gegen Harnwegsinfekte.	Tabletten, Saft

Blasen- und Nierenleiden

Name/Hersteller	Wirkstoffe	Risiken & Nebenwirkungen
Cotrim-ratiopharm *Rp* ratiopharm	Trimethoprim, Sulfamethoxazol	Ungeeignet in Schwangerschaft und Stillzeit sowie für Neugeborene, Nierenkranke und bei Überempfindlichkeit gegen Sulfonylharnstoffe. Saft enthält Alkohol!
Deblaston *Rp* Madaus	Pipemidsäure	Ungeeignet in Schwangerschaft und Stillzeit sowie für Neugeborene, Nierenkranke und bei Überempfindlichkeit gegen Sulfonylharnstoffe.
Dr. Klinger's Bergischer Kräutertee Mack	Pflanzenbestandteile	Vorsicht bei Ödemen infolge eingeschränkter Nieren- oder Herzfunktion!
Echinacin Madaus	Purpursonnenhut (Echinaceae purpureae)	Ungeeignet bei Tuberkulose, Leukämie, entzündlichen Erkrankungen des Bindegewebes, multipler Sklerose und Allergie gegen Korbblütler.
Eusaprim *Rp* Wellcome	Trimethoprim, Sulfamethoxazol	Ungeeignet in Schwangerschaft und Stillzeit sowie für Neugeborene, Nierenkranke und bei Überempfindlichkeit gegen Sulfonylharnstoffe. Lösungen enthalten Alkohol!
Heumann Blasen und Nierentee Solubitrat N Heumann	Extrakte aus Birkenblättern, Goldrutenkraut, Fenchelöl, Orthosiphonblättern	Nebenwirkungen nicht bekannt. Vorsicht bei Ödemen infolge eingeschränkter Nieren- oder Herzfunktion!
Kneipp Blasen- und Nieren-Tee Kneipp	Schachtelhalmkraut, Riesengoldrutenkraut, Birkenblätter, Hauhechelwurzel, Hagebutte	Keine Durchspülungstherapie bei Wasseransammlungen (Ödemen) infolge eingeschränkter Herz- und Nierentätigkeit durchführen.

Beratung	Darreichungsform
Sinnvolles Kombinationspräparat aus antibakteriell wirksamen Stoffen mit breiter Wirksamkeit, insbesondere gegen Harnwegsinfekte.	Tabletten, Saft
Mittel mit Blockwirkung auf ein wesentliches Bakterienenzym (»Gyrasehemmer«) gegen akute und chronische Harnwegsinfekte.	Kapseln
Pflanzliches Mittel in Teeform zur Durchspülung der Harnwege bei entzündlichen und krampfartigen Erkrankungen der Harnwege. Wesentlich vor allem Spülwirkung.	Tee
Als pflanzliche Lösung (Tropfen) zur unterstützenden Behandlung wiederkehrender Infekte der ableitenden Harnwege und der Atemwege.	Lösung
Nützliches Kombinationspräparat gegen Infektionen mit sulfonamidempfindlichen Erregern, insbesondere bei Harnwegsinfektionen.	Suspension für Erwachsene und Kinder, Infusionslösung, Fortetabletten
Pflanzliches Mittel in Teeform zur Durchspülung der Harnwege bei entzündlichen und krampfartigen Erkrankungen der Harnwege. Wesentlich vor allem Spülwirkung.	Pulver
Zur Erhöhung der Harnmenge bei Katarrhen im Bereich von Niere und Blase. Außerdem zur Vorbeugung von Harngrieß und Harnsteinbildung. Bei chronischen Nierenerkrankungen den Arzt fragen.	Tee

Blasen- und Nierenleiden

Name/Hersteller	Wirkstoffe	Risiken & Nebenwirkungen
Kneipp-Botanica Siebenkräutertee Kneipp	Brombeerblätter, Hagebutte, Hibiscus, Orangen-, Linden-, Rosenblüten, Pfefferminze	Keine bekannt.
Kneipp Diupressan Birkenblätter-Tee Kneipp	Birkenblätter	Keine Durchspülungstherapie bei Wasseransammlungen (Ödemen) infolge eingeschränkter Herz- und Nierentätigkeit durchführen.
Kneipp Rheumapressan Brennessel-Tee N Kneipp	Brennesselkraut	Keine Durchspülungstherapie bei Wasseransammlungen (Ödemen) infolge eingeschränkter Herz- und Nierentätigkeit durchführen.
Nephrubin-Tee Weber & Weber	Mehrere Pflanzen, darunter Orthosiphonblätter	Ungeeignet in Schwangerschaft und Stillzeit, bei eingeschränkter Nieren- und Herzfunktion, Ödemen. Für Kinder unzugänglich aufbewahren!
Nieron Blasen- und Nierentee VI Hoyer	Pflanzenbestandteile, darunter Extrakte aus Birkenblättern, Goldrutenkraut, Orthosiphonblättern	Nebenwirkungen nicht bekannt. Vorsicht bei Ödemen infolge eingeschränkter Nieren- oder Herzfunktion!
Prostamed Klein	Kürbissamen	Nebenwirkungen nicht bekannt und unwahrscheinlich.
Rhoival Tosse	Pflanzenbestandteile	Nebenwirkungen nicht bekannt. Tropfen enthalten Alkohol!

Beratung	Darreichungsform
Dieser Tee sorgt auf angenehme Weise für die notwendige Flüssigkeitszufuhr und fördert damit, in ausreichendem Maße getrunken, das Durchspülen der Harnwege.	Tee
Zur milden Entwässerung und somit auch zur Blutreinigung.	Tee
Zur Durchspülungstherapie bei entzündlichen Erkrankungen der ableitenden Harnwege sowie zur Vorbeugung und Behandlung von Nierengrieß. Ebenfalls gut geeignet zur unterstützenden Behandlung rheumatischer Beschwerden.	Tee
Pflanzliches Mischpräparat. Angeboten gegen chronische und akute Nieren- und Blasenerkrankungen sowie Wassersucht.	Tee
Pflanzliches Mittel in Teeform zur Durchspülung der Harnwege bei entzündlichen und krampfartigen Erkrankungen der Harnwege. Wesentlich vor allem Spülwirkung.	Tee
Pflanzeneiweiß aus Kürbissamen (mit einigen Hilfsstoffen) gegen Beschwerden beim Wasserlassen bei gutartiger Vergrößerung der Prostata, Reizblase (bei Frauen und Männern).	Tabletten
Pflanzliches Mittel gegen Reizblase, Beschwerden beim Wasserlassen, Erkrankungen der Prostata und Harnsteinleiden.	Dragees, Tropfen

Blasen- und Nierenleiden

	Name/Hersteller	Wirkstoffe	Risiken & Nebenwirkungen
	Uralyt-U *Rp* Madaus	Kalium-Natrium-Hydrogencitrat	Ungeeignet bei Nierenversagen und chronischen Harnwegsinfektionen! Vorsicht bei Bluthochdruck! Magen-Darm-Beschwerden möglich.
	Uro Fink Nieren- und Blasentee Fink	Pflanzenbestandteile, darunter Extrakte aus Orthosiphonblättern	Übelkeit möglich. Vorsicht bei Ödemen infolge eingeschränkter Nieren- oder Herzfunktion!
Österreich	**Urgenin** *Rp* Madaus	Sägepalmenfrüchte, Purpursonnenhut	Ungeeignet bei Tuberkulose, Leukämie, multipler Sklerose. Allergische Reaktionen gegen Korbblütler möglich. Liquidum enthält Alkohol!
Österreich	**Urolucosil** *Rp* Lundbeck	Sulfamethizol	Ungeeignet für Schwangere und Stillende sowie Neugeborene. Allergische Reaktionen möglich, ebenso Übelkeit und Erbrechen.
Österreich	**Zoroxin** *Rp* MSD	Norfloxacin	Vorsicht bei Nierenkranken, Patienten mit Schlaganfallneigung, älteren Personen! Allergische Reaktionen, Magen-Darm-Beschwerden, verminderte Reaktionsfähigkeit.
Schweiz	**Bactrim Roche** *Rp* Roche	Trimethoprim, Sulfamethoxazol	Vorsicht in Schwangerschaft und Stillzeit! Übelkeit mit Erbrechen und Durchfall, schwere Hautreaktionen, Nierenversagen, Kopfschmerzen und Atemnot möglich.
Schweiz	**Noroxin** *Rp* MSD	Norfloxacin	Kopfschmerzen, Schwindel, Schlafstörungen, Hautausschläge, Übelkeit, erhöhte Leberwerte und Depressionen möglich.

Beratung	Darreichungsform
Zur Vorbeugung gegen Harnsäuresteine (Oxalatsteine) und zu deren Auflösung.	Granulat
Pflanzliches Mittel in Teeform zur Durchspülung der Harnwege bei entzündlichen und krampfartigen Erkrankungen der Harnwege. Wesentlich vor allem Spülwirkung.	Tee
Pflanzliches Mittel; angeboten gegen Reizblase und Prostataerkrankungen.	Zäpfchen, Dragees, Liquidum
Sulfonamid gegen Erkrankungen der Harnwege.	Tabletten
Antibiotikum gegen Infektionen der Harnwege. Ungeeignet für Schwangere, Stillende, Kinder und Jugendliche.	Filmtabletten
Sinnvolles Kombinationspräparat aus antibakteriell wirksamen Stoffen mit breiter Wirksamkeit, insbesondere gegen Harnwegsinfekte. Ungeeignet in Schwangerschaft und Stillzeit sowie für Neugeborene.	Tabletten, Sirup für Kinder, Ampullen
Behandlung aller Infektionsarten der Harnwege. Akute Behandlung von Lebensmittelvergiftungen und zur Vorbeugung gegen Blutvergiftung. Nicht geeignet für Kinder, da Wachstumsstörungen möglich. Möglichst nicht in Schwangerschaft und Stillzeit.	Tabletten

Depressionen

Gelegentliche Gefühlsschwankungen, negative Stimmung, wenig Lebensfreude, Unlust, Antriebslosigkeit, Müdigkeit, Schwermütigkeit sowie Minderwertigkeits- und Schuldgefühle sind etwas ganz Normales. Derartige Reaktionen auf äußere Lebensumstände sind zumeist zeitlich begrenzt und dürfen nicht verwechselt werden mit der echten, der endogenen Depression.

Bei den Depressionen müssen zwei Gruppen unterschieden werden: die echten, endogenen Depressionen und die völlig normale Niedergeschlagenheit mit Unlust, Minderwertigkeits- und Schuldgefühlen.

Typische Krankheitssymptome

Die oben geschilderten depressiven Verstimmungen gehören zum großen Bereich der sogenannten vegetativen Störungen, die wir willentlich nicht steuern können und die keine organischen Ursachen haben.

Die echte Depression

Bei der echten Depression unterscheiden die Mediziner drei Formen.

Die drei Formen der Depression

- Die **neurotische Depression** wird durch ein einschneidendes Ereignis ausgelöst. Sie tritt häufig auf, wenn sich Lebenssituationen ändern oder körperliche Umstellungen anbahnen. Auch eine Depression in der Schwangerschaft zählt dazu.
- Bei der **psychotischen Depression** sind die Ursachen bis heute noch nicht genau geklärt; vermutet werden biochemische Veränderungen im Körper, eventuell auch eine Stoffwechselabhängigkeit oder sogar Vererbung.
- Die **larvierte Depression** kaschiert eine psychische Störung durch eine Krankheit, z. B. Rückenschmerzen.

Depressive Verstimmungen können eintreten nach einem Mißerfolg, nach Ablehnung oder einer Auseinandersetzung, nach Scheidung oder Trennung oder dem Verlust eines geliebten Menschen.

Depressive Verstimmungen können sich verschieden äußern: in erhöhter Nervosität, innerer Unruhe und Reizbarkeit. Aber auch Unsicherheit, ständige Abgespanntheit, Traurigkeit, Hoffnungslosigkeit, und Hilflosigkeit gehören zu den typischen Symptomen. Auch körperliche Symptome können hinzukommen, beispielsweise Einschlafstörungen, Kopf- und Magenschmerzen, Herzschmerzen, Schwindel, Appetitlosigkeit.

Die Winterdepression

Sie ist wetterabhängig. Wenn die Tage kürzer werden und der Himmel stets bleigrau verhangen ist, fühlen sich manche Menschen schnell lustlos und unglücklich.

Dann nämlich läuft im Körper die Produktion des lichtabhängigen Hormons Melatonin auf Hochtouren, was zu ständiger Müdigkeit, Antriebsschwäche, Lustlosigkeit bis hin zu Tatenlosigkeit und Gleichgültigkeit führen kann.

Die besten Mittel dagegen:

Auch im Winter sollten Sie regelmäßig an die frische Luft gehen, Sonne tanken, zur Not auch auf der Sonnenbank, und reichlich Vitamin B mit der Nahrung aufnehmen (Nüsse, Gemüse, Weizenkeime, Kartoffeln, Eier, Milch, Fleisch, Fisch, Geflügel, Vollkornprodukte, Bananen, Avocados, Bohnen).

Die Krankheitsursachen

Lebenskrisen, Partnerverlust, Midlife-crisis, Arbeitsplatzverlust, Pensionierung: Die Auslöser der Depression können individuell sehr verschieden sein.

Sowohl bei der depressiven Verstimmung wie auch bei einer echten Depression können die Ursachen so vielfältig sein wie die Symptome.

Meist kommen als Ursachen in Betracht: kritische Momente im Leben, Umstellungsphasen und Zeiten großer Veränderungen. Pubertät, Schwangerschaft, die Mitte des Lebens – Schlagwort Midlife-crisis – die Wechseljahre, Trennung vom Partner, Arbeitsplatzverlust und auch die Pensionierung sind dabei ganz klassische Termine. Bei Frauen spielen hormonelle Umstellungen eine große Rolle.

Körperliche Ursachen, beispielsweise Stoffwechselvorgänge, sind hingegen nur bei der endogenen Depression im Spiel.

Wann Sie den Arzt brauchen

Auch echte Depressionen dauern unterschiedlich lange, sie können vorübergehend abklingen und dann wieder auftauchen. Im Anfangsstadium sind sie selbst für Angehörige und Freunde schwer zu erkennen und einzuordnen.
Ein ernstes Warnzeichen ist immer, wenn der Betroffene anfängt, sich zurückzuziehen und gewohnte Aktivitäten einzustellen. Beginnt diese Abkapselung, sollte der Depressive sofort psychotherapeutische Hilfe suchen.

Warnzeichen für Depressionen: Wenn der Betroffene sich zurückzieht, gewohnte Aktivitäten einstellt und sich abkapselt, ist es höchste Zeit, psychotherapeutische Hilfe zu holen.

Hilfe durch die Umwelt

Die Betroffenen sind hier auch auf die Hilfe ihrer Umwelt angewiesen, denn sich selbst aufzuraffen, zum Arzt zu gehen, das fällt schwer, wenn man unter totaler Antriebslosigkeit und Depressionen leidet.

Alarmsignale sollten für Sie sein, wenn
- Ihre Lebensfreude verlorengegangen ist
- Sie sich nur noch unzufrieden fühlen
- Sie sich zu nichts mehr aufraffen können
- Sie unfähig sind, zu arbeiten oder auch nur den Haushalt zu führen
- Ihre depressiven Verstimmungen länger anhalten
- Sie rapiden Gewichtsschwankungen unterworfen sind
- Selbstmordgedanken auftauchen.

Merke!
Ein offenes Gespräch mit einem bekannten und vertrauten Arzt ist immer hilfreich.
Bei lang anhaltenden depressiven Verstimmungen ist eine psychotherapeutische Behandlung dringend angeraten.
Solche Gespräche mit Psychotherapeuten können wieder Lebensmut geben.

Die sanfte Selbstbehandlung

Der Versuch, sein Leben wieder in den Griff zu kriegen und ihm die schönen Seiten abzugewinnen, ist nicht einfach und zumeist mit einschneidenden Veränderungen verbunden.

Depressionen sind in starkem Maße psychosomatische Krankheiten. Deswegen können sie nur schwer ohne das soziale Umfeld des Depressiven geheilt werden. Meist bedingen die Maßnahmen gegen Depressionen auch einschneidende Änderungen in der Lebensweise.

Folgende Maßnahmen können dabei helfen:

- **Sprechen Sie Probleme offen aus!** Wer bereit ist, mit Freunden, Verwandten oder Kollegen über seine Probleme zu sprechen, hat bessere Chancen, sie in den Griff zu kriegen.
  Scheuen Sie sich nicht davor, machen Sie sich vielmehr klar, daß auch andere unter Stimmungsschwankungen und Depressionen leiden.
- **Gesünder leben!** Gerade depressive Menschen neigen dazu, ein unregelmäßiges Leben zu führen: Das ist Gift für Körper und Seele! Versuchen Sie unbedingt, nach einem festen Stundenplan zu leben, sich gesund zu ernähren, ausreichend Schlaf und frische Luft zu bekommen. Legen Sie Zeiten für Arbeit, Freizeit, Essen und Schlafen fest.
- **Sport treiben!** Suchen Sie sich eine Sportart, die Ihnen Freude macht, und treiben Sie sie regelmäßig, mindestens zweimal in der Woche.
- **Hände weg vom Alkohol!** Dieser »Seelentröster« schlägt nämlich beim anschließenden Kater ins genaue Gegenteil um: Sie werden noch depressiver.

Das richtige Medikament

Hochwirksame Medikamente gegen die echte Depression gehören in die Hand des Arztes. Antidepressiva und Tranquilizer haben starke Nebenwirkungen und sollten deswegen nur unter ärztlicher Kontrolle, wenn nicht gar während eines stationären Aufenthalts genommen werden. Dagegen gibt es gegen depressive Verstimmungen leichte pflanzliche Medikamente, deren Wirksamkeit mittlerweile auch wissenschaftlich bestätigt wurde.

Nutzen und Risiko der Wirkstoffe

Vorausgesetzt, man hat eine endogene Depression als solche richtig erkannt und definiert, was auch für den Arzt sehr schwer ist, stehen zur Behandlung Medikamente mit verschiedenen Wirkungsschwerpunkten zur Verfügung: Antidepressiva, Tranquilizer, Neuroleptika.

Die Nebenwirkungen der Psychopillen sind dramatisch: Antidepressiva können zur Epilepsie führen, Tranquilizer machen süchtig.

Antidepressiva

Antidepressiva haben ein unterschiedliches Wirkungsspektrum: Die mit den Wirkstoffen Fluoxetin, Clomipramin, Dibenzepin, Imipramin und anderen beseitigen zunächst die Antriebsschwäche, wirken also aktivierend; die antidepressive Wirkung tritt erst nach etwa drei Wochen ein. Andere Wirkstoffe wie Doxepin, Amitriptylin, Trimipramin beseitigen rasch Angstzustände, dämpfen dafür aber und wirken auch erst Wochen später richtig stimmungsaufhellend.
Antidepressiva haben massive Nebenwirkungen im gesamten Nervensystem; besonders gefährlich sind Überdosierungen; die zu epileptischen Anfällen führen können.

Tranquilizer

Tranquilizer sind Beruhigungsmittel, die vor allem Nervosität und Angstzustände beseitigen. Sie verschaffen das herrliche »Mir-ist-alles-Wurst«-Gefühl, daher heißen sie im Volksmund auch Glückspillen.
Der Stoff, aus dem die Träume sind, enthält überwiegend Benzodiazepine, mit denen sich der Patient rasch in eine Sackgasse manövriert: Sie machen abhängig. Hat sich der Körper erst einmal daran gewöhnt, ist auch die glücklich machende Wirkung vorbei.
Die Nebenwirkungen sind dramatisch: Von Bewegungs- und Muskelstörungen bis zu Sprachstörungen – sogar Bewußtseinsausfälle und Identitätsverlust können als Folge auftreten. Dabei werden mit Benzodiazepinen die Ursachen der Krankheit keineswegs behandelt. Von einem längeren Einsatz solcher Mittel muß also dringend abgeraten werden.

Neuroleptika

Neuroleptika sind Medikamente gegen Psychosen, hauptsächlich Schizophrenie, welche sich u a. in Wahnvorstellungen, in Orientierungsverlust sowie Halluzinationen äußern.
Mit Neuroleptika kann man keine Psychose heilen, sie ermöglichen jedoch vielen Patienten ein normales Leben, weil sie den Krankheitsverlauf günstig beeinflussen und Rückfälle verhindern.

Neuroleptika heilen zwar nicht die Psychosen selbst, aber ermöglichen den Patienten ein weitgehend normales Leben. Trotzdem muß auf die starken Nebenwirkungen hingewiesen werden.

Erschreckende Nebenwirkungen

Die Nebenwirkungen sind jedoch erschreckend und bleiben leider auch der Umwelt nicht verborgen: Ein drastisch reduziertes Reaktionsvermögen, Krämpfe, Zittern, Mundtrockenheit sind einige der Folgen. Typisch sind bei den Kranken, die damit behandelt werden, auch unwillkürliche Schmatz- und Kaugeräusche und Grimassen. Viele Patienten nehmen an Gewicht zu, etliche leiden auch unter Libido- und Potenzverlust. Häufig kommt es zu bleibenden Schäden nach einer solchen Therapie.

Verschieden starke Substanzen

Es gibt schwache, mittlere und stark wirksame Neuroleptika, z.B. die Substanzen Clopenthixol, Fluphenazin.

Johanniskraut

Für vorübergehende leichte depressive Verstimmungen bieten sich rezeptfreie pflanzliche Medikamente an, besonders das Johanniskraut. Zahlreiche wissenschaftliche Studien bestätigen seine Wirksamkeit, immer vorausgesetzt, der Patient nimmt dieses mild wirkende Medikament auch regelmäßig ein.

Unser Tip: Johanniskraut!
Schon nach kurzer Einnahmezeit verschwinden Symptome wie Niedergeschlagenheit, Ruhelosigkeit und Schlafstörungen. Mit Beschwerdefreiheit kann man nach etwa vierwöchiger Therapie rechnen.

Nebenwirkungen treten selten auf und halten sich in Grenzen: Je nach Präparat wird eventuell die Verkehrstüchtigkeit etwas beeinträchtigt, gelegentlich tritt auch Müdigkeit auf.

Depressionen

Name/Hersteller	Wirkstoffe	Risiken & Nebenwirkungen
Adumbran /-forte *Rp* Thomae	Oxazepam	Ungeeignet für Ältere und Patienten mit Leberschäden oder Atemnot. Verminderte Reaktionsfähigkeit. Bei längerer Einnahme Gefahr der Abhängigkeit.
Amitriptylin *Rp* Wyeth	Amitriptylin	Nicht in Schwangerschaft und Stillzeit, nicht bei Herz- und Leberschäden, grünem Star, Prostataleiden. Zittern, Schwindel, Appetitsteigerung, Mundtrockenheit möglich.
Anafranil *Rp* Geigy	Clomipramin	Nicht in Schwangerschaft und Stillzeit, nicht bei Herz- und Leberschäden, grünem Star, Prostataleiden. Zittern, Schwindel, Appetitsteigerung, Mundtrockenheit möglich.
Aponal *Rp* Boehringer Mannheim	Doxepin	Nicht in Schwangerschaft und Stillzeit, nicht bei Herz- und Leberschäden, grünem Star, Prostataleiden. Zittern, Schwindel, Appetitsteigerung, Mundtrockenheit möglich.
Baldrian-Dispert Lyssia	Baldrianwurzel	Keine bekannt.
Baldrian-Phyton Merckle	Baldrianwurzel	Keine bekannt.
Bromazanil *Rp* Hexal	Bromazepam	Nicht für Ältere und Patienten mit Leberschäden oder Atemnot. Verminderte Reaktionsfähigkeit. Bei längerer Einnahme Gefahr der Abhängigkeit.

Beratung	Darreichungsform
Verboten in Schwangerschaft und Stillzeit. Bewährte Substanz (Benzodiazepin) mittlerer Wirkungsdauer zur kurzzeitigen Einnahme gegen Angst, Unruhe und Erschöpfungszustände.	Tabletten
Bewährtes trizyklisches Antidepressivum. Wirkung und Risiken gut dokumentiert. Vor allem zur Dämpfung und Stimmungsaufhellung (Thymoleptikum) bei Depressionen.	Filmtabletten, Retardkapseln
Mittel (trizyklisches Antidepressivum) wirkt vorwiegend stimmungsaufhellend und aktivierend bei gehemmt-apathischen Zuständen.	Injektionslösung, Dragees
Die Substanz (trizyklisches Antidepressivum) wirkt vorwiegend dämpfend-stimmungsaufhellend.	Dragees, Lösung, Filmtabletten
Altes pflanzliches Hausmittel gegen Unruhezustände und Einschlafstörungen. Wirkung streng wissenschaftlich nicht nachgewiesen, aber möglicherweise subjektiv hilfreich.	Dragees
Altes pflanzliches Hausmittel gegen Unruhezustände und Einschlafstörungen. Wirkung streng wissenschaftlich nicht nachgewiesen, aber möglicherweise subjektiv hilfreich.	Dragees, Tropfen
Verboten in Schwangerschaft und Stillzeit. Lang wirksames Mittel (Benzodiazepin) gegen akute und chronische Spannungs-, Erregungs- und Angstzustände und dadurch verursachte Schlafstörungen.	Tabletten

Name/Hersteller	Wirkstoffe	Risiken & Nebenwirkungen
Ciatyl *Rp* Bayer	Clopenthixol	Vorsicht in der Schwangerschaft, ebenso bei Herz-, Nieren- oder Leberschäden, Kreislaufschwäche! Benommenheit, Unruhe, Zittern möglich.
Dapotum/-acutum *Rp* Squibb-Heyden	Fluphenazin	Ungeeignet in Schwangerschaft und Stillzeit, ferner bei Herz-, Leber- und Nierenschäden. Kreislaufstörungen, Benommenheit, Zittern, Krämpfe möglich.
Decentan *Rp* Merck	Perphenazin	Ungeeignet in Schwangerschaft und Stillzeit, ferner bei Herz-, Leber- und Nierenschäden. Kreislaufstörungen, Benommenheit, Zittern, Krämpfe möglich.
Dipiperon Janssen	Pipameron	Ungeeignet in Schwangerschaft und Stillzeit, ferner bei Herz-, Leber- und Nierenschäden. Kreislaufstörungen, Benommenheit, Zittern, Krämpfe möglich.
Dominal forte *Rp* Asta Medica	Prothipendyl	Ungeeignet in Schwangerschaft und Stillzeit, ferner bei Herz-, Leber- und Nierenschäden. Kreislaufstörungen, Benommenheit, Zittern, Krämpfe möglich.
Durazanil 6 *Rp* Durachemie	Bromazepam	Nicht für Ältere und Patienten mit Leberschäden oder Atemnot. Verminderte Reaktionsfähigkeit. Bei längerer Einnahme Gefahr der Abhängigkeit.
durazepam /-forte *Rp* Durachemie	Oxazepam	Nicht für Ältere und Patienten mit Leberschäden oder Atemnot. Verminderte Reaktionsfähigkeit. Bei längerer Einnahme Gefahr der Abhängigkeit.

Beratung	Darreichungsform
Mittelstarke Substanz (Neuroleptikum) gegen Psychosen mit Aufgeregtheit und Wahnbildung.	Tropfen, Tabletten, Injektionslösung
Stark wirkendes Neuroleptikum zur Behandlung von Psychosen; nach Herstellerangaben auch anwendbar bei Erregungszuständen und akuten schizophrenen Schüben.	Tropfen, Tabletten, Injektionslösung
Stark wirkendes Mittel (Neuroleptikum), vor allem gegen Psychosen und als Zusatzmedikament bei agitierten Depressionen.	Dragees, Tropfen, Tabletten
Stark wirkendes Mittel (Neuroleptikum), vor allem gegen Psychosen, Verwirrtheit, Stimmungslabilität.	Tabletten, Saft
Schwach wirkendes Mittel (Neuroleptikum) gegen Psychosen, Unruhe und Erregungszustände.	Injektionslösung, Dragees, Filmtabletten
Verboten in Schwangerschaft und Stillzeit. Lang wirksames Mittel (Benzodiazepin) gegen akute und chronische Spannungs-, Erregungs- und Angstzustände und dadurch verursachte Schlafstörungen.	Tabletten
Verboten in Schwangerschaft und Stillzeit. Bewährte Substanz (Benzodiazepin) mittlerer Wirkungsdauer zur kurzzeitigen Einnahme gegen Angst, Unruhe und Erschöpfungszustände.	Tabletten

Name/Hersteller	Wirkstoffe	Risiken & Nebenwirkungen
Eunerpan *Rp* Nordmark	Melperon	Ungeeignet in Schwangerschaft und Stillzeit, ferner bei Herz-, Leber- und Nierenschäden. Kreislaufstörungen, Benommenheit, Zittern, Krämpfe möglich.
Fluanxol *Rp* Bayer	Flupentixol	Ungeeignet in Schwangerschaft und Stillzeit, ferner bei Herz-, Leber- und Nierenschäden. Kreislaufstörungen, Benommenheit, Zittern, Krämpfe möglich.
Fluctin *Rp* Lilly	Fluoxetin	Nicht für selbstmordgefährdete Patienten. Zittern, Benommenheit, allergische Reaktionen, Erregung, Bauchschmerzen möglich. Mißbrauch nicht auszuschließen.
Gityl 6 *Rp* Krewel	Bromazepam	Nicht für Ältere und Patienten mit Leberschäden oder Atemnot. Verminderte Reaktionsfähigkeit. Bei längerer Einnahme Gefahr der Abhängigkeit.
Glianimon *Rp* Bayer	Benperidol	Ungeeignet in Schwangerschaft und Stillzeit, ferner bei Herz-, Leber- und Nierenschäden. Kreislaufstörungen, Benommenheit, Zittern, Krämpfe möglich.
Haldol-Janssen /-forte *Rp* Janssen	Haloperidol	Ungeeignet in Schwangerschaft und Stillzeit, ferner bei Herz-, Leber- und Nierenschäden. Kreislaufstörungen, Benommenheit, Zittern, Krämpfe möglich.
Herphonal *Rp* Arzneimittelwerk Dresden	Trimipramin	Nicht in Schwangerschaft und Stillzeit, nicht bei Herz- und Leberschäden, grünem Star, Prostataleiden. Zittern, Schwindel, Appetitsteigerung, Mundtrockenheit möglich.

Beratung	Darreichungsform
Schwach wirksames Mittel (Neuroleptikum) gegen Psychosen, Verwirrtheitszustände, Schlafstörungen, psychomotorische Unruhe.	Dragees, Lösung, Injektionslösung
Stark wirkendes Mittel (Neuroleptikum) gegen Psychosen.	Dragees, Injektionslösung, Tropfen
Verwendbar, wenn andere Standardantidepressiva nicht wirken. Weniger erprobt als die trizyklischen Wirkstoffe. Bei Kindern und Jugendlichen unter 18 Jahren fehlen klinische Erfahrungen.	Kapseln, Lösung
Verboten in Schwangerschaft und Stillzeit. Lang wirksames Mittel (Benzodiazepin) gegen akute und chronische Spannungs-, Erregungs- und Angstzustände und dadurch verursachte Schlafstörungen.	Tabletten
Sehr stark wirkendes Mittel (Neuroleptikum) gegen Psychosen, Unruhe und Erkrankungen des schizophrenen Formenkreises.	Tabletten, Tropfen, Injektionslösung
Sehr stark wirkendes Mittel (Neuroleptikum) gegen Psychosen und schizophrene Zustände. Fast alle stärker wirkenden Neuroleptika gehören der Haloperidolklasse (Butyrophenone) an.	Tabletten, Tropfen, Lösung, Injektionslösung
Ähnliche Wirkung wie das schon länger verwendete Amitriptylin. Beruhigend, angstlösend.	Dragees

Name/Hersteller	Wirkstoffe	Risiken & Nebenwirkungen
Hypericum Stada Stada	Johanniskraut	Ungeeignet in Schwangerschaft und Stillzeit sowie bei Lichtüberempfindlichkeit. Bei Hellhäutigen sind nach starker Bestrahlung sonnenbrandähnliche Reaktionen möglich.
Hypnorex *Rp* Synthelabo	Lithiumkarbonat	Nicht bei schweren Herz- und Nierenschäden. Zittern der Hände, verstärkter Durst, Harndrang, Übelkeit, Gewichtszunahme, Müdigkeit möglich.
Imap *Rp* Janssen	Fluspirilen	Ungeeignet in Schwangerschaft und Stillzeit, ferner bei Herz-, Leber- und Nierenschäden. Kreislaufstörungen, Benommenheit, Zittern, Krämpfe möglich.
Kneipp Baldrian Pflanzensaft Nerventrost Kneipp	Baldrian	Keine bekannt.
Lexotanil 6 *Rp* Roche	Bromazepam	Ungeeignet für Ältere und Patienten mit Leberschäden oder Atemnot. Verminderte Reaktionsfähigkeit. Bei längerer Einnahme Gefahr der Abhängigkeit.
Lyogen *Rp* Promonta Lundbeck	Fluphenazin	Ungeeignet in Schwangerschaft und Stillzeit, ferner bei Herz-, Leber- und Nierenschäden. Kreislaufstörungen, Benommenheit, Zittern, Krämpfe möglich.
Melleretten *Rp* Sandoz	Thioridazin	Nicht bei Herz-, Leber- und Nierenschäden sowie in Schwangerschaft und Stillzeit. Müdigkeit, verstopfte Nase, Unruhe, Zittern möglich.

Beratung	Darreichungsform
Pflanzliches Mittel. Nach Herstellerangaben nützlich zur Stärkung des Nervensystems bei depressiven Verstimmungen, Angst und nervöser Unruhe.	Kapseln
Lithiumpräparat zur Vorbeugung gegen schwere Formen manisch-depressiver Erkrankungen. Wirkungseintritt häufig erst nach Monaten. Verboten in Schwangerschaft und Stillzeit.	Retardtabletten
Mittelstarkes Mittel (Neuroleptikum) gegen Psychosen, Angst- und Spannungszustände.	Suspension zur Injektion
Zur Einnahme bei Unruhezuständen und nervös bedingten Einschlafstörungen.	Saft
Verboten in Schwangerschaft und Stillzeit. Lang wirksames Mittel (Benzodiazepin) gegen akute und chronische Spannungs-, Erregungs- und Angstzustände und dadurch verursachte Schlafstörungen.	Tabletten
Sehr stark wirkende Substanz (Neuroleptikum) gegen Psychosen, agitierte Depression und zur Vorbeugung gegen wiederkehrende schizophrene Schübe.	Injektionslösung, Tabletten, Tropflösung, Dragees
Schwach wirkendes Mittel (Neuroleptikum) gegen Psychosen, Angst- und Spannungszustände und Verhaltensstörungen bei Kindern. Nicht für Kinder unter 1 Jahr.	Dragees

Depressionen

Name/Hersteller	Wirkstoffe	Risiken & Nebenwirkungen
Melleril *Rp* Sandoz	Thioridazin	Ungeeignet in Schwangerschaft und Stillzeit, ferner bei Herz-, Leber- und Nierenschäden. Kreislaufstörungen, Benommenheit, Zittern, Krämpfe möglich.
neo OPT *Rp* Optimed	Bromazepam	Nicht für Ältere und Patienten mit Leberschäden oder Atemnot. Verminderte Reaktionsfähigkeit. Bei längerer Einnahme Gefahr der Abhängigkeit.
Neurocil *Rp* Bayer	Levomepromazin	Ungeeignet in Schwangerschaft und Stillzeit, ferner bei Herz-, Leber- und Nierenschäden. Kreislaufstörungen, Benommenheit, Zittern, Krämpfe möglich.
Noctazepam *Rp* Brenner-Efeka	Oxazepam	Nicht für Ältere und Patienten mit Leberschäden oder Atemnot. Verminderte Reaktionsfähigkeit. Bei längerer Einnahme Gefahr der Abhängigkeit.
Normoc *Rp* Merckle	Bromazepam	Nicht für Ältere und Patienten mit Leberschäden oder Atemnot. Verminderte Reaktionsfähigkeit. Bei längerer Einnahme Gefahr der Abhängigkeit.
Oxa-Puren *Rp* Klinge-Nattermann-Puren	Oxazepam	Nicht für Ältere und Patienten mit Leberschäden oder Atemnot. Verminderte Reaktionsfähigkeit. Bei längerer Einnahme Gefahr der Abhängigkeit.
Oxazepam 10 mg *Rp* Sanol	Oxazepam	Nicht für Ältere und Patienten mit Leberschäden oder Atemnot. Verminderte Reaktionsfähigkeit. Bei längerer Einnahme Gefahr der Abhängigkeit.

Beratung	Darreichungsform
Schwach wirkendes Mittel (Neuroleptikum) gegen Psychosen, Angst- und Spannungszustände.	Dragees, Tabletten, Tropflösung
Verboten in Schwangerschaft und Stillzeit. Lang wirksames Mittel (Benzodiazepin) gegen akute und chronische Spannungs-, Erregungs- und Angstzustände und dadurch verursachte Schlafstörungen.	Tabletten
Schwach wirkende Substanz (Neuroleptikum) gegen Psychosen des schizophrenen Formenkreises.	Tabletten, Tropfen, Injektionslösung
Verboten in Schwangerschaft und Stillzeit. Bewährte Substanz (Benzodiazepin) mittlerer Wirkungsdauer zur kurzzeitigen Einnahme gegen Angst, Unruhe und Erschöpfungszustände.	Tabletten
Verboten in Schwangerschaft und Stillzeit. Lang wirksames Mittel (Benzodiazepin) gegen akute und chronische Spannungs-, Erregungs- und Angstzustände und dadurch verursachte Schlafstörungen.	Tabletten
Verboten in Schwangerschaft und Stillzeit. Bewährte Substanz (Benzodiazepin) mittlerer Wirkungsdauer zur kurzzeitigen Einnahme gegen Angst, Unruhe und Erschöpfungszustände.	Tabletten
Verboten in Schwangerschaft und Stillzeit. Bewährte Substanz (Benzodiazepin) mittlerer Wirkungsdauer zur kurzzeitigen Einnahme gegen Angst, Unruhe und Erschöpfungszustände.	Tabletten

Depressionen

Name/Hersteller	Wirkstoffe	Risiken & Nebenwirkungen
Oxazepam-ratiopharm *Rp* ratiopharm	Oxazepam	Nicht für Ältere und Patienten mit Leberschäden oder Atemnot. Verminderte Reaktionsfähigkeit. Bei längerer Einnahme Gefahr der Abhängigkeit.
Oxazepam 10 Stada *Rp* Stada	Oxazepam	Nicht für Ältere und Patienten mit Leberschäden oder Atemnot. Verminderte Reaktionsfähigkeit. Bei längerer Einnahme Gefahr der Abhängigkeit.
Praxiten *Rp* Wyeth	Oxazepam	Nicht für Ältere und Patienten mit Leberschäden oder Atemnot. Verminderte Reaktionsfähigkeit. Bei längerer Einnahme Gefahr der Abhängigkeit.
Quilonum *Rp* SmithKline Beecham	Lithiumazetat	Nicht bei schweren Herz- und Nierenschäden. Zittern, verstärkter Durst, Harndrang, Übelkeit, Gewichtszunahme, Müdigkeit möglich.
Stangyl *Rp* Rhône-Poulenc	Trimipramin	Nicht bei schweren Leber- und Nierenschäden. Vorsicht bei grünem Star! Mundtrockenheit, Verstopfung, Harnentleerungsstörungen möglich.
Taractan *Rp* Roche	Chlorprothixen	Ungeeignet in Schwangerschaft und Stillzeit, ferner bei Herz-, Leber- und Nierenschäden. Kreislaufstörungen, Benommenheit, Zittern, Krämpfe möglich.
Tofranil *Rp* Geigy	Imipramin	Vorsicht bei Herz-, Kreislauf- und Nierenstörungen, Epilepsie, grünem Star! Verstopfung, Mundtrockenheit, Harnentleerungsstörungen möglich.

Beratung	Darreichungsform
Verboten in Schwangerschaft und Stillzeit. Bewährte Substanz (Benzodiazepin) mittlerer Wirkungsdauer zur kurzzeitigen Einnahme gegen Angst, Unruhe und Erschöpfungszustände.	Tabletten
Verboten in Schwangerschaft und Stillzeit. Bewährte Substanz (Benzodiazepin) mittlerer Wirkungsdauer zur kurzzeitigen Einnahme gegen Angst, Unruhe und Erschöpfungszustände.	Tabletten
Verboten in Schwangerschaft und Stillzeit. Bewährte Substanz (Benzodiazepin) mittlerer Wirkungsdauer zur kurzzeitigen Einnahme gegen Angst, Unruhe und Erschöpfungszustände.	Tabletten
Zur Vorbeugung gegen schwere Formen manisch-depressiver Erkrankungen. Wirkungseintritt häufig erst nach Monaten.	Tabletten
Wirkt ähnlich wie Amitriptylin. Vorwiegend beruhigend und angstlösend. Nicht in Schwangerschaft und Stillzeit.	Tabletten, Tabs, Injektionslösung, Tropfen
Schwach wirkendes Mittel (Neuroleptikum) gegen Psychosen und postoperative Schmerzen.	Dragees, Tropfen, Injektionslösung
Bewährte Substanz (trizyklisches Antidepressivum). Wirkt aktivierend-stimmungsaufhellend, gegen gehemmt-apathische Zustände. Nicht in Schwangerschaft und Stillzeit.	Injektionslösung, Dragees

Name/Hersteller	Wirkstoffe	Risiken & Nebenwirkungen
Tranquase *Rp* Azuchemie	Diazepam	Nicht für Ältere und Patienten mit Leberschäden oder Atemnot. Verminderte Reaktionsfähigkeit. Bei längerer Einnahme Gefahr der Abhängigkeit.
Tryptizol *Rp* MSD	Amitriptylin	Nicht in Schwangerschaft und Stillzeit, nicht bei Herz- und Leberschäden, grünem Star, Prostataleiden. Zittern, Schwindel, Appetitsteigerung, Mundtrockenheit möglich.
Valium *Rp* Roche	Diazepam	Nicht für Ältere und Patienten mit Leberschäden oder Atemnot. Verminderte Reaktionsfähigkeit. Bei längerer Einnahme Gefahr der Abhängigkeit.
ÖSTERREICH **Anxiolit/plus** *Rp* Gerot	Oxazepam	Ungeeignet für Ältere sowie Patienten mit Leberschäden oder Atemnot. Verminderte Reaktionsfähigkeit. Bei längerer Einnahme Gefahr der Abhängigkeit.
ÖSTERREICH **Baldrian-Drei Herzblätter** *Rp* Hauser	Baldrianwurzel	Keine bekannt.
ÖSTERREICH **Buronil** *Rp* Lundbeck	Melperon	Ungeeignet in Schwangerschaft und Stillzeit, ferner bei Herz-, Leber- und Nierenschäden. Kreislaufstörungen, Benommenheit, Zittern, Krämpfe möglich.
ÖSTERREICH **Leponex** *Rp* Sandoz	Clozapin	Vor allem Blutbildschäden: Zu Beginn der Behandlung muß 18 Wochen lang jeweils einmal wöchentlich das Blutbild kontrolliert werden.

Beratung	Darreichungsform
Verboten in Schwangerschaft und Stillzeit. Seit langem verwendetes Mittel (Benzodiazepin) mittlerer Wirkungsdauer gegen Spannung, Erregung, psychoneurotische Störungen.	Tabletten, Injektionslösung, Zäpfchen
Trizyklisches Antidepressivum. Vor allem zur Dämpfung und Stimmungsaufhellung bei Depressionen.	Filmtabletten, Injektionslösung
Verboten in Schwangerschaft und Stillzeit. Seit langem verwendetes Mittel (Benzodiazepin) mittlerer Wirkungsdauer gegen Spannung, Erregung, psychoneurotische Störungen.	Tabletten, Injektionslösung
Bewährte Substanz (Benzodiazepin) mittlerer Wirkungsdauer zur kurzzeitigen Einnahme gegen Angst, Unruhe und Erschöpfungszustände. Verboten in Schwangerschaft und Stillzeit.	Dragees
Altes pflanzliches Hausmittel gegen Unruhezustände und Einschlafstörungen. Wirkung streng wissenschaftlich nicht nachgewiesen, aber möglicherweise subjektiv hilfreich.	Dragees
Schwach wirkendes Mittel (Neuroleptikum) gegen Psychosen und – mit Einschränkungen – gegen Unruhezustände im Alter.	Dragees, Ampullen
Das stark wirksame Mittel ist nicht allgemein in Apotheken erhältlich und darf nur nach genauen Informationen des Herstellers verordnet werden. Anwendbar für Patienten, die auf andere Neuroleptika nicht oder nicht ausreichend ansprechen.	Tabletten, Injektionslösung

Depressionen

	Name/Hersteller	Wirkstoffe	Risiken & Nebenwirkungen
Österreich	**Psychopax** *Rp* Sigmapharm	Diazepam	Nicht für Ältere sowie Patienten mit Leberschäden oder Atemnot. Verminderte Reaktionsfähigkeit. Bei längerer Einnahme Gefahr der Abhängigkeit.
Österreich	**Truxal** *Rp* Lundbeck	Chlorprothixen	Ungeeignet in Schwangerschaft und Stillzeit, ferner bei Herz-, Leber- und Nierenschäden. Kreislaufstörungen, Benommenheit, Zittern, Krämpfe möglich.
Schweiz	**Litarex** *Rp* Dumex	Lithiumcitrat	Nicht in Schwangerschaft und Stillzeit. Zu Beginn der Behandlung eventuell Muskelschwäche, Müdigkeit, Durchfall, Übelkeit und Bettnässen.
Schweiz	**Seresta /-expidet** *Rp* Wyeth	Oxazepam	Nicht in Schwangerschaft und Stillzeit. Benommenheit, Schläfrigkeit, Schwindel und Kopfschmerzen möglich.
Schweiz	**Surmontil** *Rp* Rhône-Poulenc	Trimipramin	Großes Risiko während der Schwangerschaft. Kann Schläfrigkeit verursachen, beeinträchtigt die Reaktionsfähigkeit.
Schweiz	**Tryptizol** MSD	Amitriptylin	Großes Risiko für Schwangere, auf keinen Fall in der Stillzeit. Nicht für Kinder unter 12 Jahren. Schläfrigkeit und Sehschwächen.
Schweiz	**Valium** *Rp* Roche	Diazepam	Während Schwangerschaft und Stillzeit vermeiden. Schläfrigkeit und Muskelschwäche möglich.

Beratung	Darreichungsform
Seit langem verwendetes Mittel (Benzodiazepin) mittlerer Wirkungsdauer gegen Spannung, Erregung, psychoneurotische Störungen. Nicht in Schwangerschaft und Stillzeit.	Lösung
Schwach wirksames Mittel (Neuroleptikum) gegen Unruhe- und Erregungszustände, Zusatztherapie bei Entziehungskuren.	Dragees, Injektionslösung, Saft, Suspension
Antidepressivum zur Behandlung und Rückfallvorbeugung manisch-depressiver Patienten. Stimmungsschwankungen werden verhindert. Nicht bei schweren Nierenerkrankungen und kurz nach Herzinfarkt.	Tabletten
Dieser als allgemein gut verträglich bekannte Tranquilizer ist angezeigt bei Angst- und Spannungszuständen, auch depressiver Natur. Kann zur Abhängigkeit führen.	Tabletten
Zur Behandlung neurotischer und reaktiver Depressionen sowie bei Depressionen in Verbindung mit Angstgefühlen und Schlafstörungen. Vorsicht bei selbstmordgefährdeten Patienten! Nicht in Verbindung mit Alkohol!	Tabletten, Kapseln, Tropfen, Ampullen
Gut dosierbares Präparat zur Behandlung von Depressionen und nicht organisch bedingtem nächtlichen Bettnässen. Vorsicht bei Leberfunktionsstörungen, Herz-Kreislauf-Erkrankungen und Schilddrüsenüberfunktion!	Tabletten
Vor allem zur Behandlung von Angst mit Herzklopfen, Schwitzen, Schlafstörungen und nervöser Unruhe. Lindert Muskelkrämpfe. Beeinträchtigt stark das Reaktionsvermögen. Kann zur Abhängigkeit führen.	Tabletten, Ampullen

Diabetes

Das im Volksmund zu Recht als Zuckerkrankheit bezeichnete Leiden hat tatsächlich mit der Menge der Sahnetörtchen zu tun, die wir täglich verspeisen. Andererseits aber ist das Hormon Insulin, das den Zuckergehalt im Blut reguliert, für die Krankheit mitverantwortlich.

Zu unterscheiden ist zwischen zwei Typen des Diabetes:

- Der jugendliche Diabetes, dem organische Ursachen zugrunde liegen
- Der sogenannte Altersdiabetes, der tatsächlich mit Sahnetörtchen und dem daraus resultierenden Übergewicht zu tun hat.

Das Insulin

Das Hormon Insulin wird im Körper in der Bauchspeicheldrüse gebildet, genauer in Zellanhäufungen, die inselartig in dieser verstreut sind und nach ihrem Entdecker die Langerhansschen Inseln heißen.

Normalerweise kontrolliert das Insulin den Zuckerhaushalt im Körper. Ist die Insulinproduktion gestört oder wird dem Körper zuviel Zucker zugeführt, dann gerät das Insulin außer Kontrolle. Der Mensch bekommt Diabetes.

Ein Zuviel an Zucker

Nehmen wir Zucker zu uns, reagiert die Bauchspeicheldrüse prompt mit einer Insulinausschüttung. Nach einem reichhaltigen Essen ist zuviel Zucker im Blut, der vom Stoffwechsel nicht sofort gebraucht wird und deshalb vom Insulin in körpereigene Depots geschafft wird – für Hungerzeiten. Einen anderen Teil wandelt das Hormon in Traubenzucker um, einen weiteren in Fett und Aminosäuren. Im Normalfall hat das Insulin mit diesen Maßnahmen den Zuckerhaushalt unter Kontrolle.

Von der Natur ist Insulin jedoch dafür vorgesehen, den Körper für Notzeiten auszurüsten. Für Zeiten also, wo ihm Zucker fehlt. Weniger gut kommt dieses System mit dem heute üblichen Zuckerüberschuß klar.

Typische Krankheitssymptome

Wer jenseits der 40 ist, gerne Süßigkeiten nascht und Übergewicht hat, sollte bei den folgenden Warnzeichen an Diabetes denken:

- Häufiger und starker Durst
- Ungewöhnlich häufiger Drang, Wasser zu lassen
- Ständige Müdigkeit, Abgeschlagenheit
- Juckreiz am ganzen Körper
- Verändertes Eßverhalten: Heißhunger oder Appetitlosigkeit
- Erhöhte Infektanfälligkeit
- Häufige Kopfschmerzen
- Gelegentlich leichte Schwindelanfälle.

Die Krankheitsursachen

Auch bei den Ursachen muß man streng unterscheiden zwischen

- Juvenilem Diabetes und
- Altersdiabetes.

Juveniler Diabetes

Der juvenile Diabetes heißt deshalb so, weil er meist schon in jungen Jahren, vor dem 20. Lebensjahr, auftritt. Die Erkrankung verläuft wesentlich ernster als der Altersdiabetes, und die Betroffenen müssen sich in der Regel ein Leben lang Insulin selbst spritzen und eine sehr strenge Diät einhalten.
Ursache dieser Krankheit ist nicht falsches Eßverhalten, sondern eine anlagebedingte Autoimmunkrankheit, bei der sich die insulinproduzierenden Zellen der Bauchspeicheldrüse selbst zerstören oder von einem Virus betroffen sind.

Juveniler Diabetes ist eine Autoimmunkrankheit und nicht heilbar, weil die insulinproduzierenden Zellen der Bauchspeicheldrüse zerstört sind. Altersdiabetes hingegen ist eine Erkrankung, die – sofern konsequent behandelt wird – wesentlich leichter verläuft.

Altersdiabetes

Der Altersdiabetes dagegen, der meist jenseits des 40. Lebensjahres auftritt, verläuft leichter. Er ist u a. abhängig vom konsumierten Zucker und dem damit aufgebauten Übergewicht.

Machen Sie den Test!
In der Apotheke gibt es Teststreifen, mit denen Sie selbst den Zuckergehalt im Urin bestimmen können!

Die schrecklichen Broteinheiten bei Diabetes: Wenn Sie Ihre Einheiten auf sechs kleine Mahlzeiten pro Tag verteilen, dann beugen Sie damit unkontrollierbaren Heißhungerattacken vor.

Wann Sie den Arzt brauchen

Die Behandlung der Zuckerkrankheit muß stets vom Arzt vorgenommen werden, eine Selbstbehandlung ist hier nicht möglich. Auch beim leisesten Verdacht sollten Sie umgehend den Arzt aufsuchen, vor allem aber, wenn

- Sie einige typische Symptome bemerken und zur Gruppe der über 40jährigen und Übergewichtigen gehören
- Sie Anzeichen für Diabetes bemerken und die Krankheit in Ihrer Familie bereits vorgekommen ist
- Sie mittels eines Teststreifens aus der Apotheke einen Urintest gemacht haben, der positiv ausgefallen ist.

Die sanfte Selbstbehandlung

Eine Selbstbehandlung des Diabetes ohne ärztliche Begleitung ist nicht möglich. Sie können jedoch die ärztliche Therapie in Ihrer persönlichen Lebensführung entscheidend unterstützen:

- **Abspecken!** Übergewicht sollten Sie schnellstens abbauen! Gerade in leichteren Fällen von Diabetes kann die Gewichtsabnahme die Blutzuckerwerte wieder normalisieren.
- **Halten Sie sich strikt an die Diätrichtlinien Ihres Arztes!** Überschreiten Sie niemals die individuelle Toleranzgrenze für Kohlenhydrate, die bei Diabetikern in Broteinheiten gemessen werden. Günstiger sind sechs kleinere Mahlzeiten über den Tag verteilt, damit keine Heißhungerattacken aufkommen.
- **Muskeltätigkeit braucht Blutzucker!** Deshalb sollen und müssen Diabetiker Sport treiben – am besten sind Ausdauersportarten wie Radfahren, Wandern, Langlauf und Schwimmen.

Strikt verboten: Zucker!
Dieses Verbot betrifft in erster Linie alle Süßigkeiten wie Schokolade, Gebäck, Kuchen und andere Süßspeisen. Ebenso sind Honig und Marmelade verboten. Vorsicht ist jedoch auch angesagt bei überreifem Obst, tabu sind ferner Weintrauben und Rosinen, gesüßte Limonaden sowie jeglicher Alkohol, der Zucker enthält – z. B. das abendliche Bier!
Dennoch müssen Diabetiker heute nicht auf alles Süße verzichten – es gibt inzwischen reichlich Lebensmittel mit Zuckerersatz oder -austauschstoffen, die genauso gut schmecken wie die auf herkömmliche Weise gesüßten.

Das richtige Medikament

Für die Behandlung der Zuckerkrankheit gibt es zwei Typen von Medikamenten:

- Zum einen solche, die die Tätigkeit der insulinproduzierenden Zellen in der Bauchspeicheldrüse ankurbeln. Voraussetzung für diese Therapie ist jedoch, daß noch genügend Zellen in der Bauspeicheldrüse vorhanden sind. Diese Therapie, bei der quasi müde Zellen munter gemacht werden, ist für den Altersdiabetes gut geeignet.
- Daneben gibt es die Insulinspritzen, die dem Körper das fehlende Hormon direkt zuführen, das er nicht mehr selbst produzieren kann. In der Regel handelt es sich dabei um synthetisch hergestelltes oder aus tierischen Bauchspeicheldrüsen gewonnenes Insulin. Diese Therapie ist vorwiegend beim juvenilen Diabetes erforderlich.

TIP
Rasche Soforthilfe bei Unterzuckerung bringt ein Stück Traubenzucker!

Nutzen und Risiko der Wirkstoffe

Die am häufigsten eingesetzten Wirkstoffe in den Tabletten, die die eigene Insulinproduktion ankurbeln sollen, sind die Sulfonylharnstoffe. Dabei wird unterschieden zwischen kurz wirkenden Stoffen (Tolbutamid) und längerfristig wirkenden und stärkeren Mitteln (Glibenclamid). Die Wirksamkeit dieser Stoffe ist individuell sehr verschieden, und es gibt immer wieder Patienten, bei denen diese Wirkstoffe nicht den gewünschten Erfolg zeigen.

Risiko der Unterzuckerung

Das Risiko einer Unterzuckerung besteht bei allen Diabetesmedikamenten. Ursache hierfür ist entweder eine zu hohe Dosis des Medikaments, eine zu geringe Zufuhr an Kohlenhydraten mit der Nahrung oder Wechselwirkungen mit anderen Medikamenten. Zittern, Schweißausbrüche, Herzklopfen sind typische Symptome der Unterzuckerung.

Rasche Soforthilfe bringt ein Stück Traubenzucker.

Diabetiker, die Insulin spritzen (vorwiegend die jugendlichen Diabetiker), müssen vom Arzt sorgfältig eingestellt werden entsprechend ihren körperlichen Aktivitäten und Lebensumständen. Dabei werden vorwiegend eingesetzt: das Schweineinsulin, das gentechnisch hergestellte Humaninsulin und das Rinderinsulin, von dem einige Arzneimittelexperten inzwischen aber abraten. Vor allem beim Rinderinsulin, Humaninsulin und einigen anderen können allergische Reaktionen auftreten, seltener sind diese beim Schweineinsulin.

Diabetiker sollten immer eine entsprechende Schulung mitmachen, um auch im Falle einer Unterzuckerung rasch richtig reagieren zu können.

Unser Tip: Hände weg vom Alkohol!
Zum einen birgt er ein großes Diätrisiko, da er im Körper in Zucker umgebaut werden kann; zum anderen kann er zu unkontrollierten Wechselwirkungen mit den eingenommenen Medikamenten führen!

Es gibt drei Arten von Insulin:

- **Schweineinsulin**
- **Humaninsulin (gentechnisch hergestellt)**
- **Rinderinsulin.**

Welches für Sie geeignet ist, entscheidet Ihr Arzt.

Wechselwirkungen mit Medikamenten
Diabetiker sollten ihren Arzt stets genau informieren, welche Medikamente sie sonst noch nehmen, denn einige wirken blutzuckersteigernd, andere -senkend. Absacken kann der Blutzuckerspiegel z. B. bei Mitteln mit Salicylaten (Aspirin), einigen blutzuckersenkenden Mitteln und Medikamenten, die die Blutgerinnung senken.
Ansteigen kann er durch die Antibabypille, verschiedene entzündungshemmende Mittel, Schilddrüsenhormone u. a.

Checkliste: Diabetes

Diabetes ist eine Störung des Kohlenhydratstoffwechsels, die zu einer »Überzuckerung« des Blutes führt.

Ursachen

- **Juveniler Diabetes:** Autoimmunkrankheit, die sich gegen insulinproduzierende Zellen der Bauchspeicheldrüse richtet.
- **Altersdiabetes:** Übergewicht, zuviel Zucker

Symptome

- Häufiges starkes Durstgefühl
- Häufiges Wasserlassen
- Starke Müdigkeit, Leistungsminderung
- Heißhungeranfälle
- Häufige Kopfschmerzen
- Juckreiz am ganzen Körper
- Ungewöhnlicher Gewichtsverlust
- Leichte Schwindelanfälle
- Nächtliche Wadenkrämpfe

Falls einige dieser Symptome auf Sie zutreffen, sollten Sie auf jeden Fall einen Arzt aufsuchen! Außerdem gibt es in Ihrer Apotheke Teststreifen, mit denen Sie den Zuckergehalt im Urin selbst überprüfen können.

Behandlung

- Versuchen Sie, Ihr Gewicht zu reduzieren!
- Treiben Sie regelmäßig Sport, am besten Ausdauersportarten wie Radfahren, Joggen, Schwimmen oder Wandern!
- Verzichten Sie auf zu große, schwere Mahlzeiten!
- Nehmen Sie statt dessen am besten bis zu sechs kleinere Mahlzeiten über den Tag verteilt zu sich!
- Halten Sie sich strikt an die vom Arzt vorgeschriebenen »Broteinheiten«!
- Vermeiden Sie Zucker! Nehmen Sie Zuckerersatzstoffe!
- Vermeiden Sie Alkohol!

Diabetes

Name/Hersteller	Wirkstoffe	Risiken & Nebenwirkungen
Basal-H-Insulin Hoechst *Rp* Hoechst	Humaninsulin	Überempfindlichkeit gegen eine Insulinart. Unterzuckerung (Insulinschock) bei Überdosierung.
Depot-H-Insulin Hoechst *Rp* Hoechst	Humaninsulin	Überempfindlichkeit gegen Insulin.
Depot-Insulin Hoechst *Rp* Hoechst	Insulin vom Rind	Überempfindlichkeit.
Depot-Insulin S Hoechst *Rp* Hoechst	Insulin vom Schwein	Überempfindlichkeit.
Duraglucon N / -mite *Rp* Durachemie	Glibenclamid	Nicht in Schwangerschaft und Stillzeit sowie bei Nieren- und Leberschäden. Bei gleichzeitiger Einnahme anderer Medikamente Gefahr des Unterzuckers.
Glucobay *Rp* Bayer	Acarbose	Verboten in Schwangerschaft und Stillzeit sowie für Patienten unter 18 Jahren. Blähungen, Bauchschmerzen möglich.
Glucophage retard / -mite *Rp* Lipha	Metformin	Nicht in der Schwangerschaft. Magen-Darm-Beschwerden, Durchfall. Nicht für Patienten über 70 Jahre, nicht bei Nierenerkrankungen.

Beratung	Darreichungsform
Konservierungsmittel: Cresol, Phenol. Empfohlen vor allem für Typ-I-Diabetiker.	Injektionslösung
Konservierungsmittel: Cresol, Phenol. Hochgereinigtes Insulin, empfohlen für insulinpflichtige Diabetiker.	Suspension zur Injektion
Konservierungsmittel: Hydroxybenzoat. Wegen der Verwendung von Rinderinsulin weniger geeignet bei Neueinstellungen.	Injektionslösung
Bei Umstellung von Rinder- auf Schweineinsulin möglicherweise Dosisverminderung notwendig.	Injektionslösung
Mit einem Wirkstoff der Sulfonylharnstoffe. Für Altersdiabetiker (Typ II), wenn eine Diät zur Behandlung alleine nicht ausreicht und der Patient sich Insulin nicht selbst spritzen kann.	Tabletten
Als Zusatztherapie der Zuckerkrankheit in Verbindung mit Diät angeboten.	Tabletten
Wirkstoff aus der Gruppe der Biguanide. Für Ausnahmefälle (Typ-II-Diabetiker) und unter strenger Beobachtung.	Tabletten, Retardtabletten

	Name/Hersteller	Wirkstoffe	Risiken & Nebenwirkungen
	Insulin Mixtard Human (Initard) *Rp* Novo Nordisk	Humaninsulin	Überempfindlichkeit möglich.
	Insulin Mixtard (Initard) *Rp* Novo Nordisk	Insulin vom Schwein	Überempfindlichkeit möglich.
	Insulin Protaphan HM *Rp* Novo Nordisk	Humaninsulin	Überempfindlichkeit möglich.
	Rastinon Hoechst *Rp* Hoechst	Tolbutamid	Nicht in Schwangerschaft und Stillzeit sowie bei Nieren- und Leberschäden. Bei gleichzeitiger Einnahme anderer Medikamente Gefahr des Unterzuckers.
ÖSTERREICH	**Glibenclamid Genericon** *Rp* Genericon	Glibenclamid	Nicht in Schwangerschaft und Stillzeit sowie bei Nieren- und Leberschäden. Bei gleichzeitiger Einnahme anderer Medikamente Gefahr des Unterzuckers.
ÖSTERREICH	**Insulin Nordisk Insulatard** *Rp* Novo Nordisk	Protamininsulin	Überempfindlichkeit möglich.
ÖSTERREICH	**Insulin Nordisk Mixtard** *Rp* Novo Nordisk	Protamininsulin	Überempfindlichkeit möglich.

Beratung	Darreichungsform
Hilfsstoffe: Protaminsulfat, Cresol, Phenol. Mittel für insulinpflichtige Diabetiker.	Injektionssuspension
Hilfsstoffe: Protaminsulfat, Cresol, Phenol. Hochgereinigtes Kristallinsulin aus Schweinepankreas, Kombination mit betonter Anfangswirkung.	Injektionssuspension
Hilfsstoffe: Protaminsulfat, Cresol, Phenol. Für insulinpflichtige Diabetiker.	Suspension zur Injektion
Mit einem Wirkstoff der Sulfonylharnstoffe. Für Altersdiabetiker (Typ II), wenn eine Diät zur Behandlung alleine nicht ausreicht und der Patient sich Insulin nicht selbst spritzen kann.	Tabletten
Mit einem Wirkstoff der Sulfonylharnstoffe. Für Altersdiabetiker (Typ II), wenn eine Diät zur Behandlung alleine nicht ausreicht und der Patient sich Insulin nicht selbst spritzen kann.	Tabletten
Für Diabetestherapie (für insulinpflichtige Diabetiker) empfohlen.	Durchstichflasche
Für Diabetestherapie (für insulinpflichtige Diabetiker) empfohlen.	Durchstichflasche

Diabetes

Land	Name/Hersteller	Wirkstoffe	Risiken & Nebenwirkungen
Österreich	**Insulin Novo lente MC** *Rp* Novo Nordisk	Insulin von Schwein (30 %) und Rind (70 %)	Überempfindlichkeit möglich.
Österreich	**Pro-Diaban** *Rp* Schering	Glisoxepid	Nicht in Schwangerschaft und Stillzeit sowie bei Nieren- und Leberschäden. Bei gleichzeitiger Einnahme anderer Medikamente Gefahr des Unterzuckers.
Schweiz	**Daonil, Semi Daonil** *Rp* Hoechst	Glibenclamid	Auf keinen Fall in Schwangerschaft und Stillzeit! Gefahr der Unterzuckerung, wobei Warnsymptome fehlen können.
Schweiz	**Glucophage** *Rp* Lipha	Metformin	Nicht in der Schwangerschaft, nicht für Kinder. Magen-Darm-Störungen möglich.
Schweiz	**Human Insulin Hoechst** *Rp* Hoechst	Humaninsulin (enzymatisch umgewandeltes Schweineinsulin)	Gefahr der Unterzuckerung (Schwitzen, Hungergefühl, Zittern, Blässe, Herzklopfen, Kopfschmerzen, Verhaltensauffälligkeiten und Bewußtseinsstörungen).
Schweiz	**Huminsulin** *Rp* Lilly	Humaninsulin (gentechnologisch)	Sehschwäche möglich. Bei starker Rötung der Infektionsstelle sofort den Arzt aufsuchen.
Schweiz	**Melix** *Rp* Lagap	Glibenclamid	Nicht in Schwangerschaft und Stillzeit. Kann Reaktionsfähigkeit beeinträchtigen.

Beratung	Darreichungsform
Orales Antidiabetikum. Wirkstoff aus der Gruppe der Biguanide. Für Ausnahmefälle (Typ II) und unter strenger Beobachtung. Wegen Anteil des Rinderinsulins Vorsicht bei der Neueinstellung!	Durchstichflasche
Mit einem Wirkstoff der Sulfonylharnstoffe. Für Altersdiabetiker (Typ II), wenn eine Diät zur Behandlung alleine nicht ausreicht und der Patient sich Insulin nicht selbst spritzen kann.	Tabletten
Senkt Blutzuckerspiegel, wenn Diät, körperliche Aktivität und Gewichtsreduktion nicht ausreichen. Nicht für insulinpflichtige Diabetiker und Patienten mit Leber- oder Nierenstörungen. Einhaltung der Diät und regelmäßige Tabletteneinnahme unerläßlich.	Tabletten
Zur oralen Behandlung erhöhten Blutzuckers bei Übergewichtigen und Alterszucker oder zusätzlich zur Insulintherapie. Nicht bei schweren Leberschäden, Nierenfunktionsstörungen, Herz-Kreislauf-Störungen, Alkoholvergiftung.	Tabletten
Zur Behandlung bei insulinpflichtigem Diabetes mellitus aller Schweregrade neben der Diät.	Flasche, Kartusche
Bei insulinpflichtigem Diabetes aller Schweregrade neben der Diät. Bei Überdosierung, großer körperlicher Belastung, Versäumen einer Mahlzeit, Alkoholgenuß, Erbrechen oder Durchfall Gefahr der Unterzuckerung.	Injektionslösung, Injektionssuspension
Bei Diabetes, wenn diätetische Maßnahmen alleine nicht ausreichen. Nicht bei Überempfindlichkeit, Diabetes des Typs I, schweren Nieren-, Leber- und Schilddrüsenstörungen.	Tabletten

Erkältung/Grippe

Die Symptome einer handfesten Erkältung kennt wohl jeder: Triefnase, bellender Husten, Halsschmerzen, Heiserkeit. Bei schwereren Formen kommen Gliederschmerzen, Abgeschlagenheit, Fieber hinzu.

Die Atemwege

Das Krankheitsgeschehen spielt sich vornehmlich im Bereich der oberen Luftwege ab. Dort betrifft es zahlreiche kleine Drüsen, die ständig Schleim produzieren. Die Luftwege sind von der Nase bis in die Bronchien in der Lunge mit einer feinen Schleimhaut ausgekleidet, die für ihre reibungslose Funktion ständig feucht gehalten werden müssen. Dafür sind die Drüsen verantwortlich, die unablässig ein Sekret produzieren, das über kleine Flimmerhärchen auf der Schleimhaut Staub und andere Schadstoffpartikel abtransportiert.

Schlechte Karten für Raucher
Wer ständig raucht, also Schadstoffe inhaliert, oder häufig Luftschadstoffen ausgesetzt ist, riskiert eine dauerhafte Schädigung der empfindlichen Schleimhäute und ihrer Flimmerhärchen in der Lunge. Es wird dann immer zuviel Schleim produziert, während die Zahl der für den Weitertransport zuständigen Flimmerhärchen abnimmt. Die Folge: Das Sekret verstopft immer wieder die Bronchien. Menschen, die unter einer solchen dauerhaften Schädigung ihrer Lunge leiden, werden von einer Erkältung besonders stark betroffen.

Folgen der Infektion

Unter Einfluß der Krankheitserreger entzündet sich die Schleimhaut und schwillt an. Die Drüsen bemühen sich, mit der Schleimproduktion nachzukommen, was zur Folge hat, daß zuviel Sekret produziert wird. Dieses nun wird beim Schnupfen und Husten abgesondert. Häufig ist dieser zusätzlich produzierte Schleim nicht mehr so flüssig und gleitfähig wie normal, er wird zäh und kann Bronchien, Nase und Nebenhöhlen verstopfen.

Bei einer Infektion produzieren die Drüsen der Schleimhäute sehr viel und oft sehr zähes Sekret.

Typische Krankheitssymptome

Erkältung

Im Regelfall verläuft eine Erkältung harmlos; die meisten Menschen kommen mit einem einfachen Schnupfen und leichten Halsschmerzen, eventuell noch mit einem schwachen Husten davon. Da aber das ganze Immunsystem mit der Abwehr der Krankheitserreger beschäftigt ist, sind auch Beschwerden wie allgemeine Mattigkeit, Glieder- und Kopfschmerzen keine Seltenheit. Dies alles rangiert noch unter dem Oberbegriff »Erkältung«.

Grippaler Infekt

Schwerer verläuft der grippale Infekt, der typischerweise mit teilweise sehr hohem Fieber einhergeht. Hier sind die genannten Krankheitssymptome deutlich stärker – vor allem wegen des Fiebers ist Bettruhe angesagt! Die eigentliche Gefahr beim grippalen Infekt ist die Verschleppung: Wird die Erkrankung nicht richtig ausgeheilt, kann sie ernste Komplikationen nach sich ziehen wie z. B. Mittelohrentzündung, Lungenentzündung mit Beschwerden beim Atmen und schmerzhaftem Husten, Herzrhythmusstörungen und gelegentlich sogar eine Herzmuskelentzündung.

Wird ein grippaler Infekt verschleppt, droht die Gefahr, daß es zu ernsthaften Komplikationen kommt. Es kann dann sogar das Herz betroffen sein.

Echte Grippe

Sehr ernst zu nehmen ist dagegen die echte Grippe (Virusgrippe), die häufig epidemieartig auftritt und nach der Herkunft ihrer Erreger benannt wird, z.B. die Hongkonggrippe. Die Symptome sind denen des grippalen Infekts durchaus ähnlich, die Krankheit verläuft aber wesentlich schwerer.

Typisch sind das anfangs einsetzende sehr hohe Fieber und ein deutlich ausgeprägtes Krankheitsgefühl. Begleitende Symptome sind neben der starken Schwäche ein schmerzhafter Reizhusten und Glieder- und Rückenschmerzen. Eine richtige Grippe muß ärztlich behandelt werden, denn die Krankheit kann Herz und Kreislauf schädigen.

Wann ist die Grippeimpfung ratsam?
Während allgemein gesunde und jüngere Menschen eine Grippe meist in wenigen Tagen überwunden haben, kann sie bei älteren, schwachen und chronisch kranken Menschen sowie kleinen Kindern zu ernsten Komplikationen führen. Vorsicht ist besonders geboten bei folgenden Grundleiden:

- Herzkrankheiten
- Chronische Atemwegserkrankungen
- Nierenkrankheiten
- Diabetes mellitus (Zuckerkrankheit) und andere Stoffwechselleiden
- Chronische Anämien (Blutarmut)
- Immunschwäche

Ferner sollten Menschen, die aus beruflichen Gründen ein erhöhtes Infektionsrisiko tragen, an eine Impfung denken. Dies gilt besonders für Menschen in medizinischen und Pflegeberufen. Die Grippeimpfung führt Ihr Hausarzt durch, sie wird in der Regel von den Krankenkassen übernommen. Der Impfstoff wird jährlich den neuen Grippeviren angepaßt; die richtige Zeit für die Impfung ist Spätsommer/Herbst.

Die Krankheitsursachen

Meistens sind es Viren, die für Erkältungen, grippale Infekte und die echte Grippe verantwortlich sind.

Der Name »Erkältung« kommt vermutlich daher, daß wir hartnäckig glauben, die Krankheit habe etwas mit Kälte zu tun. Das ist aber nur insoweit richtig, als Erkältungen tatsächlich gehäuft in der kalten Jahreszeit auftreten. Keineswegs aber »holt« man sich eine Erkältung, wenn man bei naßkaltem Wetter friert, ohne Schal und Mütze im Winter aus dem Haus geht oder bei Regen an der Bushaltestelle steht.
Für Erkältungen, grippale Infekte, eine richtige Grippe und alle lästigen, schmerzhaften Begleiterscheinungen wie Husten, Schnupfen, Gliederschmerzen und Fieber sind vorwiegend Viren zuständig. Von diesen Viren gibt es viele verschiedene Arten, man schätzt sie mittlerweile auf über 200. Zudem kommen jährlich neue Virusvarianten hinzu, denn die Viren-

stämme verändern immer wieder ihre Form. Normalerweise bildet das Abwehrsystem Antikörper gegen Viren. Kommen sie jedoch bei der nächsten Attacke auch nur in leicht veränderter Form wieder, fängt die Arbeit des Abwehrsystems von vorne an: Es kann den Angreifer nämlich nicht wiedererkennen.

Die Ansteckung erfolgt ganz einfach beim Niesen oder Husten, auf dem Weg der sogenannten Tröpfcheninfektion. Am größten ist die Ansteckungsgefahr in geschlossenen Räumen, wo sich Menschen im Winter besonders nah beieinander aufhalten. Kälte und Nässe hingegen begünstigen lediglich den Krankheitsausbruch. Von der Ansteckung bis zum Ausbruch der Krankheit vergehen meist nur wenige Tage.

Sommergrippe

Die Viren werden immer aggressiver und machen inzwischen auch vor der wärmeren Jahreszeit nicht mehr halt: Die Sommergrippe ist bei uns keine Seltenheit mehr. Hauptsächliche Symptome sind Schnupfen, Kopfweh und Kreislaufstörungen. Zu beachten ist dabei jedoch, daß ein und dasselbe Virus bei verschiedenen Menschen unterschiedlichste Symptome hervorrufen kann. Nicht selten sind es gerade im Sommer Magen- und Darmprobleme, Durchfall z.B. Und dabei kann wiederum ein Virus bei einem Menschen Durchfall verursachen, beim anderen hingegen Kreislaufprobleme.

Wann Sie den Arzt brauchen

Der beste Beweis dafür, daß banale Erkältungen keinen Arzt brauchen, ist die Tatsache, daß die meisten Mittel gegen derartige Infekte gar nicht mehr verschreibungsfähig sind. Anders sieht es mit der echten Grippe, der Influenza, aus, die schon wegen der hohen Risiken unbedingt nach ärztlicher Betreuung verlangt, oder wenn sich auf die von Viren hervorgerufene Erkältungskrankheit eine bakterielle Entzündung aufgepfropft hat. Dann sind verschreibungspflichtige Antibiotika nötig.

Haben Sie den Verdacht, an einer echten Grippe erkrankt zu sein, müssen Sie einen Arzt rufen!

Erkältungskrankheiten auf einen Blick

Ihre Beschwerden	Mögliche Ursachen	Therapievorschläge
Wäßriger Schnupfen	Erkältung, ggf. Allergie	Kräutertees, viel Flüssigkeit, heiße Bäder
Gelblicher bis grüner Schnupfen, zähes Sekret, eingeschränkte Nasenatmung	Entzündete Nasenschleimhäute, Nebenhöhlenentzündung	Wärme, Inhalieren, Nasensalben, ggf. Arzt aufsuchen
Heiserkeit, rauher Hals, Husten	Erkältung, Rauchen, Luftverschmutzung, Überanstrengung beim Sprechen	Kräutertees, Inhalieren, frische Luft
Trockener, harter Husten	Halsentzündung, grippaler Infekt, Überanstrengung	Hustentees, Pastillen, Erkältungssalben, ggf. Arzt
Husten mit Schleimauswurf	Erkältung oder Grippe	Hustentees, Medikamente, ggf. Arzt
Heiserkeit	Hals- oder Mandelentzündung	Kräutertees, Pastillen, Inhalieren, ggf. Arzt
Fieber, Schüttelfrost	Grippe, Bronchitis, Lungenentzündung	Bettruhe, Arzt rufen

Auch wenn die meisten Erkältungskrankheiten medizinisch kein Problem darstellen, sollten Sie ärztliche Hilfe in Anspruch nehmen, wenn

- Verdacht auf eine Grippe besteht
- Sich die Beschwerden nach einer Woche nicht gebessert, schlimmstenfalls sogar verschlechtert haben
- Beschwerden beim Atmen auftreten

- Kreislaufstörungen, Schwindel, Übelkeit, Erbrechen hinzukommen
- Sich Herzbeschwerden (Herzjagen oder Herzstolpern etwa) einstellen
- Der Husten krampfartig, hart, schmerzhaft wird
- Schmerzen im Wangenbereich und oberhalb der Augen auftreten (Verdacht auf Nebenhöhlen- oder Stirnhöhlenentzündung).

Merke!
Antibiotika richten gegen Viren nichts aus. Aber wenn der Körper durch die Erkältung erst einmal vorgeschwächt ist, haben auch Bakterien leichtes Spiel und können Entzündungen an den Schleimhäuten hervorrufen. Dann ist der Einsatz von Antibiotika unter Umständen gerechtfertigt!

Die sanfte Selbstbehandlung

Gerade Erkältungskrankheiten können Sie prima selbst zuleibe rücken – ohne gleich zum Arzt zu gehen oder bittere Pillen zu schlucken. Omas Hausapotheke wirkt da noch immer Wunder. Linderung bringen vor allem zwei ganz natürliche Sachen: Wasser in jeder Form und die Heilpflanzen, mit denen uns Mutter Natur großzügig versorgt.

Viel trinken hilft

Reichlich trinken ist für Erkältete ein absolutes Muß. Dies gilt besonders bei starker Schleimabsonderung und vor allem auch bei Fieber. Flüssigkeit wirkt gleich fünffach: Einmal unterstützt sie den Entgiftungs- und Ausscheidungsprozeß und beschleunigt so den Heilungsverlauf, zweitens ist sie auch für die Temperaturregelung des Körpers wichtig, drittens unterstützt sie den geschwächten Kreislauf, viertens hilft sie, zähes Sekret zu verflüssigen, und zuletzt unterstützt sie den raschen Abfluß

Die besten Heilpflanzen gegen Erkältungen

- Heublume
- Eukalyptus
- Fichtennadel
- Kamille
- Lavendel
- Minze
- Rosmarin
- Johannisbeere
- Eibisch
- Kiefernadel
- Schafgarbe
- Lindenblüten
- Salbei

des schleimigen Sekrets aus den Atemwegen.
Also mindestens zwei Liter Flüssigkeit pro Tag trinken! Günstig sind Mineralwasser, Früchte- oder Gemüsesäfte und vor allem Kräutertees. Diese können Sie entweder aus getrockneten Kräutern selbst mischen und aufbrühen oder fertig kaufen.

Unser Tip: Wasser!
Das natürlichste Heilmittel der Welt lindert Ihre Beschwerden auf dreierlei Weise:

- Trinken Sie es! Besonders wirksam sind Mineralwasser und Tees mit natürlichen Kräuterzusätzen!
- Baden Sie drin! Am besten mit einem entsprechenden Badezusatz!
- Inhalieren Sie Wasserdämpfe mit Zusätzen, z. B. Kamillentinktur! Das hilft den Atemwegen!

Das Bad zum Wohlfühlen

In Sachen Wasser war und ist Pfarrer Kneipp aus Wörishofen die Autorität schlechthin. Und auch er wußte: Bei Erkältung hilft ein heißes Vollbad am besten. Die ideale Wassertemperatur liegt bei 37 Grad, prüfen Sie am besten mit einem Badethermometer! Das warme Wasser macht müde, entspannt und fördert den heilsamen Schlaf.

Ein neues, hochwirksames Mittel ist das Erkältungsbad Spezial von Kneipp. Hohe Anteile von Eukalyptusöl unterstützen die schnelle Heilung von akuten oder chronischen Katarrhen.

Einen doppelten Effekt erzielen Sie, wenn Sie noch einen Badezusatz gegen Erkältungen (aus der Apotheke) ins Wasser geben. Empfehlenswert sind hier besonders das Erkältungsbad und das Thymianbad von Kneipp. Das Erkältungsbad enthält zahlreiche hochwirksame Kräuter in einer besonders ausgewogenen Mischung. Der Körper nimmt diese Kräuteressenzen aus dem Wasser über 18 000 Quadratzentimeter Hautzellen auf.
Sie sollten folgende Regeln unbedingt beachten, wenn Ihr Bad wie gewünscht wirken soll:

- Baden Sie nicht länger als eine Viertelstunde!
- Anschließend warm einpacken, am besten ins Bett gehen!
- Bei Fieber sollten Sie wegen der erhöhten Kreislaufgefahr auf das Bad verzichten!

Gesundheit einatmen

Das Inhalieren heißer Wasserdämpfe mit entsprechenden pflanzlichen Kräutern ist ratsam bei Schnupfen, Halsschmerzen, Husten, starker Schleimabsonderung und Kopfschmerzen. Dazu geben Sie kochend heißes Wasser in eine Schüssel, fügen die Wirkstoffe hinzu und atmen die heilenden Dämpfe einige Minuten lang ein.

Bei allgemeinen Erkältungssymptomen helfen einige Tropfen eines ätherischen Öls wie Kneipp Minzöl, Chinaöl, JHP Rödler oder Mahama P. Getrocknete Kamillenblüten helfen vor allem bei entzündlichen Prozessen, etwa einer Nebenhöhlen-, Rachen- oder Mandelentzündung.

Das Inhalieren mit heißem Wasserdampf und ätherischen Ölen oder Kamille lindert die Erkältungsbeschwerden.

Einige Erkältungssalben zum Einreiben von Brust oder Rücken lassen sich ebenfalls gut in heißem Wasser auflösen. Empfehlenswert ist etwa der Kneipp Erkältungs-Balsam N, der die heilenden Öle der Latschenkiefer, der sibirischen Tanne sowie Thymian- und Eukalyptusöl und das durchblutungsfördernde Rosmarinöl enthält – eine Kombination, die die Atemwege rasch frei macht. Wer es vor allem auf den Bronchien hat, greift zu einem alten Geheimtip aus der Apotheke: Einen Teelöffel Emser Salz im Wasser auflösen und inhalieren. Zur Not tut's auch gewöhnliches Haushaltssalz.

Im übrigen gilt: Der Körper heilt sich selbst

Vorausgesetzt, Sie geben ihm die Chance dazu. Ersparen Sie Ihrem Körper während der Krankheit unnötige Strapazen:

- Nicht bis zum Umfallen arbeiten! Bei stärkeren Beschwerden lieber ein paar Tage zu Hause bleiben – denken Sie auch an die Ansteckungsgefahr für die Kollegen!
- Das Rauchen zumindest vorübergehend einstellen – besser noch: für immer!
- Keinen Alkohol trinken!
- Keinen Sport treiben!

Statt dessen unterstützen Sie den Selbstheilungsprozeß mit folgenden Maßnahmen:

- Viel schlafen!
- Frische, gesunde Kost zubereiten!
- Täglich kurz an die frische Luft gehen!
- Sehr viel Vitamin C aus frischen Früchten essen: Kiwis, Zitrusfrüchte, Johannisbeeren, Grapefruit u. a.!

Das richtige Medikament

Erkältungen und grippale Infekte können Sie auf dreierlei Weise medikamentös bekämpfen:

1. Sie gehen gezielt gegen einzelne Beschwerden wie Husten oder Schnupfen vor.
2. Sie aktivieren Ihr Immunsystem, vorwiegend mit pflanzlichen und biologischen Mitteln, damit es selbst mit den Erregern fertig wird, siehe auch Kapitel »Abwehrschwäche« Seite 40.
3. Sie nehmen Grippemittel, die mehrere Symptome auf einmal bekämpfen und gleichzeitig fiebersenkend und schmerzlindernd wirken.

Nutzen und Risiko der Wirkstoffe

Kombinationspräparate

Ursächlich heilen kann kein Arzneimittel eine Erkältung oder Grippe. Sie kurieren allesamt nur Symptome. Die allgemein als Grippe- oder Erkältungsmittel bezeichneten Medikamente lindern gleichzeitig zahlreiche Beschwerden wie Schnupfen, Husten, Kopf- und Gliederschmerzen. In der Regel enthalten diese Mittel mehrere Wirkstoffe, sind also sogenannte Kombinationspräparate. Häufig enthalten sie auch einen Stoff aus der Substanzklasse der Antihistaminika; das sind antiallergisch wirkende Substanzen, die die Schleimhäute abschwellen lassen und dadurch beim erkälteten Menschen Symptome wie Schnupfen, Husten, tränende Augen mildern. Die Antihistaminika haben aber einen großen Nachteil: Sie machen müde und damit verkehrsuntüchtig.

Grippe und Erkältungen können nicht geheilt werden, sondern mit den geeigneten Medikamenten lindert man die Symptome und hilft dem Körper, sich selbst zu heilen.

Dem wirkt Coffein entgegen, das aufputscht. Gegen den Husten ist entweder das Ephedrin enthalten, das Herzklopfen verursachen kann, oder die hustendämpfende Substanz Dextromethrophan, das von Müdigkeit über Sehstörungen bis zu ernsthaften Zuständen einer Desorientierung eine ganze Palette von Nebenwirkungen hat.

Monopräparate

Unser Tip: Vorsicht!
Diese Mittel, auch wenn sie rezeptfrei sind, sind allesamt recht schwere Geschosse. Ihr Nebenwirkungspotential ist erheblich. Daher sollte man sie nur einnehmen, wenn man im Ausnahmefall trotz Krankheit beruflich gefordert ist. Von der Einnahme über einen längeren Zeitraum muß unbedingt abgeraten werden!

Stehen Glieder- und Kopfschmerzen, Müdigkeit und Abgeschlagenheit im Vordergrund der Beschwerden, ist die Einnahme eines Monopräparates eher zu empfehlen, beispielsweise mit dem seit langem bewährten Wirkstoff Acetylsalicylsäure (Aspirin). Dieser Klassiker unter den Schmerzmitteln feiert bald seinen 100. Geburtstag. Entwickelt wurde er 1897 in den Labors der Firma Bayer. Das Therapiespektrum des Wirkstoffs geht von fiebrigen Erkältungskrankheiten und grippalen Infekten über Kopf-, Zahn- und Gliederschmerzen bis hin zu rheumatischen Beschwerden, denn es wirkt schmerzlindernd, fiebersenkend und antientzündlich.

Neue spektakuläre Anwendungsgebiete des Schmerzkillers kamen in den letzten Jahren hinzu: etwa in der Vorbeugung von Herzinfarkten und Schlaganfällen; interessante Ergebnisse sind möglicherweise schon bald in der Krebsvorsorge zu melden.

Der Schmerzkiller Aspirin wirkt nicht nur schmerzlindernd, sondern auch fiebersenkend, gegen Entzündungen und verdünnt das Blut.

Das Spektrum der möglichen Nebenwirkungen ist überschaubar, die am häufigsten beobachteten sind Magenbeschwerden, die in Einzelfällen (bei Einnahme entsprechender Mengen!) bis zu Magenblutungen führen können. Dafür muß aber beim Patienten schon eine entsprechende Veranlagung vorhanden sein. Grundsätzlich ist es ratsam, Aspirin nicht auf nüchternen Magen, sondern nach dem Essen zu nehmen.

Hustenmittel

Bei Hustenmitteln muß man generell zwischen zwei völlig verschiedenen Wirkprinzipien unterscheiden: Einmal gibt es Medikamente, die den überflüssigen Schleim lösen und das Abhusten erleichtern, zum anderen solche, die den Hustenreflex unterdrücken. Letzteres ist bei Erkältungen, die Husten mit zähem Schleim verursachen, die falsche Methode, weil es zu einem regelrechten Schleimstau in den Bronchien kommen kann. In diesem Zusammenhang ist das Codein zu erwähnen, denn es blockiert die für den Hustenreiz verantwortlichen Nervenbahnen im Gehirn. Das ist zweckmäßig, wenn man einen sehr starken, unproduktiven Hustenreiz bremsen möchte, birgt aber neben dem Risiko eines Schleimstaus auch das einiger unangenehmer Nebenwirkungen. Zu nennen sind vor allem die Dämpfung des Atemzentrums sowie Übelkeit, Schwindel und Benommenheit. Codein darf auf keinen Fall Kindern unter sechs Jahren gegeben werden! Andere hustendämpfende Wirkstoffe sind das Pentoxyverin, das auch für Kinder ungeeignet ist, und das Ephedrin, das Unruhe und Herzklopfen auslösen kann. Auch die erwähnten Antihistaminika sind in einigen Hustenmitteln enthalten. Deren Risiko ist: Sie können die Schleimhäute der Bronchien austrocknen, was das Aushusten des Schleims eventuell unmöglich macht. Expektoranzien ist der Oberbegriff für jene Wirkstoffe, die das Lösen und Abhusten des überschüssigen Schleims erleichtern sollen. Dies sind vor allem das Ammoniumchlorid, das Bromhexin, Ambroxol und Acetylcystein. Wenngleich die Nebenwirkungen dieser Wirkstoffe nicht dramatisch sind, hat deren Anwendung einen anderen Haken: Viele Experten bezweifeln ihre Wirksamkeit generell.

Natur pur ist der neue Hustensaft Spitzwegerich von Kneipp. Dieser Sirup mit Preßsaft aus frischem Spitzwegerichkraut sorgt für schnelle Erleichterung bei Erkältungen der Luftwege.

Unser Tip: Natur!
Viel trinken ist der eine Geheimtip bei Husten (bis zu drei Litern täglich) – es erleichtert das Abhusten beträchtlich. Denn ohne Wasser kann der Schleim nicht flüssig werden! Der zweite Tip: Natürliche Heilpflanzen (Kampfer, Menthol, Eukalyptus, Fenchel, Anis, Holunder und Lindenblüten) wirken in vielen Fällen genauso gut wie Medikamente.

Vorausgesetzt, Sie schneuzen richtig, ist einem Schnupfen eigentlich mit Papiertüchern am besten beizukommen. Sind die Nasenschleimhäute geschwollen, ist die Nase verstopft, bietet sich eine ganze Palette von abschwellenden Wirkstoffen an. Antihistaminika enthalten vor allem jene, die für allergischen, z. B. Heuschnupfen empfohlen werden.

Wirkstoffe in Schnupfenmitteln

Neben einigen mit pflanzlichen Wirkstoffen sind in herkömmlichen Nasentropfen die Wirkstoffe Naphazolin, Diphenhydramin, Tramazolin, Dexamethason, Cromoglycinsäure, Xylometazolin, Oxymetazolin und einige andere enthalten. Diese chemischen Wirkstoffe sind nicht frei von Risiken: Nimmt man sie zu häufig und über einen längeren Zeitraum, gerät man leicht in den Teufelskreis des sogenannten Medikamentenschnupfens, was nichts anderes ist als eine Abhängigkeit. D. h., sobald man keine Tropfen (oder Spray) mehr in die Nase gibt, schwellen die Schleimhäute wieder an – die Nase ist verstopft. Auf Dauer kann das die Nasenschleimhaut schädigen. Wichtig: Nasentropfen oder -sprays nicht länger als maximal vier Tage nehmen!

Auch von Nasentropfen oder -sprays kann man abhängig werden. Daher diese Medikamente nicht länger als vier Tage nehmen!

Unser Tip: Homöopathie!
Auch wenn viele Mediziner homöopathischen Heilmitteln jede Wirksamkeit absprechen, ist gerade bei Schnupfen zu einem Versuch mit derartigen Nasentropfen zu raten. Sie wirken oftmals verblüffend gut!

Abzuraten ist von Schnupfenpillen. Sie enthalten in der Regel Antihistaminika und sind eigentlich bei einer Erkältung zu schwere Geschosse. Nasensalben sind vor allem bei trockenen, schmerzenden Schleimhäuten ratsam.

Richtig schneuzen!
Und das geht so: Ein Nasenloch zuhalten, das andere schneuzen. Niemals beide gleichzeitig zuhalten oder schneuzen!

Name/Hersteller	Wirkstoffe	Risiken & Nebenwirkungen
ACC *Rp* Hexal	Acetylcystein	Übelkeit, Erbrechen, Durchfall möglich.
Acetylcystein 100 GDS GDS	Acetylcystein	Übelkeit, Erbrechen, Durchfall möglich.
Acetylcystein-ratiopharm ratiopharm	Acetylcystein	Übelkeit, Erbrechen, Durchfall möglich.
Acetylcystein Stada Stada	Acetylcystein	Übelkeit, Erbrechen, Durchfall möglich.
Acetylcystein 100 Trom Trommsdorff	Acetylcystein	Übelkeit, Erbrechen, Durchfall möglich.
Acetyst Yamanouchi	Acetylcystein	Übelkeit, Erbrechen, Durchfall möglich.
Ambril Cascan	Ambroxol	Ungeeignet in der Schwangerschaft. Magenbeschwerden, Übelkeit, Durchfall möglich.

Beratung	Darreichungsform
Schleimverflüssigendes Mittel; angeboten bei allen Erkrankungen der Luftwege, die mit starker Schleimbildung verbunden sind.	Granulat, Lösung, Brausetabletten
Schleimverflüssigendes Mittel; angeboten bei allen Erkrankungen der Luftwege, die mit starker Schleimbildung verbunden sind.	Granulat, Brausetabletten
Schleimverflüssigendes Mittel; angeboten bei allen Erkrankungen der Luftwege, die mit starker Schleimbildung verbunden sind.	Granulat, Brausetabletten
Schleimverflüssigendes Mittel; angeboten bei allen Erkrankungen der Luftwege, die mit starker Schleimbildung verbunden sind.	Granulat, Brausetabletten
Schleimverflüssigendes Mittel; angeboten bei allen Erkrankungen der Luftwege, die mit starker Schleimbildung verbunden sind.	Granulat, Brausetabletten
Schleimverflüssigendes Mittel; angeboten bei allen Erkrankungen der Luftwege, die mit starker Schleimbildung verbunden sind.	Granulat, Brausetabletten
Erleichtert das Abhusten, wirkt schleimverflüssigend.	Retardkapseln, Tabletten, Tropfen, Saft

Erkältung/Grippe

Name/Hersteller	Wirkstoffe	Risiken & Nebenwirkungen
Ambrohexal Hexal	Ambroxol	Ungeeignet in der Schwangerschaft. Magenbeschwerden, Übelkeit, Durchfall möglich.
Ambroxol 30 GDS GDS	Ambroxol	Ungeeignet in der Schwangerschaft. Magenbeschwerden, Übelkeit, Durchfall möglich.
Ambroxol-ratiopharm ratiopharm	Ambroxol	Ungeeignet in der Schwangerschaft. Magenbeschwerden, Übelkeit, Durchfall möglich.
Ambroxol Riker 3M Medica	Ambroxol	Ungeeignet in der Schwangerschaft. Magenbeschwerden, Übelkeit, Durchfall möglich.
Azubronchin Azuchemie	Acetylcystein	Übelkeit, Erbrechen, Durchfall möglich.
Bisolvon Thomae	Bromhexin	Überempfindlichkeitsreaktionen, selten Magen-Darm-Beschwerden.
Bisolvon-Linctus Hustensaft Thomae	Bromhexin	Überempfindlichkeitsreaktionen, selten Magen-Darm-Beschwerden.

Beratung	Darreichungsform
Erleichtert das Abhusten, wirkt schleimverflüssigend.	Retardkapseln, Tabletten, Tropfen, Saft
Erleichtert das Abhusten, wirkt schleimverflüssigend.	Retardkapseln, Tabletten, Tropfen, Saft
Erleichtert das Abhusten, wirkt schleimverflüssigend.	Retardkapseln, Tabletten, Lösung, Zäpfchen, Saft, Injektionslösung
Erleichtert das Abhusten, wirkt schleimverflüssigend.	Retardkapseln, Tabletten, Tropfen, Saft
Schleimverflüssigendes Mittel; angeboten bei allen Erkrankungen der Luftwege, die mit starker Schleimbildung verbunden sind.	Brausetabletten
Erleichtert das Abhusten, wirkt schleimverflüssigend.	Lösung zum Inhalieren und Einnehmen, Tabletten
Erleichtert das Abhusten, wirkt schleimverflüssigend.	Saft

Name/Hersteller	Wirkstoffe	Risiken & Nebenwirkungen
Bromhexin-ratiopharm ratiopharm	Bromhexin	Überempfindlichkeitsreaktionen, selten Magen-Darm-Beschwerden.
Bromuc Klinge	Acetylcystein	Übelkeit, Erbrechen, Durchfall möglich.
Bronchopront Mack, Illert.	Ambroxol	Ungeeignet in der Schwangerschaft. Magenbeschwerden, Übelkeit, Durchfall möglich.
Codeinum phosphoricum Compretten/ -forte *Rp* Cascan	Codein	Vorsicht in Schwangerschaft und Stillzeit sowie bei Kindern, ferner bei Opioidabhängigkeit! Müdigkeit, Verstopfung. Abhängigkeit möglich.
Codicompren retard Cascan	Codein	Vorsicht in Schwangerschaft und Stillzeit sowie bei Kindern, ferner bei Opioidabhängigkeit! Müdigkeit, Verstopfung. Abhängigkeit möglich.
Codipertussin Klinge	Codein	Vorsicht in Schwangerschaft und Stillzeit sowie bei Kindern, ferner bei Opioidabhängigkeit! Müdigkeit, Verstopfung. Abhängigkeit möglich.
Contramutan N Nattermann	Sonnenhut (Echinacea), Belladonna	Keine bekannt. Enthält Alkohol (Tropfen)!

Beratung	Darreichungsform
Erleichtert das Abhusten, wirkt schleimverflüssigend.	Injektionslösung, Saft
Schleimverflüssigendes Mittel; angeboten bei allen Erkrankungen der Luftwege, die mit starker Schleimbildung verbunden sind.	Granulat, Brausetabletten
Erleichtert das Abhusten, wirkt schleimverflüssigend.	Retardkapseln, Tropfen, Saft
Sinnvoll bei schwerem Reizhusten.	Tabletten
Sinnvoll bei schwerem Reizhusten.	Retardtabletten
Sinnvoll bei schwerem Reizhusten.	Saft
Pflanzliches Mittel. Bei subjektiver Besserung wegen geringer Risiken akzeptabel.	Tropfen, Zäpfchen, Dragees, Saft

Erkältung/Grippe

Name/Hersteller	Wirkstoffe	Risiken & Nebenwirkungen
Contrapect, Contrapect infant N Krewel	Codein	Vorsicht in Schwangerschaft und Stillzeit sowie bei Kindern, ferner bei Opioidabhängigkeit! Müdigkeit, Verstopfung. Abhängigkeit möglich.
Dr. Klinger's Bergischer Tee Mack, Illert.	Pflanzliche Stoffe, Vitamin C	Keine bekannt.
Emser Salz Siemens	Emser Salz	Keine bekannt.
Eupatal Madaus	Thymian, Fenchelöl, Anisöl, Süßholzwurzel	Enthält Alkohol! Allergische Reaktionen (selten).
Fluimucil Zambon	Acetylcystein	Übelkeit, Erbrechen, Durchfall möglich.
Frekatuss Fresenius-Praxis	Acetylcystein	Übelkeit, Erbrechen, Durchfall möglich.
frenopect Hefa-Pharma	Ambroxol	Ungeeignet in der Schwangerschaft. Magenbeschwerden, Übelkeit, Durchfall möglich.

Beratung	Darreichungsform
Sinnvoll bei schwerem Reizhusten.	Kapseln, Sirup (Infant)
Sinnvoll wie andere Teesorten durch Flüssigkeitsaufnahme, auch zur Verdünnung zähen Schleims.	Granulat
Anregung des Speichelflusses. Sinnvoll wie andere ähnliche Salze.	Salz
Pflanzliches Mittel gegen Husten. Sinnvoll bei subjektivem Wohlgefühl.	Tropfen, Saft
Schleimverflüssigendes Mittel; angeboten bei allen Erkrankungen der Luftwege, die mit starker Schleimbildung verbunden sind.	Granulat, Brausetabletten, Kapseln, Saft, Lösung
Schleimverflüssigendes Mittel; angeboten bei allen Erkrankungen der Luftwege, die mit starker Schleimbildung verbunden sind.	Granulat
Erleichtert das Abhusten, wirkt schleimverflüssigend.	Tabletten, Tropfen, Zäpfchen, Saft, Retardkapseln

Erkältung/Grippe

Name/Hersteller	Wirkstoffe	Risiken & Nebenwirkungen
Fugacid Grippetee Sabona	Holunder-, Lindenblüten, Weidenrinde, Fenchel	Risiken nicht bekannt. Allergische Reaktionen möglich.
Grippe-Tee Stada Stada	Holunder-, Lindenblüten, Weidenrinde, Süßholzwurzel	Risiken nicht bekannt. Allergische Reaktionen möglich.
Gripp-Heel Heel	Blauer Eisenhut (Aconitum napellus), Phosphor	Risiken nicht bekannt. Allergien möglich.
Gripps Pascoe	Aconitum, Phosphor, Eukalyptus	Enthält Alkohol! Keine Risiken bekannt.
Hustagil Thymian-Hustensaft Hustagil Thymiantropfen forte Dentinox	Thymianextrakt	Enthält Alkohol! Überempfindlichkeitsreaktionen möglich.
Hustentropfen S (Drosera Cosmoplex) Cosmochema	Thymianextrakt	Bei Schilddrüsenerkrankungen nur auf ärztlichen Rat.
Kneipp Erkältungsbad Spezial Kneipp	Eukalyptusöl, Kampfer	Nicht bei Asthma bronchiale. Bei Inhalation kann Hustenreiz ausgelöst werden. Bei Herzschwäche oder Bluthochdruck den Arzt fragen.

Beratung	Darreichungsform
Pflanzenmischung; angeboten gegen fieberhafte Erkältungskrankheiten, bei denen eine Schwitzkur angepriesen wird.	Tee
Pflanzenmischung; angeboten gegen fieberhafte Erkältungskrankheiten, bei denen eine Schwitzkur angepriesen wird.	Tee
Homöopathikum; angeboten gegen Grippe und grippale Infekte und zur Steigerung der Körperabwehr.	Tabletten, Injektionslösung
Anwendung entsprechend homöopathischen Arzneimittelbildern gegen grippale Infekte, Erkältungskatarrh.	Tropfen
Pflanzliches Mittel gegen Bronchitis und Husten.	Saft, Tropfen
Pflanzliches Mittel; angeboten zur Anregung der Immunabwehr bei Husten und bei Reiz- oder Raucherhusten.	Tropfen
Ergänzende Maßnahmen wie Brustwickel, Kopfdampfbäder mit Zusatz von Kamille, Pfefferminze und Lindenblüten können die Behandlung wirkungsvoll unterstützen. Badezeit: 15 Minuten; Badetemperatur: 35 bis 38 Grad.	Lösung

Name/Hersteller	Wirkstoffe	Risiken & Nebenwirkungen
Kneipp Hustensaft Spitzwegerich Kneipp	Spitzwegerichkraut	Keine bekannt.
Kneipp Husten- und Bronchialtee Kneipp	Thymiankraut, Spitzwegerichkraut, Fenchelfrüchte, Schlüsselblumen mit Kelch	Vereinzelt Magenbeschwerden und Übelkeit möglich.
Kneipp Husten- und Bronchialtee N Bronchikneipp Kneipp	Süßholz, Spitzwegerichkraut, Fichtennadeln, Fenchel, Bockshornsamen	Keine bekannt.
Lindoxyl Lindopharm	Ambroxol	Ungeeignet in der Schwangerschaft. Magenbeschwerden, Übelkeit, Durchfall möglich.
Meditonsin H Medice	Aconitum	Enthält Alkohol! Allergische Reaktionen möglich.
Melrosum Codein Hustensirup Nattermann	Codein	Vorsicht in Schwangerschaft und Stillzeit sowie bei Kindern, ferner bei Opioidabhängigkeit! Müdigkeit, Verstopfung. Abhängigkeit möglich.
Muciteran Farmasan	Acetylcystein	Übelkeit, Erbrechen, Durchfall möglich.

Beratung	Darreichungsform
Erwachsene und Schulkinder sollten über den Tag verteilt 9 Eßlöffel dieses Sirups einnehmen. Durch Honigzusatz eine besonders wohlschmeckende Weiterentwicklung eines alten wirkungsvollen Hausmittels.	Sirup
Nicht bei Allergie gegen Primeln verwenden. Fördert die Schleimlösung und erleichtert die Atmung. Mehrmals täglich 1 Tasse möglichst heiß trinken.	Tee
Zur Einleitung von Schwitzkuren 2 bis 3 Tassen möglichst heiß und rasch trinken. Zur Förderung der Schleimlösung und Erleichterung der Atmung.	Tee
Erleichtert das Abhusten, wirkt schleimverflüssigend.	Retardkapseln, Pulver, Lösung, Tabletten, Tropfen, Zäpfchen
Homöopathisches Mittel bei grippalen Infekten.	Lösung
Sinnvoll bei schwerem Reizhusten.	Sirup
Schleimverflüssigendes Mittel; angeboten bei allen Erkrankungen der Luftwege, die mit starker Schleimbildung verbunden sind.	Granulat, Brausetabletten, Tabletten

Name/Hersteller	Wirkstoffe	Risiken & Nebenwirkungen
Muco-Aspecton Krewel	Ambroxol	Ungeeignet in der Schwangerschaft. Magenbeschwerden, Übelkeit, Durchfall möglich.
Mucobroxol / -retard Mundipharma	Ambroxol	Ungeeignet in der Schwangerschaft. Magenbeschwerden, Übelkeit, Durchfall möglich.
Mucophlogat Azupharma	Ambroxol	Ungeeignet in der Schwangerschaft. Magenbeschwerden, Übelkeit, Durchfall möglich.
Muco Sanigen Thiemann	Acetylcystein	Übelkeit, Erbrechen, Durchfall möglich.
Mucosolvan Thomae	Ambroxol	Ungeeignet in der Schwangerschaft. Magenbeschwerden, Übelkeit, Durchfall möglich.
Optipect Kodein forte Thiemann	Codein	Vorsicht in Schwangerschaft und Stillzeit sowie bei Kindern, ferner bei Opioidabhängigkeit! Müdigkeit, Verstopfung. Abhängigkeit möglich.
Paracodin / -N-Tropfen *Rp* Knoll Deutschland	Dihydrocodein	Vorsicht in Schwangerschaft und Stillzeit, ferner bei Kindern unter 14 Jahren! Vermindertes Reaktionsvermögen.

Beratung	Darreichungsform
Erleichtert das Abhusten, wirkt schleimverflüssigend.	Retardkapseln, Tabletten, Tropfen, Sirup
Erleichtert das Abhusten, wirkt schleimverflüssigend.	Retardtabletten, Brausetabletten, Granulat
Erleichtert das Abhusten, wirkt schleimverflüssigend.	Retardkapseln, Tabletten, Tropfen, Saft
Schleimverflüssigendes Mittel; angeboten bei allen Erkrankungen der Luftwege, die mit starker Schleimbildung verbunden sind.	Granulat, Brausetabletten
Erleichtert das Abhusten, wirkt schleimverflüssigend.	Retardkapseln, Tabletten, Tropfen, Saft, Brausetabletten, Inhalationslösung
Sinnvoll bei schwerem Reizhusten.	Tropfen
Oberbauchbeschwerden, verschwinden nach Absetzen. Gegen Reizhusten jeder Art.	Tabletten, Kapseln, Tropfen, Sirup

Name/Hersteller	Wirkstoffe	Risiken & Nebenwirkungen
Remedacen *Rp* Rorer	Dihydrocodein	Vorsicht in Schwangerschaft und Stillzeit, ferner bei Kindern unter 14 Jahren! Bei längerer Einnahme Gefahr der Abhängigkeit. Vermindertes Reaktionsvermögen.
Rhinotussal Mack, Illert.	Dextromethorphan, Phenylephrin (Kapseln), Carbinoxamin (Saft)	Ungeeignet in der Schwangerschaft und für Kinder. Herzklopfen und Müdigkeit möglich
Silomat Thomae	Clobutinol	Verboten in der Schwangerschaft. Müdigkeit, Schlafstörungen möglich. Enthält Alkohol!
Siran Temmler Pharma	Acetylcystein	Übelkeit, Erbrechen, Durchfall möglich.
Tussipect Codein Trofen mono Beiersdorf-Lilly	Codein	Vorsicht in Schwangerschaft und Stillzeit sowie bei Kindern, ferner bei Opioidabhängigkeit! Müdigkeit, Verstopfung. Abhängigkeit möglich.
Virbucol Heel	Kamille, Bittersüßstengel	Keine Risiken bekannt. Allergische Reaktionen möglich.
Bisolvotin Thomae	Bromhexin, Ammoniumchlorid	Magenstörungen möglich.

Beratung	Darreichungsform
Oberbauchbeschwerden, verschwinden nach Absetzen. Gegen Reizhusten jeder Art.	Kapseln, Saft
Kombinationspräparat mit umstrittenem Hustenmittel (Dextromethorphan); angeboten gegen Husten und Erkältungskrankheiten.	Kapseln, Saft
Gegen Husten bei katarrhalischen Infekten der oberen Luftwege.	Injektionslösung, Dragees, Saft, Tropfen
Schleimverflüssigendes Mittel; angeboten bei allen Erkrankungen der Luftwege, die mit starker Schleimbildung verbunden sind.	Trinktabletten, Brausetabletten, Pulver
Sinnvoll bei schwerem Reizhusten.	Tropfen
Homöopathisches Mittel. Säuglings- und Kinderzäpfchen bei Unruhe, Fieber und banalen Infekten.	Zäpfchen
Wird zur Verflüssigung des Schleims angeboten. Umstrittene Wirkstoffkombination.	Saft

	Name/Hersteller	Wirkstoffe	Risiken & Nebenwirkungen
ÖSTERREICH	**Heumanns Bronchialtee fixfertig** Heumann	Pflanzenextrakte, Öle	Nicht bekannt.
ÖSTERREICH	**Scottopect** Nycomed	Thymian, Spitzwegerich, Benzoesäure	Bei Überdosierung Reizung der Magenschleimhaut möglich. Tropfen enthalten Alkohol!
SCHWEIZ	**Acemucol** Streuli	Acetylcystein	Vorsicht bei Asthma und Überempfindlichkei! Bei Kindern unter 2 Jahren nur unter ärztlicher Kontrolle. Leichte Magen-Darm-Störungen möglich.
SCHWEIZ	**Codipront** *Rp* Mack Pharma	Codein	Nicht bei chronischer Verstopfung und Asthma. Vorsicht bei grünem Star! Ernsthafte Nebenwirkungen in Schwangerschaft und Stillzeit möglich. Kann ermüdend wirken.
SCHWEIZ	**Fluibron** *Rp* Chiesi	Ambroxol	Nicht in Schwangerschaft und Stillzeit. Störungen des Magen-Darm-Traktes und Hautreaktionen möglich.
SCHWEIZ	**Mucofluid** Spirig	Acetylcystein	Nicht in Schwangerschaft und Stillzeit. Nicht bei Geschwüren im Verdauungstrakt. Magenunverträglichkeit, Kopfschmerzen und Fieber.
SCHWEIZ	**Mucosolvon** *Rp* Boehringer Ingelheim	Ambroxol	Nicht bei Überempfindlichkeit und möglichst nicht in Schwangerschaft und Stillzeit. Unverträglichkeit des Magens und allergische Reaktionen möglich.

Beratung	Darreichungsform
Sinnvoll wegen Aufnahme von Flüssigkeit zur Schleimverdünnung.	Tee
Pflanzliches Mittel, wegen geringer Risiken vertretbar.	Saft, Tropfen
Bei akuten und chronischen Bronchialerkrankungen. Wirkt schleimlösend, mindert den Hustenreiz und erleichtert die Atmung.	Granulat
Den Hustenreiz unterdrückendes Präparat mit lang anhaltender Wirkung. Angezeigt bei Reizhusten. Bei Kindern genau dosieren.	Kapseln, Saft
Gut verträgliches Medikament zur Behandlung akuter und chronischer Atemwegserkrankungen. Auch bei Erkrankung der Nasenschleimhäute und Nasennebenhöhlen. Nicht zusammen mit hustenhemmenden Mitteln.	Tabletten, Kapseln, Sirup
Bei allen mit starker Schleimsekretion einhergehenden Erkrankungen der Luftwege. Hilft, den Schleim abzuhusten, und erleichtert die Atmung.	Tabletten
Zur Behandlung akuter und chronischer Atemwegserkrankungen. Fördert den Abtransport zähen Sekretes aus den Atemwegen, erleichtert das Abhusten und die Atmung.	Tabletten, Kapseln, Saft, Inhalationslösung, Ampullen

Erste Hilfe

Ob im Haushalt, am Arbeitsplatz, beim Sport oder im Straßenverkehr – Unfälle und kleinere Verletzungen gehören zu unserem täglichen Leben. Sachgerechte Hilfe kann Leben retten.

TIP
Notieren Sie sich die lokale Telefonnummer des Notarztes auf Ihrem Telefonapparat, so daß Sie sie schnell griffbereit haben. Oder besser noch: Lernen Sie sie auswendig!

Wer darf helfen?
Bei schwereren Verletzungen, wenn der Betroffene bewußtlos ist, Atmung oder Kreislauf betroffen ist, sollte die Erste Hilfe nur von Personen geleistet werden, die eine entsprechende Ausbildung haben.
Auch Laien sollten daher immer wieder, in regelmäßigen Abständen von ein bis zwei Jahren, einen Kurs für Sofortmaßnahmen besuchen. Trotzdem müssen Sie dann unverzüglich am Unfallort einen Notarzt verständigen!

Blutungen

Zwei Dinge sind hier wichtig: Die Wunde muß keimfrei abgedeckt und die Blutung so schnell wie möglich gestillt werden. Letzteres gelingt fast immer, wenn genügend starker Druck auf die Wunde ausgeübt wird.

- Den Verletzten auf den Boden legen, den betroffenen Körperteil hochlagern, einen Druckverband anlegen.
- Vorsicht: Der Druck darf nicht so stark sein, daß unter dem Verband ein Blutstau entsteht!

Brustkorbverletzungen

Bei Atemnot, pfeifenden und rasselnden Atemgeräuschen oder wenn der Verletzte Blut spuckt, kann die Lunge betroffen sein.

- Den Verletzten mit aufrechtem Oberkörper hinsetzen, den Rücken abstützen, einengende Kleidung öffnen.
- Arzt verständigen!
- Atmung ständig kontrollieren!

Hitzschlag

Der Kopf wird hochrot, die Haut ist trocken und heiß, die Temperatur erhöht. Eventuell kann der Betroffene seine Bewegungen schwer kontrollieren und taumelt.

- Den Verletzten sofort an einen kühlen Ort bringen, mit erhöhtem Oberkörper hinlegen
- Die Kleidung öffnen, frische Luft zufächeln
- Feuchte, kühle Tücher auf die erhitzte Haut legen, von Zeit zu Zeit wechseln.

In Falle eines Falles: Bewahren Sie Ruhe! In Panik können Sie mehr Schaden anrichten, als Sie glauben. Lieber schnell den Notarzt rufen als eigenmächtige Rettungsversuche unternehmen.

Insektenstiche

Die beiden größten Gefahren sind allergische Reaktionen, bei denen es unter Umständen zum Schock kommen kann, und Insektenstiche in den Mund, bei denen der Atemwegsbereich gefährlich anschwellen kann.

- Mücken- oder Wespenstiche können mit essigsaurer Tonerde, Eispackungen oder kühlen Tüchern behandelt werden, um die Schwellung zu verhindern.
- Bei Bienen- und Hornissenstichen muß der in die Haut eingedrungene Stachel vorsichtig entfernt werden, sonst kann es zu Entzündungen kommen.

Knochenbrüche

Bis zum Eintreffen des Arztes ergreifen Sie lediglich die folgenden Sofortmaßnahmen:

- Den Verletzten so hinlegen, daß der betroffene Körperteil ruhig liegt. Den gebrochenen Körperteil mit Kissen oder Decken entlasten.
- Bei Schulter- oder Armbrüchen den Arm mit Hilfe eines Dreiecktuchs ruhigstellen: Das Tuch als Schlinge um den Hals binden, der Arm muß waagerecht vor dem Bauch in dem Tuch liegen.
- Bei offenen Brüchen muß zunächst die Blutung gestillt und die Wunde steril abgedeckt werden.

Kopfverletzungen

Kopieren Sie sich diese Erste-Hilfe-Seiten, und legen Sie sie an einen zentralen Platz Ihrer Wohnung! Dann haben Sie im Notfall einen ersten Rat.

Nach Schlägen, Stürzen und Stößen kann es, auch wenn äußerlich keine Verletzungen erkennbar sind, zu ernsthaften Kopfverletzungen gekommen sein. Bis zum Eintreffen des umgehend alarmierten Notarztes helfen Sie wie folgt:

- Den Verletzten in die stabile Seitenlage bringen, Atmung ständig kontrollieren. Gegebenenfalls ist Mund-zu-Mund-Beatmung erforderlich.
- Bei Übelkeit, Schwindel, Kopfschmerz und Gedächtnislücken muß an eine Gehirnerschütterung gedacht werden! Der Verletzte muß dann unbedingt liegen bleiben und bei Bewußtlosigkeit in die stabile Seitenlage gebracht werden.

Ohnmacht

Bei einer Ohnmacht wird das Gehirn vorübergehend nicht mehr ausreichend mit Sauerstoff versorgt.

- Den Ohnmächtigen hinlegen, Beine hochlagern.
- Bei Bewußtlosigkeit bis zum Eintreffen des Notarztes den Verletzten in die stabile Seitenlage legen, Puls und Atmung regelmäßig kontrollieren.

Sonnenstich

Der Kopf wird hochrot und heiß, die Haut ist gleichzeitig kalt, Kopfschmerzen, Übelkeit und sogar Erbrechen können folgen.

- Den Betroffenen in den Schatten bringen, hinlegen, den Kopf hochlagern. Kopf mit feuchten Tüchern kühlen!
- Bei Fieber oder Bewußtseinsstörungen den Arzt rufen!

Unterkühlung

Wenn die Körpertemperatur um etwa drei Grad sinkt, erhöht sich der Puls leicht, Beine und Arme schmerzen, und der Betroffene zittert. Sinkt die Temperatur unter 34 Grad, wird man bewußtlos.

- Bei Unterkühlung stets den Notarzt alarmieren!
- Nasse Kleidung entfernen, den Unterkühlten in warme Decken hüllen. Ruhig liegen lassen, nicht massieren!
- Sind einzelne Körperteile erfroren, von Kleidung und Schuhen befreien und mit sanften Wechselbädern erwärmen. Die Körperteile müssen bewegt und gerieben werden, um die Blutzirkulation zu aktivieren.

Verätzungen

Laugen und Säuren finden sich heute längst nicht mehr nur an entsprechend gesicherten Arbeitsplätzen, sondern praktisch in jedem Haushalt. Im Zweifel ist der Notarzt zu rufen!
Sofortmaßnahmen:

- Ist Säure in den Magen-Darm-Trakt gelangt, viel Wasser zur Verdünnung trinken, auf keinen Fall jedoch Milch!
- Sind die Augen verätzt, vorsichtig und lange mit lauwarmem bis kühlem Wasser ausspülen.
- Verätzungen der Haut unter der Dusche abspülen.

Verbrennungen und Verbrühungen

Kein Mehl bei Verbrennungen! Auch keine Salben und Öle. Lassen Sie kaltes Wasser über die verbrannte Haut laufen.

Bei größeren Brandwunden verliert der Körper viel salzige Gewebeflüssigkeit, was zusammen mit starken Schmerzen zu einem lebensbedrohlichen Schock führen kann. Im Zweifel daher stets den Notarzt rufen. Auf keinen Fall jedoch Hausmittel wie etwa Mehl anwenden, auch Salben oder Öle sollten nicht auf offene Brandwunden gegeben werden.
Als Sofortmaßnahmen sind geeignet:

- Die verbrannten Hautpartien mit kaltem Wasser begießen, bis der Schmerz nachläßt. Sie können auch kalte, nasse Tücher auf geschlossene Brandblasen legen.
- Nach der Wasserbehandlung, die etwa 20 Minuten dauert, die Wunde mit sterilen Brandwundtüchern abdecken. Den Verletzten in warme Decken hüllen!
- Keinesfalls etwa auf der Brandwunde festgeklebte Stoffteile abreißen!

Vergiftungen

Versuchen Sie bei Vergiftungen, eine Probe der Giftsubstanz für den Notarzt bereitzustellen.

Übelkeit, Erbrechen, Durchfall, Krämpfe, Kopfschmerzen, Schwindel bis hin zu Bewußtlosigkeit und Atemstillstand sind die typischen Symptome einer Vergiftung. Rufen Sie unverzüglich den Notarzt, bis zu seinem Eintreffen ergreifen Sie folgende Maßnahmen:

- Kreislauf, Herztätigkeit und Atmung des Vergifteten kontrollieren!
- Ist der Betroffene bei Bewußtsein, sollte er versuchen zu erbrechen. Bei Vergiftungen mit Säuren, Laugen oder Benzin darf dies jedoch nicht geschehen, weil die Gefahr einer Verätzung der Speiseröhre groß ist.
- Klären Sie unbedingt, womit sich der Patient vergiftet hat, und stellen Sie nach Möglichkeit eine Probe davon für den Notarzt bereit.

Verstauchungen

Hier handelt es sich um Verletzungen der Gelenke, Muskeln, Sehnen oder Bänder. Zerrungen oder Stauchungen sind oftmals mit starken Schmerzen und Schwellungen verbunden.

- Das betroffene Gelenk sofort ruhigstellen, hochlegen. Die Schwellung mit kalten Umschlägen behandeln.
- Ein anschließender Arztbesuch ist ratsam, da nicht sachgemäß behandelte Verstauchungen zu einer dauerhaft eingeschränkten Beweglichkeit führen können.

Wundversorgung

Kleinere Wunden können Sie mit einem Pflaster mit Wundauflage oder einem kleinen Verband gut selbst versorgen. Auf Puder, Salben, Sprays, Desinfektionsmittel sollten Sie dabei verzichten.

- Stammt die Verletzung jedoch von einem Tier, sollte wegen der erhöhten Infektionsgefahr immer der Arzt aufgesucht werden!

Wann Sie den Arzt brauchen

Als Faustregel merken Sie sich bitte: Im Zweifel stets den Arzt rufen! Wenn Sie sich als Laie überfordert fühlen, verunsichert sind oder den Verdacht haben, daß etwas Ernsteres hinter der Verletzung stecken könnte: Stets den Notarzt alarmieren!
Ganz besonders aber sollten Sie unverzüglich den Notarzt rufen, wenn

- Es sich um größere Verletzungen handelt
- Der Betroffene bewußtlos ist
- Der Puls absackt, Kreislaufprobleme auftreten
- Verdacht auf Schock besteht
- Wunden stark bluten
- Verdacht auf innere Verletzungen oder Knochenbrüche besteht
- Es sich um eine Kopfverletzung handelt.

Siehe hierzu auch den Abschnitt »Enzyme« Seite 510.

Haben Sie eine kleine Hausapotheke? Kontrollieren Sie mal, ob ihr Inhalt nicht hoffnungslos überaltert ist (Verfalldatum!). Ihr Apotheker berät Sie gerne über den sinnvollen Inhalt eines Erste-Hilfe-Kastens für zu Hause.

Die richtige Hausapotheke

Sinnvolle Erste Hilfe können Sie nur leisten, wenn Sie auch die richtigen Hilfsmittel parat haben. Aus diesem Grund ist es unbedingt nötig, daß in jedem Haushalt, im Auto und am Arbeitsplatz ein gut ausgerüsteter Erste-Hilfe-Kasten zur Verfügung steht.

Unser Tip: Regelmäßig überprüfen!

Im Ernstfall können Minuten entscheiden; deswegen sollte Ihr Erste-Hilfe-Kasten stets perfekt ausgerüstet sein. Vor allem sollten Sie

- Entnommene Arzneimittel und Verbandstoffe sofort ersetzen
- Die Verfalldaten der Medikamente regelmäßig überprüfen
- Pflaster auf Klebkraft, Sauberkeit und Elastizität prüfen
- Ältere, verstaubte Verbände entfernen.

Die Hausapotheke

Am besten erkundigt man sich beim Apotheker, was in der Hausapotheke für die schnelle erste Behandlung im Notfall vorhanden sein sollte.

Die folgende Liste stammt von der Bundesvereinigung Deutscher Apothekerverbände (ABDA) in Eschborn bei Frankfurt am Main.

(Quelle: Wegweiser Arzneimittel Selbstmedikation 1995, pmi Verlag, Frankfurt am Main)

Was eine funktionstüchtige Hausapotheke enthalten sollte

1. Verbandmittel

2 Mullbinden, 6 cm breit
2 Mullbinden, 8 cm breit
1 Verbandpäckchen, klein
1 Verbandpäckchen, mittel
1 Verbandpäckchen, groß
2 Rollen Heftpflaster, 2,5 cm breit
1 Dose Pflasterstrips
1 Wundschnellverband, 6 cm breit
1 Wundschnellverband, 8 cm breit
Verbandwatte
12 Sicherheitsnadeln
2 Verbandklammern
1 Splitterpinzette
1 Verbandschere
1 Dreiecktuch
1 Hautschere

2. Arzneimittel

Schmerztabletten
Halstabletten
Kohletabletten
Mittel gegen Erkältungskrankheiten
Mittel gegen Insektenstiche
Antiseptischer Wundpuder
Wunddesinfektionsmittel
Brandgel

3. Verschriebene Arzneimittel

Medikamente, die der Arzt zur Behandlung von Krankheiten verordnet hat, gehören nicht in den Küchenschrank, sondern ebenfalls in die Hausapotheke.

4. Krankenpflegeartikel

Fieberthermometer
Mundspatel
Lederfingerling
Feindesinfektionsmittel (Sagrotan, Lysoform oder ähnliches)

5. Sonstiges

Erste-Hilfe-Anleitung
Adressen
Telefonnummern für Notfälle

Worauf man achten sollte

- Entnommene Arzneimittel und Verbandstoffe sofort ersetzen
- Pflaster auf Klebkraft, Sauberkeit und Elastizität prüfen
- Eingetrocknete Salben und ausgelaufene Flüssigkeiten vernichten
- Verfalldaten auf Packungen berücksichtigen
- Medikamente in Originalverpackung belassen und Kaufdatum auf der Packung vermerken
- Beipackzettel nicht wegwerfen, sondern aufbewahren und vor Anwendung lesen
- Tuben und Fläschchen immer gut verschließen
- Rost an Scheren, Sicherheitsnadeln und anderen Metallgegenständen beseitigen
- Fleckige und verstaubte Verbandmittel vernichten
- Bei Zweifeln an der Tauglichkeit der Mittel den Apotheker befragen

Wo die Hausapotheke hingehört

Ungeeignet als Aufbewahrungsorte der Hausapotheke sind Küche und Bad.
Am günstigsten ist ein kühler und trockener Platz.

Achtung: Arzneimittel gehören nicht in Kinderhand. Deshalb sollte die Hausapotheke für Kinder unerreichbar, für Erwachsene jederzeit leicht zugänglich angebracht werden.

Frauenkrankheiten

Nicht nur Lust, Liebe und Fortpflanzungsfähigkeit hängen von der Gesundheit und Funktionstüchtigkeit der weiblichen Geschlechtsorgane ab. Durch den Einfluß zahlreicher Hormone beeinflussen sie auch das äußere Erscheinungsbild der Frau und ihr psychisches Befinden.

Die weiblichen Geschlechtsorgane
Zu den äußeren Geschlechtsorganen zählt der Mediziner die Brust, Venushügel und Schamlippen, Kitzler und den Scheideneingang. Zu den inneren gehören Scheide, Gebärmutterhals und Gebärmutter, Eileiter und Eierstöcke.
Die beiden Hauptkrankheitsursachen, die diese Bereiche betreffen, sind zum einen hormonelle Störungen oder Veränderungen, zum anderen Infektionen durch Bakterien, Viren, Pilze oder Parasiten.

Typische Krankheitssymptome

PMS, Regelschmerzen

Das Prämenstruelle Syndrom, das in den Tagen vor der Regel auftritt, hat mannigfaltige Krankheitssymptome: depressive Verstimmungen, Panik- und Angstzustände oder körperliche Beschwerden wie krampfartige Unterleibs-, Kopf- und Bauchschmerzen.
Regelschmerzen oder Dysmenorrhoe, wie der Arzt sie nennt, äußern sich in krampfartigem, durchaus schmerzhaftem Ziehen in Bauch oder Rücken während der Regel.

Das Prämenstruelle Syndrom (PMS) spielt sich in erster Linie im Kopf der Frau ab: Streß und soziale Belastungen sind die häufigsten Auslöser.

Zyklusstörungen

Von Zyklusstörungen spricht man, wenn der Zeitraum zwischen zwei Menstruationen entweder zu kurz oder zu lang ist, wenn die Regel zu heftig oder zu schwach ist oder wenn Zwischenblutungen auftreten.

Infektionen der weiblichen Sexualorgane

An eine Infektion durch Bakterien, Viren, Pilze oder Parasiten sollten Sie bei den folgenden Symptomen denken: Juckreiz und Brennen im Scheidenbereich, gelber bis bräunlicher oder weißlicher Ausfluß, Schmerzen und gelegentlich Fieber. Bei Pilzbesiedelung sind häufig die Schamlippen gerötet und geschwollen und mit einem bröselig-weißen Belag überzogen. Trichomonadeninfektionen können auch Schmerzen beim Wasserlassen verursachen – diese Erkrankungen dürfen nicht mit einer Blaseninfektion verwechselt werden.

Myome sind gutartige Wucherungen der Gebärmuttermuskulatur. Starke Blutungen und ständige Druckschmerzen können ein Hinweis auf Myome sein.

Tückisch sind die Chlamydieninfektionen, die auch lange Zeit ganz ohne jegliche Beschwerden verlaufen können und deshalb schwer diagnostizierbar sind.

Myome

Bei Myomen handelt es sich um gutartige Wucherungen der Gebärmuttermuskulatur, die lange Zeit ohne Beschwerden bleiben. An Myome sollte man denken, wenn spontane Blutungen und schleimiger Ausfluß auftreten. Auch sehr starke Blutungen sowie ständige Druckschmerzen auf Blase und Darm können ein erster Hinweis sein.

Beschwerden in den Wechseljahren

Sie sind von Frau zu Frau unterschiedlich stark ausgeprägt. Während manche Frauen von dieser Phase der hormonellen Umstellung im Körper überhaupt nichts bemerken, verfallen andere in schwere Depressionen. Die häufigsten Beschwerden sind Schweißausbrüche, Hitzewallungen, Depressionen und andere psychische Veränderungen, Kopfschmerzen und Herzbeschwerden.

Die Krankheitsursachen

PMS, Regelschmerzen und Zyklusstörungen

Das Prämenstruelle Syndrom (PMS) spielt sich in erster Linie im Kopf ab, wobei Streß und soziale Belastungen als auslösende Faktoren gelten. Allerdings ziehen auch viele Gynäkologen heute bereits eine hormonelle Komponente beim Prämenstruellen Syndrom in Betracht.

Regelschmerzen sind, sofern sie sich in Grenzen halten, eine normale Sache. Sie werden von den Kontraktionen der Gebärmutter verursacht, wenn sie die Schleimhaut abstößt. Bei jungen Mädchen kann jedoch auch eine hormonelle Komponente im Spiel sein. Ebenso können Regelschmerzen auftreten, wenn nach Operationen, Geburten oder Entzündungen Vernarbungen geblieben sind, ein Myom oder eine Endometriose (wucherndes Gewebe der Gebärmutterschleimhaut) vorliegt.

Die Ursachen von Zyklusstörungen können sehr unterschiedlich sein. Während schwache Blutungen in der Regel keine krankhaften Ursachen haben, können zu starke oder zu lange Blutungen durchaus organische Ursachen haben. Zu kurze oder zu lange Zyklen und auch das Ausbleiben der Regelblutung, ohne daß eine Schwangerschaft vorliegt, haben in den allermeisten Fällen psychische Ursachen (Streß, Sorgen), seltener liegen hormonelle Störungen vor.

Auch Zyklusstörungen haben meist psychische Ursachen (Streß, Sorgen), selten gibt es hormonelle Gründe. Suchen Sie den wahren Grund Ihrer Zyklusstörung, dann brauchen Sie keine Medikamente dafür.

Infektionen der weiblichen Sexualorgane

Für infektiöse Entzündungen von Scheide, Gebärmutter oder Eileiter sind Krankheitserreger zuständig. Sie werden am häufigsten beim Geschlechtsverkehr übertragen, gelegentlich auch im Schwimmbad, in der Sauna oder auf der Toilette.

Pilzinfektionen nehmen rasant zu, was zum einen an unserem viel zu hohen Zuckerkonsum liegt, der ideale Bedingungen für Pilze schafft. Zudem ist bei vielen Menschen der Säureschutzmantel der Haut durch übertriebene Hygiene angegriffen. Auch dies hilft den Pilzen.

Bei den Chlamydien handelt es sich um eine Art von Bakterien, die sehr weit verbreitet ist und beim Geschlechtsverkehr leicht

Unser Tip: Vorsicht!
Die durch verschiedene Krankheitserreger hervorgerufenen Infektionen gehören eigentlich schon zu den Geschlechtskrankheiten. Die meisten sind hoch ansteckend! Schützen Sie deshalb nicht nur sich, sondern auch Ihren Partner bzw. Ihre Partnerin mit Kondomen vor der Ansteckung!
Bei den meisten Krankheitserregern ist es zudem ratsam, den Partner gleich mitzubehandeln.

übertragen werden kann. Wird die Infektion nicht richtig auskuriert, kann sie zu schweren Unterleibsentzündungen und sogar Sterilität führen. Sehr häufig werden beim Geschlechtsverkehr auch Trichomonaden übertragen, eine Parasitenart, die bei uns sehr weit verbreitet ist. Besonders gefährdet sind Menschen mit häufig wechselnden Sexualpartnern!

Werden Infektionen der weiblichen Geschlechtsorgane nicht gründlich auskuriert, kann es zu schweren Unterleibsentzündungen und gar zu Sterilität kommen. Meist ist es sinnvoll, Ihren Partner gleich mitzubehandeln, sonst stecken Sie sich gegenseitig wieder an.

Brustschmerzen

Das ausgeprägte hormonelle Geschehen des weiblichen Zyklus beeinflußt in starkem Maß die Brüste. Vor allem in den Tagen vor Einsetzen der Regel klagen viele Frauen über Ziehen und Spannungen – Erscheinungen, die zum Prämenstruellen Syndrom zu rechnen sind.

Regelmäßige Schmerzen in der Brust können aber auch von einer Zyste verursacht werden. Am häufigsten handelt es sich hierbei um die Mastopathie; dabei treten gutartige Knoten und Verdickungen im Drüsengewebe auf. Ursache sind Störungen des hormonellen Gleichgewichts.

Während der Stillzeit kann es zur Mastitis, einer Entzündung der Brustwarze, kommen. Sie kann sehr schmerzhaft und von hohem Fieber begleitet sein.

Viele dieser Brustbeschwerden müssen nicht behandelt werden. Es sollte aber sichergestellt werden, daß die Ursachen gutartiger Natur sind. Bei Entzündungen und wenn Knoten zu ertasten sind, sollte der Arzt zu Rate gezogen werden.

Myome

Die genauen Ursachen dieser Krankheiten sind noch ungeklärt. Man weiß heute nur soviel, daß derartige gutartige Wucherungen der Gebärmutterschleimhaut östrogenabhängig sind. Die meisten Myome treten um das 30. Lebensjahr herum auf, ihr Wachstum verlangsamt sich nach den Wechseljahren rapide, wenn die körpereigene Östrogenzufuhr gedrosselt ist. Begleiterscheinungen sind starke Blutungen und Druckschmerzen auf Blase und Darm. In seltenen Fällen können die Geschwüre entarten und krebsartig werden.

Altern ohne Angst!
Beschwerden in den Wechseljahren sind in allererster Linie hormonabhängig. Wie stark sie ausgeprägt sind und wie sehr die Frau im Einzelfall darunter leidet, hängt aber auch entscheidend von der eigenen Einstellung zu dieser Lebensphase ab. Frauen, die die Wechseljahre als einen natürlichen Prozeß in ihrem Leben ansehen und auch dem Älterwerden ohne Angst begegnen, werden in den meisten Fällen weniger stark unter solchen Beschwerden leiden.

Fit in die zweite Lebenshälfte – mit der Schlangenwurzel

Die meisten Beschwerden in den Wechseljahren sind auf Östrogenmangel zurückzuführen. Logisch, daß man versucht, das Leiden mit Östrogenen zu lindern und damit sozusagen das Übel an der Wurzel zu packen.

Doch längst nicht alle Frauen vertragen Östrogene, viele haben andere Krankheiten, bei denen sich Östrogene sogar verbieten: Frauen, die Brust- oder Gebärmutterkrebs hatten, oder Frauen, die Erkrankungen der Leber und Gallenblase oder Venenleiden haben.

Älter werden ist etwas Normales. Wenn Sie diesen Satz auch für sich innerlich akzeptieren, werden Sie mit den Wechseljahren weniger oder keine Beschwerden haben.

Sanfte Alternativen

Mit den Nebenwirkungen der Östrogenpräparate muß man sich jedoch nicht abfinden: Verträgliche Alternativen gibt es im biologischen und pflanzlichen Bereich.

Einer der ältesten dieser Stoffe ist in der Traubensilberkerze enthalten, deren Heilkräfte bereits vor 200 Jahren von den nordamerikanischen Indianern erfolgreich zur Geburtserleichterung genutzt wurden. Den Spitznamen »Schlangenwurzel« erhielt die Pflanze aus der Familie der Hahnenfußgewächse durch ihre typische Wurzelform. Aus diesem Wurzelstock werden auch die für Heilzwecke genutzten Bestandteile der Pflanze gewonnen.

Cimisanpräparate

Den Extrakt aus Cimicifuga, so der lateinische Name, gibt es in Tropfen- oder Tablettenform. Er ist eine gut verträgliche, milde und preisgünstige Alternative zum Östrogen, beispielsweise Cimisan Tabletten oder Cimisan Tropfen.

Neben den über 200 Jahre alten Erkenntnissen der Erfahrungsmedizin gibt es mittlerweile eine Vielzahl gesicherter neuerer Studien über zahlreiche Frauenleiden betreffende Wirkungen dieser interessanten Heilpflanze.

Schon fast ein Wundermittel aus der Apotheke der Natur: Der Extrakt aus Cimicifuga, der Schlangenwurzel, wirkt wie Östrogen und hilft so bei PMS und Regelschmerzen.

So wirkt Schlangenwurzelextrakt

- Er bremst das Hypophysenhormon LH, das großen Einfluß auf das Östrogengeschehen im Körper hat.
- Er besetzt Bindungsplätze an Östrogenrezeptoren, hat also tatsächlich eine hormonähnliche Wirkung.
- Er wirkt ausgleichend auf das vasomotorische Zentrum, was eine deutliche Verringerung der bei Wechseljahrebeschwerden typischen Hitzewallungen und Schweißausbrüche bewirkt.

Chemische Verwandtschaft – das Sexualhormon aus der Pflanze

Die wissenschaftliche Erklärung für die verblüffend östrogenähnliche Wirkung liefern Bestandteile der Wunderwurzel, die sogenannten Triterpenglykoside, die tatsächlich chemisch mit den Sexualhormonen verwandt sind.

Gute Erfolge verzeichnet die Frauenheilkunde mit Cimisan auch bei der Behandlung von Regelschmerzen und dem Prämenstruellen Syndrom (PMS). Vorausgesetzt, organische Ursachen, die eine andere Behandlung erforderlich machen, können ausgeschlossen werden, tritt vor allem bei psychovegetativen Regelbeschwerden in einem Zeitraum von zwei Zyklen deutliche Besserung ein.

Ebenso erfolgreich ist die Schlangenwurzel beim PMS, wiederum in einem Zeitraum von zwei Monaten, wobei hier besonders der Einfluß auf das vasomotorische Zentrum günstig wirkt.

Der Sammelbegriff für ein anderes chronisches Frauenleiden heißt Beckenneuralgie – dahinter verbergen sich Kreuz- und Unterleibsschmerzen bei Frauen, die oft chronisch sind. Hinzu kommen Verstopfung und Kohabitationsbeschwerden, Leiden also, die die Lebensqualität erheblich einschränken. Die Beschwerden resultieren aus dem psychovegetativen Bereich, was Ärzte in der Regel hilflos macht. Erfolgreicher ist ein Versuch mit der Schlangenwurzel.
Zumindest bei leichteren Beschwerden ist diese praktisch nebenwirkungsfreie Alternative sicherlich einen Versuch wert.

Auch wenn Sie sich mit Hausmittelchen zumeist recht gut selbst helfen können, ist bei praktisch allen Erkrankungen des weiblichen Unterleibs der Besuch beim Gynäkologen ratsam.

Wann Sie den Arzt brauchen

Bei nahezu allen Erkrankungen des weiblichen Unterleibs ist der Besuch beim Gynäkologen unbedingt ratsam. Dies gilt ganz besonders bei Verdacht auf eine infektiöse Erkrankung. Auch hormonelle Störungen, etwa während der Wechseljahre, oder – im Einzelfall – Zyklusstörungen und Myome gehören in die Zuständigkeit des Gynäkologen.
Lediglich beim Prämenstruellen Syndrom und bei noch als normal anzusehenden Regelschmerzen können Sie sich mit leichteren Hausmitteln recht gut selbst behelfen.

Die sanfte Selbstbehandlung

Der Selbsthilfe ganz ohne ärztlichen Rat sind gerade bei Frauenkrankheiten sehr enge Grenzen gesetzt. Die meisten Maßnahmen können eine ärztliche Therapie lediglich unterstützen, nicht jedoch ersetzen. Trotzdem können Sie einiges tun.

- **Prämenstruelles Syndrom, Regelschmerzen:** Besteht der Verdacht, daß Streß und andere Belastungen der auslösende Faktor für die Beschwerden sind, haben sich Entspannungstechniken wie etwa das autogene Training sehr bewährt. Bei PMS hilft in vielen Fällen auch schon eine Ernährungsumstellung. Wichtig sind essentielle Fettsäuren, die im kaltgepreßten Erdnuß-, Maiskeim- und Leinsamenöl enthalten sind. Bei Regelschmerzen hilft auch heute noch Omas gute alte Wärmflasche, eine heiße Dusche tut's aber genausogut.

- **Zyklusbeschwerden:** Hier ist keine Selbsthilfe möglich.
- **Infektionen durch Krankheitserreger:** In der Regel ist auch hier keine Selbsthilfe möglich. Nur bei ganz leichten Scheidenentzündungen hilft manchmal eine einwöchige »Joghurtkur«, bei der Sie abends einen in Biojoghurt getunkten Tampon einführen, der morgens wieder entfernt wird. Damit können Sie mithelfen, die Scheidenflora zu normalisieren. Unterstützend wirken auch warme Sitzbäder mit verdünntem Essig (ein Eßlöffel auf einen halben Liter Wasser), Kamillen- oder Eichenrindenextrakt.
- **Myome:** Wenn sie keine Beschwerden machen, ist eine Behandlung nicht unbedingt erforderlich – machen sie jedoch welche, brauchen Sie den Arzt. Er entscheidet, ob ein kleiner operativer Eingriff oder eine medikamentöse Behandlung nötig ist.
- **Wechseljahrebeschwerden:** Bei leichten Beschwerden ist eine Selbstbehandlung nur mit Medikamenten möglich. Dabei sollten natürlich Präparate auf pflanzlicher oder hormoneller Basis bevorzugt werden. Bei stärkeren und anhaltenden Beschwerden ist aber der Arztbesuch unumgänglich, weil eventuell eine Hormontherapie in Erwägung gezogen werden muß.

Infektionen vorbeugen!

1. Unterwäsche aus Naturfasern (Baumwolle, Seide) tragen.
2. Wechseln Sie täglich Ihre Unterwäsche.
3. Intimhygiene beachten: Waschlappen für den Intimbereich täglich wechseln.
4. Verwenden Sie ausschließlich milde, pH-neutrale Waschlotionen.
5. Keine nassen Sachen auf der Haut tragen, sie bilden einen idealen Nährboden für Krankheitskeime.
6. Auch für Ihren Partner gilt das Gebot der Sauberkeit, besonders vor dem Geschlechtsverkehr. Unter der Vorhaut können sich leicht Krankheitskeime vermehren, die hoch ansteckend sind.

Die »Joghurtkur« ist nebenwirkungsfrei – wirkt aber nur bei ganz leichten Scheidenentzündungen.

Das richtige Medikament

Nicht bei allen Frauenkrankheiten müssen gleich schwere Geschütze wie Antibiotika oder Hormonpräparate aufgefahren werden. Bei leichteren Beschwerden gibt es auch eine Reihe von pflanzlichen oder hormonähnlichen Substanzen, die gut wirken und relativ nebenwirkungsfrei sind.

Nutzen und Risiko der Wirkstoffe

PMS, Regelschmerzen und Zyklusstörungen

Gerade bei Zyklusstörungen, ja sogar Regelschmerzen werden oft und gern starke Hormonpräparate verordnet. Dies ist allerdings nur dann gerechtfertigt, wenn eine Hormonstörung zweifelsfrei nachgewiesen ist und andere, nämlich organische oder psychische Ursachen zweifelsfrei ausgeschlossen sind. Bewährt hat sich bei leichteren Beschwerden, auch beim Prämenstruellen Syndrom, das milde pflanzliche Sexualhormon Mönchspfeffer, das bei konsequenter Einnahme gut wirkt und praktisch nebenwirkungsfrei ist. Viele Frauen sprechen auch auf die essentiellen Fettsäuren aus Traubenkern- und Nachtkerzenöl gut an, die zellaktivierend sind und eine stoffwechselfördernde Wirkung besitzen.

Schmerzmittel bei PMS und Regelbeschwerden
Sinnvoll sind im Einzelfall schmerzlösende Medikamente (siehe hierzu Kapitel »Kopfschmerzen« Seite 334). Werden bei Regelschmerzen krampflösende Mittel gebraucht, empfiehlt sich der Naturstoff Scopolamin, der bei guter Wirkung wenig Risiken birgt.

TIP
Bei Regelschmerzen wirkt eine Wärmflasche oft Wunder! Manchmal tut's selbst eine heiße Dusche.

Infektionen der weiblichen Sexualorgane

Bakterielle Infektionen und Trichomonaden werden mit Antibiotika behandelt. Der am häufigsten eingesetzte Wirkstoff ist das Metronidazol, der in der Wirksamkeit örtlich angewandten Medikamenten (Salben, Cremes oder Zäpfchen) deutlich überlegen ist. **Wichtig:** Nach einer Antibiotikabehandlung muß das Scheidenmilieu mit Milchsäurezäpfchen wieder stabilisiert werden.

Pilzinfektionen werden lokal behandelt, d.h. mit Cremes, Vaginaltabletten oder Salben. In über 90 Prozent aller Fälle schlägt die Behandlung an, verlangt aber von der Patientin etwas Geduld. Die eingesetzten Wirkstoffe sind Clotrimazol, Nystatin, Miconazol u.a. Die am häufigsten beobachteten Nebenwirkungen bei diesen Wirkstoffen sind leichte Überempfindlichkeitsreaktionen und Brennen in der Scheide.
Bei Pilzinfektionen ist es unumgänglich, daß auch der Partner mitbehandelt wird, da man sich sonst die Erreger immer wieder gegenseitig weitergibt.
Chlamydieninfektionen werden ebenfalls mit Antibiotika behandelt, und zwar mit Tetrazyklinen. Die Behandlung kann zwei bis vier Wochen dauern.

Myome

Myome wachsen unter dem Einfluß des Sexualhormons Östrogen; deshalb sind sie relativ einfach zu behandeln. Wird die körpereigene Östrogenproduktion medikamentös gebremst, werden auch die Myome kleiner. Dies geschieht mit den GnRH-Analoga, Substanzen, die in der Hirnanhangsdrüse in den Steuermechanismus für alle Hormone eingreifen. Vorübergehend produzieren die Eierstöcke dann kein Östrogen mehr, was aber mit dem Absetzen der Behandlung sofort rückgängig gemacht wird. Mit dem Bremsen der Östrogenproduktion im Körper stellen sich als Nebenwirkungen leichte Wechseljahrebeschwerden wie Hitzewallungen, trockene Scheide und vorübergehender Libidoverlust ein.

Wechseljahrebeschwerden

Beschwerden in der Menopause werden je nach Ausprägung in leichten Fällen mit pflanzlich-biologischen Präparaten, in schweren mit Hormonen behandelt. Bei Hitzewallungen, leichter Nervosität und depressiven Verstimmungen bietet sich eine Kur mit Traubenkern- und Nachtkerzenöl, einem Extrakt aus dem Cimicifugawurzelstock oder dem Mönchspfeffer an. Diese Naturwirkstoffe haben kaum Nebenwirkungen, müssen aber konsequent genommen werden.

Traubenkern- und Nachtkerzenöl sowie Mönchspfeffer sind praktisch nebenwirkungsfreie Medikamente zur Behandlung von Regelschmerzen und Zyklusstörungen.

Problematisches Östrogen

Wird vom Arzt eine hormonelle Östrogentherapie empfohlen, so sollte die Patientin hier ihr Augenmerk vor allem auf den Wirkstoff und die Darreichungsform richten.
Östrogen ist nicht gleich Östrogen: Es gibt die Substanz Östriol, die gegen die meisten Wechseljahrebeschwerden gut wirkt, jedoch keinen Einfluß auf das Osteoporoserisiko und den Fettstoffwechsel hat.

Unser Tip: Doppelt sichern!
Nicht alle Ärzte haben sehr viel Erfahrung mit der modernen Östrogentherapie. Deshalb ist es empfehlenswert, wenn Sie sich selbst informieren, welche Möglichkeiten es gibt und welche Risiken sie bergen. Fragen Sie auf jeden Fall zusätzlich Ihren Apotheker um Rat!

Vorteil: Dieses Östrogen fördert auf keinen Fall die Entwicklung von Gebärmutterkrebs.

Östrogenpräparate nach Maß

Potenter ist das Estradiol, das insgesamt stärker wirkt, auch Fettstoffwechsel und Knochen beeinflußt. Um das hier gegebene Risiko des Gebärmutterkrebses zu bannen, muß in regelmäßigen Abständen immer ein Gestagen (Gelbkörperhormon) gegeben werden.
Nachteil für die Frauen: Auch nach der Menopause kommt es unter der Gestagentherapie wieder zu regelmäßigen Blutungen. Dennoch: Bei stärker wirksamen Östrogenen ist die begleitende Gestagentherapie wegen des vorhandenen Krebsrisikos unerläßlich.

Östrogen ist nicht gleich Östrogen! Wenn Ihnen Ihr Arzt eine Östrogentherapie empfiehlt, dann sollten Sie sich zusätzlich über Darreichungsformen und Wirkstoffe informieren.

Vorsicht bei anderen Krankheiten!

Gut dosierbar und wirksam gegen alle Wechseljahresymptome, auch zur Osteoporosevorbeugung, sind Tabletten, Tropfen, Dragees.
Nachteil: Andere Krankheiten können negativ beeinflußt und auch Magen, Darm und Leber belastet werden. Depotspritzen haben eine rasche, lang anhaltende Wirkung, jedoch auch zahlreiche Nebenwirkungen. Die elegante, modernste Lösung ist das Östrogenpflaster, das gut dosierbar ist, die Wirkstoffe di-

rekt in die Blutbahn bringt, keine Belastung für die Leber darstellt und auch andere chronische Erkrankungen nicht beeinflußt. Vaginalcremes mit Östrogenen werden mit gutem Erfolg zur Behandlung der trockenen Scheide in den Wechseljahren eingesetzt.
Siehe hierzu auch den Abschnitt »Enzyme« Seite 510.

Hormone zur Verhütung: Die Antibabypille
In der Pille wirken die Hormone Östrogen und Gestagen, die dreierlei bewirken: Einmal reifen keine Eizellen mehr heran, es findet also kein Eisprung mehr statt. Zweitens verändert sich der Schleim am Muttermund so, daß kein Samen mehr in die Gebärmutter gelangen kann, und drittens wird die Gebärmutterschleimhaut verändert, so daß sich ein befruchtetes Ei gar nicht mehr einnisten kann.

Kaum noch Nebenwirkungen
Die Antibabypillen der modernen Generation können heute als sichere und gut verträgliche Verhütungsmethode betrachtet werden. Risiken der früheren Generation wurden mit der Verbesserung der Qualität ihrer Inhaltsstoffe und auch den gezielteren Dosierungsmöglichkeiten weitgehend ausgeschaltet. Vor allem die Östrogen- und Gestagenanteile wurden mittlerweile erheblich verringert:
Die neueste Pille enthält nur mehr 20 millionstel Gramm des Hormons Östrogen.

Blutdruck beobachten!
Dennoch gilt nach wie vor: Frauen sollten während der Einnahme der Pille regelmäßig Blutdruck und Blutfettwerte kontrollieren lassen.
Raucherinnen ab 35 Jahren sollten auf eine andere Verhütungsmethode umsteigen, ebenso Frauen jenseits des 45. Lebensjahres.

Wußten Sie schon? Die neuesten modernen Antibabypillen enthalten nur 20 millionstel Gramm Östrogen und sind deshalb sehr gut verträglich.

Name/Hersteller	Wirkstoffe	Risiken & Nebenwirkungen
Cimisan APS	Cimicifuga-wurzelstock-extrakt	In seltenen Fällen Magenbeschwerden.
Conjugen *Rp* Klinge	Estronsulfat, Equilinsulfat	Übelkeit, Schmerzen und Spannung in der Brust. Bei Überdosierung Blutungen möglich.
Cyclo-Menorette *Rp* Wyeth	Estradiolvalerat, Estriol, Levonorgestrel	Übelkeit, Schmerzen und Spannung in der Brust. Bei Überdosierung Blutungen möglich.
CycloÖstrogynal Asche	Estradiolvalerat, Estriol, Levonorgestrel	Übelkeit, Schmerzen und Spannung in der Brust. Bei Überdosierung Blutungen möglich.
Cyclo-Progynova *Rp* Schering	Estradiolvalerat, Norgestrel	Übelkeit, Schmerzen und Spannung in der Brust. Ungeeignet bei hormon-abhängigen Tumoren.
Dismenol N Simons	Ibuprofen	Vorsicht in der Stillperiode! Kopfschmerzen, Müdigkeit, Schwindel möglich.
Duphaston *Rp* Duphar	Dydrogesteron	Vorsicht bei Leberschäden! Ödeme, Übelkeit, Erbrechen möglich.

Beratung	Darreichungsform
Gegen neurovegetative Beschwerden vor und während der Menstruation sowie in den Wechseljahren. Sinnvollerweise mindestens über 8 Wochen einnehmen.	Tabletten, Tropfen
Hormonpräparat gegen klimakterische Beschwerden und zur Vorbeugung gegen Osteoporose.	Dragees
Zweiphasenpräparat gegen klimakterische Beschwerden und zur begrenzten Hormonergänzung in den Wechseljahren.	Dragees
Zweiphasenpräparat gegen klimakterische Beschwerden und zur begrenzten Hormonergänzung in den Wechseljahren.	Dragees
Zweiphasenpräparat zur begrenzten Hormonergänzung während der Wechseljahre.	Dragees
Mittel (nichtsteroidales Antirheumatikum) gegen Schmerzen vor und während der Menstruation.	Filmtabletten
Gestagen (Hormon) gegen Unregelmäßigkeiten während der Menstruation.	Tabletten

Name/Hersteller	Wirkstoffe	Risiken & Nebenwirkungen
Feminon Redel	Agnus castus und andere	Enthält Alkohol! Nebenwirkungen nicht bekannt.
Gestafortin *Rp* Merck	Chlormadinon	Vorsicht in der Stillzeit! Übelkeit, Erbrechen, Ödeme möglich.
Kliogest *Rp* Novo Nordisk	Estradiol, Estriol, Norethisteron	Ungeeignet bei Leberschäden und Diabetes. Übelkeit, Brustspannung möglich.
Mastodynon N Bionorica	Keuschlammfrucht (Agnus castus) und andere	Enthält Alkohol! Magenbeschwerden (selten).
Nuriphasic *Rp* Nourypharma	Ethinylestradiol, Lynestrenol	Ungeeignet bei Leberstörungen. Blutdruckanstieg und Hautausschlag möglich.
Oestrofeminal *Rp* Mack, Illert.	Natürliche Östrogene	Ungeeignet bei Lebererkrankungen und Diabetes. Übelkeit, Spannung in der Brust. Therapie alle 6 Monate überprüfen lassen.
Östro-Primolut *Rp* Schering	Norethisteron, Ethinylestradiol	Ungeeignet bei Leberschäden und Diabetes. Erhöhtes Thromboserisiko.

Beratung	Darreichungsform
Homöopathisches Mittel gegen klimakterische Beschwerden.	Tropfen
Gestagen gegen Zyklusstörungen.	Tabletten
Kombinationshormonpräparat zur begrenzten Hormonergänzung während der Wechseljahre.	Tabletten
Als homöopathisches Mittel gegen Zyklusstörungen angeboten. Sinnvoll bei zyklusbedingten Brustschmerzen, sofern Besserung subjektiv spürbar wird.	Tropfen
Gegen Zyklusstörungen, die eine Behandlung mit Östrogen und Gestagen (Lynestrenol) erfordern.	Tabletten
Östrogenpräparat gegen klimakterische Beschwerden und zur Vorbeugung gegen Osteoporose.	Kapseln
Kombinationshormonpräparat aus Gestagen und Östrogen, das erst nach Ausschluß einer Schwangerschaft genommen werden darf. Mittel zur Auslösung einer Gebärmutterblutung.	Dragees

Name/Hersteller	Wirkstoffe	Risiken & Nebenwirkungen
Pravidel *Rp* Sandoz	Bromocriptin	Übelkeit, Erbrechen, Unruhe möglich. In der Schwangerschaft ungeeignet.
Presomen / Presomen Spezial *Rp* Kali-Chemie	Natürliche Östrogene	Ungeeignet bei Leberschäden und Diabetes. Übelkeit, Schmerzen in der Brust möglich.
Primosiston *Rp* Schering	Norethisteron, Ethinylestradiol	Ungeeignet bei Leberschäden und Diabetes sowie während der Stillzeit.
Progynon C *Rp* Schering	Ethinylestradiol	Ungeeignet bei Leberschäden und Diabetes. Übelkeit, Erbrechen möglich.
Progynova 21/ Tropfen *Rp* Schering	Estradiolvalerat	Enthält Alkohol! Ungeeignet bei Leberschäden und Diabetes. Übelkeit, Schmerz in der Brust möglich.
Trisequens / -forte *Rp* Novo Nordisk	Estradiol, Estriol, Norethisteron	Ungeeignet bei Leberschäden und Diabetes. Übelkeit und Schmerzen in der Brust möglich.
Cyclacur *Rp* Schering	Estradiolvalerat, Norgestrel	Ungeeignet bei Leberschäden und Diabetes. Übelkeit, Spannung in der Brust.

Beratung	Darreichungsform
Hormonpräparat, gegen Zyklusstörungen sowie zum Abstillen.	Tabletten
Östrogenpräparat gegen klimakterische Beschwerden.	Dragees
Kombinationshormonpräparat bei Zyklusstörungen.	Tabletten
Mittel zur Ergänzungsbehandlung (Substitution) mit Hormonen (Östrogen).	Tabletten
Östrogenpräparat zur Behandlung von klimakterischen Beschwerden und zur begrenzten Hormonergänzung.	Dragees, Tropfen
Dreiphasenpräparat zur Behandlung klimakterischer Beschwerden und zur begrenzten Hormonergänzung.	Tabletten
Zweiphasenpräparat zur begrenzten Hormonergänzung in den Wechseljahren.	Dragees

Frauenkrankheiten

	Name/Hersteller	Wirkstoffe	Risiken & Nebenwirkungen
Österreich	**Oestro-Feminal** *Rp* Mack, Illert.	Natürliche Östrogene	Übelkeit, Schmerz und Spannung in der Brust. Nicht bei hormonabhängigen Tumoren, Leberschäden und Thrombosegefahr.
Österreich	**Premarin** *Rp* Wyeth	Östrogene vom Pferd	Übelkeit, Spannung in der Brust.
Schweiz	**Conjugen** *Rp* Klinge	Natürliche Östrogene	Nicht bei schweren Leberfunktionsstörungen, Gelbsucht, Blutgerinnselbildungen und hormonabhängigen Tumoren der Brust oder Gebärmutter.
Schweiz	**Gynera** *Rp* Schering	Gestoden	Sofort absetzen bei migräneartigen Kopfschmerzen! Thrombosegefahr und Wahrnehmungsstörungen möglich.
Schweiz	**Oestrogel** *Rp* Golaz	Östradiol	Nicht bei Brust- und Gebärmuttertumoren. Nicht auf Brüste und Schleimhäute. Eventuell Spannungsgefühl in der Brust oder Verdauungsstörungen.
Schweiz	**Transannon** *Rp* Upjohn	Natürlich konjugierte Östrogene	Nicht bei Tumoren der Brust oder Gebärmutter, schweren Leberfunktionsstörungen. Selten Magenunverträglichkeiten, Übelkeit und Gewichtszunahme.
Schweiz	**Vagifem** *Rp* Novo Nordisk	Östradiol	Nicht bei Brusttumoren, ungewöhnlichen vaginalen Blutungen, Schwangerschaft. Leichte Vaginalblutungen, Ausfluß und leichte Hautrötungen möglich.

Beratung	Darreichungsform
Östrogenpräparat zur begrenzten Hormonergänzung in den Wechseljahren.	Kapseln
Natürliches Östrogen gegen klimakterische Beschwerden und zur Vorbeugung gegen Osteoporose.	Dragees
Zur Behandlung bei Östrogenmangel und bei Beschwerden in den Wechseljahren. Gelegentlich kommt es zu Magenbeschwerden, Übelkeit, Gewichtszunahme und Spannungsgefühl in der Brust.	Dragees
Empfängnisverhütungsmittel. Kopfschmerzen, Magenbeschwerden, Übelkeit und depressive Verstimmungen möglich. Nicht bei Diabetes, Bluthochdruck, Krampfadern, Otosklerose, multipler Sklerose und Epilepsie.	Dragees
Gut verträgliches Gel zur Behandlung der Beschwerden wie Wallungen, Schweißausbrüche und Herzrasen zum Auftragen auf Schultern, Arme, Oberschenkel, Bauch, Hals und Gesicht. Vor Anwendung eingehende gynäkologische Untersuchung.	Gel
Zur Behandlung von Beschwerden in den Wechseljahren wie Hitzewallungen, Schweißausbrüche, depressive Verstimmungen, Reizbarkeit und Schwindelgefühle.	Dragees
Zur Behandlung von durch Östrogenmangel bedingter akuter oder chronischer Entzündung der Vagina zur Einführung in die Vagina.	Vaginaltabletten

Gelenkbeschwerden

Im wesentlichen läßt sich bei Gelenkschmerzen unterscheiden zwischen

- Solchen, die auf Verletzungen zurückgehen, wie etwa Verrenkungen oder Verstauchungen
- Den Erkrankungen des rheumatischen Formenkreises mit den altersbedingten Verschleißerkrankungen und
- Der Gicht.

Die Gelenke

Hinweise zu Verletzungen der Gelenke finden Sie im Kapitel »Erste Hilfe« Seite 190.

Alle Knochen des Skeletts sind durch Gelenke miteinander verbunden. Das ist die Grundvoraussetzung für die Beweglichkeit unseres Körpers. Das Gelenk selbst besteht aus Bindegewebe, das durch Bänder gehalten wird, die wiederum in Sehnen übergehen. Die Sehnen sind das Bindeglied zwischen Gelenk und Muskeln.

Im Inneren des Gelenks wird die Gelenkflüssigkeit produziert. Verändert sich ihre Konsistenz oder wird aus irgendeinem Grund zuwenig davon produziert, so schmerzen die Gelenke. Die Gelenkflüssigkeit ernährt auch die Knorpelzellen zwischen den einzelnen Knochen. Der Knorpel schützt die Knochen vor Reibung; wird er nicht mehr richtig ernährt, reiben die bloßen Knochen aneinander – und zwar äußerst schmerzhaft.

Die Gelenke tragen die Hauptlast: Jede Bewegung, jede körperliche Aktion muß von ihnen ertragen und umgesetzt werden. Im Lauf der Jahre kann es dabei zu Abnützungserscheinungen kommen.

Typische Krankheitssymptome

Bei rheumatischen Erkrankungen wird zwischen drei Hauptformen unterschieden:

- Entzündlicher Rheumatismus
- Degenerativer Rheumatismus
- Weichteilrheumatismus.

Entzündlicher Rheumatismus/Polyarthritis

Der entzündliche Rheumatismus, die chronische Polyarthritis, ist die schwerste rheumatische Erkrankung. Sie beginnt unauffällig: mit leichter Appetitlosigkeit, Gewichtsverlust, etwas erhöhter Temperatur.
Bald jedoch beginnt die entzündliche Erkrankung an den Fingergelenken, schubweise werden Hand-, Schulter-, Knie-, Fuß- und Hüftgelenke vom Rheuma ergriffen. Auffälligstes Merkmal ist die sogenannte Morgensteifheit. Bei ganz schweren Verlaufsformen kann die Krankheit die Patienten an den Rollstuhl fesseln.

Degenerativer Rheumatismus

Beim degenerativen Rheumatismus, der Arthrose, handelt es sich um eine Abnützungserscheinung der Gelenke. Die Krankheit ist weit verbreitet, kann äußerst schmerzhaft verlaufen und schränkt die Beweglichkeit sehr stark ein. Symptome am Anfang sind Steifigkeit und Spannungen in den betroffenen Gelenken, später kommen Schmerzen und Gelenkinstabilität hinzu.

Gicht
Ein Sonderfall der rheumatischen Gelenkerkrankungen ist die Gicht, bei der entweder das Gelenk des großen Zehs oder das Kniegelenk rot anschwillt, heiß wird und heftig schmerzt. Häufig kommt Fieber hinzu.

Weichteilrheumatismus und Tennisarm

Der Weichteilrheumatismus befällt, im Gegensatz zu den beiden anderen Formen, nicht die Gelenke, sondern die Sehnen und deren Ansätze, Muskulatur und Nerven. Typisch für diese rheumatische Erkrankung ist beispielsweise die »akute Schulter«, bei der jeder Versuch, den Arm zu bewegen, im Schultergelenk starke Schmerzen auslöst.
Auch der Tennisellenbogen, auch Tennisarm genannt, der übrigens keineswegs nur Anhänger des weißen Sports befällt, sondern durch jede Form der Überbelastung des Unterarms verursacht werden kann, ist eine schmerzhafte Form des Weichteilrheumatismus.

Sie können auch einen Tennisarm bekommen, ohne daß Sie je auf dem Tennisplatz standen. Viele Arten der Überbelastung des Unterarms führen zu diesem Symptom.

Die Krankheitsursachen

Rheuma – eine Autoimmunkrankheit?

Man weiß zwar, was beim Rheuma im Körper passiert, die Ursachen dieser Krankheit liegen jedoch immer noch im dunkeln. Gesichert ist eine vererbte Anlage für die Erkrankung. Neue Theorien gehen davon aus, daß es sich um eine Entgleisung im Stoffwechsel handelt; dafür spricht, daß sich bei vielen Patienten eine Umstellung der Ernährung auf vollwertige Kost günstig auswirkt. Auch als sogenannte Autoimmunkrankheit wird Rheuma diskutiert; das bedeutet, daß sich das Immunsystem des Körpers gegen den eigenen Organismus richtet.

Autoimmunkrankheiten sind Krankheiten, bei denen das körpereigene Abwehrsystem sich gegen einen Teil des Organismus wendet, ihn als »fremd« einstuft und zu bekämpfen beginnt. Über die Gründe der Autoimmunkrankheiten wird noch geforscht.

Abnutzung ist unvermeidlich

Beim entzündlichen Rheumatismus wird schleichend der Gelenkknorpel zerstört, so daß die Gelenke immer unbeweglicher werden und schließlich versteifen.

Beim degenerativen Rheumatismus wird durch Bewegung, vor allem an Hüft- und Kniegelenk, langsam der Gelenkknorpel abgerieben. Diese Abnützung schreitet so lange kontinuierlich fort, bis der gesamte Knorpel verschwunden ist und Knochen auf Knochen aufliegt. Beim Weichteilrheumatismus ist meist Überanstrengung im Spiel, auf die die Sehnen mit Entzündungen reagieren.

Gicht durch falsche Ernährung

Die Ursachen für Gicht liegen buchstäblich auf dem Teller: Zu reichliches und zu fettes Essen, übermäßiger Alkoholkonsum produzieren zuviel Harnsäure im Körper. Die winzigen Säurekristalle, die nicht mehr über die Nieren ausgeschieden werden, lagern sich bevorzugt in den Gelenken ein, aber auch im Knorpel, in der Haut oder im Nierenbecken.

Wann Sie den Arzt brauchen

Rheumatische Erkrankungen und Gicht gehören in ärztliche Behandlung. Lediglich leichte Beschwerden an den Gelenken, die vorübergehend sind und auf falsche Bewegung oder Überanstrengung zurückzuführen sind, können Sie mit örtlich anzuwendenden Medikamenten (Cremes, Salben, Gels, Lotionen) aus der Apotheke oder mit physikalischen Maßnahmen (Wärme u.a.) selbst behandeln.

An einen Arztbesuch sollten Sie denken, wenn

- Sich die Beschwerden immer wieder an demselben Gelenk bemerkbar machen
- Sie häufig Gelenkbeschwerden haben und in Ihrer Familie bereits rheumatische Erkrankungen vorgekommen sind
- Sich Fieber einstellt
- Ihre Gelenke morgens auffallend steif sind
- Sie sich in Ihrer Beweglichkeit eingeschränkt fühlen.

Der richtige Arzt
Der Facharzt für rheumatische Erkrankungen ist der Rheumatologe. In zahlreichen größeren Kliniken gibt es auch eine Rheumaambulanz, ferner erhalten Sie Informationen bei

Deutsche Rheuma-Liga e.V.
Rheinallee 69
53173 Bonn

Die sanfte Selbstbehandlung

Bei leichteren Gelenkbeschwerden haben sich vor allem Wärme und Kälte als hilfreich erwiesen. Wärme wirkt schmerzlindernd und entzündungshemmend, entspannt die Muskulatur und verbessert die Durchblutung. Bei akuten Entzündungen reizt Kälte von außen den Körper, in den unterkühlten Bereich verstärkt Blut zu pumpen, und fördert auf diese Weise die Durchblutung. So wirkt auch Kälte schmerzlindernd.

Inzwischen wieder groß im Kommen sind Sprudelbäder, deren ätherische Öle man einatmet. Wacholderbadesalz (Kneipp) enthält Öle aus Wacholderbeeren und Wintergrün, die die Durchblutung anregen und die Muskeln lockern.

Hilfe durch Bäder ...

Hilfreich ist auch ein heißes Bad mit pflanzlichen Zusätzen. Bei rheumatischen Beschwerden helfen Wacholderöl, Moorbestandteile und entzündungshemmende Salicylate.

. . . und Kräutertee

Die erhältlichen Heilkräutertees wirken auf zweierlei Weise:

- Sie unterstützen die Ausschwemmung von Schlacken und kurbeln den gesamten Stoffwechsel an (Teufelskralle).
- Sie wirken direkt gegen entzündliche Gelenkbeschwerden (Weidenrinde).

Gicht entsteht, wenn im Körper zuviel Purin vorhanden ist. Purinkristalle lagern sich in den Gelenken ab und verursachen große Schmerzen. Beugen Sie der Gicht mit purinarmer Nahrung vor!

Gesundessen bei Gicht

Bei Gicht können Sie die ärztlichen Maßnahmen vor allem durch eine Ernährungsumstellung unterstützen.

- **Purinarm essen!**
  Bei der Verdauung entstehen chemische Verbindungen, u.a. die Purine. Diese braucht der Körper, um neue Zellkerne aufzubauen. Sind jedoch mehr im Körper als gebraucht werden, werden die überflüssigen zu Harnsäure ab-

Heilkräuter für Muskeln und Gelenke

Heilpflanze	Wirkung	Anwendungen
Wacholder	Unterstützt die Gelenke, bei Arthrosen	Als Bad oder Tee, ungeeignet für Nierenempfindliche
Teufelskralle	Bei allen Gelenkbeschwerden, wirkt stoffwechselfördernd	Als Tee
Weidenrinde	Vor allem bei entzündlichen Gelenkbeschwerden	Als Tee; liefert die antirheumatische Acetylsalicylsäure
Arnika	Bei Verrenkungen und Verstauchungen	Als Salbe oder Tinktur
Sonnenhut (Echinacea)	Bei allen Muskel- und Gelenkbeschwerden, unterstützt die körpereigene Heilung	In zahlreichen Arzneimitteln
Beinwell	Bei Sehnenscheidenentzündung	Als Salbe

gebaut und ausgeschieden. Bei einem krassen Überangebot an Purinen im Körper wird jedoch zuwenig Harnsäure ausgeschieden, die Reste lagern sich als Kristalle in Gelenken, Knorpeln, an Sehnen und Schleimbeuteln ab. Hoher Puringehalt findet sich in Innereien, einigen Fischen (Ölsardinen, Sprotten, Muscheln, Bückling, Räucherlachs), Hering, Fleisch, Wurst, Fleischextrakten, Hülsenfrüchten.

- **Hände weg vom Alkohol!**
  Dieser bewirkt nämlich, daß die Harnsäureausscheidung gehemmt wird und folglich der Harnsäurespiegel noch höher ansteigt. Damit kann Alkohol unmittelbar zum Auslöser eines Gichtanfalles werden.
- **Abspecken!**
  Übergewicht sollten Sie auf jeden Fall abbauen, es ist auch für die Gelenke eine zusätzliche Belastung. Im übrigen senken bereits ein paar Kilogramm weniger den Harnsäurespiegel ganz drastisch!

Schmerzmittel (z. B. Aspirin) helfen nicht nur gegen Schmerzen bei Gicht, sie hemmen auch die Entzündungen in den Gelenken. Die eigentliche Ursache der Gicht wird dabei aber nicht bekämpft.

Das richtige Medikament

Eine medikamentöse Therapie ist sowohl beim Rheuma als auch bei der Gicht in der Regel unumgänglich. Zu unterscheiden ist beim Rheuma zwischen den lokal anzuwendenden Mitteln, also Einreibesalben und oral einzunehmenden Tabletten.

Nutzen und Risiko der Wirkstoffe

Selbstbehandlung

Zum einen können die Schmerzen mit Tabletten gelindert werden, zum anderen kann das befallene Gelenk mit Einreibemitteln direkt behandelt werden. Wirkstoffe, die nicht nur in Tabletten, sondern auch in Einreibemitteln enthalten sind, sind

Risiken und Nebenwirkungen
Die Salicylsäure und ihre Verwandten haben als Hauptnebenwirkung Magen-Darmprobleme, das Ibuprofen ist etwas magenverträglicher. Wissenswert: Ibuprofen hat eine wesentlich kürzere Wirkzeit.

vor allem die Acetylsalicylsäure, Salicylate und Ibuprofen. Sie dämpfen Schmerzen und wirken im übrigen noch entzündungshemmend.

Die Natur bietet eine ganze Reihe hilfreiche Wirkstoffe gegen schmerzende Gelenke: Bienengift, ätherische Öle aus Thymian, Arnika, Eukalyptus oder Wacholder. Probieren Sie ggf. das für Sie Passende aus.

Schmieren und salben ...

Ein häufig benutzter Wirkstoff in Einreibemitteln ist das Heparin, das auch in Salben gegen Sportverletzungen enthalten ist. Es soll das Gewebe erwärmen und besser durchbluten, Nebenwirkungen sind bei diesen Präparaten kaum zu befürchten.

... hilft allenthalben!

Daneben enthalten die Einreibemittel Hautreizstoffe (nicht auf offene Wunden bringen!), u. a. spanischen Pfeffer, Bienengift, Nikotinsäure, Terpentin und zahlreiche ätherische Öle aus Thymian, Rosmarin, Wacholder, Arnika, Eukalyptus. Auch diese Stoffe wirken erwärmend, durchblutungsfördernd und entzündungshemmend. Bei guter Wirkung werden selten Nebenwirkungen beobachtet, im Einzelfall allergische Reaktionen (etwa bei Arnika).

In der Hand des Arztes

Bei entzündlichen Rheumaformen und starken Schmerzen sind stärkere Geschütze erforderlich, die vom Arzt verschrieben werden. Bewährt hat sich der Wirkstoff Indometacin, bei dem aber wie bei allen Rheumamitteln Nebenwirkungen in Kauf genommen werden müssen. Dies sind vor allem Störungen im Magen-Darm-Bereich.

> Sehr häufig verschrieben wird auch der Wirkstoff Diclofenac, der bei guter Wirksamkeit jedoch den Nachteil hat, nur kurz im Körper zu wirken, und deshalb mehrmals täglich genommen werden muß. Häufigste Nebenwirkungen: Magen-Darm-Störungen sowie Kopfschmerzen, gelegentlich Schwindel.

Ein sehr starker Wirkstoff ist das Naproxen, das vom Nebenwirkungsprofil her dem Ibuprofen ähnlich ist.

Gern wird auch das Piroxicam verordnet, das eine lange, zuverlässige Wirkung im Körper entfaltet, dafür jedoch massive Nebenwirkungen bis hin zu Blutbildveränderungen und Schock haben kann.

Als letztes Mittel: Cortison

Bei sehr schweren entzündlichen Prozessen kann unter Umständen der Einsatz von Cortison gerechtfertigt sein. Von einer längeren Therapie mit diesem Wirkstoff ist wegen der erheblichen Nebenwirkungen und Spätfolgen jedoch unbedingt abzuraten (Immunschwäche, Knochenerweichungen, Magen-Darm-Geschwüre, Augen- und Muskelschäden, Blutzucker- und Blutdruckerhöhung).

Wenn alles nicht mehr hilft, dann müssen Rheumakranke zu Cortison greifen. Von einer längeren Cortisontherapie ist jedoch wegen der erheblichen Nebenwirkungen und Spätfolgen unbedingt abzuraten.

Unser Tip: Vernünftig essen!
Es gibt zwar keine wissenschaftlichen Anhaltspunkte dafür, daß Rheuma durch irgendeine Diät geheilt werden kann, aber Erfahrungen von Patienten, die sich mit Vollwertkost ernähren, sprechen sehr dafür, daß die Beschwerden mit einer solchen Ernährung erheblich gebessert werden können. Versuchen Sie es einfach!

Einen anderen Weg beschreiten die sogenannten Basistherapeutika, die weniger auf die akute Schmerzbekämpfung zielen, sondern den Krankheitsverlauf langfristig beeinflussen sollen. Sie haben extrem schwere Nebenwirkungen, und ihr Einsatz ist unter Rheumatologen heftig umstritten.

Schwere Geschütze gegen Gicht

Da die Wirkstoffe, die bei Gicht zum Einsatz kommen, recht starke Nebenwirkungen haben, sollte zunächst versucht werden, die Krankheit mit einer vernünftigen Diät zu bessern.
Der Wirkstoff Allopurinol führt sehr häufig zu allergischen Hautreaktionen mit Ausschlägen und Juckreiz. Benzbromaron kann ebenfalls allergische Reaktionen hervorrufen, daneben aber auch noch Magen-Darm-Störungen.
Siehe hierzu auch den Abschnitt »Enzyme« Seite 510.

Name/Hersteller	Wirkstoffe	Risiken & Nebenwirkungen
Algesalona E /-forte *Rp* Kali-Chemie	Etofenamat	Nicht für Säuglinge und Kleinkinder. Nicht bei verletzter oder entzündeter Haut. Selten allergische Reaktionen.
Alrheumun / forte / -retard *Rp* Bayer	Ketoprofen	Ungeeignet während der Schwangerschaft. Vorsicht in der Stillperiode! Magen-Darm-Störungen und bei längerer Anwendung Blutschäden möglich.
Allopurinol Heumann *Rp* Heumann	Allopurinol	Vorsicht in Schwangerschaft und Stillzeit, ebenso bei Nierenschäden! Häufig Ausschlag und Juckreiz. Gelegentlich Übelkeit, Durchfall.
Allopurinol-ratiopharm *Rp* ratiopharm	Allopurinol	Vorsicht in Schwangerschaft und Stillzeit, ebenso bei Nierenschäden! Häufig Ausschlag und Juckreiz. Gelegentlich Übelkeit, Durchfall.
Allopurinol Siegfried *Rp* Kytta-Siegfried	Allopurinol	Vorsicht in Schwangerschaft und Stillzeit, ebenso bei Nierenschäden! Häufig Ausschlag und Juckreiz. Gelegentlich Übelkeit, Durchfall.
Allvoran *Rp* TAD	Diclofenac	Nicht in Schwangerschaft und Stillzeit sowie bei Magengeschwüren und Leberschäden. Kopfschmerzen, Magenstörungen, Leberschäden, Schwindel möglich.
Amuno / -Retard *Rp* MSD	Indometacin	Verboten in Schwangerschaft und Stillzeit sowie für Kinder unter 2 Jahren. Kopfschmerzen und Appetitlosigkeit häufig. Magen-Darm-Störungen.

Beratung	Darreichungsform
Nicht in Schwangerschaft und Stillzeit. Gute Wirksamkeit bei rheumatischen Muskel- und Gelenkerkrankungen, bei Ischiasbeschwerden, Tennisarm und nach Verletzungen.	Gel, Emulsion
Antirheumatikum gegen Schmerzen und Entzündungen bei Rheuma. Zäpfchen nur sinnvoll, wenn Tabletten nicht angewendet werden können.	Kapseln, Zäpfchen
Lange verwendeter, harnsäurehemmender Wirkstoff gegen Gicht.	Kapseln, Retardkapseln
Lange verwendeter, harnsäurehemmender Wirkstoff gegen Gicht. Zur Vorbeugung und Therapie von Harnsäuresteinen.	Tabletten
Lange verwendeter, harnsäurehemmender Wirkstoff gegen Gicht. Zur Vorbeugung und Therapie von Harnsäuresteinen.	Tabletten
Antirheumatikum gegen entzündliche Gelenkerkrankungen, auch Weichteilrheumatismus. Zäpfchen nur sinnvoll, wenn Tabletten nicht angewendet werden können.	Tabletten, Retardtabletten, Zäpfchen, Ampullen
Bewährte, stark wirkende antirheumatische Substanz, auch gegen postoperative Schmerzen. Gilt als »Goldstandard« der Rheumatherapie.	Kapseln, Retardkapseln, Zäpfchen, Suspension

Gelenkbeschwerden

Name/Hersteller	Wirkstoffe	Risiken & Nebenwirkungen
Anco *Rp* Boots	Ibuprofen	Ungeeignet in der Schwangerschaft, Vorsicht in der Stillperiode! Kopfschmerzen, Schwindel.
Apranax *Rp* Syntex	Naproxen	Ungeeignet in der Schwangerschaft, Vorsicht in der Stillperiode! Nicht für Kinder unter 14 Jahren. Kopfschmerzen, Schwindel.
Arnica Kneipp Gel Kneipp	Arnikatinktur	Nicht bei Überempfindlichkeit gegenüber Arnika und anderen Korbblütlern anwenden. Bei längerer Anwendung können Ekzeme auftreten.
Azulfidine RA *Rp* Pharmacia	Sulfasalazin	Verboten in Schwangerschaft und Stillzeit. Magen-Darm-Störungen, Schwellung der Lider, allergische Reaktionen möglich.
Benfofen *Rp* Sanofi Winthrop	Diclofenac	Nicht in Schwangerschaft und Stillzeit sowie bei Magengeschwüren und Leberschäden. Kopfschmerzen, Magenstörungen, Leberschäden, Schwindel möglich.
Bleminol *Rp* Desitin	Allopurinol	Vorsicht in Schwangerschaft und Stillzeit, ebenso bei Nierenschäden! Häufig Ausschlag und Juckreiz. Gelegentlich Übelkeit, Durchfall.
Brufen *Rp* Boots Pharma	Ibuprofen	Ungeeignet in der Schwangerschaft, Vorsicht in der Stillperiode! Kopfschmerzen, Schwindel.

Beratung	Darreichungsform
Antirheumatikum mit schmerz- und entzündungshemmender Wirkung.	Filmtabletten, Retardtabletten, Zäpfchen, Dragees, Granulat
Bewährtes Antirheumatikum, auch gegen Schmerzen und Schwellungen nach Verletzungen oder Operationen.	Tabletten
Kühlendes Schmerzgel zur äußerlichen Anwendung bei Verletzungs- und Unfallfolgen, bei Blutergüssen, Verstauchungen, Prellungen, Quetschungen. Auch bei Gewebeschwellungen nach Knochenbrüchen, gegen Furunkel und Entzündungen nach Insektenstichen.	Gel
Basisantirheumatikum (Sulfonamid) bei chronischer Polyarthritis Erwachsener. Regelmäßige Blut- und Urinkontrolle erforderlich.	Dragees
Antirheumatikum gegen akute und chronische Gelenkentzündungen, auch Weichteilrheumatismus. Zäpfchen nur sinnvoll, wenn Tabletten nicht angewendet werden können.	Tabletten, Retardtabletten, Injektionslösung, Zäpfchen
Lange verwendeter, harnsäurehemmender Wirkstoff gegen Gicht. Zur Vorbeugung und Therapie von Harnsäuresteinen.	Tabletten
Antirheumatikum mit schmerz- und entzündungshemmender Wirkung.	Dragees

Gelenkbeschwerden

Name/Hersteller	Wirkstoffe	Risiken & Nebenwirkungen
Dexamonozon *Rp* Medice	Dexamethason	Vorsicht bei Osteoporose und Magengeschwüren! Muskelschäden. Bei längerer Anwendung »Vollmondgesicht« möglich.
Diclac *Rp* Hexal	Diclofenac	Nicht in Schwangerschaft und Stillzeit sowie bei Magengeschwüren und Leberschäden. Kopfschmerzen, Magenstörungen, Leberschäden, Schwindel möglich.
Dicloberl *Rp* Berlin-Chemie	Diclofenac	Nicht in Schwangerschaft und Stillzeit sowie bei Magengeschwüren und Leberschäden. Kopfschmerzen, Magenstörungen, Leberschäden, Schwindel möglich.
Diclofenac Heumann *Rp* Heumann	Diclofenac	Nicht in Schwangerschaft und Stillzeit sowie bei Magengeschwüren und Leberschäden. Kopfschmerzen, Magenstörungen, Leberschäden, Schwindel möglich.
Diclofenac-ratiopharm *Rp* ratiopharm	Diclofenac	Nicht in Schwangerschaft und Stillzeit sowie bei Magengeschwüren und Leberschäden. Kopfschmerzen, Magenstörungen, Leberschäden, Schwindel möglich.
Diclofenac-Stada *Rp* Stadapharm	Diclofenac	Nicht in Schwangerschaft und Stillzeit sowie bei Magengeschwüren und Leberschäden. Kopfschmerzen, Magenstörungen, Leberschäden, Schwindel möglich.
Diclo OPT *Rp* OPT	Diclofenac	Nicht in Schwangerschaft und Stillzeit sowie bei Magengeschwüren und Leberschäden. Kopfschmerzen, Magenstörungen, Leberschäden, Schwindel möglich.

Beratung	Darreichungsform
Mittel gegen rheumatische, allergische und dermatologische Erkrankungen, die auf eine Corticoidtherapie (Hormon der Nebennierenrinde) ansprechen.	Tabletten, Zäpfchen, Injektionslösung
Antirheumatikum gegen akute und chronische Gelenkentzündungen, auch Weichteilrheumatismus. Auch gegen nichtrheumatische entzündliche Schmerzen.	Tabletten, Retardtabletten, Injektionslösung, Zäpfchen
Antirheumatikum gegen akute und chronische Gelenkentzündungen, auch Weichteilrheumatismus. Auch gegen entzündliche Schmerzen und Gelenkschwellungen.	Tabletten, Retardkapseln, Injektionslösung, Zäpfchen
Antirheumatikum gegen entzündliche Gelenkerkrankungen, auch Weichteilrheumatismus. Zäpfchen nur sinnvoll, wenn Tabletten nicht angewendet werden können.	Tabletten, Retardtabletten, Zäpfchen, Ampullen
Antirheumatikum gegen entzündliche Gelenkerkrankungen, auch Weichteilrheumatismus. Auch bei nichtrheumatischen entzündlichen Schmerzen.	Tabletten, Retardtabletten, Zäpfchen, Ampullen
Antirheumatikum gegen entzündliche Rheumatismusformen, auch Weichteilrheumatismus. Auch bei entzündlichen Schmerzen und Gelenkschwellungen.	Tabletten, Retardtabletten, Zäpfchen, Ampullen
Antirheumatikum gegen entzündliche Gelenkerkrankungen, auch Weichteilrheumatismus. Zäpfchen nur sinnvoll, wenn Tabletten nicht angewendet werden können.	Tabletten, Retardtabletten, Zäpfchen, Ampullen

Gelenkbeschwerden

Name/Hersteller	Wirkstoffe	Risiken & Nebenwirkungen
Diclophlogont *Rp* Azuchemie	Diclofenac	Nicht in Schwangerschaft und Stillzeit sowie bei Magengeschwüren und Leberschäden. Kopfschmerzen, Magenstörungen, Leberschäden, Schwindel möglich.
Diclo-Puren *Rp* Klinge-Nattermann Puren	Diclofenac	Nicht in Schwangerschaft und Stillzeit sowie bei Magengeschwüren und Leberschäden. Kopfschmerzen, Magenstörungen, Leberschäden, Schwindel möglich.
Diclo-Tablinen *Rp* Sanorania	Diclofenac	Nicht in Schwangerschaft und Stillzeit sowie bei Magengeschwüren und Leberschäden. Kopfschmerzen, Magenstörungen, Leberschäden, Schwindel möglich.
Diclo-Wolff *Rp* Wolff	Diclofenac	Nicht in Schwangerschaft und Stillzeit sowie bei Magengeschwüren und Leberschäden. Kopfschmerzen, Magenstörungen, Leberschäden, Schwindel möglich.
Dolgit *Rp* Dolorgiet	Ibuprofen	Ungeeignet in der Schwangerschaft, Vorsicht in der Stillperiode! Kopfschmerzen, Schwindel.
duravolten *Rp* Durachemie	Diclofenac	Nicht in Schwangerschaft und Stillzeit sowie bei Magengeschwüren und Leberschäden. Kopfschmerzen, Magenstörungen, Leberschäden, Schwindel möglich.
Effekton *Rp* Brenner-Efeka	Diclofenac	Nicht in Schwangerschaft und Stillzeit sowie bei Magengeschwüren und Leberschäden. Kopfschmerzen, Magenstörungen, Leberschäden, Schwindel möglich.

Beratung	Darreichungsform
Antirheumatikum gegen entzündliche Gelenkerkrankungen, auch Weichteilrheumatismus. Zäpfchen nur sinnvoll, wenn Tabletten nicht angewendet werden können.	Tabletten, Retardtabletten, Zäpfchen, Ampullen
Antirheumatikum gegen entzündliche Gelenkerkrankungen, auch Weichteilrheumatismus. Zäpfchen nur sinnvoll, wenn Tabletten nicht angewendet werden können.	Kapseln, Retardkapseln, Ampullen, Zäpfchen
Antirheumatikum gegen entzündliche Gelenkerkrankungen, auch Weichteilrheumatismus.	Tabletten, Retardtabletten
Antirheumatikum gegen entzündliche Gelenkerkrankungen, auch Weichteilrheumatismus. Zäpfchen nur sinnvoll, wenn Tabletten nicht angewendet werden können.	Tabletten, Retardtabletten, Zäpfchen, Ampullen
Antirheumatikum mit schmerz- und entzündungshemmender Wirkung.	Filmtabletten, Retardtabletten, Zäpfchen, Dragees
Antirheumatikum gegen entzündliche Gelenkerkrankungen, auch Weichteilrheumatismus. Zäpfchen nur sinnvoll, wenn Tabletten nicht angewendet werden können.	Tabletten, Retardkapseln, Zäpfchen, Ampullen
Antirheumatikum gegen entzündliche Gelenkerkrankungen, auch Weichteilrheumatismus. Zäpfchen nur sinnvoll, wenn Tabletten nicht angewendet werden können.	Dragees, Retardtabletten, Zäpfchen, Ampullen

Gelenkbeschwerden

Name/Hersteller	Wirkstoffe	Risiken & Nebenwirkungen
Epidropal *Rp* Fresenius	Allopurinol	Vorsicht in Schwangerschaft und Stillzeit, ebenso bei Nierenschäden! Häufig Ausschlag und Juckreiz. Gelegentlich Übelkeit, Durchfall.
Felden *Rp* Mack/Pfizer	Piroxicam	Für ältere Patienten mit Vorsicht zu verwenden! Verboten in Schwangerschaft und Stillzeit. Injektionslösung enthält Alkohol!
Fluniget *Rp* MSD	Diflunisal	Verboten in Schwangerschaft und Stillzeit. Nicht bei Magengeschwüren oder bei Blutungsneigung. Vermehrt Magenblutungen möglich.
ibu-Attritin *Rp* SmithKline Beecham	Ibuprofen	Ungeeignet in der Schwangerschaft, Vorsicht in der Stillperiode! Kopfschmerzen, Schwindel.
ibuhexal *Rp* Hexal	Ibuprofen	Ungeeignet in der Schwangerschaft, Vorsicht in der Stillperiode! Kopfschmerzen, Schwindel.
ibuphlogont *Rp* Azuchemie	Ibuprofen	Ungeeignet in der Schwangerschaft, Vorsicht in der Stillperiode! Kopfschmerzen, Schwindel.
Ibuprofen Berlin-Chemie Berlin-Chemie	Ibuprofen	Ungeeignet in der Schwangerschaft, Vorsicht in der Stillperiode! Kopfschmerzen, Schwindel.

Beratung	Darreichungsform
Lange verwendeter, harnsäurehemmender Wirkstoff gegen Gicht.	Tabletten
Antirheumatikum mit sehr langer Wirkungsdauer, daher therapeutisch umstritten. Sinnvoll, wenn der Arzt die Behandlung vorschlägt.	Kapseln, Zäpfchen, Injektionslösung, Tabs
Schmerz- und entzündungshemmender Wirkstoff (Antirheumatikum). Gegen akute und chronische Schmerzen der Gelenke und der Wirbelsäule, auch bei Weichteilrheumatismus.	Filmtabletten
Antirheumatikum mit schmerz- und entzündungshemmender Wirkung.	Filmtabletten, Dragees
Antirheumatikum mit schmerz- und entzündungshemmender Wirkung.	Filmtabletten, Retardtabletten, Zäpfchen
Antirheumatikum mit schmerz- und entzündungshemmender Wirkung.	Filmtabletten, Retardtabletten, Zäpfchen
Antirheumatikum mit schmerz- und entzündungshemmender Wirkung.	Filmtabletten

Gelenkbeschwerden

Name/Hersteller	Wirkstoffe	Risiken & Nebenwirkungen
Ibuprofen Klinge *Rp* Klinge	Ibuprofen	Ungeeignet in der Schwangerschaft, Vorsicht in der Stillperiode! Kopfschmerzen, Schwindel.
Ibuprofen Stada *Rp* Stada	Ibuprofen	Ungeeignet in der Schwangerschaft, Vorsicht in der Stillperiode! Kopfschmerzen, Schwindel.
Ibutad *Rp* TAD	Ibuprofen	Ungeeignet in der Schwangerschaft, Vorsicht in der Stillperiode! Kopfschmerzen, Schwindel.
Ibu-Vivimed Mann	Ibuprofen	Ungeeignet in der Schwangerschaft, Vorsicht in der Stillperiode! Kopfschmerzen, Schwindel.
Imbun *Rp* Merckle	Ibuprofen	Ungeeignet in der Schwangerschaft, Vorsicht in der Stillperiode! Kopfschmerzen, Schwindel.
Indometacin Berlin-Chemie *Rp* Berlin-Chemie	Indometacin	Verboten in Schwangerschaft und Stillzeit sowie für Kinder unter 2 Jahren. Häufig Kopfschmerzen und Appetitlosigkeit. Magen-Darm-Störungen.
Indomet-ratiopharm *Rp* ratiopharm	Indometacin	Verboten in Schwangerschaft und Stillzeit sowie für Kinder unter 2 Jahren. Häufig Kopfschmerzen und Appetitlosigkeit. Magen-Darm-Störungen.

Beratung	Darreichungsform
Antirheumatikum mit schmerz- und entzündungshemmender Wirkung.	Filmtabletten, Retardtabletten
Antirheumatikum mit schmerz- und entzündungshemmender Wirkung.	Filmtabletten, Retardtabletten, Zäpfchen, Retardkapseln
Antirheumatikum mit schmerz- und entzündungshemmender Wirkung.	Filmtabletten, Retardtabletten, Zäpfchen
Antirheumatikum mit schmerz- und entzündungshemmender Wirkung.	Filmtabletten
Antirheumatikum mit schmerz- und entzündungshemmender Wirkung.	Filmtabletten, Retardtabletten, Zäpfchen, Brausetabletten
Bewährte, stark wirkende antirheumatische Substanz, auch gegen postoperative Schmerzen. Gilt als »Goldstandard« der Rheumatherapie.	Zäpfchen
Bewährte, stark wirkende antirheumatische Substanz, auch gegen postoperative Schmerzen. Gilt als »Goldstandard« der Rheumatherapie.	Kapseln, Retardkapseln, Tabletten, Zäpfchen

Gelenkbeschwerden

Name/Hersteller	Wirkstoffe	Risiken & Nebenwirkungen
Indo-Phlogont *Rp* Azuchemie	Indometacin	Verboten in Schwangerschaft und Stillzeit sowie für Kinder unter 2 Jahren. Kopfschmerzen und Appetitlosigkeit häufig. Magen-Darm-Störungen.
Kneipp Rheuma-Bad Kneipp	Wacholderholzöl, Wintergrünöl	Nicht bei schweren fieberhaften und infektiösen Erkrankungen, Herzschwäche, Bluthochdruck, größeren Hautverletzungen, akuten unklaren Hauterkrankungen.
Kneipp Rheuma Salbe Capsicum forte Kneipp	Cayennepfeffer-extrakt	Nicht bei Überempfindlichkeit gegen Paprikazubereitungen. Cayennepfeffer reizt Augen und Schleimhäute selbst in geringen Mengen.
Kneipp Rheuma-Stoffwechsel-Bad Heublumen Aquasan Kneipp	Cumarin, Pfefferminzöl, Kümmelöl, Salbeiöl, Thymianöl	Nicht bei größeren Hautverletzungen und akuten unklaren Hauterkrankungen. Bei Herzschwäche oder Bluthochdruck den Arzt fragen.
Kneipp Rheuma-Tee N Wörishofia Kneipp	Bittersüßstengel, Weidenrinde, Holunderblätter, Wacholderbeeren, rotes Sandelholz	Keine bekannt.
Kneipp Wacholder Badesalz Kneipp	Wacholderbeeren, Wintergrün	Keine bekannt.
Myogit *Rp* Pfleger	Diclofenac	Nicht in Schwangerschaft und Stillzeit sowie bei Magengeschwüren und Leberschäden. Kopfschmerzen, Magenstörungen, Leberschäden, Schwindel möglich.

Beratung	Darreichungsform
Bewährte, stark wirkende antirheumatische Substanz, auch gegen postoperative Schmerzen. Gilt als »Goldstandard« der Rheumatherapie.	Retardkapseln, Tabletten, Zäpfchen
Wohltuend bei Rheuma und Bandscheibenbeschwerden. Verspannte Muskeln lockern sich. Entspannt, hemmt Entzündungen und lindert Schmerzen.	Lösung
Bei rheumatischen Muskelschmerzen, Ischias und Weichteilrheumatismus sowie bei Beschwerden der kleinen Gelenke. Keine zusätzliche Wärmeanwendung! Von Augen und Schleimhäuten fernhalten.	Salbe
Die Verwendung von ätherischen Ölen aus Wiesenpflanzen für Heublumenbäder ist anerkannt. Dieses Bad, zwei- bis dreimal wöchentlich angewandt, unterstützt das Stoffwechselgeschehen bei rheumatischen Beschwerden.	Badezusatz
Wirkt wohltuend und verbessernd bei rheumatischen Beschwerden.	Tee
Die Sprudeltablette nach dem Einsteigen in die Wanne an die Stelle legen, an der der Sprudeleffekt erwünscht ist. Perldauer 4 bis 5 Minuten. Unterstützend zur Muskellockerung und Hautdurchblutung.	Sprudeltabletten
Antirheumatikum gegen entzündliche Gelenkerkrankungen, auch Weichteilrheumatismus. Zäpfchen nur sinnvoll, wenn Tabletten nicht angewendet werden können.	Tabletten, Retardtabletten, Zäpfchen, Ampullen

Gelenkbeschwerden

Name/Hersteller	Wirkstoffe	Risiken & Nebenwirkungen
Opturem *Rp* Kade	Ibuprofen	Ungeeignet in der Schwangerschaft, Vorsicht in der Stillperiode! Kopfschmerzen, Schwindel.
Orudis *Rp* Rhône-Poulenc	Ketoprofen	Ungeeignet während der Schwangerschaft. Vorsicht in der Stillperiode! Magen-Darm-Störungen und bei längerer Anwendung Blutschäden möglich.
Phlogont Rheumasalbe /-gel Azupharma	Hydroxyethylsalicylat	Vorsicht in Schwangerschaft und Stillzeit! Selten Hautreizungen oder allergische Reaktionen.
Proxen *Rp* Syntex	Naproxen	Ungeeignet in der Schwangerschaft, Vorsicht in der Stillperiode! Kopfschmerzen, Schwindel.
Rantudil / -forte / -retard *Rp* Bayer	Acemetacin	Ungeeignet in Schwangerschaft und Stillzeit. Muskelschwäche und Vaginalblutungen (Einzelfälle) möglich.
Remid *Rp* TAD	Allopurinol	Vorsicht in Schwangerschaft und Stillzeit, ebenso bei Nierenschäden! Häufig Ausschlag und Juckreiz. Gelegentlich Übelkeit, Durchfall.
Rheumabene *Rp* Merckle	Dimethylsulfoxid	Nicht in Schwangerschaft und Stillzeit, nicht bei Allergien, Leber- und Nierenschäden. Selten allergische Reaktionen.

Beratung	Darreichungsform
Antirheumatikum mit schmerz- und entzündungshemmender Wirkung.	Filmtabletten, Retardtabletten, Zäpfchen
Antirheumatikum gegen Schmerzen und Entzündungen bei Rheuma. Zäpfchen nur sinnvoll, wenn Tabletten nicht angewendet werden können.	Kapseln, Tabletten, Retardtabletten, Zäpfchen, Injektionslösung
Geeignet bei schmerzhaften, entzündlichen und rheumatischen Erkrankungen der Muskeln und Gelenke, auch nach Verletzungen.	Salbe, Gel
Bewährtes Antirheumatikum, auch gegen Schmerzen und Schwellungen nach Verletzungen oder Operationen.	Tabletten, Granulat, Zäpfchen, Saft
Antirheumatikum gegen chronische Polyarthritis.	Kapseln, Retardkapseln
Lange verwendeter, harnsäurehemmender Wirkstoff gegen Gicht. Zur Vorbeugung und Therapie von Harnsäuresteinen.	Dragees
Nicht auf kranke oder vorgeschädigte Haut bringen! Bei rheumatischen Beschwerden der Muskeln, Sehnen, Gelenke sowie bei Verletzungen.	Gel

Gelenkbeschwerden

Name/Hersteller	Wirkstoffe	Risiken & Nebenwirkungen
rheuma-loges Tropfen Loges	Homöopathische Mischung	Enthält 55 Vol.-% Alkohol!
Rheumasan Flüssig N / Salbe N Sanofi Winthrop	Salicylsäure	Vorsicht in Schwangerschaft und Stillzeit! Selten Hautreizungen oder allergische Reaktionen.
Surgam *Rp* Albert-Roussel	Tiaprofensäure	Verboten in Schwangerschaft und Stillzeit sowie für Kinder unter 6 Jahren (Surgam 300). Magen-Darm-Störungen.
Symphytum-Komplex Lumbale Woelm Pharma	Mehrere homöopathische Zubereitungen	Keine Risiken bekannt. Bei Injektionen allergische Reaktionen möglich.
Traumeel S Heel	Arnika, Johanniskraut, Sonnenhut, Ringelblume	Tropfen enthalten Alkohol! Bei Injektionen allergische Reaktionen möglich.
Uripurinol *Rp* Azupharma	Allopurinol	Vorsicht in Schwangerschaft und Stillzeit, ebenso bei Nierenschäden! Häufig Ausschlag und Juckreiz. Gelegentlich Übelkeit, Durchfall.
Urosin *Rp* Boehringer Mannheim	Allopurinol	Vorsicht in Schwangerschaft und Stillzeit, ebenso bei Nierenschäden! Häufig Ausschlag und Juckreiz.

Beratung	Darreichungsform
Homöopathische Tropfen bei entzündlichen, rheumatischen Erkrankungen, Arthrose und Gicht.	Tropfen
Zum Einreiben bei Muskel-, Gelenk- und Nervenschmerzen. Auch geeignet zur Behandlung von Prellungen und Zerrungen.	Lösung zum Einreiben, Salbe
Relativ neues Antirheumatikum mit entzündungs- und schmerzhemmender Wirkung. Auch gegen schmerzhafte Entzündungen und Schwellungen nach Verletzung oder Operation.	Tabletten, Zäpfchen
Homöopathisches Präparat, auch unter Verwendung von Nervengewebe. Nützlich, wenn damit Besserung rheumatischer Wirbelsäulenleiden empfunden wird. Injektionen umstritten.	Kapseln, Injektionslösung
Homöopathisches Pflanzenpräparat. Sinnvoll bei erlebter Wirksamkeit gegen entzündliche degenerative Zustände, Injektionen umstritten.	Tabletten, Injektionslösung, Tropfen
Lange verwendeter, harnsäurehemmender Wirkstoff gegen Gicht. Zur Vorbeugung und Therapie von Harnsäuresteinen.	Tabletten
Gelegentlich Übelkeit, Durchfall. Lange verwendeter, harnsäurehemmender Wirkstoff gegen Gicht. Zur Vorbeugung und Therapie von Harnsäuresteinen.	Tabletten

Gelenkbeschwerden

Name/Hersteller	Wirkstoffe	Risiken & Nebenwirkungen
urtias *Rp* Sagitta	Allopurinol	Vorsicht in Schwangerschaft und Stillzeit, ebenso bei Nierenschäden! Häufig Ausschlag und Juckreiz. Gelegentlich Übelkeit, Durchfall.
Voltaren *Rp* Geigy	Diclofenac	Nicht in Schwangerschaft und Stillzeit sowie bei Magengeschwüren und Leberschäden. Kopfschmerzen, Magenstörungen, Leberschäden, Schwindel möglich.
Zeel / Zeel P Heel	Mehrere homöopathische Zubereitungen	Allergische Reaktionen bei Injektion möglich.
Zuk Rheumasalbe Tosse	Hydroxyethylsalicylat	Vorsicht in Schwangerschaft und Stillzeit! Selten Hautreizungen oder allergische Reaktionen.
Zyloric *Rp* Wellcome	Allopurinol	Vorsicht in Schwangerschaft und Stillzeit, ebenso bei Nierenschäden! Häufig Ausschlag und Juckreiz. Gelegentlich Übelkeit, Durchfall.
ÖSTERREICH **Dolgit** *Rp* Schoeller/Dolorgiet	Ibuprofen	Nicht bei Allergieneigung oder Asthma. Nicht in Schwangerschaft oder Stillzeit. Selten Hautreaktionen.
ÖSTERREICH **Indocid** *Rp* MSD	Indometacin	Nicht in Schwangerschaft und Stillzeit sowie für Kinder unter 2 Jahren. Kopfschmerzen und Appetitlosigkeit häufig. Magen-Darm-Störungen.

Beratung	Darreichungsform
Lange verwendeter, harnsäurehemmender Wirkstoff gegen Gicht. Zur Vorbeugung und Therapie von Harnsäuresteinen.	Tabletten
Antirheumatikum gegen entzündliche Gelenkerkrankungen, auch Weichteilrheumatismus. Zäpfchen nur sinnvoll, wenn Tabletten nicht angewendet werden können.	Dragees, Retarddragees, Zäpfchen, Ampullen
Vielfältig zusammengesetztes homöopathisches Mittel gegen Arthrosen, enthält auch Bestandteile aus Gebärmutter von Embryonen von Schweinen. Kapseln sinnvoll, wenn Linderung verspürt wird. Injektion umstritten.	Tabletten, Injektionslösung
Geeignet bei schmerzhaften, entzündlichen und rheumatischen Erkrankungen der Muskeln und Gelenke, auch nach Verletzungen.	Salbe
Lange verwendeter, harnsäurehemmender Wirkstoff gegen Gicht. Zur Auflösung und Verhütung von Nieren- und Blasensteinen.	Tabletten
Wirkt gut gegen schmerzhafte Entzündungen der Gelenke, bei rheumatischen Erkrankungen und Arthrose sowie bei Verletzungen. Nicht auf offene Wunden auftragen!	Creme
Bewährte, stark wirkende antirheumatische Substanz, auch gegen Schmerzen nach einer Operation. Gilt als »Goldstandard« der Rheumatherapie.	Kapseln, Forte- und Retardkapseln, Zäpfchen

Gelenkbeschwerden

	Name/Hersteller	Wirkstoffe	Risiken & Nebenwirkungen
ÖSTERREICH	**Magluphen** *Rp* Nycomed	Diclofenac	Nicht in Schwangerschaft und Stillzeit sowie für Kinder unter 6 Jahren und bei Magengeschwüren. Kopfschmerzen, Magen-Darm-Störungen, allergische Reaktionen.
ÖSTERREICH	**Profenid** *Rp* Gerot	Ketoprofen	Ungeeignet während der Schwangerschaft. Vorsicht in der Stillperiode! Magen-Darm-Störungen und bei längerer Anwendung Blutschäden möglich.
SCHWEIZ	**Algifor** Vifor	Ibuprofen	Nicht in Schwangerschaft und Stillzeit. Magen-Darm-Beschwerden, Blutarmut, vermindertes Reaktionsvermögen, Kopfschmerzen möglich
SCHWEIZ	**Elmetacin** Luitpold	Indometacin	Rötung, Jucken, Ausschlag können auftreten. Nicht auf offene Wunden, Schleimhäute und die Augen sprühen.
SCHWEIZ	**Foligan** *Rp* Henning	Allopurinol	Nicht in Schwangerschaft und Stillzeit. Kopfschmerzen, Temperaturerhöhung, Hautjucken, Müdigkeit und allergische Reaktionen.
SCHWEIZ	**Olfen** *Rp* Mepha	Diclofenac	Keinesfalls in Schwangerschaft und Stillzeit! Gelegentlich Magen-Darm-Beschwerden, Kopfschmerzen, Schwindel, Hautausschläge.
SCHWEIZ	**Voltaren** *Rp* Geigy	Diclofenac	Nicht in Schwangerschaft und Stillzeit. Gelegentlich Magen-Darm-Beschwerden, Kopfschmerzen, Schwindel, Hautausschläge.

Beratung	Darreichungsform
Gegen rheumatische Gelenkerkrankungen sowie bei entzündlichen Schmerzen und Schwellungen nach Operationen oder Verletzungen. Wirksam bei akutem Gichtanfall!	Tabletten, Retardtabletten, Zäpfchen
Antirheumatikum gegen Schmerzen und Entzündungen bei Rheuma. Zäpfchen nur sinnvoll, wenn Tabletten nicht angewendet werden können.	Zäpfchen, Kapseln, Retardkapseln
Entzündungshemmendes und fieberreduzierendes Schmerzmittel, besonders bei Gelenkschmerzen. Nicht bei Geschwüren im Verdauungstrakt und bei Asthma bronchiale.	Filmtabletten
Entzündungshemmend, schmerzlindernd und abschwellend wirkende Lösung zur äußerlichen Behandlung rheumatischer Beschwerden und Schmerzen bei Verstauchung, Prellung.	Sprühlösung
Ein die Harnsäurebildung hemmendes Präparat bei Gicht, erhöhtem Harnsäurespiegel und zur Vorbeugung von Harnsäureablagerungen. Zu Behandlungsbeginn leichte Magen-Darm-Beschwerden möglich.	Tabletten
Bei rheumatischen Erkrankungen, akuten Gichtanfällen, schmerzhaften Entzündungs- und Schwellungszuständen. Nicht bei Magen- und Zwölffingerdarmgeschwüren sowie bei Kindern unter 1 Jahr.	Lactab, Depocaps, Ampullen
Starkes fiebersenkendes Schmerzmittel bei Rheumatismus, Arthrosen, Gichtanfällen, Nieren- und Gallenkoliken und schweren Migräneanfällen. Vorsicht bei älteren Patienten und beim Bedienen von Fahrzeugen und Maschinen!	Ampullen

Hauterkrankungen

Die Haut ist der Spiegel unserer Seele: Kein anderes Organ ist so anfällig für psychosomatische Krankheiten.

Mit durchschnittlich zwei Quadratmeter Fläche ist die Haut das mit Abstand größte Organ des menschlichen Körpers. Diese »Verpackung« macht immerhin schon 20 Prozent unseres Gewichts aus.
Dieses Organ reagiert äußerst sensibel und kann durch vielerlei Einflüsse zu Schaden kommen:

- Verletzungen
- Ultraviolettes Licht
- Luft- und Umweltschadstoffe
- Kosmetika
- Übertriebene Hygiene
- Seelische Probleme
- Ernährungssünden und -fehler
- Genußgifte
- Organische Krankheiten.

Die Haut

Die Haut hat zahlreiche Aufgaben. Ihre wichtigste ist die Schutzfunktion. Sie schottet unseren Körper vor eindringenden krank machenden Keimen ab, schützt vor mechanischen Verletzungen wie Stößen und vor Unterkühlung oder Überwärmung durch ihr eigenes Kühlsystem, die Schweißdrüsen. Bis zu einem gewissen Grad schützt sie – durch eigene Pigmentzellen – auch vor schädlichen UV-Strahlen.

Spiegel der Seele

Da die Haut der sichtbare Teil unseres Körpers ist, übernimmt sie eine wichtige Anzeigefunktion: Streß, Sorgen und Probleme zeigen sich oft sichtbar als Hautkrankheit.
Kein anderes Organ ist so sensibel für sogenannte psychosomatische Krankheiten – wenn der Körper auf ein Problem hinweisen will, trägt er es buchstäblich nach außen, macht es auf der Haut sichtbar.

Störungen in zahlreichen Körperfunktionen spiegeln sich auf der Haut wider: Nerven, der Magen-Darm-Trakt und der Stoffwechsel können auf die Haut einwirken. Auch Fehler in der Lebensführung hinterlassen oft auf unserer Körperhülle erste Warnzeichen.

Unsere Haut ist mit Bakterien besiedelt, die jedoch nicht in den Körper eindringen können, weil es dafür einen eigenen Schutzschild gibt, den Säureschutzmantel. Ob er in Ordnung ist, läßt sich am pH-Wert ablesen. Er sollte üblicherweise um 5 liegen. Alkalische Seifen setzen diesem Säureschutzmantel arg zu, was die gesunde Haut noch mühelos verkraftet – sie baut ihren Schutzschild schnell wieder auf. Anders reagiert die kranke Haut: Durch aggressive Reinigungssubstanzen können Hautschäden noch verschlimmert werden. Empfehlenswert sind bei Hauterkrankungen immer milde Reinigungsprodukte (Syndets). Diese Produkte haben einen pH-Wert von 5,5. Lediglich bei fettiger Haut kann auf die rückfettenden Substanzen verzichtet werden.

Kieselsäure ist äußerst wichtig für unsere Haut. Eine wohlschmeckende Zubereitung einer sorgfältig gereinigten Diatomeenerde, die aus reiner Kieselsäure besteht, ist ganz neu auf dem Markt: Kneipp Kiesel-Gel. In dieser Kieselsäure sind Siliziumbausteine zu vielen Tausenden miteinander verknüpft. So entstehen riesige Moleküle, die für unseren Körper als Gerüstsubstanz wichtig sind. Makromolekulare Kieselsäure ist mitverantwortlich für Festigkeit und Wachstum von Haut, Nägeln, Bindegewebe und Knochen.

Akne

Typische Krankheitssymptome

Durch vermehrte Talgproduktion bilden sich zunächst Mitesser mit einem schwarzen Punkt. Diese entzünden sich – es entstehen dann die häßlichen roten Pickel.

Die Krankheitsursachen

Die Anlage zur Akne ist vererbbar. Beim Ausbruch der Krankheit spielt neben psychischen Faktoren vor allem das Hormon Testosteron eine Rolle, das die vermehrte Talgproduktion anregt. Während der hormonellen Umstellung in der Pubertät kann die Produktion des Männlichkeitshormons bei Mädchen wie auch Jungen über das normale Maß hinausgehen, weshalb die Akne in der Regel auch in diesem Lebensabschnitt ausbricht.

Wann Sie den Arzt brauchen

Während Sie leichte bis mittelschwere Verlaufsformen von Akne recht gut selbst behandeln können, sollten Sie in schweren Fällen immer den Arzt aufsuchen, denn nur er kann stärker wirksame Medikamente verschreiben.
Ferner sollten Sie an einen Arztbesuch denken, wenn

- Ihre Selbstbehandlung nach einigen Wochen immer noch erfolglos ist
- Die Krankheit psychische Probleme (Komplexe, Depressionen) hervorruft
- Ganze Hautpartien entzündet sind und bleibende Narben drohen.

Die sanfte Selbstbehandlung

- Oberstes Gebot: Hygiene!
  Waschlappen und Handtücher oft wechseln;
  Pickel nur vorsichtig mit einem Kosmetiktuch ausdrücken, anschließend gut desinfizieren.
- Licht, Luft und Sonne sind die preiswertesten Heilmittel bei Akne!
- Hände weg von Genußgiften wie Alkohol, Zigaretten und Kaffee!
- Trinken Sie bis zu zwei Liter Kräutertee am Tag – das fördert die Ausscheidungstätigkeit der Nieren und damit die Entschlackung des Körpers (also auch der Haut).
- Eine ausgewogene Ernährung kann den Heilungsprozeß positiv beeinflussen: Wichtig sind die Vitamine A, C, E und alle B-Vitamine sowie viele Mineralstoffe.
  Gute Nährstofflieferanten sind frischer Fisch, Milchprodukte, Fleisch von Rind, Lamm, Geflügel, Vollkornprodukte, Wurzel- und Knollengemüse, Blatt- und Stengelgemüse (außer Spinat) Schnittbohnen, Paprika, Hülsenfrüchte, Soja. Schränken Sie die Cholesterinzufuhr und den Zuckerverbrauch ein. Haushaltszucker ist ein gefährlicher Mineralstoff- und Vitaminräuber!

Unsere Haut besitzt einen Säureschutzmantel gegen feindliche Erreger. Alkalische Seifen können diesen Schutzschild zerstören. Verwenden Sie daher lieber milde Reinigungsmittel mit einem pH-Wert von 5,5.

Das richtige Medikament

Bei der Aknebehandlung ist zwischen den äußerlich aufzutragenden Medikamenten, die in der Regel einen entzündungshemmenden, desinfizierenden oder schälenden Effekt haben, und den einzunehmenden Arzneien zu unterscheiden. Von diesen bewirken einige einen sehr starken Schäleffekt, andere greifen ins hormonelle Geschehen ein, eine dritte Gruppe wirkt antibiotisch.

Akne ist auch ein schweres psychisches Problem: Gerade in der Pubertät brechen die roten eitrigen Pusteln hervor. Bitte bedenken Sie, daß bei Akne nicht nur körperliche Narben zu befürchten sind.

Nutzen und Risiko der Wirkstoffe

Zur Desinfektion wird häufig der Wirkstoff Hexachlorophen eingesetzt, der aber mit Vorsicht angewandt werden sollte, da ihm bei Überdosierung eine nervenschädigende Wirkung unterstellt wird.

Die Haut aufweichen ...

Zur Hautaufweichung oder milden Entzündungshemmung enthalten die lokal aufzutragenden Mittel häufig Salicylsäure, Schwefel, Steinkohlenteer (Pix Lithanthracis) oder den Hautreizstoff Ichthyol. Als wenig zweckmäßig wird die Kombination dieser beiden Wirkstoffe bewertet, Nebenwirkungen sind Hautreizungen, eventuell auch allergische Hauterscheinungen.

Unser Tip: Nicht ohne Arzt!
Auch wenn die Medikamente mit Benzoylperoxid in der Regel rezeptfrei sind, ist es ratsam, deren Anwendung unter ärztlicher Kontrolle vorzunehmen.

... und schälen

Für die Schälbehandlung steht der Wirkstoff Benzoylperoxid zur Verfügung, der als Gel, Lotion oder Salbe auf die Haut aufgetragen wird. Die Wirkung ist befriedigend, allerdings treten relativ oft allergische Hautreizungen auf.

Ein anderer, wesentlich stärker wirkender Stoff zum Abschälen ist die Vitamin-A-Säure (nicht zu verwechseln mit Vitamin A), deren Anwendung aber unbedingt unter ärztlicher Kontrolle erfolgen soll. Vor allem der Wirkstoff Isotretinoin, der nur in ganz schweren Fällen eingesetzt werden sollte, hat erhebliche Nebenwirkungen: stark erhöhte Lichtempfindlichkeit, Lippen-, Schleimhaut- und Bindehautentzündungen, Fettstoffwechsel- sowie Leberfunktions- und Nervenstörungen.

Mit Hormonen gegen Akne

Bei der hormonellen Behandlung der Akne ist an erster Stelle die Antibabypille zu nennen, die bei vielen Frauen gute Erfolge zeitigt. Besonders gut wirkt bei Akne das Kombinationspräparat Diane, das den Wirkstoff Cyproteronacetat enthält, der die Testosteronausschüttung hemmt. Er ist auch in dem Medikament Androcur enthalten, das aber erhebliche Nebenwirkungen haben kann (Leberschäden, Kopfschmerzen, Niedergeschlagenheit) und von Frauen nur genommen werden sollte, wenn gleichzeitig die Antibabypille genommen wird. Für Männer sind beide Mittel wegen der entmännlichenden Wirkung selbstverständlich nicht geeignet!

Die Antibabypille schützt nicht nur vor Empfängnis, sondern hilft oft auch gegen Akne. Natürlich gilt dies nur für Frauen!

In schweren Fällen Antibiotika

Antibiotika, hier vor allem Tetrazykline, sind bei schwer entzündlichen Akneformen angesagt. Wie bei allen Antibiotika ist das Nebenwirkungspotential erheblich.

Herpes

Bei dieser Erkrankung ist zwischen dem Lippenherpes (Herpes labialis) und dem Herpes genitalis zu unterscheiden, die jedoch beide von demselben Virustyp hervorgerufen werden. Die Krankheit ist sehr weit verbreitet und bricht bei vielen Menschen im Laufe ihres Lebens immer wieder aus.

Typische Krankheitsymptome

Auf der Lippe beginnt es mit Spannungsgefühl und leichtem Kribbeln, innerhalb kürzester Zeit entstehen zahlreiche äußerst schmerzhafte Bläschen. Beim Herpes genitalis, der sich an der

Genitalschleimhaut, eventuell auch am After zeigt, ist die Haut gerötet und geschwollen, auch hier bilden sich Bläschen.

Die Krankheitsursachen

Für die Krankheit ist der Herpes-simplex-Virus vom Typ I oder II verantwortlich, den sich die meisten Menschen bereits in der Kindheit einfangen. Im Prinzip ruhen sie nach dieser Erstinfektion im Körper, die Krankheit bricht jedoch wieder aus, wenn beispielsweise die Immunabwehr geschwächt ist. Selten erfolgt die Erstinfektion durch sexuelle Kontakte.

Unser Tip: Abwehrkräfte stärken!
Wer ständig unter Herpes leidet, hat mit Sicherheit ein angeschlagenes Immunsystem. Unterstützen Sie es mit einer Echinacinkur, vernünftiger Lebensweise und gesunder Ernährung!

Wann Sie den Arzt brauchen

Beim Lippenherpes ist der Arzt in der Regel überflüssig, während Sie bei Verdacht auf Herpes genitalis einen Facharzt – als Frau den Gynäkologen – zu Rate ziehen sollten. Für Laien ist eine zweifelsfreie Diagnose des Herpes genitalis nämlich nicht einfach, es könnte auch eine andere Krankheit dahinterstecken.

Mit dem Teebeutel gegen Lippenherpes: Kamillenlotion besitzt eine gute Sofortwirkung gegen Lippenherpes. Haben Sie gerade keine Lotion zur Hand, dann tut's auch ein abgebrühter Teebeutel.

Die sanfte Selbstbehandlung

Beim Lippenherpes kommt es vor allem auf Ihre Reaktionsschnelligkeit an. Schon beim ersten Kribbeln auf der Lippe sollten die entsprechenden Medikamente aufgetragen werden; sind diese nicht zur Hand, tut's auch eine Kamillenlotion (zur Not nehmen Sie einen abgebrühten Teebeutel!).
Wenn Sie zu lange gewartet haben und die Bläschen bereits ausgebrochen sind, kann man sich statt mit den notwendigen Medikamenten auch mit einer Heilerde-Kieselsäuregel-Packung behelfen.

Das richtige Medikament

Neben einigen wenigen pflanzlichen Wirkstoffen empfiehlt sich für die Behandlung des Herpes vor allem Aciclovir.

Nutzen und Risiko der Wirkstoffe

Unter den Heilpflanzen bieten sich vor allem ein Extrakt aus Melissenblättern, die Ringelblume und die Kamille an.

Bei stärkeren Schmerzen empfiehlt sich jedoch der stärker wirkende Stoff Aciclovir, der lokal, oral oder intravenös gegeben werden kann. Beim Lippenherpes genügt in der Regel die lokale Behandlung. Erst bei der oralen oder intravenösen treten die typischen Nebenwirkungen auf: gelegentlich Hautausschläge, seltener Nierenfunktionsstörungen.

Merke: Bei Herpes genitalis ist eine Selbstbehandlung nicht ratsam!

Pilzerkrankungen

Pilze gedeihen besonders gut an feuchtwarmen Plätzen: in Badeanstalten, Saunen, Fitneßcentern, in verschwitzter, feuchtwarmer Kleidung. Es gibt auch kaum eine Stelle am menschlichen Körper, wo sich Pilze nicht ansiedeln: im Kopf- und Barthaar, an den Nägeln, auf der Hautoberfläche, an den Genitalien und am After.

Auch innerhalb des Körpers, nämlich auf den Schleimhäuten von Mund, Magen und Darm, verbreiten sich Pilze, und zwar die sogenannten Tiefenpilze.

Informationen über Pilzerkrankungen an den Sexualorganen finden Sie in den Kapiteln »Frauenkrankheiten« Seite 198 und »Männerkrankheiten« Seite 434.

Typische Krankheitssymptome

Auf der Haut hinterlassen Pilze meist gelbe bis bräunliche schuppende Flecken, z. B. auf Brust und Rücken. In der Sonne bräunen die vom Pilz befallenen Stellen nicht mit.

Fußpilze beginnen zumeist zwischen den Zehen mit juckenden und nässenden Stellen.
An einen Nagelpilz sollten Sie denken, wenn sich Ihre Nägel stark verformen, verfärben oder verdicken.
Darmpilze können unterschiedliche Symptome hervorrufen, meist sind Verdauungsstörungen wie Blähungen oder Durchfall beteiligt, es kommen aber auch ein geändertes Appetitverhalten (Heißhungerattacken auf Süßes!), Ekzeme am Darmausgang und ganz unspezifische Symptome wie Müdigkeit, Abgeschlagenheit, Konzentrationsmangel vor.

Fußpilz – die Krankheit aus dem Hallenbad: Die warme Feuchtigkeit in öffentlichen Hallenbädern fördert die Verbreitung von Fußpilz. Trocknen Sie unbedingt Ihre Füße gut ab, besonders in den Zehenzwischenräumen, bevor Sie das Bad verlassen.

Das Tückische an Pilzinfektionen ist, daß sie in mannigfacher Verkleidung daherkommen können und Symptome hervorrufen, bei denen niemand, auch der Arzt nicht, an eine Pilzinfektion denkt. Mögliche Symptome einer Pilzinfektion können sein: Gelenk- und Muskelschmerzen, Kurzatmigkeit, Ohrenentzündungen, Prostataentzündungen und nachlassende Lust auf Sex.

Wenn der Arzt ratlos ist …
Wenn sich für hartnäckige Krankheitssymptome bei Ihnen keine medizinische Erklärung finden läßt, sollten Sie Ihren Arzt ruhig mal darauf ansprechen, ob eventuell eine Pilzinfektion vorliegen könnte.

Die Krankheitsursachen

Daß sich Pilzerkrankungen heute in und auf unserem Körper so hemmungslos ausbreiten können, hat vor allem drei wichtige Ursachen:

- **Medikamente:** Antibiotika schwächen die natürliche, gesunde bakterielle Besiedlung des Darms und öffnen damit den Pilzen Tür und Tor. Cortison bringt das Immunsystem durcheinander – auch eine gute Chance für Pilze. Ferner steht die Antibabypille im Verdacht, Pilzinfektionen zu begünstigen, denn aus noch nicht ganz geklärten Gründen scheinen die Pilze das in diesen Mitteln enthaltene Hormon Östrogen für ihre Vermehrung zu nutzen.

- **Immunschwäche:** Menschen mit chronischen Krankheiten und all jene, die sehr ungesund leben und daher ein geschwächtes Immunsystem haben, sind beliebte Angriffsziele von Pilzen.
- **Falsche Ernährung:** Zucker und reichlich Kohlenhydrate, die bei vielen Menschen leider viel zu oft auf dem Speiseplan stehen, machen nicht nur Menschen rund und glücklich, sondern auch die Pilze. Kriegen sie genug Süßes, vermehren sie sich hemmungslos und rasend schnell.

Wann Sie den Arzt brauchen

Im Prinzip können Sie Pilzerkrankungen selbst zu Leibe rücken. Ein Arztbesuch ist aber ratsam, wenn

- Sie sich allgemein sehr schlecht fühlen und Verdacht auf Pilze besteht
- Stärkere Magen- und Darmbeschwerden auftreten
- Pilzmittel aus der Apotheke keine Wirkung zeigen.

Die sanfte Selbstbehandlung

Zwei Tips gegen Pilze: Peinlichste Hygiene und Vermeidung von Zucker!

- **Peinlichste Hygiene!** Bei Fuß- und Hautpilzen täglich Wäsche und Socken wechseln; achten Sie darauf, daß Sie atmungsaktive Wäsche tragen, die den Schweiß verdunsten läßt. Am besten geeignet sind natürliche Materialien; Kunstfasern führen oft zu einem Feuchtigkeitsstau. Die Zehenzwischenräume unbedingt gründlich trocken halten!
- **Die Antipilzdiät:** Vermeiden Sie unbedingt Zucker in jeder Form, Teigwaren, Hefeerzeugnisse, Weißmehlprodukte, Wurst, Schweinefleisch, Speck und paniertes Fleisch.
  Vorsicht: Zucker ist auch in vielen deftigen Konserven enthalten, ferner in gesüßten Säften und Limonaden, süßlichen Alkoholgetränken, Fertigsoßen, Suppenwürfeln, Mayonnaise und auch im Obst.

Das richtige Medikament

Es gibt drei Hauptgruppen von Pilzen: die Dermatophyten, die Hefen, zu denen auch der Candidapilz gehört, und die Schimmelpilze. Vor allem bei den örtlich anzuwendenden Mitteln, also Salben und Lösungen, finden sich viele Wirkstoffe, die gegen alle Pilze helfen. Werden hingegen Pilzmittel eingenommen, sollte man vorher durch eine Laboruntersuchung schon feststellen, um welche Pilzart es sich handelt.

Nahrungsmittel, die Pilzen nicht schmecken und die Sie daher bevorzugt essen sollten, sind:

- Kartoffeln, ungeschälter Reis
- Wurzelgemüse, Spinat, Mangold
- Sauerkraut, Zucchini, Brokkoli
- Vollkornbrot
- Rind- und Lammfleisch, Huhn
- Frischkäse
- Kaltgepreßte Pflanzenöle und Pflanzenfette.

Speziell gegen Candidapilze wird oft Nystatin eingesetzt. Jedoch kann es in Einzelfällen zu Übelkeit, Durchfällen oder Erbrechen führen.

Nutzen und Risiko der Wirkstoffe

Gegen verschiedene Pilzarten eingesetzt wird vor allem der Wirkstoff Clotrimazol, der als häufigste Nebenwirkung Brennen und Abschälen der Haut zeitigt und gelegentlich auch allergische Reaktionen auslöst. Ein anderer Wirkstoff ist das Miconazol, das kaum Hautreizungen verursacht, in der Scheide angewandt jedoch Brennen auslösen kann. Speziell gegen Candidapilze wird Nystatin eingesetzt, das zu Übelkeit, Durchfällen oder Erbrechen führen kann.

Unser Tip: Geduld!
Die medikamentöse Pilzbehandlung ist eine reine Geduldssache. Pilze sind sehr hartnäckig und kommen gern immer wieder. Es kann also Monate dauern, bis Sie sie wirklich vollständig ausgerottet haben, und daher sollte eine Behandlung, auch wenn die Symptome beseitigt sind und keine Beschwerden mehr auftreten, noch eine Zeitlang weitergeführt werden.

Schuppenflechte

Die nach ihrem äußeren Erscheinungsbild benannte Krankheit (der medizinische Fachbegriff lautet Psoriasis) ist eine der häufigsten Hautkrankheiten überhaupt. Die Schuppenflechte tritt in heftigen Schüben auf und ist ursächlich nicht heilbar. Allerdings läßt sie sich mit entsprechenden Medikamenten recht gut eindämmen.

Die Anlage zur Schuppenflechte ist vererbbar. Jedoch bedarf es zum Ausbruch der Krankheit noch auslösender Faktoren, z. B. Infektionen.

Typische Krankheitssymptome

Auf der Haut zeigen sich rote, erhabene Flecken, die von feinen weißen Schüppchen bedeckt sind. Die Krankheitsherde befinden sich bevorzugt

- An Knien
- An den Außenseiten der Ellenbogen
- Auf der Kopfhaut.

Die Krankheitsursachen

Fest steht heute lediglich, daß die Anlage zur Schuppenflechte vererbbar ist und daß zum Ausbruch der Krankheit bestimmte auslösende Faktoren eintreten müssen. Dies können psychische Belastungen, Streß, Infektionskrankheiten und bestimmte Medikamente wie z. B. gegen Depressionen oder Bluthochdruck sein.

Wann Sie den Arzt brauchen

- Zur Abklärung der Diagnose, wenn die Krankheit das erste Mal ausbricht.
- Bei schweren, chronischen Verlaufsformen, bei denen äußerlich anzuwendende Medikamente nicht mehr reichen, sondern Arzneien eingenommen werden müssen.
- Auch eine Therapie mit ultraviolettem Licht muß wegen dem höheren Hautkrebsrisiko stets unter ärztlicher Aufsicht durchgeführt werden.

Die sanfte Selbstbehandlung

Das natürlichste Mittel gegen die Schuppenflechte ist Sonne. Tanken Sie sie, wann immer es möglich ist; verbringen Sie auch Ihre Ferien stets in einem sonnenreichen Land. Gönnen Sie sich auch mal zwischendurch ein kurzes Sonnenbad, z.B. in der Mittagspause.

Verbinden Sie Heilung mit Genuß: Das beste Mittel gegen Schuppenflechte ist die Sonne. Genießen Sie den Sonnenschein, sooft Sie können!

Schuppenflechte und Übergewicht
Dafür, daß die Schuppenflechte mit der Ernährung beeinflußt werden kann, gibt es noch keine Hinweise. Man hat jedoch beobachtet, daß sich Übergewicht negativ auf Ausbruch und Verlauf der Krankheit auswirkt. Es ist daher also sicher einen Versuch wert, überflüssige Pfunde abzubauen!

Das richtige Medikament

Der Schwerpunkt der medikamentösen Behandlung liegt auf den äußerlich anzuwendenden Mitteln, nämlich Cremes, Salben, Gels, Lotionen, Bädern und Lichttherapie. Daneben gibt es für schwere Fälle noch die innere Behandlung – freilich auch mit erheblichen Nebenwirkungen.

Unser Tip: Vorsichtig anfangen!
Bevor Sie sich auf Tabletten mit teils starken Nebenwirkungen einlassen, sollten Sie immer versuchen, die Schuppenflechte mit äußerlich anzuwendenden Medikamenten in den Griff zu kriegen!

Nutzen und Risiko der Wirkstoffe

Häufig eingesetzt werden Präparate mit Teer oder Dithranol, die zwar kaum Nebenwirkungen haben, dafür aber eine lästige Begleiterscheinung: Sie verfärben Wäsche und die gesunde Haut. Bei Teerpräparaten kommt noch ein unangenehmer Geruch hinzu. Zur Ablösung der Schuppen wird vielen Präparaten noch Salicylsäure beigegeben.

Gefährliche PUVA-Therapie

Eine recht erfolgreiche Kombinationstherapie aus UVA-Licht und dem Wirkstoff Psoralen, der als Medikament geschluckt wird, heißt PUVA. Die Therapie wird in Psoriasiskliniken durchgeführt. Sie ist aber umstritten, da ein erhöhtes Hautkrebsrisiko besteht. Bei einigen Psoriasisformen hat sich eine andere Wirkstoffgruppe, die Retinoide, sehr bewährt. Der Einsatz sollte wohl abgewogen werden, denn die Nebenwirkungen können von Haarausfall bis zu Leberfunktionsstörungen reichen. In der Schwangerschaft dürfen Tabletten mit diesen Wirkstoffen auf keinen Fall eingesetzt werden! Abzuraten ist vom Einsatz cortisonähnlicher Wirkstoffe, den sogenannten Glucocorticoiden. Sie haben nämlich eine breite Palette von sehr schweren Nebenwirkungen, die nicht unbedingt in einem vernünftigen Verhältnis zum erzielten Erfolg stehen.

Merke!
Glucocorticoide sollten nach Möglichkeit gemieden, und wenn überhaupt, dann nur sehr kurzfristig und in möglichst niedriger Dosierung zur Behandlung schwerer entzündlicher Verlaufsformen eingesetzt werden.

Warzen

Die unschönen Erhebungen auf Händen, Füßen oder im Gesicht sind medizinisch betrachtet Hautinfektionen, die grundsätzlich durch Viren hervorgerufen werden.

Typische Krankheitssymptome

Während eine einzelne kleine Warze vom Betroffenen noch nicht unbedingt als störend empfunden wird, können größere Exemplare oder gar flächendeckende Ansammlungen geradezu entstellend wirken.
Sehr schmerzhaft sind die sogenannten Feig- oder Feuchtwarzen, die bevorzugt im Anal- und Genitalbereich auftreten.

Wußten Sie schon? Warzen sind Infektionen, die grundsätzlich durch Viren hervorgerufen werden.

Die Krankheitsursachen

Warzen werden direkt von Mensch zu Mensch durch Hautkontakt übertragen, wobei das Virus eine defekte Hautstelle benötigt, um eindringen zu können. Ferner begünstigt ein geschädigtes Immunsystem das Auftreten von Warzen.

Wann Sie den Arzt brauchen

Grundsätzlich sind Warzen nichts Bedrohliches; den Arzt sollten Sie zu Rate ziehen, wenn die Warzen

- Sich plötzlich in ihrem Erscheinungsbild verändern
- Nicht binnen weniger Monate verschwinden
- Als entstellend empfunden werden und die Krankheit zur psychischen Belastung wird.

Wer Warzen hat, braucht Geduld. Wenn Sie aber mit Ihrer Geduld am Ende sind, brauchen Sie einen Arzt. Dieser kann die Warzen vereisen oder elektrisch verschorfen.

Die sanfte Selbstbehandlung

Bringen Sie Ihr angeschlagenes Abwehrsystem wieder auf Vordermann. Siehe hierzu im Kapitel »Abwehrschwäche« Seite 40.

Das richtige Medikament

Die Behandlung von Warzen erfolgt in aller Regel äußerlich mit Tinkturen, Lösungen oder Pflastern. Die Wirkstoffe richten sich dabei nach dem jeweiligen Warzentyp, der nach dem Ort ihres Auftretens am Körper unterschieden wird.

Nutzen und Risiko der Wirkstoffe

Bei Gesichts- und Handwarzen wird der auch bei Akne eingesetzte Wirkstoff Tretinoid angewandt. Bei Warzen am Fuß kommt die Salicylsäure zum Einsatz, die innerhalb einiger Wochen die Warze auflöst. Bei Warzen im Anal- und Genitalbereich wird häufig der Wirkstoff Benzoe eingesetzt, mit dem die Heilungschancen aber nur bei 50 Prozent liegen.

Hauterkrankungen/Ekzeme, Entzündungen u. ä.

Name/Hersteller	Wirkstoffe	Risiken & Nebenwirkungen
Alfason *Rp* Yamanouchi	Hydrocortison	Vorsicht in der Schwangerschaft! Verminderte Infektionsabwehr möglich, Überempfindlichkeitsreaktionen.
Amciderm *Rp* Hermal/Merck	Amcinonid	Verboten in Schwangerschaft und Stillzeit sowie für Anwendungen am Auge. Magenbeschwerden, verminderte Infektionsabwehr, Hautschäden bei längerer Verwendung.
Anaesthesulf P Ritsert	Polidocanol, Zinkoxid	Allergische Reaktionen möglich.
Arnica Kneipp Gel Kneipp	Arnikatinktur	Nicht bei Überempfindlichkeit gegenüber Arnika und anderen Korbblütlern anwenden. Bei längerer Anwendung können Ekzeme auftreten.
Baycuten N *Rp* Bayer	Clotrimazol, Dexamethason	Ungeeignet in der Schwangerschaft. Vorsicht bei längerer Anwendung!
Betaisodona Mundipharma	Polyvidonjod	Vorsicht in Schwangerschaft und Stillzeit! Allergische Reaktionen selten.
Betnesol V *Rp* Glaxo	Betamethason	Verboten in der Schwangerschaft. Vorsicht bei längerer Anwendung!

Beratung	Darreichungsform
Schwach wirksame, entzündungshemmende Substanz gegen Hauterkrankungen, vor allem Ekzeme, entzündliche und allergische Erkrankungen, Psoriasis.	Creme, Salbe, Emulsion
Cortisonähnlicher Wirkstoff zur kurzzeitigen Nutzung gegen Ekzeme, Neurodermitis, Psoriasis. Auch für extrem trockene Haut. Nicht länger als 4 Wochen nehmen.	Creme, Salbe, Fettsalbe, Lotion
Bei stark juckenden Hauterkrankungen wie Wind- und Wasserpocken, Gürtelrose (Herpes zoster).	Lotion
Kühlendes Schmerzgel zur äußerlichen Anwendung bei Verletzungs- und Unfallfolgen, bei Blutergüssen, Verstauchungen, Prellungen, Quetschungen. Auch bei Gewebeschwellungen nach Knochenbrüchen, gegen Furunkel und Entzündungen, nach Insektenstichen.	Gel
Kombination aus Pilzmittel (Clotrimazol) und cortisonähnlichem Wirkstoff (Dexamethason) gegen Ekzeme und Hautpilzkrankheiten im Genital- und Analbereich.	Creme
Mittel zur Desinfektion von Haut und Wunden.	Flüssigseife, Lösung
Cortisonähnlicher Wirkstoff zur kurzzeitigen Anwendung gegen Hauterkrankungen. Für Kinder ab 1 Jahr. Dünn auftragen, äußerste Vorsicht im Gesicht!	Creme, Lotion, Salbe

Hauterkrankungen/Ekzeme, Entzündungen u. ä.

Name/Hersteller	Wirkstoffe	Risiken & Nebenwirkungen
Braunovidon Braun Melsungen	Polyvidonjod	Vorsicht in Schwangerschaft und Stillzeit! Allergische Reaktionen selten.
Celestan V Crinale *Rp* Essex	Betamethason	Verboten in der Schwangerschaft. Vorsicht bei längerer Anwendung!
Cordes Beta *Rp* Ichthyol	Betamethason	Verboten in der Schwangerschaft. Vorsicht bei längerer Anwendung!
Delonal *Rp* Essex	Alclometason	Wenig geeignet in Schwangerschaft und Stillzeit. Nur kurze Anwendung.
Delphicort *Rp* Lederle	Triamcinolon	Verminderte Infektionsabwehr. Nur kurze Anwendung.
Dermatop *Rp* Hoechst/Cassella-Riedel	Prednicarbat	Ungeeignet in der Schwangerschaft. Verzögerte Wundheilung.
Dermoxin *Rp* Glaxo	Clobetasol	Vorsicht in Schwangerschaft und Stillzeit und bei Kindern! Keine Langzeittherapie.

Beratung	Darreichungsform
Mittel zur Desinfektion von Haut und Wunden.	Flüssigseife, Lösung
Cortisonähnlicher Wirkstoff zur kurzzeitigen Anwendung gegen Hauterkrankungen. Für Kinder ab 1 Jahr. Dünn auftragen, äußerste Vorsicht im Gesicht!	Creme, Lotion, Salbe, Crinalelösung
Cortisonähnlicher Wirkstoff zur kurzzeitigen Anwendung gegen Hauterkrankungen, insbesondere entzündliche, juckende oder allergische Dermatosen.	Creme, Salbe
Cortisonähnlicher Stoff gegen Ekzeme, Neurodermitis, Psoriasis.	Creme, Salbe
Cortisonähnlicher Stoff. Creme besonders bei akuten und nässenden Stadien der Hauterkrankung.	Creme, Salbe
Cortisonähnlicher Stoff gegen akute und chronische Ekzeme zur kurzzeitigen Anwendung.	Salbe, Creme, Fettsalbe, Lösung
Stark wirkende cortisonähnliche Substanz. Zweckmäßig gegen Hauterkrankungen, wenn andere Mittel versagen. Bei hartnäckigen Ekzemen. Nicht bei Akne!	Creme, Salbe

Hauterkrankungen/Ekzeme, Entzündungen u.ä.

Name/Hersteller	Wirkstoffe	Risiken & Nebenwirkungen
Dermoxinale Glaxo	Clobetasol	Vorsicht in Schwangerschaft und Stillzeit und bei Kindern! Keine Langzeittherapie.
Diprosalic *Rp* Essex	Betamethason, Salicylsäure	Vorsicht in Schwangerschaft und Stillzeit sowie bei Anwendung am Auge!
Diprosis *Rp* Essex	Betamethason	Verboten in der Schwangerschaft. Vorsicht bei längerer Anwendung!
Diprosone *Rp* Essex	Betamethason	Verboten in der Schwangerschaft. Vorsicht bei längerer Anwendung!
Fucidine *Rp* Thomae	Fusidinsäure	Hautrötung möglich.
Hydrocortison Mago KG *Rp* Mago	Hydrocortison	Verminderte Infektionsabwehr.
Ichtho-Bad Ichthyol	Ammonium-bituminosulfonat (Ichthyol)	Allergische Reaktionen (selten).

Beratung	Darreichungsform
Stark wirkende cortisonähnliche Substanz. Zweckmäßig gegen Hauterkrankungen, wenn andere Mittel versagen. Bei hartnäckigen Ekzemen, auch auf der behaarten Haut	Lösung
Kombination eines cortisonähnlichen Stoffes mit einem hautaufweichenden Mittel (Salicylsäüre), bei stark schuppenden Hauterkrankungen. Nicht im Gesicht anwenden.	Salbe, Lösung
Cortisonähnlicher Wirkstoff zur kurzzeitigen Anwendung gegen Dermatosen, Psoriasis. Dünn auftragen, nicht auf größere Hautflächen! Nicht länger als 4 Wochen.	Salbe, Gel
Cortisonähnlicher Wirkstoff zur kurzzeitigen Anwendung gegen Psoriasis, Ekzeme, Dermatiden. Nicht am Auge anwenden.	Creme, Salbe, Basiscreme
Zur Desinfektion bei fusidinempfindlichen Erregern (Fusidin = Antibiotikum).	Gaze, Gel, Creme, Puder, Salbe
Schwach wirksamer cortisonähnlicher Stoff für die Behandlung leichter Hauterkrankungen.	Salbe
Sinnvoll als mildes Desinfektions- und Hautreizungsmittel bei juckenden und entzündlichen Dermatosen und für die Wundnachbehandlung.	Flüssiger Badezusatz

Name/Hersteller	Wirkstoffe	Risiken & Nebenwirkungen
Ichtholan Ichthyol	Ammonium-bituminosulfonat (Ichthyol)	Nicht bei Neigung zu Ekzemen und allergischen Reaktionen. Allergische Reaktionen (selten).
Jellin *Rp* Grünenthal	Fluocinolon	Vorsicht in der Schwangerschaft sowie bei Anwendung am Auge! Verminderte Infektionsabwehr möglich.
Kaban *Rp* Asche	Clocortolon	Für kurzzeitige Anwendung.
Kabanimat *Rp* Asche	Clocortolon	Für kurzzeitige Anwendung.
Kamillan supra Pharma Wernigerode	Pflanzenextrakte, vor allem Kamille	Vorsicht bei Hautverletzungen! Enthält Alkohol!
Kamillenbad »Robugen« Robugen	Pflanzenextrakte, vor allem Kamille	Vorsicht bei Hautverletzungen! Enthält Alkohol!
Kamillenextrakt Steierl Steierl	Pflanzenextrakte, vor allem Kamille	Vorsicht bei Hautverletzungen! Enthält Alkohol!

Beratung	Darreichungsform
Für oberflächliche, entzündliche Hautleiden, auch als Dauerverband bei Erkrankungen des Bewegungsapparats.	Salbe
Cortisonähnlicher Stoff gegen juckende Hauterscheinungen zur kurzzeitigen Anwendung.	Creme, Salbe, Gammacreme, Gel, Lotion
Cortisonähnlicher Wirkstoff gegen Ekzeme, allergische, juckende, entzündliche Hauterkrankungen, Psoriasis, Neurodermitis. Nicht bei Gürtelrose (Herpes zoster).	Creme, Salbe, Basiscreme, -lotion und -salbe
Cortisonähnlicher Wirkstoff gegen allergische, juckende, entzündliche Hauterkrankungen, Psoriasis, Neurodermitis. Nicht bei Gürtelrose.	Creme, Salbe, Basiscreme, -lotion und -salbe
Naturheilmittel gegen leichte Hautentzündungen. Günstig bei bakteriellen Hautleiden in der Mundhöhle. Auch für Säuglinge und Kleinkinder.	Lösung
Naturheilmittel gegen leichte Hautentzündungen.	Lösung
Naturheilmittel gegen leichte Haut- und Schleimhautentzündungen, auch im Anal- und Genitalbereich.	Lösung

Hauterkrankungen/Ekzeme, Entzündungen u. ä.

Name/Hersteller	Wirkstoffe	Risiken & Nebenwirkungen
Kamille Spitzner Spitzner	Pflanzenextrakte, vor allem Kamille	Vorsicht bei Hautverletzungen! Enthält Alkohol!
Kamillobad Asta Medica	Pflanzenextrakte, vor allem Kamille	Vorsicht bei Hautverletzungen! Enthält Alkohol! Nicht bei Beifußallergie.
Kamillosan Mundspray N Asta Medica	Pflanzenextrakte, vor allem Kamille	Vorsicht bei Hautverletzungen! Enthält Alkohol! Nicht für Säuglinge und Kleinkinder.
Kamillosan Wund- und Heilbad Asta Medica	Pflanzenextrakte, vor allem Kamille	Vorsicht bei Hautverletzungen! Enthält Alkohol!
Kneipp Arnica Fluid Kneipp	Arnika, Kampfer, Menthol, Heparin	Keine bekannt.
Kneipp Kiesel-Gel Kneipp	Kieselsäure	Keine bekannt.
Kneipp Ringelblumen Salbe Kneipp	Ringelblumen-spezialextrakt, Zinkoxid, Vitamin E	Keine bekannt.

Beratung	Darreichungsform
Naturstoffe gegen Haut- und Schleimhautentzündungen, vor allem in Mund und Rachen, bei Zahn- und Nebenhöhlenentzündungen.	Lösung
Als Sitzbad bei entzündlichen Hautleiden im Anal- und Genitalbereich. Auch für Säuglinge und Kinder.	Lösung
Bei Erkrankungen in Mundhöhle und Rachenraum. Nicht direkt in die Nase sprühen.	Lösung
Für Umschläge, Spülungen und Bäder bei offenen und infizierten Wunden, Hämorrhoiden, Ekzemen u.a.	Lösung
Erhält oder stellt die natürliche Geschmeidigkeit der Haut wieder her. Auch gut wirksam bei müden, geschwollenen und erhitzten Beinen nach langem Stehen oder Sitzen sowie vor und nach sportlicher Betätigung.	Alkoholisches Fluid
Kieselsäure für gesunde, straffe Haut, feste Nägel, aber auch gesundes Bindegewebe und feste Knochen. 1 gestrichenen Teelöffel mit Kieselgel vor oder nach jeder Mahlzeit verzehren.	Gel
Beugt Entzündungen vor, pflegt und schützt die Haut. Besonders geeignet für rauhe, rissige und empfindliche Haut.	Salbe

Hauterkrankungen/Ekzeme, Entzündungen u.ä.

Name/Hersteller	Wirkstoffe	Risiken & Nebenwirkungen
Locacorten *Rp* Zyma	Flumetason	Vorsicht in der Schwangerschaft! Hautreizungen (selten).
Lomaherpan Lomapharm	Trockenextrakt aus Melissenblättern	Fieber, Kopfschmerzen, Erbrechen (selten). Herz- und Nierenstörungen.
pH5-Eucerin Salbe Beiersdorf	Zitronensäure, Wachs	Nicht an offenen Wunden anwenden.
Psoradexan / -mite / -forte *Rp* Hermal	Dithranol, Harnstoff	Bei starken Hautreizungen Behandlung aussetzen. Anfänglich leichtes Brennen.
Sandimmun *Rp* Sandoz	Ciclosporin	Vorsicht in Schwangerschaft und Stillzeit! Nieren- und Leberschäden (dosisabhängig).
Topsym *Rp* Grünenthal	Fluocinonid	Vorsicht in der Schwangerschaft und bei Anwendung am Auge sowie für Kinder!
Tuttozem N Spezial-Ekzemsalbe *Rp* Mago	Dexamethason	Verboten in Schwangerschaft und Stillzeit. Vorsicht bei Kindern!

Beratung	Darreichungsform
Cortisonähnlicher Stoff gegen Ekzeme und Dermatitis. Behandlung ausschleichend beenden (d. h. langsam immer weniger verwenden).	Creme, Lotion, Salbe
Creme gegen Herpesinfektionen der Haut und Schleimhäute.	Creme
Hautpflegemittel bei Ekzemen.	Salbe
Sinnvoll bei Therapie der Schuppenflechte (Psoriasis), auch ergänzend zur UV-Therapie. Keine anderen Cremes gleichzeitig auftragen!	Creme
Eigentlich Mittel zur Unterdrückung der Immunabwehr nach Organtransplantationen. Hat sich aber auch als sehr wirkungsvoll bei der Behandlung der Schuppenflechte erwiesen.	Infusionskonzentrat, Kapseln
Cortisonähnlicher Stoff gegen entzündliche und juckende Dermatosen zur Kurzzeitanwendung.	Creme, Salbe, Lösung
Cortisonähnlicher Stoff gegen Ekzeme zur Kurzzeittherapie. Auch gegen Sonnenbrand und Insektenstiche.	Salbe

Hauterkrankungen/Ekzeme, Entzündungen u.ä.

	Name/Hersteller	Wirkstoffe	Risiken & Nebenwirkungen
	Volon A (antibiotikafrei) *Rp* Squibb-Heyden	Triamcinolon	Vorsicht in Schwangerschaft und Stillzeit sowie bei Kindern!
	Volonimat *Rp* Squibb-Heyden	Triamcinolon	Vorsicht in Schwangerschaft und Stillzeit sowie bei Kindern!
ÖSTERREICH	**Anaestherit** Salus-Braumapharm	Benzocain	Selten allergische Reaktionen möglich.
ÖSTERREICH	**Betnovate C** *Rp* Glaxo	Betamethason, Clioquinol, Chlorkresol	Vorsicht bei Kindern! Nicht bei Schuppenflechte und Jodallergie. Verminderte Infektionsabwehr möglich, bei langer Anwendung Hautverhärtungen.
ÖSTERREICH	**Dermovate** *Rp* Glaxo	Clobetasol	Vorsicht bei Kindern! Verminderte Infektionsabwehr möglich, bei langer Anwendung Hautverhärtungen.
SCHWEIZ	**Dexalocal** *Rp* Medinova	Dexamethason	Vorsicht in Schwangerschaft und Stillzeit sowie bei Kindern!
SCHWEIZ	**Ledercort** *Rp* Lederle	Triamcinolon	Nicht in Schwangerschaft und Stillzeit. Neigung zu Infektionen, Kaliumverlust, Muskelschwäche, Störungen der Wundheilung.

Beratung	Darreichungsform
Cortisonähnlicher Stoff gegen entzündliche und allergische Dermatosen. Kurzzeitbehandlung. Nicht bei Verdacht auf Viren.	Spray, Salbe, Creme
Cortisonähnlicher Stoff gegen entzündliche und allergische Dermatosen. Kurzzeitbehandlung.	Spray, Creme
Enthält ein örtliches Betäubungsmittel, führt zu rascher Schmerz- und Juckreizlinderung. Bei juckenden Hautkrankheiten, Insektenstichen, Herpes, Hämorrhoiden.	Streupuder, Salbe
Kombination aus cortisonähnlichem Stoff und Pilzmittel (Clioquinol) gegen Ekzeme, die zusätzlich mit Pilzen infiziert sind. Nur zur Kurzzeitbehandlung.	Creme
Stark wirkender cortisonähnlicher Stoff zur Kurzzeitbehandlung von Hauterkrankungen, wenn andere Glucocorticoide versagen.	Creme, Crinalelösung, Salbe
Vorwiegend bei entzündlichen Hauterkrankungen. Salbe zur Anwendung auf trockener, spröder Haut. Creme mit kühlender Wirkung bei akuten und nässenden Krankheitsstadien und Fettempfindlichkeit.	Salbe, Creme
Hochwirksames Corticoid bei Hauterkrankungen und Allergien. Nicht bei Magen- und Darmgeschwüren, Psychosen, Osteoporose. Kann bei Kindern Wachstumsstörungen verursachen.	Tabletten, Stechflacons, Brechampullen

Hauterkrankungen/Akne

Name/Hersteller	Wirkstoffe	Risiken & Nebenwirkungen
Aknefug-oxid Wolff	Benzoylperoxid	Allergische Reaktionen möglich.
Akneroxid Hermal	Benzoylperoxid	Vorsicht bei trockener und empfindlicher Haut!
Androcur *Rp* Schering	Cyproteronacetat	Verboten in Schwangerschaft und Stillzeit. Leberschäden, Kopfschmerzen und zahlreiche andere Nebenwirkungen möglich.
Cordes BPO Ichthyol	Benzoylperoxid	Vorsicht bei trockener Haut! Im Einzelfall allergische Reaktionen möglich.
Diane *Rp* Schering	Cyproteronacetat, Ethinylestradiol	Leberschäden, Kopfschmerzen, Müdigkeit, Thromboserisiko.
Epi-Aberel *Rp* Cilag	Tretinoin (Vitamin-A-Säure)	Überempfindlichkeitsreaktionen, Müdigkeit, Kopfschmerzen, Schwindel, Übelkeit, Durchfall, Herzklopfen u. a. m. Verboten in Schwangerschaft und Stillzeit.
Klinomycin *Rp* Lederle	Minocyclin	Verboten in Schwangerschaft und Stillzeit. Schwindel, Leberschäden.

Beratung	Darreichungsform
Bewährtes Aknemittel. In der stärkeren Dosierung speziell für Brust und Rücken.	Gel
Antibakteriell wirkendes Mittel gegen Akne. Während der Behandlung auf längere Sonnenbäder verzichten.	Gel, Lösung
Das Mittel hemmt das männliche Sexualhormon Testosteron; nur gegen sehr schwere Akne für Frauen, die zugleich die Antibabypille nehmen. Gegenanzeigen beachten! Ärztliche Kontrolle zwingend!	Tabletten
Antibakteriell wirkendes Mittel gegen Akne. Nicht gleichzeitig UV-Therapie machen. Nicht auf Augen oder Schleimhäute bringen.	Gel, Suspension
Eigentlich Mittel zur Empfängnisverhütung, wird aber bei Frauen mit schwerer Akne eingesetzt.	Tabletten
Schweres Geschoß gegen Akne. Nur unter ärztlicher Kontrolle!	Creme, Tupfer, Gel, Lösung
Antibiotikum (Tetrazyklin) gegen schwere Akneformen, wenn die Lokalbehandlung nicht ausreicht.	Filmtabletten

	Name/Hersteller	Wirkstoffe	Risiken & Nebenwirkungen
	PanOxyl Stiefel	Benzoylperoxid	Vorsicht bei trockener Haut!
	Roaccutan *Rp* Roche	Isotretinoin (Vitamin-A-Säure)	Verboten in Schwangerschaft und Stillzeit. Männliche Behaarung, Arthritis und viele andere schwere Nebenwirkungen.
	Sanoxit Basotherm	Benzoylperoxid	Vorsicht bei trockener Haut!
	Scherogel Asche	Benzoylperoxid	Vorsicht bei trockener Haut! Bei Hautreizungen nur alle 2 Tage anwenden.
Österreich	**Akneroxid** *Rp* Merck	Benzoylperoxid	Vorsicht bei trockener Haut! Zu Beginn Juckreiz, leichte Hautrötung möglich.
Österreich	**Roaccutan** *Rp* Roche	Isotretinoin (Vitamin-A-Säure)	Verboten in Schwangerschaft und Stillzeit. Männliche Behaarung, Arthritis und viele andere schwere Nebenwirkungen.
Schweiz	**Aknex** Sanopharm	Benzoylperoxid	Vorübergehendes Wärmegefühl, Brennen, Jucken, Rötung, Schuppung.

Beratung	Darreichungsform
Antibakteriell wirkendes Mittel gegen Akne. Anwendung genau nach Packungshinweis!	Gel, Emulsion, Creme, Lotion
In extrem schweren Fällen bei Akne. Für Frauen im gebährfähigen Alter ungeeignet.	Kapseln
Antibakteriell wirkendes Mittel gegen verschiedene Akneformen (nach unterschiedlicher Dosierung). Anfangs nur abends dünn auftragen.	Gel, Lotion
Antibakteriell wirkendes Mittel gegen Akne. Behandlungsdauer 3 Monate.	Gel
Wirkt antibakteriell, gegen die Verhornungsstörung der Aknehaut und verringert die Hauttalgproduktion. Bei allen Arten der Akne.	Gel
In extrem schweren Fällen bei Akne. Für Frauen im gebährfähigen Alter ungeeignet.	Kapseln
Zur Behandlung von Akne. Vor der Therapie die Haut mit milder, alkalifreier Seife reinigen und sorgfältig abtrocknen. Nicht in die Augen und auf Schleimhäute bringen. Vorsicht im Mund- und Nasenbereich!	Gel

Hauterkrankungen/Hautpilz

Name/Hersteller	Wirkstoffe	Risiken & Nebenwirkungen
Amphotericin B *Rp* Squibb-Heyden	Amphotericin	Fieber, Gelenk- und Kopfschmerzen, Erbrechen (selten). Herz- und Nierenstörungen und zahlreiche andere mehr.
Antifungol *Rp* Hexal	Clotrimazol	Ungeeignet in der Schwangerschaft. Gelegentlich Hautreaktionen.
Batrafen *Rp* Hoechst/Cassella-Riedel	Ciclopiroxolamin	Ungeeignet für Säuglinge und Kleinkinder. Selten Juckreiz oder Brennen.
Candio-Hermal Hermal	Nystatin	Gelegentlich Hautreaktionen mit Brennen und Rötung.
Canesten *Rp* Bayer	Clotrimazol	Ungeeignet in der Schwangerschaft. Gelegentlich Hautreaktionen.
Canifug *Rp* Wolff	Clotrimazol	Ungeeignet in der Schwangerschaft. Gelegentlich Hautreaktionen.
Clotrimazol Vaginale Mago KG Mago	Clotrimazol	Ungeeignet in der Schwangerschaft. Gelegentlich Hautreaktionen.

Beratung	Darreichungsform
Pilzmittel zur inneren Einnahme gegen Candidaerkrankungen (Soor).	Trockensubstanz zur Injektion
Breit wirksames Pilzmittel gegen Hefen, Schimmelpilze (Candida, Trichomonaden) in der Scheide. Gleichzeitige Behandlung des Partners.	Vaginalcreme, Vaginaltabletten
Speziell gegen Pilzerkrankungen der Scheide.	Vaginalcreme
Pilzmittel gegen Hefepilzinfektionen der Haut, Nägel und Haare. Paste auch für Windeldermatitis geeignet.	Creme, Salbe, Paste
Breit wirksames Pilzmittel gegen Hefepilze im Genitalbereich. Gleichzeitige Behandlung des Partners.	Vaginalcreme, Vaginaltabletten
Breit wirksames Pilzmittel gegen Hefen, Schimmelpilze und Dermatophyten (Hautpilze in der Oberhaut, in Nägeln und Haaren).	Vaginalcreme, Vaginaltabletten
Breit wirksames Pilzmittel gegen Hefepilze im Genitalbereich.	Vaginalcreme, Vaginaltabletten

Hauterkrankungen/Hautpilz

Name/Hersteller	Wirkstoffe	Risiken & Nebenwirkungen
Daktar *Rp* Janssen	Miconazol	Selten Reizungen auf der Haut, Übelkeit, Durchfall.
durafungol *Rp* Durachemie	Clotrimazol	Ungeeignet in der Schwangerschaft. Gelegentlich Hautreaktionen.
Epi-Monistat Cilag	Miconazol	Selten Reizungen auf der Haut.
Fungata *Rp* Mack, Illert.	Fluconazol	Verboten in Schwangerschaft und Stillzeit sowie für Kinder unter 16 Jahren. Veränderung der Leberwerte möglich. Übelkeit, Bauchschmerzen.
Multilind Squibb-Heyden	Nystatin	Gelegentlich Hautreaktionen mit Brennen und Rötung.
Mycofug Hermal	Clotrimazol	Ungeeignet in der Schwangerschaft. Gelegentlich Hautreaktionen.
Mycospor Bayer	Bifonazol	Selten allergische Reaktionen, vorübergehende Hautreaktionen.

Beratung	Darreichungsform
Breit wirksames Mittel gegen Pilzinfektionen der Haut, speziell für den Mund-Rachen-Raum und Magen-Darm-Trakt. Zur Vorbeugung bei längerer Antibiotikabehandlung.	Mundgel, Tabletten
Breit wirksames Pilzmittel gegen Pilzerkrankungen im Genitalbereich.	Vaginalcreme, Vaginaltabletten
Breit wirksames Mittel gegen Pilzinfektionen der Haut, Haare und Nägel. Auch bei Mischinfektionen mit Bakterien.	Creme, Puder
Mittel gegen vaginale Candidainfektionen, die auf eine lokale Behandlung nicht ansprechen.	Kapseln
Bei Hefepilzbefall der Haut sowie anderen entzündlichen, nässenden Hautveränderungen.	Paste
Breit wirksames Pilzmittel gegen Hefen, Schimmelpilze und Dermatophyten (Hautpilze in der Oberhaut, in Nägeln und Haaren).	Creme, Lösung
Bei Hautbefall durch Hefe-, Schimmel- und andere Pilze.	Creme, Lösung, Gel, Puder

Hauterkrankungen/Hautpilz

	Name/Hersteller	Wirkstoffe	Risiken & Nebenwirkungen
	Nystatin Lederle Lederle	Nystatin	Gelegentlich Hautreaktionen mit Brennen und Rötung.
	Polygris *Rp* Essex	Griseofulvin	Nicht geeignet in der Schwangerschaft, bei Nieren- und Leberschäden. Kopfschmerzen, Hautreizungen möglich.
	Travogen Schering	Isoconazolnitrat	Gelegentlich Reizung der Haut, Austrocknung der Haut.
ÖSTERREICH	**Mycostatin** Squibb-Heyden	Nystatin	Selten allergische Reaktionen.
ÖSTERREICH	**Pevaryl** Cilag	Econazol	Selten allergische Reaktionen.
SCHWEIZ	**Eurosan** Mepha	Clotrimazol	Vorübergehende Hautreaktionen, z. B. Brennen, möglich.
SCHWEIZ	**Rivostatin** *Rp* Rivopharm	Nystatin	Vorsicht in Schwangerschaft, Stillzeit und bei Neugeborenen! Erbrechen, Durchfall, Übelkeit möglich.

Beratung	Darreichungsform
Vor allem bei Pilzbefall auf Haut und Schleimhäuten.	Creme, Salbe, Paste
Antibiotikum gegen Pilzerkrankungen der Haut, Haare und Nägel durch Dermatophyten. Achtung: Kreuzallergie durch Penicilline!	Tabletten
Breit wirksames Pilzmittel zur lokalen Behandlung diverser Pilzerkrankungen, auch auf der behaarten Haut.	Creme, Spray
Mittel zur lokalen Behandlung von Pilzinfektionen. Auch für Kinder geeignet. Kann über längere Zeit angewendet werden.	Salbe
Breit wirksames Mittel gegen Pilzinfektionen.	Creme, Hautmilch, Spraypuder, Spraylösung
Therapie von durch Pilze verursachten Hautkrankheiten (Mykosen). Bei Fußpilz auch 2 Wochen nach Verschwinden aller Krankheitszeichen weiterbehandeln.	Creme
Verhütung und Behandlung von Pilzentzündungen der Haut, der Mundhöhle, der Speiseröhre und des Darms. Vor Gebrauch gut schütteln.	Pulver für Tropfen

Herzbeschwerden

Herzschmerzen, die in Arme, Rücken und Brust ausstrahlen, Atemnot bei geringsten Anstrengungen, Herzklopfen oder Stolpern bei Aufregung – das alles sind ernstzunehmende Warnzeichen, daß wir unseren Lebensmotor, das Herz, überfordern.

Das Herz ist das fleißigste Organ unseres Körpers, es arbeitet ohne Pause rund um die Uhr. Aber ähnlich wie ein Hochleistungsmotor braucht es Wartung und Pflege. Ist nur ein Teil in diesem System defekt, dann ist sofort die ganze Maschine in ihrer Leistungsfähigkeit in Frage gestellt. Wenn der Herzmuskel nicht mehr richtig funktioniert, können auch andere Organe des Körpers nicht mehr ausreichend mit lebenswichtigem sauerstoffhaltigen Blut versorgt werden.

Das Herz

Unser wichtigster Muskel hat nur eine einzige, aber lebenserhaltende Aufgabe: das Blut durch den gesamten Körper zu pumpen. Das Herz ist in zwei Teile aufgeteilt, von denen jeder einen Herzvorhof und eine Herzkammer hat. Während die rechte Seite samt Vorhof und Kammer für das Abpumpen des mit Schadstoffen angereicherten, verbrauchten Blutes zuständig ist, pumpt die linke das mit frischem Sauerstoff versehene Blut aus der Lunge weiter durch Arterien und Kapillaren in die Organe und das Gewebe.

Das Herz ist unser fleißigstes Organ. Es arbeitet rund um die Uhr. Bei 60 Schlägen pro Minute schlägt es über 30millionenmal pro Jahr! Das sind über zwei Milliarden Schläge im Lauf eines Lebens! Schonen Sie also Ihr Herz!

Zwei komplette Pumpsysteme

Wie auch in den Venen gibt es im Herzen Klappen; es sind vier, die dafür sorgen, daß das Blut stets in die richtige Richtung fließt. Zwei davon befinden sich zwischen den Vorhöfen und Herzkammern, zwei weitere zwischen Herzkammern und weiterführenden Arterien.

Damit das Herz nicht aus dem Takt gerät, werden die Pumpbewegungen durch elektrische Impulse und Reizleitungssystem gesteuert. Diese Impulse gehen vom sogenannten Sinusknoten im rechten Vorhof aus, die dann über weitere Kontaktstellen zum Herzmuskel weitergeleitet werden.

Herzrhythmusstörungen

Typische Krankheitssymptome

Wenn das Herz aus dem Takt gerät, äußert sich dies entweder in Herzstolpern oder Herzjagen.
Jeder, der schon einmal verliebt war, kennt das Herzjagen – es kann an sich eigentlich nicht krankhaft sein. Schlägt das Herz jedoch ständig schneller, als es eigentlich sollte, können weitere Beschwerden wie Schwindel, Atemnot oder Herzschmerzen hinzukommen.
Beim Herzstolpern hat man plötzlich das Gefühl, das Herz bleibe stehen, um kurz danach scheinbar wie wild loszurasen. Auch wenn dieser Zustand in der Regel harmlos ist, reagiert der Betroffene verständlicherweise mit panischer Angst, ja mit Todesangst.

Das Herz bestimmt den Rhythmus unseres Lebens. Gerät es ernsthaft aus dem Takt, so kann dies gefährliche Folgen haben. Manchmal sind die Ursachen aber ganz anderer Natur: Wir sind schlicht verliebt!

Die Krankheitsursachen

Das Herzjagen hat nicht nur psychische, sondern kann auch organische Ursachen haben: z.B. eine Herzmuskelentzündung, eine Schilddrüsenüberfunktion, hohen Blutdruck oder einen Herzklappenfehler.
Für Herzrhythmusstörungen ist in allererster Linie unser alltäglicher Streß verantwortlich – Ärger am Arbeitsplatz, Sorgen in der Familie, ständige Hetze und Terminnot. Schuld ist das vegetative Nervensystem, das dem Herzen den Befehl gibt, schneller zu schlagen.
Beim Herzstolpern macht dann das Herz außerhalb des normalen Rhythmus – das sind 60 bis 90 Schläge pro Minute – einen zusätzlichen Schlag. Diesen muß es jedoch wieder ausgleichen, daher setzt es bis zum nächsten Herzschlag etwas länger aus – was zur unregelmäßigen Schlagabfolge führt.

Magnesium und Vitamin E schützen Herz und Adern

Erst neueste Forschungsergebnisse einer Berliner Arbeitsgruppe, die Ende 1994 vorgestellt wurden, zeigen eindrucksvoll, wie der Mineralstoff Magnesium mit dem Vitamin E zusammenarbeitet und wie damit beide zusammen entscheidenden Einfluß auf das Risiko, an arteriosklerotischen Gefäßveränderungen zu erkranken, ausüben.

Nur gemeinsam sind sie stark

Das segensreiche Wirken dieser beiden Stoffe beruht vor allem darauf, daß sie die Bildung der gefürchteten freien Radikale verhindern, jener Moleküle, die das Risiko für Arterienverkalkung, Durchblutungsstörungen und Infarkt drastisch erhöhen. Daß sowohl Magnesium wie auch Vitamin E diese Schutzfunktion haben, ist schon länger bekannt. Die Berliner Wissenschaftler konnten jedoch nachweisen, daß diese Schutzfunktion nur gewährleistet ist, wenn diese beiden Stoffe Hand in Hand wirken.

Damit Ihr Körper vor freien Radikalen geschützt wird, benötigt er sowohl Magnesium als auch Vitamin E. Daher sollten Sie beide Stoffe in ausreichender Menge zu sich nehmen.

Was wir bisher wußten, ist dies: Ein Mangel an Magnesium fördert die Bildung freier Radikale. Die gleiche Folge hat ein Mangel an Vitamin E. Neu ist jene Erkenntnis: Sie können so viel Vitamin E nehmen, wie Sie wollen – fehlt dem Körper Magnesium, schützt Sie das Vitamin E allein nicht vor der Radikalebildung.

Magnesiumreiches Gemüse

Zur Erinnerung: Magnesium steckt vor allem in grünem Gemüse (Feldsalat, Paprika, Spinat, Brokkoli, Grünkohl), Kartoffeln und – Schokolade.

Bei entsprechender Fehlernährung ist ein Mangel mehr als wahrscheinlich. Ferner sind Alkohol, Zigaretten und besonders Streß gefährliche Magnesiumräuber. Vitamin E steckt vor allem in Soja-, Sonnenblumen- und Weizenkeimöl. Als Vitamin-E-Räuber gelten insbesondere Streß und einige Medikamente, vor allem Abführmittel, die ja häufig über einen längeren Zeitraum genommen werden.

Gefährliche Kettenreaktion . . .

Wenn Sie an einem Magnesiummangel leiden, wird im Körper eine gefährliche Kettenreaktion in Gang gesetzt, an deren Ende automatisch eine drastische Senkung des Vitamin-E-Spiegels steht. Vereinfacht ausgedrückt werden bei einem Magnesiummangel im Körper ganz bestimmte sogenannte zweiwertige Eisenionen freigesetzt.

. . . durch freie Radikale

Solche Eisenionen geben den Anstoß für die hemmungslose Produktion der freien Radikale. Diese wiederum, das weiß man seit langem, verbrauchen ungeheure Mengen Vitamin E. Also gilt: Magnesiummangel erzeugt Vitamin-E-Mangel! Interessant sind in diesem Zusammenhang die Ergebnisse neuerer Studien, die beweisen, daß eine erhöhte Konzentration von Eisenionen das Infarktrisiko eindeutig steigert.

Um sich vor Herzkrankheiten zu schützen, sollten Sie durch eine bewußte Ernährung dafür sorgen, daß Ihre Versorgung mit Magnesium und Vitamin E sichergestellt ist!

Ein mehrjähriges Forschungsprojekt des Starnberger Pharmaunternehmens APS bewies schlüssig, warum Magnesium und Vitamin E unzertrennliche Partner sind: Magnesiummangel macht Zellmembranen durchlässig, und dabei wird das erwähnte Eisen freigesetzt. Dieses kommt nun in Kontakt mit Sauerstoff – der Bildung freier Radikale sind jetzt Tür und Tor geöffnet. Bei diesem Prozeß werden gleichzeitig wichtige körpereigene ungesättigte Fettsäuren zerstört, die Phospholipide. Dies versucht das Vitamin E zu verhindern, indem es sich quasi als Rostschutzmittel für die Zelle betätigt und sich selbst opfert. So ist der erhöhte Verbrauch an Vitamin E zu erklären.

Wer diesem tückischen Prozeß einen Riegel vorschieben will, sollte täglich vorbeugen – mit Magnesium plus Vitamin E. Eine sinnvolle Dosierung enthalten beispielsweise die Magnesium Tonil Vitamin-E-Kapseln von APS, bei denen Sie schon mit einer Kapsel täglich auskommen.

Wenn Sie Ihrem schwer arbeitenden Herzen etwas Gutes tun wollen, dann reduzieren Sie die zusätzlichen Belastungen: Streß, Alkohol, Kaffee, Cola, Zigaretten.

Achtung: Herzblock!

Sehr ernst zu nehmen ist eine andere Form der Herzrhythmusstörungen, der Herzblock. Neben einem verlangsamten Herzschlag kann es dabei zu Schwindel und sogar vorübergehenden Bewußtseinsstörungen kommen. Die Ursache sind meistens organische Veränderungen am Herzen, etwa eine Herzmuskelentzündung oder eine fortschreitende Arteriosklerose.

Sofort den Notarzt rufen!

Bei Verdacht auf Herzblock, insbesondere wenn

- Dem Betroffenen schwarz vor Augen wird
- Er Krämpfe bekommt
- Er gar ohnmächtig wird.

Notieren Sie die Telefonnummer des Notarztes direkt beim oder auf dem Telefon! Denn in der Aufregung eines Notfalls kann eine fehlende Telefonnummer wichtige Minuten kosten.

Wann Sie den Arzt brauchen

Medizinische Hilfe ist angeraten, wenn ein Anfall besonders schwer ist oder wenn Herzstolpern oder -jagen häufiger vorkommt. Dann sollten sicherheitshalber organische Ursachen ausgeschlossen werden; der Arzt kann Sie dann über möglicherweise notwendige Änderungen in Ihrer Lebensführung beraten.

Die sanfte Selbstbehandlung

Herzrhythmusstörungen können Sie nicht selbst behandeln. Es liegt aber in Ihrer Hand, sprich, an Ihrem Lebenswandel, ihrem Auftreten vorbeugen:

- Schränken Sie den Verzehr von aufputschenden Genußmitteln wie Alkohol, Kaffee, Cola und Zigaretten ein!
- Bauen Sie unbedingt Streß und Belastungen ab! Ob dies ursächlich vollständig möglich ist oder nicht – es empfiehlt sich das Erlernen von Entspannungstechniken wie Yoga oder autogenem Training!

Das richtige Medikament

Nicht alle Rhythmusstörungen müssen medikamentös behandelt werden.

Liegt eine Herzerkrankung zugrunde, muß diese selbstverständlich in erster Linie therapiert werden. Ernstere Störungen wie etwa das Vorhofflimmern machen jedoch im Einzelfall eine medikamentöse Therapie erforderlich.

Warnsignale für den Herzinfarkt

- Starke Atembeklemmungen
- Schmerzen in der Brust mit ausgeprägtem Engegefühl
- Ausstrahlende Schmerzen in Arme, Kiefer und Oberbauch
- Ausgeprägte Todesangst
- Schock, Kollaps, rasender Puls und Bewußtseinsstörungen.

Zeit ist bei diesen Symptomen der wichtigste Faktor fürs Überleben. Bei einem Infarkt müssen Rettungsmaßnahmen innerhalb der ersten Stunde ergriffen werden!
Unverzüglich den Notarzt rufen!
Sagen Sie bereits am Telefon, daß Verdacht auf Infarkt besteht.

Bis zum Eintreffen des Arztes gehen Sie folgendermaßen vor:

- Öffnen Sie die Fenster; der Kranke braucht Sauerstoff.
- Lagern Sie ihn mit aufrechtem Oberkörper in einem Winkel von 45 Grad.
- Wichtig ist, daß Sie den Kranken beruhigen, versuchen Sie ihn von seinen Ängsten abzulenken.

Zur Vorbeugung eines Herzinfarkts helfen auch proteolytische Enzyme. Sie verflüssigen das Blut und lösen kleine Blutgerinnsel auf, bevor sie sich festsetzen und Schaden anrichten können.

Nutzen und Risiko der Wirkstoffe

Bei Herzrhythmusstörungen kommen im Prinzip dieselben Wirkstoffe zum Einsatz wie beim hohen Blutdruck, nämlich die Betablocker und Calciumantagonisten (Informationen darüber im Kapitel »Kreislaufstörungen« Seite 364).

Koronare Herzbeschwerden

Typische Krankheitssymptome

Zu dieser Gruppe von Herzkrankheiten gehören die Angina pectoris, im Volksmund Brustenge genannt, die Herzschwäche und in letzter Konsequenz auch der Herzinfarkt.

Die Angina pectoris macht zunächst nach körperlicher Anstrengung erste Beschwerden. Später wird sie sehr schmerzhaft: Der Schmerz sitzt hinter dem Brustbein und kann in beide Arme, den Hals oder Oberbauch ausstrahlen. Atembeklemmungen, Unruhe- und Angstgefühle sind die Begleiterscheinungen.
Bei der Herzschwäche unterscheidet der Mediziner zwischen der sogenannten Linksherz- und Rechtsherzinsuffizienz. Bei der linksseitigen Herzschwäche treten Atemnot und Herzjagen auf, in der Regel nach körperlicher Anstrengung, später jedoch auch in Ruhe. Die Rechtsherzinsuffizienz deutet sich an durch Müdigkeit, geschwollene Knöchel und ein unangenehmes Völlegefühl in Hals und Bauch.

Die Krankheitsursachen

Für die koronaren Herzkrankheiten ist in erster Linie Arteriosklerose zuständig, die überhaupt der größte Feind des Herzens ist. Ablagerungen von Fett, Cholesterin und anderen Stoffen in den Arterien des Herzens führen zu einer gefährlichen Verengung der Blutgefäße, die den Blutfluß immer stärker behindert.

Genießen Sie Alkohol, aber lassen Sie es sich nicht zur Gewohnheit werden. Besser nur einmal einen über den Durst trinken als das regelmäßige abendliche Glas Bier oder Wein. Vor allem, wenn es nicht bei einem Bier oder Wein bleibt . .

Wenn die Leitung zu ist

Im schlimmsten Fall kann sich so eine Ablagerung von der Innenwand des Gefäßes losreißen, als Blutpfropf durch die Gefäße wandern und, wenn er hängenbleibt, unter Umständen eine ganze Arterie verstopfen. Passiert dies in einem Gefäß im Herzen, können Teile des Herzmuskelgewebes absterben – die Folge ist der Infarkt.

Unser Tip: Regelmäßige Kontrollen!
Lassen Sie unbedingt einmal jährlich Ihre Blutwerte beim Arzt überprüfen, insbesondere wenn Sie zu einer der folgenden Risikogruppen gehören: Raucher, Bluthochdruckkranke, Diabetiker, Gichtpatienten.

Herzbeschwerden deuten oft auf Magnesiummangel hin. In Ihrer Apotheke erhalten Sie magnesiumhaltige Präparate, mit denen Sie Herzbeschwerden vorbeugen können. Ihr Apotheker informiert Sie gerne über Wirkungen und Darreichungsformen.

Wann Sie den Arzt brauchen

Bei Verdacht auf koronare Herzerkrankung sollten Sie in jedem Fall den Arzt konsultieren, es könnte ein erhöhtes Herzinfarktrisiko bestehen!

Die sanfte Selbstbehandlung

Bei Herzbeschwerden ist eine Selbstbehandlung grundsätzlich nicht angesagt.
Sie können jedoch durch eine Umstellung Ihrer Lebensweise eine Menge tun, damit die Krankheit verschwindet bzw. sich nicht verschlimmert:

- Geben Sie das Rauchen auf! Jede einzelne Zigarette ist schädlich!
- Alkohol kann, in geringen Mengen genossen, zur Entspannung und Gesundheitsförderung beitragen. Im Übermaß ist er höchst gefährlich! Trinken Sie nicht regelmäßig; legen Sie Tage und Wochen ein, in denen Sie überhaupt keinen Alkohol konsumieren!
- Lassen Sie Ihre Blutfettwerte regelmäßig kontrollieren, lassen Sie eventuellen Bluthochdruck unbedingt behandeln!
- Gelegentlicher Streß kann durchaus gesundheitsfördernd sein. Wird er jedoch zur Dauereinrichtung, gefährdet er Sie. Wenn Sie Tag für Tag an Ihre Grenzen gehen müssen, Einschlafstörungen, Nervosität oder ähnliche Symptome feststellen, sollten Sie Ihre Lebensweise überdenken, bevor es zu spät ist!

- Essen Sie cholesterinarm, bauen Sie Übergewicht ab! Ihre Ernährung sollte abwechslungsreich sein und soweit wie möglich auf Frischware aufbauen. Zurückhaltung ist geboten bei Fett, Fleisch, Süßigkeiten und Fast-food-Gerichten. Essen Sie viel Obst, Gemüse und Vollkornprodukte. Ersetzen Sie das Fleisch öfter durch Fisch oder Gemüse.
- Treiben Sie täglich etwas Gymnastik, machen Sie Spaziergänge, oder treiben Sie Sport – mindestens einmal in der Woche. Gesund für Herz und Kreislauf sind Ausdauersportarten wie Radfahren, Jogging, Schwimmen oder Ballspiele – am besten natürlich an der frischen Luft und in gesundem Maße!

Mit einer gesunden Lebensweise können Sie dazu beitragen, daß Ihre Herzbeschwerden sich bessern oder sich zumindest nicht verschlimmern. Unter Umständen können Sie damit auch Medikamente einsparen.

Das richtige Medikament

Bei den koronaren Herzbeschwerden richtet sich die medikamentöse Behandlung nach der Art der entstandenen Beschwerden. Bei der Herzschwäche werden herzstärkende Mittel gegeben, während es beim Angina-pectoris-Anfall darauf ankommt, einerseits den Anfall zu unterbrechen und andererseits weiteren vorzubeugen.

Nutzen und Risiko der Wirkstoffe

Vorausgesetzt, der Arzt hat organische Erkrankungen, insbesondere andere Herzerkrankungen, ausgeschlossen, sind leichtere Herzleistungsschwächen mit rezeptfreien, pflanzlichen Mitteln aus der Apotheke durchaus zu beeinflussen.
Empfehlenswert und nebenwirkungsfrei sind hier vor allem magnesiumhaltige Präparate, da der Körper bei Herzbeschwerden häufig mit Magnesium unterversorgt ist (siehe hierzu auch den Abschnitt »Mineralstoffe« Seite 506).

Weißdorn

Das Pflänzchen der Wahl für das Herz ist jedoch der Weißdorn, der nachgewiesenermaßen Herzdurchblutung und -frequenz verbessert.

Stärkere Wirkstoffe wie etwa die Glykoside und das Digitalis gehören hingegen in ärztliche Hand, weil die Dosierung individuell beemessen werden muß. Bei einer zu hohen Dosierung können Vergiftungserscheinungen mit Herzrhythmusstörungen, Erbrechen, Bauchweh, Sehstörungen und andere Symptome auftreten.

Mit Nitroglyzerin löscht man nicht nur brennende Ölquellen, es ist seit fast 100 Jahren ein bewährtes Mittel gegen Angina pectoris. Verständlicherweise ist es nicht zur Selbstbehandlung geeignet!

Mit Nitroglyzerin gegen Angina pectoris

Um einen akuten Angina-pectoris-Anfall zu beenden, steht vor allem das Nitroglyzerin zur Verfügung. Dies ist eine seit fast 100 Jahren bewährte Substanz; als häufigste Nebenwirkung treten Kopfschmerzen auf, die jedoch bei Gewöhnung an den Wirkstoff verschwinden. Zur Verhütung weiterer Anfälle werden Nitrate, Betablocker und Calciumantagonisten eingesetzt. Über Betablocker und Calciumantagonisten informieren Sie sich bitte im Kapitel »Kreislaufstörungen« Seite 364. Wie sinnvoll der Einsatz von Nitraten ist, sollten Sie mit Ihrem Arzt besprechen; denn zum einen sind die Nebenwirkungen beträchtlich, zum anderen können sie schon bald an Wirkung verlieren, d.h., die Dosis müßte erhöht werden (siehe hierzu auch den Abschnitt »Enzyme« Seite 510).

Herzschwäche im Alter

Mit zunehmendem Alter wird auch das Herz schwächer und schafft nicht mehr die früher übliche Pumpleistung. D. h., es wird einerseits zuwenig Blut in den Kreislauf gepumpt, andererseits weniger verbrauchtes Blut aus den Venen aufgenommen, was wiederum zu Venenleiden führen kann.

Bitte zum Arzt!

Ein Arztbesuch ist ratsam. Herzstärkende Mittel wie Digitalis sind sehr wirksam, müssen aber vom Arzt kontrolliert werden, da sie wegen Vergiftungsgefahr sehr exakt dosiert werden müssen. Ältere Menschen, bei denen Herzschwäche festgestellt wurde, sollten sich häufiger ausruhen, körperliche Aktivitäten zwar nicht einstellen, aber moderat betreiben, frische leichte, salzarme Kost zu sich nehmen und Übergewicht abbauen.

Herzbeschwerden

Name/Hersteller	Wirkstoffe	Risiken & Nebenwirkungen
Adalat *Rp* Bayer	Nifedipin	In Schwangerschaft und Stillzeit verboten. Lösung enthält Alkohol! Übelkeit, Kopfdruck, Verwirrung möglich.
Adenylocrat f Herztropfen Gödecke	Weißdorn	Enthält Alkohol!
Aldactone *Rp* Boehringer Mannheim	Spironolacton	Vorsicht in der Schwangerschaft und bei Nieren- und Leberschäden! Hormonelle Veränderungen, Störung des Salzhaushalts möglich.
Aprical *Rp* Rentschler	Nifedipin	In Schwangerschaft und Stillzeit verboten. Lösung enthält Alkohol! Übelkeit, Kopfdruck, Verwirrung möglich.
Aquaphor *Rp* Beiersdorf-Lilly	Xipamid	In Schwangerschaft und Stillzeit verboten. Vorsicht bei Leber- und Nierenschäden! Schwindel, Kaliumverluste.
Aquaretic *Rp* Azupharma	Amilorid, Hydrochlorothiazid	Vorsicht in Schwangerschaft und Stillzeit sowie bei Gicht und Diabetes; ggf. Störungen im Wasser- und Elektrolythaushalt.
Arelix /-mite *Rp* Hoechst/Cassella-Riedel	Piretanid	Verboten in der Schwangerschaft und für Kinder. Vorsicht in der Stillzeit! Störungen des Wasserhaushalts möglich. Schwindel, Übelkeit.

Beratung	Darreichungsform
Bewährtes Herzmittel (Calciumantagonist) bei koronaren Herzerkrankungen, Angina pectoris, Hypertonie. Gegenanzeigen beachten!	Kapseln, Filmtabletten, Retardtabletten, Injektionslösung
Pflanzliches Präparat; gegen nachlassende Leistungsfähigkeit des Herzens angeboten. Günstig bei Altersherz.	Lösung
Harntreibendes Mittel (Diuretikum) zur Wasserausscheidung bei hohem Blutdruck. Achtung: Reaktionsvermögen kann beeinträchtigt werden!	Dragees, Kapseln, Injektionslösung
Bewährtes Herzmittel (Calciumantagonist) bei koronaren Herzerkrankungen. Lichtschutzhinweise beachten. Achtung: Reaktionsvermögen kann beeinträchtigt werden!	Kapseln, Retardtabletten, Injektionslösung
Harntreibendes Mittel (Diuretikum) bei Ödemen und hohem Blutdruck. Vorsicht: Weitere Nebenwirkungen sind möglich, wenn auch selten!	Tabletten
Harntreibendes Kombinationspräparat aus zwei Diuretika (Thiazid und schwach wirksames, »kaliumsparendes« Mittel).	Tabletten
Stark wirksames harntreibendes Mittel (Diuretikum) zur Wasserausschwemmung bei hohem Blutdruck. Achtung: Reaktionsvermögen kann beeinträchtigt werden!	Tabletten

Herzbeschwerden

Name/Hersteller	Wirkstoffe	Risiken & Nebenwirkungen
Asparagus-P Plantina	Spargelwurzel, Petersilie	Ungeeignet in der Schwangerschaft und bei entzündlichen Nierenerkrankungen.
Basticrat Bastian-Werk	Weißdorn	Enthält Alkohol! Gelegentlich leichte Magenbeschwerden möglich.
Beloc-Duriles *Rp* Astra Chemicals	Metoprolol	Nicht in Schwangerschaft und Stillzeit. Vorsicht bei Asthma und Diabetes! Sexuelle Störungen, Benommenheit, Verwirrtheit. Medikament nicht abrupt absetzen.
Coleb / Coleb-Duriles *Rp* Promed	Isosorbidmononitrat	Vorsicht in der Schwangerschaft! Kopfschmerzen, Benommenheit, Magen-Darm-Störungen. Zahlreiche andere Nebenwirkungen selten, aber möglich.
Concastabil Klein	Weißdorn	Enthält Alkohol!
Convacard Madaus	Maiglöckchenkraut-gykoside	Ungeeignet bei Therapie mit Digitalisglykosiden und bei Kaliummangel. Übelkeit, Herzrhythmusstörungen möglich.
Convallocor mite Hevert	Homöopathische Mischung mit Maiglöckchen, Weißdorn	Enthält Alkohol!

Beratung	Darreichungsform
Pflanzliches Mittel zur Entwässerung (Diuretikum); angeboten zur unterstützenden Therapie bei Herzschwäche und Blasenleiden.	Tabletten
Pflanzliches Präparat; gegen nachlassende Leistungsfähigkeit des Herzens angeboten. Auch bei Druck- und Beklemmungsgefühl in der Herzgegend.	Lösung, Kapseln
Bei koronaren Herzkrankheiten, Herzinfarkt-nachsorge, zur Vorbeugung gegen Migräne. Wechselwirkungen beachten.	Retardtabletten
Herzmittel (Nitrat) zur Dauerbehandlung koronarer Herzerkrankungen, von Bluthochdruck und zur Nachbehandlung des Infarkts.	Tabletten, Retardtabletten
Pflanzliches Präparat; gegen nachlassende Leistungsfähigkeit des Herzens angeboten.	Lösung
Pflanzliches Mittel (Glykosid) gegen leichte Belastungsschwäche bei Altersherz.	Dragees
Homöopathikum gegen Herzneurose und Raucherherz, mild wirksam, auch für die Langzeitbehandlung. Konsequent nach Vorschrift nehmen!	Tropfen

Herzbeschwerden

Name/Hersteller	Wirkstoffe	Risiken & Nebenwirkungen
Convallysan N Tropfen Hanosan	Maiglöckchen, Weißdorn	Vorsicht bei Therapie mit Herzglykosiden sowie bei Nierenschwäche! Enthält Alkohol!
Coradol Coradol Pharma	Homöopathische Mischung, mit Ambra, Belladonna	Nicht bekannt. Enthält Alkohol!
Cordapur APS	Weißdorn	Enthält Alkohol!
Cordicant *Rp* Mundipharma	Nifedipin	In Schwangerschaft und Stillzeit verboten. Lösung enthält Alkohol! Übelkeit, Kopfdruck, Verwirrtheit möglich.
Corguttin + Magnesium Roland	Maiglöckchen	Leichte Magenbeschwerden, Übelkeit, Durchfälle.
cor-loges Loges	Meerzwiebel	Ungeeignet bei Therapie mit Herzglykosiden. Magenbeschwerden und Durchfälle möglich.
Corodoc S Fides	Homöopathische Mischung mit Weißdorn	Enthält Alkohol!

Beratung	Darreichungsform
Sanft wirkendes homöopathisches Mittel gegen leichte Herzbeschwerden, vegetative Dystome und Wetterfühligkeit.	Tropfen
Homöopathisches, risikofreies Mittel gegen hohen Blutdruck, Arteriosklerose. Oft hilfreich auch bei Wechseljahrebeschwerden.	Saft
Pflanzliches Präparat; gegen nachlassende Leistungsfähigkeit des Herzens angeboten. Auch bei Beklemmungsgefühl und Altersherz.	Lösung, Dragees
Bewährtes Herzmittel (Calciumantagonist) bei koronaren Beschwerden, Angina pectoris. Achtung: Reaktionsvermögen kann beeinträchtigt werden!	Kapseln, Dragees, Retardtabletten, Injektionslösung
Pflanzliches Mittel (Glykoside) gegen Altersherz, Herzmuskelschwäche, Herzjagen nach Alkohol- und Tabakmißbrauch.	Dragees
Pflanzliches Mittel gegen leichte Herzschwäche und Ödeme, Angina-pectoris-Syndrom sowie Altersherz.	Dragees
Homöopathisches Mischpräparat gegen Kreislaufstörungen, Altersherz und Infektionen.	Tropfen

Herzbeschwerden

Name/Hersteller	Wirkstoffe	Risiken & Nebenwirkungen
Coroverlan Verla	Magnesium, Kalium, Weißdorn	Ungeeignet bei Nierenschwäche.
Cor-Select Salbe Dreluso	Weißdorn, Baldrian, Kampfer, Melisse	Selten Kontaktekzeme.
Cor-Select Tropfen Dreluso	Homöopathische Mischung mit Weißdorn, Baldrian, Kampfer, Melisse	Enthält Alkohol!
Cor-Vel N Truw	Maiglöckchenkraut, Weißdorn	Ungeeignet bei Therapie mit Digitalisglykosiden. Übelkeit und Herzrhythmusstörungen möglich.
Cor-Vel N Liquidum Truw	Maiglöckchenkraut, Weißdorn, Magnesium, Rizinusöl	Ungeeignet bei Therapie mit Digitalisglykosiden. Übelkeit und Herzrhythmusstörungen möglich.
Cor-Vel Truw Truw	Kampfer, Menthol, Fichtennadelöl, Rosmarinöl	Ungeeignet bei Asthma bronchiale und für Klein- und Schulkinder. Allergische Reaktionen möglich.
Corvipas Pascoe	Arnika, Weißdorn, Kampfer	Keine bekannt. Enthält Alkohol!

Beratung	Darreichungsform
Kombination aus Elektrolyten und Weißdornextrakt gegen Störungen der Herzkranzgefäßdurchblutung und Herzrhythmusstörungen.	Dragees
Mild wirkendes pflanzliches Mittel gegen leichte Herz- und Kreislaufbeschwerden.	Salbe
Pflanzliches Kombinationsmittel bei nervösen und funktionellen Beschwerden. Auch für länger dauernde Selbstmedikation.	Tropfen
Mischpräparat; angeboten gegen leichte Herzschwäche, Druck und Beklemmung in der Herzgegend.	Dragees
Bei leichter Herzschwäche, Druck und Beklemmung in der Herzgegend.	Dragees
Mischpräparat gegen nervös bedingte Herzbeschwerden. Vorsicht: Nicht in Augen, auf Schleimhäute und offene Wunden bringen!	Salbe
Homöopathisches Mittel; Basistherapeutikum bei Kreislaufstörungen aufgrund niedrigen Blutdrucks und entsprechender Herzbeschwerden.	Lösung

Herzbeschwerden

Name/Hersteller	Wirkstoffe	Risiken & Nebenwirkungen
Crataegus Verla Verla	Weißdorn	Enthält Alkohol!
Crataegutt forte Schwabe	Weißdorn	Enthält Alkohol!
Crataegutt novo Schwabe	Weißdorn	Enthält Alkohol!
Crataegysat Bürger Ysatfabrik	Weißdorn	Enthält Alkohol!
Crataepas 100 Pascoe	Weißdorn	Lösung enthält Alkohol!
Crataezyma Mono Zyma	Weißdorn	Lösung enthält Alkohol!
Cratamed novo Redel	Weißdorn	Enthält Alkohol!

Beratung	Darreichungsform
Pflanzliches Präparat; gegen nachlassende Leistungsfähigkeit des Herzens angeboten. Auch bei leichten Rhythmusstörungen.	Lösung, Filmtabletten
Pflanzliches Präparat; gegen nachlassende Leistungsfähigkeit des Herzens angeboten. Höhere Dosierung als Crataegutt novo.	Kapseln, Lösung
Pflanzliches Präparat; gegen nachlassende Leistungsfähigkeit des Herzens angeboten. Ratsam auch bei Druck- und Engegefühl.	Filmtabletten
Vor allem bei leichteren Formen des Altersherzens. Mindestdosis beachten.	Lösung
Pflanzliches Präparat gegen nachlassende Leistungsfähigkeit des Herzens und leichte Rhythmusstörungen.	Lösung, Filmtabletten
Pflanzliches Mittel gegen leichte Rhythmusstörungen und Altersherz. Verfalldatum beachten.	Lösung, Kapseln
Pflanzliches Präparat; gegen nachlassende Leistungsfähigkeit des Herzens angeboten.	Lösung

Herzbeschwerden

Name/Hersteller	Wirkstoffe	Risiken & Nebenwirkungen
Dilzem *Rp* Gödecke	Diltiazem	Verboten in Schwangerschaft und Stillzeit. Übelkeit, Müdigkeit, allergische Reaktionen möglich.
Dociton *Rp* Zeneca/Rhein-Pharma	Propranolol (Betablocker)	Nicht in Schwangerschaft und Stillzeit. Vorsicht bei Asthma und Diabetes! Sexuelle Störungen, Benommenheit, Verwirrtheit. Medikament nicht abrupt absetzen.
duranifin *Rp* Durachemie	Nifedipin	In Schwangerschaft und Stillzeit verboten. Lösung enthält Alkohol! Übelkeit, Kopfdruck, Verwirrtheit möglich.
elantan /-long *Rp* Synthelabo	Isosorbidmononitrat	Vorsicht in der Schwangerschaft! Kopfschmerzen, Benommenheit, Magen-Darm-Störungen.
Endak *Rp* Madaus	Carteolol	Nicht in Schwangerschaft und Stillzeit. Vorsicht bei Asthma und Diabetes! Sexuelle Störungen, Benommenheit, Verwirrtheit.
Esbericard Schaper & Brümmer	Weißdorn	Enthält Alkohol!
Esidrix *Rp* Ciba	Hydrochlorothiazid	Verboten in der Schwangerschaft und bei Gicht. Vorsicht in der Stillzeit! Müdigkeit, Schlafstörungen (selten).

Beratung	Darreichungsform
Herzmittel (Calciumantagonist), vor allem bei Angina-pectoris-Anfällen sowohl bei Belastung als auch in Ruhe. Achtung: Reaktionsvermögen kann beeinträchtigt werden!	Tabletten, Retardtabletten
Gegen Bluthochdruck, Herzrhythmusstörungen, funktionelle Beschwerden und Angstsyndrom. Weitere Nebenwirkungen im Einzelfall möglich.	Retardkapseln, Tabletten
Bewährtes Herzmittel (Calciumantagonist) bei koronarer Herzerkrankung und Angina pectoris. Achtung: Beeinträchtigung des Reaktionsvermögens möglich!	Kapseln, Filmtabletten, Retardtabletten, Injektionslösung
Herzmittel (Nitrat) zur Dauerbehandlung der koronaren Herzkrankheit und Herzinsuffizienz. Regelmäßige ärztliche Kontrolle ratsam.	Tabletten, Retardtabletten
Bei Bluthochdruck. Achtung: Reaktionsvermögen kann beeinträchtigt werden!	Filmtabletten
Pflanzliches Präparat bei beginnender Herzschwäche. Rascher Wirkungseintritt.	Injektionslösung
Harntreibendes Mittel (Diuretikum) zur Wasserausschwemmung bei Bluthochdruck.	Tabletten

Name/Hersteller	Wirkstoffe	Risiken & Nebenwirkungen
Furosemid Heumann *Rp* Heumann	Furosemid	Vorsicht in Schwangerschaft und Stillzeit sowie bei Gicht und Diabetes! Störungen des Salzhaushalts.
Furosemid-ratiopharm *Rp* ratiopharm	Furosemid	Vorsicht in Schwangerschaft und Stillzeit sowie bei Gicht und Diabetes! Störungen des Salzhaushalts.
Fusid *Rp* GRY	Furosemid	Vorsicht in Schwangerschaft und Stillzeit sowie bei Gicht und Diabetes! Störungen des Salzhaushalts.
Hygroton *Rp* Ciba	Chlortalidon	Vorsicht in Schwangerschaft und Stillzeit, bei Gicht und Diabetes! Störungen im Wasser- und Elektrolythaushalt.
ISDN-Riker *Rp* 3M Medica	Isosorbiddinitrat	Vorsicht in der Schwangerschaft! Kopfschmerzen, Benommenheit, Übelkeit, Blutdruckabfall.
Ismo *Rp* Boehringer Mannheim	Isosorbidmononitrat	Vorsicht in der Schwangerschaft! Kopfschmerzen, Benommenheit, Magen-Darm-Störungen.
isoket *Rp* Schwarz Pharma	Isosorbiddinitrat	Vorsicht in der Schwangerschaft! Kopfschmerzen, Benommenheit, Übelkeit, Blutdruckabfall.

Beratung	Darreichungsform
Stark wirkende, lange bewährte Substanz (Diuretikum) zur Wasserausschwemmung bei Bluthochdruck.	Tabletten
Stark wirkende, lange bewährte Substanz (Diuretikum) zur Wasserausschwemmung bei Bluthochdruck.	Tabletten
Stark wirkende, lange bewährte Substanz (Diuretikum) zur Wasserausschwemmung bei Bluthochdruck.	Tabletten
Lang wirkendes, harntreibendes Mittel (Diuretikum) zur Wasserausschwemmung und gegen Bluthochdruck. Auch bei bestehender Herzschwäche. Wechselwirkungen mit anderen Medikamenten beachten.	Tabletten
Herzmittel (Nitrat) für die einleitende und Dauerbehandlung (dosisabhängig!) der koronaren Herzkrankheit. Achtung: Wechselwirkungen mit Alkohol und anderen Medikamenten!	Tabletten, Retardkapseln
Herzmittel (Nitrat) zur Dauerbehandlung der koronaren Herzkrankheit und Herzinsuffizienz sowie zur Prophylaxe von Angina-pectoris-Anfällen.	Tabletten, Retardtabletten
Herzmittel (Nitrat) bei koronarer Herzerkrankung, zur Behandlung und Vorbeugung eines Angina-pectoris-Anfalls.	Retardtabletten, Tabletten

Herzbeschwerden

Name/Hersteller	Wirkstoffe	Risiken & Nebenwirkungen
Iso Mack *Rp* Mack, Illert.	Isosorbiddinitrat	Vorsicht in der Schwangerschaft! Kopfschmerzen, Benommenheit, Übelkeit, Blutdruckabfall.
Isoptin *Rp* Knoll Deutschland	Verapamil	Verboten in Schwangerschaft und Stillzeit. Übelkeit, Erbrechen, Verstopfung, Herzrhythmusstörungen, Kopfschmerzen, Müdigkeit, Nervosität.
Iso Puren *Rp* Klinge-Nattermann-Puren	Isosorbiddinitrat	Vorsicht in der Schwangerschaft! Kopfschmerzen, Benommenheit, Übelkeit, Erbrechen, Blutdruckabfall.
Klinoren S Fides	Homöopathische Mischung, mit Wacholder	Enthält Alkohol!
Kneipp Herzsalbe Kneipp	Rosmarin, Menthol, Kampfer	Keine bekannt.
Kneipp Herz- und Kreislauf-Tee N Wöricardon Kneipp	Pfefferminze, Johanniskraut, Herzgespannkraut, Weißdorn, Sonnenblumenblüten	Keine bekannt.
Kneipp Herz- und Kreislauf-Tee Kneipp	Rosmarinblätter, Weißdornbeeren, Herzgespannkraut, Johanniskraut, Mate grün	Keine bekannt.

Beratung	Darreichungsform
Herzmittel (Nitrat) bei chronischer Herzschwäche, Angina pectoris. Gegenanzeigen und Anwendungsbeschränkungen beachten.	Tabletten, Spray, Retardkapseln
Herzmittel (Calciumantagonist) bei allen Formen der Angina pectoris und bestimmten Rhythmusstörungen. Achtung: Wechselwirkungen mit zahlreichen anderen Medikamenten!	Filmtabletten, Retardtabletten
Herzmittel (Nitrat) bei koronarer Herzerkrankung, zur Behandlung und Vorbeugung der Angina pectoris. Für die Dauerbehandlung.	Tabletten, Retardkapseln
Homöopathikum gegen Herz-Kreislauf-Schwäche und Ödeme.	Tropfen
Bei nervösen und funktionellen Herzbeschwerden. Mehrmals täglich kräftig im Herzbereich und in dessen Umgebung einmassieren.	Salbe
Zur Unterstützung des Kreislaufs und des Ablaufes der normalen Herztätigkeit. Nicht jedoch bei Herzschäden anwenden. Kurmäßig morgens und nachmittags je 1 Tasse trinken.	Tee
Unterstützt das Herz und die Gesunderhaltung des Kreislaufs. Bei Herzschäden sollte dieser Tee jedoch nicht verwendet werden.	Tee

Name/Hersteller	Wirkstoffe	Risiken & Nebenwirkungen
Kneipp Pflanzendragees Kneipp	Weißdorn	Keine nennenswerten.
Kneipp Tabletten N Petersilie Kneipp	Petersilienkraut	Keine bekannt.
Kneipp Wacholderbeer-Pflanzensaft Kneipp	Wacholder	Keine bekannt.
Kneipp Weißdorn-Pflanzensaft Sebastianeum Kneipp	Weißdorn	Keine nennenswerten.
Kytta-Cor Kytta-Siegfried	Weißdorn	Lösung enthält Alkohol!
Lasix *Rp* Hoechst	Furosemid	Vorsicht in Schwangerschaft und Stillzeit sowie bei Gicht und Diabetes! Störungen des Salzhaushalts.
Lopresor /-mite *Rp* Ciba	Metoprolol	Nicht in Schwangerschaft und Stillzeit. Vorsicht bei Asthma und Diabetes! Sexuelle Störungen, Benommenheit, Verwirrtheit. Medikament nicht abrupt absetzen.

Beratung	Darreichungsform
Ratsam zur Vorbeugung gegen Herz- und Kreislauferkrankungen. Kurmäßig anwenden.	Dragees
Mildes pflanzliches harntreibendes Mittel.	Tabletten
Mildes pflanzliches harntreibendes Mittel. Auch unterstützend bei Magen- und Darmbeschwerden.	Saft
Mild wirkendes pflanzliches Mittel bei nachlassender Herzleistung.	Lösung
Pflanzliches Präparat gegen nachlassende Leistungsfähigkeit des Herzens und leichte Rhythmusstörungen.	Lösung, Tabletten
Stark wirkende, lange bewährte Substanz (Diuretikum) zur Wasserausschwemmung bei Bluthochdruck.	Tabletten
Betarezeptorenblocker; Betablocker gegen hohen Blutdruck, funktionelle Herz-Kreislauf-Beschwerden, zur Migränevorbeugung. Zahlreiche weitere Nebenwirkungen möglich.	Tabletten

Herzbeschwerden

Name/Hersteller	Wirkstoffe	Risiken & Nebenwirkungen
Luret *Rp* Sanofi Winthrop	Azosemid	Vorsicht in Schwangerschaft und Stillzeit sowie bei Gicht und Diabetes! Magen-Darm-Beschwerden, Störung des Salzhaushalts.
Maycor *Rp* Parke-Davis/Gödecke	Isosorbiddinitrat	Vorsicht in der Schwangerschaft I Kopfschmerzen, Benommenheit, Übelkeit, Blutdruckabfall.
Mono Mack Mack, Illert.	Isosorbidmononitrat	Vorsicht in der Schwangerschaft! Kopfschmerzen, Benommenheit, Magen-Darm-Störungen.
Nifedipin Verla *Rp* Verla	Nifedipin	In Schwangerschaft und Stillzeit verboten. Übelkeit, Kopfdruck, Verwirrtheit möglich.
Nitroderm TTS Ciba	Nitroglycerin	Vorsicht in der Schwangerschaft! Kopfschmerzen, Magen-Darm-Störungen, eventuell Hautreizungen an der Klebestelle.
Nitrolingual *Rp* Pohl	Nitroglycerin	Vorsicht in der Schwangerschaft! Kopfschmerzen, Magen-Darm-Störungen.
Nitro Mack Retard *Rp* Mack, Illert.	Nitroglycerin	Vorsicht in der Schwangerschaft! Kopfschmerzen, Magen-Darm-Störungen.

Beratung	Darreichungsform
Harntreibendes Mittel (Diuretikum) zur Wasserausschwemmung. Bei längerer Anwendung Blutwerte regelmäßig kontrollieren.	Filmtabletten
Herzmittel (Nitrat) für die Dauerbehandlung der koronaren Herzerkrankung.	Tabletten, Retardkapseln
Herzmittel (Nitrat) zur Langzeitbehandlung und Vorbeugung koronarer Durchblutungsstörungen.	Tabletten, Retardtabletten, Tropfen
Bewährtes Herzmittel (Calciumantagonist) bei allen Formen der Angina pectoris. Gegenanzeigen (z. B. niedriger Blutdruck) beachten.	Kapseln, Filmtabletten, Retardtabletten
Erprobter Wirkstoff und eine gut verträgliche Darreichungsform.	Pflaster
Herzmittel (Nitroglycerin), seit 100 Jahren bewährt in der Behandlung von Angina pectoris, Herzasthma. Auch beim akuten Anfall.	Kapseln
Herzmittel (Nitroglycerin); seit 100 Jahren bewährt und zuverlässig bei Angina pectoris, Herzschwäche.	Retardkapseln

Herzbeschwerden

Name/Hersteller	Wirkstoffe	Risiken & Nebenwirkungen
Ödemase *Rp* Azupharma	Furosemid	Vorsicht in Schwangerschaft und Stillzeit sowie bei Gicht und Diabetes! Störungen des Salzhaushalts.
Pidilat *Rp* Giulini Pharma	Nifedipin	In Schwangerschaft und Stillzeit verboten. Lösung enthält Alkohol! Übelkeit, Kopfdruck, Verwirrtheit möglich.
Prelis *Rp* Ciba	Metoprolol	Vorsicht in Schwangerschaft und Stillzeit sowie bei Asthma und Diabetes! Sexuelle Störungen, Benommenheit, Verwirrtheit. Medikament nicht abrupt absetzen.
Procorum / -senior /-retard *Rp* Knoll Deutschland	Gallopamil	Verboten in Schwangerschaft und Stillzeit. Übelkeit, Magen-Darm-Störungen möglich. Müdigkeit, Kopfschmerzen, Schwindel, Benommenheit, Muskel-, Gelenkschmerzen.
Selectol *Rp* Upjohn	Celiprolol	Nicht in Schwangerschaft und Stillzeit. Vorsicht bei Asthma und Diabetes! Sexuelle Störungen, Benommenheit, Verwirrtheit. Medikament nicht abrupt absetzen.
Solgol *Rp* Squibb-Heyden	Nadolol	Nicht in Schwangerschaft und Stillzeit. Vorsicht bei Asthma und Diabetes! Sexuelle Störungen, Benommenheit, Verwirrtheit. Medikament nicht abrupt absetzen.
Tenormin *Rp* Zeneca/Rhein-Pharma	Atenolol	Nicht in Schwangerschaft und Stillzeit. Vorsicht bei Asthma und Diabetes! Sexuelle Störungen, Benommenheit, Verwirrtheit. Medikament nicht abrupt absetzen.

Beratung	Darreichungsform
Stark wirkende, lange bewährte Substanz (Diuretikum) zur Wasserausschwemmung bei Bluthochdruck.	Tabletten
Bewährtes Herzmittel (Calciumantagonist) bei koronaren Herzerkrankungen und Angina pectoris. Achtung: Reaktionsvermögen kann beeinträchtigt werden!	Kapseln, Retardtabletten, Injektionslösung
Bei schweren koronaren, funktionellen und anderen Herzerkrankungen. Zahlreiche weitere Nebenwirkungen denkbar, ärztliche Kontrolle unbedingt ratsam!	Retardtabletten, Tabletten
Herzmittel (Calciumantagonist) bei Angina pectoris, Rhythmusstörungen, Bluthochdruck. Nicht nehmen bei eingeschränkter Leber- oder Nierenfunktion.	Filmtabletten, Retardtabletten
Herzmittel (Betablocker) speziell bei hohem Blutdruck und koronaren Herzerkrankungen. Vorsicht bei Asthma und Leberfunktionsstörungen!	Filmtabletten
Herzmittel (Betablocker) bei Angina pectoris und hohem Blutdruck.	Tabletten
Herzmittel (Betablocker) bei funktionellen Herz-Kreislauf-Beschwerden, Bluthochdruck, Angina pectoris, Rhythmusstörungen.	Filmtabletten

Herzbeschwerden

Name/Hersteller	Wirkstoffe	Risiken & Nebenwirkungen
Trasicor *Rp* Ciba	Oxprenolol	Vorsicht in Schwangerschaft und Stillzeit! Muskelschwäche, Müdigkeit, Kopfschmerzen, Schwindel, Benommenheit, depressive Verstimmungen.
Tredalat *Rp* Bayer	Nifedipin	In Schwangerschaft und Stillzeit verboten. Lösung enthält Alkohol! Übelkeit, Kopfdruck, Verwirrtheit möglich.
Triamteren-H Riker *Rp* 3M Medica	Triamteren, Hydrochlorothiazid	Vorsicht in Schwangerschaft und Stillzeit sowie bei Gicht und Diabetes! Störungen des Salzhaushalts möglich.
Veramex Winthrop	Verapamil	Verboten in Schwangerschaft und Stillzeit. Übelkeit, Erbrechen, Verstopfung, Herzrhythmusstörungen, Kopfschmerzen, Müdigkeit, Nervosität.
Weißdorn-Phyton Merckle	Weißdorn	Lösung enthält Alkohol!
ÖSTERREICH **Born** Jacoby/Lichtwer	Weißdorn	In Schwangerschaft und Stillzeit den Arzt befragen! In sehr hohen Dosen Herzrhythmusstörungen und Blutdruckabfall möglich.
ÖSTERREICH **Edecrin** *Rp* MSD	Etacrynsäure	Vorsicht in Schwangerschaft und Stillzeit! Störungen des Salzhaushalts.

Beratung	Darreichungsform
Gegen Bluthochdruck, Angina pectoris, Herzrhythmusstörungen. Achtung Kontaktlinsenträger: Die Tränenflüssigkeit kann verringert werden!	Filmtabletten
Bewährtes Herzmittel (Calciumantagonist) bei Bluthochdruck und Angina pectoris. Wechselwirkungen mit anderen Medikamenten beachten.	Kapseln, Filmtabletten, Retardtabletten, Injektionslösung
Kombination zweier harntreibender Mittel (schwach wirksames mit kaliumsparendem Diuretikum) zur Wasserausschwemmung. Günstig bei leichten Formen des Hochdrucks und der Herzschwäche.	Filmtabletten
Herzmittel (Calciumantagonist) bei koronarer Herzerkrankung, Angina pectoris, Herzrhythmusstörungen, Bluthochdruck.	Retardtabletten, Dragees, Injektionslösung
Pflanzliches Präparat; gegen nachlassende Leistungsfähigkeit des Herzens angeboten.	Lösung, Kapseln
Zur Vorbeugung und Behandlung leicht nachlassender Herzkraft, bei Druck- und Beklemmungsgefühl in der Herzgegend.	Dragees, Tropfen
Harntreibendes Mittel (Diuretikum) gegen schwere Ödeme bei Herzschwäche sowie Leber- und Nierenschäden.	Tabletten

Herzbeschwerden

	Name/Hersteller	Wirkstoffe	Risiken & Nebenwirkungen
ÖSTERREICH	**Lasilacton** *Rp* Hoechst	Furosemid, Spirinolacton	Vorsicht in Schwangerschaft und Stillzeit! Potenz- und Regelstörungen, Müdigkeit möglich.
ÖSTERREICH	**Moduretic** *Rp* MSD	Hydrochlorothiazid, Amilorid	Vorsicht in Schwangerschaft und Stillzeit sowie bei Gicht und Diabetes!
ÖSTERREICH	**Nifedipin Genericon retard** *Rp* Genericon	Nifedipin	Nicht in der Schwangerschaft. Kopfschmerzen, gelegentlich Übelkeit, Schwindel, Knöchelödeme.
SCHWEIZ	**Adalat** *Rp* Bayer	Nifedipin	Gelegentliches Auftreten von Beinödemen, Kopfschmerzen, Gesichtsrötung, Wärmegefühl.
SCHWEIZ	**Bedranol / - retard** *Rp* Lagap	Propranolol	Nicht bei Bronchialasthma und Herzinsuffizienz. Übelkeit, Durchfall, Müdigkeit, Herzklopfen, Sehstörungen möglich.
SCHWEIZ	**Diuresal** *Rp* Lagap	Furosemid	Vorsicht bei Nierenleiden! Elektrolytstörung, allergische Reaktionen, Übelkeit, Durchfall.
SCHWEIZ	**Isoptin** *Rp* Knoll	Verapamil	Verschiedene Herz-Kreislauf-Effekte, Blutdrucksenkung. Möglichst nicht in Schwangerschaft und Stillzeit.

Beratung	Darreichungsform
Kombinationspräparat aus zwei harntreibenden Stoffen (Diuretika) zur Wasserausschwemmung bei Herzschwäche mit gleichzeitigem Kaliummangel.	Kapseln
Kombination zweier harntreibender Mittel (Diuretika) zur Wasserausschwemmung bei Bluthochdruck, Ödemen infolge von Herzschwäche oder Leberzirrhose.	Tabletten
Bei koronarer Herzkrankheit, Angina pectoris und bei erhöhtem Blutdruck.	Kapseln, Retardtabletten
Zur Behandlung koronarer Herzkrankheiten (unzureichende Sauerstoffversorgung des Herzmuskels), chronischer Angina pectoris und bei Bluthochdruck. Vorsicht bei ausgeprägt niedrigem Blutdruck sowie in Schwangerschaft und Stillzeit!	Retardtabletten
Betablocker zur Behandlung von Bluthochdruck, Angina pectoris, Herzrhythmusstörungen und zur Vorbeugung bei Migräne. Vermindert die Reaktionsfähigkeit. Therapie nicht plötzlich abbrechen.	Tabletten, Retardkapseln
Rasch einsetzendes und relativ kurz wirkendes Mittel zur Behandlung von Ödemen unterschiedlicher Herkunft, wie Lungenödem oder Kardialödem. Wirkt blutdrucksenkend.	Tabletten, Ampullen
Zur Behandlung und Vorbeugung von Herzrhythmusstörungen mit erhöhter Herzfrequenz. Nicht bei Herzinsuffizienz, Herz-Kreislauf-Schock und nach Herzinfarkt.	Ampullen

Impfungen

Was heißt Immunität?

Gegen eine ganze Reihe von höchst gefährlichen, sehr ansteckenden Krankheitserregern können Sie sich mit einer Schutzimpfung wappnen.

Genau genommen wird bei einer solchen Impfung das Abwehrsystem betrogen: Man macht sich nämlich die Tatsache zunutze, daß das Abwehrsystem gegen Krankheitskeime, die es einmal im Leben erfolgreich abgewehrt hat, in Zukunft immun ist. Tauchen dieselben Erreger noch einmal auf, ist das Abwehrsystem sofort auf der Hut und wirft sie wieder hinaus. D. h., es gibt bestimmte Infektionskrankheiten, die man, wenn man sie im Leben einmal durchgemacht hat, mit ziemlicher Sicherheit nicht noch einmal bekommt. Man ist nun gegen die entsprechenden Erreger immun.

Bei der Impfung wird dem Körper eine Krankheit vorgetäuscht, so daß das Abwehrsystem passende Antikörper gegen die Erreger produziert.

Der Trick der Impfung

Bei einer Impfung passiert im Prinzip dasselbe: Die Krankheitserreger werden dem Körper in abgetöteter oder abgeschwächter Form zugeführt. Die erzielte Immunisierung des Körpers hält bei vielen Impfungen ein Leben lang an, andere müssen nach Jahren wieder aufgefrischt werden.

Wann wird geimpft?

Impfungen gegen Krankheitserreger, die in unseren Ländern zur Gefahr werden können, werden im Kindes- und Jugendalter vorgenommen. Auffrischimpfungen können fallweise im Erwachsenenalter notwendig werden.

Reiseimpfungen

Lediglich Reiseimpfungen gegen Krankheitserreger im Ausland werden vor Antritt einer Reise in ein gefährdetes Gebiet vorgenommen. Dabei müssen bei den verschiedenen Krankheiten unterschiedlich lange Vorlaufzeiten für die Impfungen beachtet werden.

Unser Tip: Der Impfpaß!
Lassen Sie sich von Ihrem Arzt in einen Impfpaß sämtliche Impfungen eintragen:

- Erstens wissen Sie damit stets, wann Auffrischimpfungen nötig sind.
- Zweitens erfährt der behandelnde Arzt sofort, wogegen Sie geschützt sind.
- Diesen Impfpaß sollten Sie immer bei sich tragen!

Immunität: Wenn der Körper gegen bestimmte Erreger Antikörper vorrätig hat, dann ist der Organismus gegen diese immun, d. h., er erkrankt daran nicht.

Haben Impfungen Nebenwirkungen?

Jein wäre hier eigentlich die richtige Antwort. Denn nach wissenschaftlichen Erkenntnissen darf das eigentlich nicht sein, weshalb auch viele Mediziner jegliche Nebenwirkungen bei Impfungen abstreiten. Leichtes Unwohlsein, Fieber, Rötungen oder Schwellungen werden im allgemeinen noch zu den normalen »Impfreaktionen« gerechnet und sollten nach wenigen Tagen abklingen.

Impfschäden

Dennoch gab und gibt es immer wieder Fälle, in denen Eltern die kurz nach einer Impfung aufgetretenen Krankheitssymptome ihres Kindes als Impfschaden geltend machen wollen. Vorgekommen sind Krampfanfälle, Lähmungen und Bewußtseinsstörungen. Leider ist es äußerst schwierig, einen Zusammenhang zwischen der erfolgten Impfung und derartigen Krankheitssymptomen nachzuweisen.
Sollten Sie dennoch nach einer Impfung an Ihrem Kind ungewöhnliche Reaktionen beobachten, ziehen Sie nicht nur den Impfarzt zu Rate, sondern am besten noch einen weiteren Mediziner. In Zweifelsfällen wenden Sie sich an den

Schutzverband für Impfgeschädigte e. V.
An der Sang 61
57271 Hilchenbach
Telefon: 02 71/5 50 19.

Die »Kurzzeitimpfung«: Immunglobuline

Ist ein Patient gegen eine Krankheit nicht geimpft und besteht aus irgendeinem Grund auch nicht die Möglichkeit zu impfen, so kann der Arzt eine »passive Immunisierung« mit Immun- oder Gammaglobulinen vornehmen.

Im Gegensatz zur »aktiven Immunisierung«, bei der ja das Abwehrsystem mit den abgeschwächten Krankheitserregern konfrontiert wird, wird bei dieser Immunisierung der fertige Abwehrstoff gegen Krankheitserreger injiziert. Dies ist besonders ratsam in Fällen, wo der Verdacht besteht, daß eine Infektion möglicherweise schon erfolgt ist, es aber für die Bildung eigener Abwehrkräfte zu spät ist. Dies ist manchmal nach Infektionen auf Fernreisen der Fall.

Die Wirkung dieser Maßnahme hält etwa vier Wochen an.

Das Risiko dabei sind allergische Reaktionen des Geimpften.

Da die Impfung dem Körper abgeschwächte Erreger zuführt, sollten Sie sich bei geschwächter körperlicher Verfassung nicht impfen lassen.

Wann Sie sich besser nicht impfen lassen sollten

Es gibt einige Bedingungen, die gegen eine Impfung sprechen.

- Eine Impfung ist nicht sinnvoll, wenn der Körper zur Zeit von einer Krankheit geschwächt ist.
  Dann haben nämlich die Abwehrkräfte nicht mehr die Möglichkeit, auch noch gegen den neuen, geimpften Erreger Abwehrstoffe zu bilden.
- Vorsicht ist auch generell geboten, wenn der Betroffene gegen chronische Krankheiten Medikamente nimmt, die das Immunsystem schwächen können. Dies gilt z. B. für Rheumamittel, Krebstherapeutika und Cortisone.
- Erkrankungen des Immunsystems selbst, des zentralen Nervensystems sowie schwere Allergien, insbesondere Eiweißallergien, könnten auch gegen eine Impfung sprechen. Bei solch schweren Krankheiten sollten Sie jeden Einzelfall mit dem Arzt klären.

Empfehlenswerte Impfungen

Zur Vermeidung von	Wann impfen?	Auffrischung	Nebenwirkungen	Unser Tip
Diphtherie	3., 4., 5. Monat, nach dem 1. Lebensjahr, im 6. Jahr	Alle 10 Jahre	Keine nennenswerten	Sinnvoll, da die Krankheit in Europa noch vorkommt
Grippe	Empfehlung siehe Kapitel »Erkältung/Grippe« Seite 160			
Keuchhusten	3., 4., 5. Monat, nach dem 1. Lebensjahr	Nicht nötig	Im Einzelfall schwere hirnorganische Schäden	Sinnvoll für Risikogruppen. Arzt fragen!
Kinderlähmung	3., 5. Monat, im 2. Lebensjahr	Alle 10 Jahre	Keine nennenswerten	Sinnvoll, da wieder einige Fälle aufgetreten
Masern/Mumps	Im 2. Lebensjahr, zusätzlich im 6. Jahr	Nicht nötig	Fieber, Hautausschläge	Sinnvoll, die Krankheiten treten noch auf
Röteln	Nach dem 1. Jahr	Einmal zwischen dem 11. und 13. Jahr	Fieber, Hautausschläge, Gewebsverhärtungen	Unbedingt ratsam für Mädchen, aber auch für Jungen sinnvoll!
Tetanus	3., 4., 5. Monat, nach dem 1. Lebensjahr	Alle 10 Jahre	Keine nennenswerten	Wichtig! Sonst Lebensgefahr bei Infektion kleinster Wunden

Reiseimpfungen

Zur Vermeidung von	Wann impfen?	Nebenwirkungen	Unser Tip
Cholera	Vor Reiseantritt	Magen-Darm-Beschwerden	Weltweit nirgendwo vorgeschrieben; sinnvoll bei Reisen in Gebiete mit Cholerafällen
Hepatitis A	Vor Reiseantritt	Fieber, Unwohlsein, Gewebsverhärtungen	Empfehlenswert in Ländern mit schlechten hygienischen Bedingungen
Malaria	Tabletten vor, während und nach der Reise nehmen	Je nach Medikament unterschiedlich	Trotz Nebenwirkungen bei Reisen in Malariagebiete dringend empfehlenswert

Das Immungedächtnis des Körpers

Memoryzellen sind spezialisierte Lymphozyten. Sie erinnern sich an frühere Erreger und halten Baupläne für spezifische Antikörper bereit.

An vielen Krankheiten werden wir nicht zweimal krank. Warum? Unser Körper vollbringt die Abwehrleistung gegen den angreifenden Keim nicht, um sie dann zu vergessen. Bei erneutem Angriff desselben Keimes, Monate oder Jahre später, müßte alles von vorne beginnen. Unser Körper verfügt aber über ein »immunologisches Gedächtnis«: Wenn die spezifischen Antikörper hergestellt sind, werden deren Baumuster von spezialisierten Lymphozyten, sogenannten Gedächtnis- oder Memoryzellen, gespeichert. Nach den Plänen der Memoryzellen können immer wieder spezifische Antikörper gebildet werden. Ob der neue Angriff nach Monaten oder Jahren erfolgt – das Immungedächtnis erkennt den Erreger im Nu.

Auf diesem Immungedächtnis beruht der ganze Trick der Impfung. Dabei gibt es zwei verschiedene Möglichkeiten der

Impfung:
- Aktive Impfung
- Passive Impfung.

Aktive Immunisierung

Bei der aktiven Impfung wird der Krankheitserreger direkt in den Körper gebracht und aktiviert dadurch das Immunsystem. Dabei darf das Impfantigen nicht so stark wirken wie der echte Krankheitserreger, denn sonst erkrankt man wirklich. Wenn der Impfstoff dagegen zu sehr abgeschwächt ist, dann bleibt die Immunreaktion aus. Das rechte Maß liegt in der Mitte: so viel Stärke, daß eine Körperantwort mit Antikörper- und Immunzellbildung ausgelöst wird. Nur so entstehen Gedächtniszellen. Diese sind für die Impfung der wichtigste Teil der Immunantwort. Oft gibt es keine Ideallösung einer gut verträglichen Impfung mit lebenslanger Wirkung. Die meisten aktiven Schutzimpfungen gewähren etwa ein bis zehn Jahre Schutz.

Die aktive Impfung gewährt etwa zehn Jahre Schutz. Für die schnelle Impfung vorm Abflug ins Ferienparadies ist nur die passive Impfung mit Immunglobulinen möglich.

Passive Immunisierung

Man kann auch passiv impfen. Dabei wird das Immunsystem nicht aktiv zur Mitarbeit gefordert. Es wird von außen verstärkt. Dem Organismus werden bereits spezifische Antikörper aus dem Blut von Blutspendern zugeführt. Die bei der Blutspende aus dem Blutplasma gewonnenen spezifischen Antikörper (sogenannte Immunglobuline) können anderen Menschen übertragen werden. Eine solche Übertragung verstärkt sofort das eigene Immunsystem, aber natürlich nur gegen Krankheiten, die der Spender schon überwunden hat.

Zeitbegrenzung

Die passive Immunisierung gewährt nur einen zeitlich begrenzten Schutz von knapp vier Wochen. Will man ihn verlängern, müssen erneut Immunglobuline gegeben werden. Die passive Impfung eignet sich vor allem für Reisende, die sich für einen zwei- bis dreiwöchigen Ferienaufenthalt in Asien, Afrika, aber auch den Mittelmeerländern vor Hepatitis A (Leberzellentzündung durch das A-Virus) schützen wollen.

Impfungen

Name/Hersteller	Wirkstoffe	Risiken & Nebenwirkungen
Begrivac *Rp* Behringwerke	Influenza-virusantigene	Ungeeignet bei chronischen Infektionen und Immundefekten. Fieber, lokale Reaktionen an der Einstichstelle.
Cholera-Impfstoff Behring *Rp* Behringwerke	Inaktivierte Cholerakeime	Ungeeignet für Kinder unter 6 Monaten. Magen-Darm-Störungen möglich.
DPT-Impfstoff Behring *Rp* Behringwerke	Diphtherie-Pertussis-Tetanus-Impfstoff	Vorsicht bei Herzrhythmusstörungen! Fieber, lokale Reaktionen möglich.
DT-Impfstoff Behring für Kinder *Rp* Behringwerke	Diphtherie-Tetanus-Impfstoff	Ungeeignet für Kinder mit Allergieneigung. Fieber, lokale Reaktionen möglich.
FSME-Immun *Rp* Immuno	FSME-Virusantigen	Ungeeignet bei Fieber und Eiweißallergien. Fieber, lokale Reaktionen möglich.
Gen H-B-Vax *Rp* MSD/Behringwerke	Hepatitis-B-Oberflächenantigen	Magen-Darm-Störungen, Atemwegsbeschwerden, Schlafstörungen möglich.
Havrix / Havrix Kinder *Rp* SmithKline Beecham	Inaktiviertes Hepatitis-A-Virus	Nicht bei akuten fiebrigen Infekten. Überempfindlichkeitsreaktionen, lokale Hautreizung, Müdigkeit möglich.

Beratung	Darreichungsform
Schutzimpfung gegen die epidemische Virusgrippe. Vor allem für ältere Menschen und Risikopatienten sinnvoll.	Suspension zur Injektion
Als Reiseimpfung in Choleraländer sinnvoll. Impfschutz etwa 6 Monate.	Suspension zur Injektion
Kombinationsimpfstoff gegen Diphtherie, Keuchhusten und Wundstarrkrampf, vor allem für Kinder bis zum Ende des 1. Lebensjahres wichtig. Dreierkombination ist wegen Keuchhustenanteil umstritten.	Suspension zur Injektion
Kombinationsimpfstoff zur aktiven Immunisierung gegen Diphtherie und Wundstarrkrampf. Vom 3. Lebensmonat an bis Ende des 5. Lebensjahres empfohlen.	Suspension zur Injektion
Impfstoff zur Vorbeugung gegen Frühsommer-meningoenzephalitis (FSME) infolge von Zeckenbissen. Aktive Immunisierung. Umstrittene Impfung.	Suspension zur Injektion
Impfstoff zur aktiven Immunisierung gegen Infektion mit Hepatitis-B-Virus (Leberentzündung). Zusätzlich gibt es diesen Impfstoff auch speziell für Kinder. In Hefezellen gentechnisch hergestellter Wirkstoff.	Suspension zur Injektion
Neuer, in menschlichen Zellen gezüchteter Impfstoff gegen Hepatitis A. Empfohlen für Reisende in gefährdete Gebiete und Risikopersonen (Kanal- und Klärwerkarbeiter, in Kindergärten und Heimen, Bluter).	Suspension zur Injektion

Name/Hersteller	Wirkstoffe	Risiken & Nebenwirkungen
M-MVax Masern-Mumps-Lebend-Impfstoff *Rp* Behringwerke	Abgeschwächtes Masern- und abgeschwächtes Mumps-Virus	Nicht in der Schwangerschaft. Fieber, lokale Reaktionen möglich.
Oral-Virelon T I *Rp* Behringwerke	Abgeschwächter Poliomyelitis-Lebendimpfstoff	Ungeeignet bei akuten Infektionen. Fieber, Kopfschmerzen, allergische Reaktionen möglich.
Polio Sabin-S, Poliomyelitis-Lebend-Impfstoff *Rp* SmithKline Beecham	Abgeschwächter Poliomyelitis-Lebendimpfstoff	Fieber, Kopfschmerzen, Durchfall möglich. Nicht bei akuten Infektionen.
Tetagam N *Rp* Behringwerke	Immunglobulin vom Menschen zur Tetanusimpfung	Ungeeignet bei Überempfindlichkeit gegen Immunglobuline. Temperaturanstieg möglich.
Tetanobulin s *Rp* Immuno	Immunglobulin vom Menschen zur Tetanusimpfung	Ungeeignet bei Überempfindlichkeit gegen Immunglobuline. Temperaturanstieg möglich.
Tetanol *Rp* Behringwerke	Tetanustoxoid	Ungeeignet bei Fieber oder Neigung zu allergischen Reaktionen. Lokale Reizungen möglich.
T-Immun *Rp* Immuno	Tetanustoxoid	Ungeeignet bei Fieber oder Neigung zu allergischen Reaktionen. Lokale Reizungen möglich.

Beratung	Darreichungsform
In Hühnerzellkulturen gewonnener Impfstoff zur aktiven Immunisierung; vom 15. Lebensmonat an verwendbar.	Trockensubstanz und Lösung zur Injektion
Kombination aus abgeschwächten Kinderlähmungsviren mit einem Antibiotikum (Neomycin) zur aktiven Immunisierung vom 3. Lebensmonat an. Schluckimpfung.	Suspension
Aktive Immunisierung mit abgeschwächten Kinderlähmungsviren; verwendbar als Schluckimpfung vom 3. Lebensmonat an.	Tropfen
Sofortimpfung gegen Tetanus (Wundstarrkrampf) bei Frischverletzten (Passivimpfung in den Muskel).	Lösung zur Injektion
Sofortimpfung gegen Tetanus (Wundstarrkrampf) bei Frischverletzten (Passivimpfung in den Muskel).	Lösung zur Injektion
Aktive Immunisierung gegen Wundstarrkrampf (Tetanus), Schutzimpfung vom 3. Lebensmonat an möglich. Sollte bei Erwachsenen alle 10 Jahre aufgefrischt werden.	Suspension zur Injektion
Aktive Immunisierung gegen Wundstarrkrampf (Tetanus). Sollte bei Erwachsenen alle 10 Jahre aufgefrischt werden.	Suspension zur Injektion

Impfungen

	Name/Hersteller	Wirkstoffe	Risiken & Nebenwirkungen
	Typhoral L *Rp* Behringwerke	Abgeschwächte Lebendkeime von Salmonella typhi	Ungeeignet für Kinder unter 3 Monaten. Vorsicht in der Schwangerschaft! Magen-Darm-Beschwerden (selten).
ÖSTERREICH	**M-M-Vax** *Rp* MSD	Masern- und Mumpsimpfstoff	Lokale Reizung an der Einstichstelle, Fieber möglich.
ÖSTERREICH	**T-GAM Sero** *Rp* Serotherapeutisches Institut	Menschliches Gammaglobulin gegen Tetanus	Lokale Reizung an der Einstichstelle, Temperaturerhöhung möglich.
ÖSTERREICH	**Tetanus-Adsorbat-Impfstoff Sero** *Rp* Serotherapeutisches Institut	Tetanustoxoid	Lokale Reizung an der Einstichstelle, Temperaturanstieg, Kopfschmerzen möglich.
SCHWEIZ	**Attenuvax** *Rp* MSD	Masern-Lebendvirus-Vakzine	Kurzzeitiges Brennen oder Stechen an der Impfstelle, Fieber und Hautausschlag möglich.
SCHWEIZ	**Poloral Berna** *Rp* Berna	Polioviren	Frösteln, Fieber, Kopfschmerzen, Abgeschlagenheit, Gliederschmerzen.
SCHWEIZ	**Te Anaxtol Berna** Berna	Tetanus-formoltoxoid	Lokale Reaktionen wie Schmerzen, Rötung, Schwellung, Verhärtung.

Beratung	Darreichungsform
Schluckimpfung gegen Typhusinfektion durch Salmonellen. Für Reisende in gefährdete Länder empfohlen.	Kapseln
Kombinationsimpfstoff zur Vorbeugung gegen Masern und Mumps ab dem vollendeten 1. Lebensjahr.	Injektionslösung
Zur sofortigen Vorbeugung gegen Wundstarrkrampf (Tetanus).	Injektionslösung
Aktive Immunisierung gegen Wundstarrkrampf. Bei Erwachsenen alle 10 Jahre auffrischen.	Injektionslösung
Impfstoff gegen Masern. Nicht empfohlen für Kinder unter 15 Monaten. Keine Impfung während der Schwangerschaft, bei fiebrigen Erkrankungen und bei Überempfindlichkeit auf Eier.	Einzeldosisampullen
Schluckimpfung gegen Kinderlähmung (Poliomyelitis). In etwas kalter Flüssigkeit oder auf Würfelzucker einnehmen. Nicht bei akuten fiebrigen Erkrankungen und akuten Darminfektionen.	Flacons
Impfstoff gegen Wundstarrkrampf (Tetanus). Keine negativen Wirkungen in Schwangerschaft und Stillzeit bekannt.	Ampullen, Flacons, Spritze

Kopfschmerzen/Migräne

Kopfschmerzen sind neben Zahnweh und Magenschmerzen sicherlich eine der Krankheiten, die jeder schon einmal gehabt hat. Manche reagieren auf bestimmte Wetterlagen mit einem Brummschädel, andere spüren nach einer durchzechten Nacht jede einzelne Faser ihres Kopfes. Bei Frauen treten Kopfschmerzen häufig während der Menstruation auf. Ferner können Streß, Überlastung, Hunger, Müdigkeit, verbrauchte Luft und auch ernsthafte organische Störungen für das lästige Ziehen, Stechen, Hämmern und Dröhnen im Kopf verantwortlich sein.

Was ist eigentlich Migräne?
Bei der Migräne handelt es sich um sehr starke hämmernde, klopfende, meist einseitig auftretende Schmerzen, die anfallsartig vorkommen.
Begleitend treten häufig Lichtempfindlichkeit, Übelkeit und Erbrechen auf.

Pillenvielfalt

Bei kaum einer anderen Krankheit ist auch die Angebotspalette an entsprechenden Schmerzmitteln so groß wie beim Kopfschmerz.

Der Kopf dröhnt, hämmert, sticht und klopft fast zum Zerspringen! Dieses Kapitel will Ihnen mit Rat und Tat zur Seite stehen, damit Sie in der riesigen Angebotspalette von Kopfschmerzmitteln Ihren richtigen Weg finden.

Typische Krankheitssymptome

Das ist doch ganz einfach, werden Sie jetzt sagen, der Kopf tut eben weh. Richtig. Um jedoch nähere Hinweise auf die mögliche Ursache Ihrer Beschwerden zu bekommen, sollten Sie Ihre Kopfschmerzen schon etwas genauer unter die Lupe nehmen.

Kopfweh ist nicht gleich Kopfweh

Die Schmerzen können dumpf, bohrend, hämmernd, stechend oder reißend sein; sie können sich im Stirn- oder Hinterkopfbereich ausbreiten und auch in andere Körperpartien, vornehmlich Schulter und Nacken, ausstrahlen.

Die Krankheitsursachen

Sie sind ungefähr so zahlreich wie die Symptome. Erfreulicherweise sind die Krankheitsursachen in den meisten Fällen harmlos und leicht abzustellen.

Die Psyche schlägt Alarm!

Häufig stecken psychische Probleme dahinter, die zu Verspannungen führen. Ebensooft sind Wetterveränderungen, Sauerstoffmangel, körperliche Probleme wie Hunger oder Müdigkeit und Genußmittelmißbrauch die Ursache.
Daneben gibt es eine ganze Reihe organischer Erkrankungen, die sich in Kopfschmerzen äußern können. Zu nennen sind hier die Trigeminusnerverkrankung, Nasennebenhöhlen- und Zahnerkrankungen, Stoffwechselstörungen, Infektionskrankheiten und Gefäßerkrankungen. Auch Kopfverletzungen, im schlimmsten Fall ein Gehirntumor, kommen als Auslöser in Frage. Schließlich gibt es noch die vasomotorischen, nämlich direkt durch die Gefäßnerven im Gehirn ausgelösten Kopfschmerzen.

Wenn uns die Umwelt krank macht

Zunehmend führen auch Umweltbelastungen zu Kopfschmerzen, vor allem Schadstoffe in der Luft wie Abgase und Wohngifte oder Dämpfe am Arbeitsplatz. Immer häufiger wird auch Lärmbelästigung zum gesundheitlichen Problem.

Die Kopfschmerz-Gefahr durch Monitore und TV-Geräte wird von vielen unterschätzt. Acht Stunden am PC-Monitor und bis zu drei Stunden vor der Glotze – da revoltiert Ihr Kopf.

Was wir heute über Migräne wissen

Mit den Ursachen der Migräne verhält es sich etwas anders als beim gewöhnlichen Kopfschmerz. Bekannt ist, daß die Anlage zur Migräne vererbbar ist. Hinzu kommen noch die sogenannten auslösenden Faktoren, wie etwa Streß, Licht-, Lärm- und Geruchsreize, bestimmte Nahrungsmittel (Schokolade, Käse, Rotwein), auch die Ruhe nach einer Streßbelastung (Wochenende) und bei Frauen hormonelle Faktoren.

Wenn der Kopf zerspringen will
Was beim Migräneanfall im Körper falschläuft, ist noch nicht endgültig aufgeschlüsselt.

Bisher vermutet man folgendes:

- Zum einen eine Verengung der Hirn- und Hirnhautgefäße.
- Zum anderen biochemische Veränderungen im Körper.
- Botenstoffe spielen beim Migräneanfall eine wichtige Rolle, da sie bestimmte Nervensignale im Gehirn beeinflussen.
- Weitere Theorien gehen von einer Hemmung der elektrischen Aktivität der Hirnrinde aus.
- Eine mögliche Ursache wäre auch eine Entzündung an den Blutgefäßen, bestimmte Stoffe gelangen dann aus dem Blut an die umliegenden Nerven und reizen sie direkt.

Experten vermuten heute, daß bei der Migräne mehrere Faktoren ursächlich zusammenwirken.

Bei Migräne wirken nach Meinung der Experten mehrere Ursachen zusammen. Versuchen Sie Ihre Kopfschmerzen möglichst genau zu beschreiben, wenn Sie zum Arzt gehen.

Wann Sie den Arzt brauchen

Grundsätzlich sollten Sie bei einer Migräne immer ärztliche Beratung in Anspruch nehmen, auch schon deshalb, weil die oftmals erforderlichen stärkeren Medikamente rezeptpflichtig sind.

Bei Kopfschmerzen ist ein Arztbesuch ratsam, wenn

- Die Kopfschmerzen immer wieder auftreten
- Die Kopfschmerzen eindeutig auf einen Sonnenstich zurückzuführen sind
- Der Verdacht besteht, daß eine organische Krankheit dahintersteckt
- Sich neben den Kopfschmerzen auch Depressionen und Angstgefühle einstellen

Kopfschmerzen

Ihre Beschwerden	Mögliche Ursachen	Therapievorschläge
Dumpfer, gleichbleibender Schmerz im Stirn- und Hinterkopfbereich	Sauerstoffmangel, Wetterfühligkeit, Hunger, Müdigkeit, Nikotin, Streß	Frische Luft, Akupressur, Wasseranwendungen, leichte Schmerzmittel
Stechende/hämmernde einseitige Kopfschmerzen, bis in Schulter und Nacken	Verspannungen, seelische Probleme	Massagen, Bewegungs- und Entspannungsübungen, Wasseranwendungen, Schmerzmittel
Starke Schmerzen im unteren Stirnbereich, eventuell mit Sehstörungen	Überlastung der Augen (Bildschirmarbeit!), Fehlsichtigkeit, Lärm, Migräne	Ruhe, Akupressur, Wasseranwendungen, Eisbeutel, Augen prüfen lassen
Leichte bis mittelschwere Druckschmerzen im ganzen Kopf, die lange anhalten und oft auftreten	Umweltgifte, Schadstoffbelastung in der Luft und Umwelt (z. B. Abgase, Wohngifte)	Leichte Schmerzmittel, alle physikalischen Anwendungen, grundsätzlich: Belastung abbauen!
Sehr starke hämmernde, oft einseitige Schmerzen, verbunden mit Lichtempfindlichkeit, Übelkeit	Migräne	Ärztliche Hilfe suchen, Auslöser (z. B. Nahrungsmittel) vermeiden
Einseitige Kopfschmerzen in einer Gesichtshälfte	Trigeminusnerverkrankung, Nasennebenhöhlen- oder Zahnerkrankung	Ärztliche Hilfe suchen
Plötzlich stechende, klopfende starke Kopfschmerzen nach Sonnenbad	Sonnenstich	Ärztliche Hilfe suchen
Dumpfer Kopfschmerz mit leichtem Schwindelgefühl und Übelkeit	Kreislaufbeschwerden aufgrund von Wetteränderung	Bewegungsübungen, Wasseranwendungen, kreislaufanregende Mittel

Die sanfte Selbstbehandlung

Frische Luft

Banal, aber erstaunlich wirksam gegen Kopfschmerzen ist ein langer Spaziergang an der frischen Luft. Der Körper tankt Sauerstoff, die Durchblutung, auch der Gefäße im Kopf, wird angekurbelt, und Sie fühlen sich insgesamt wieder besser.
Wohlgemerkt: Gemeint sind die Bewegung in der freien Natur und das Laufen auf weichem Waldboden. Einmal um den asphaltierten Häuserblock laufen bringt nichts – außer Abgasen in den Atemwegen.

Besser als der (zu) rasche Griff zur Kopfschmerztablette sind erst mal alte Hausmittel: der Spaziergang an der frischen Luft, Wasseranwendungen und viel Mineralwasser trinken.

Wasseranwendungen

Das Wasser gilt genau wie Mutter Erde (Heilerde!) als ältestes und billigstes Heilmittel der Welt. Es ist wirklich schade, daß die unglaubliche Wirkung von Wasser bei zahlreichen Beschwerden so oft vergessen wird. Das liegt wohl daran, daß der rasche Griff zum Medikament für viele Menschen scheinbar bequemer ist.
Dabei sind die wirksamen Wasseranwendungen für jeden so leicht und bequem durchzuführen. Im folgenden wollen wir Ihnen einige Anregungen geben. Auch wenn Sie skeptisch sind, probieren Sie es doch mal aus!

Unser Tip: Eisbeutel!
Die einfachste Wassertherapie ist der klassische Eisbeutel. Legen Sie ihn für einige Minuten auf die schmerzende Kopfpartie – und der Schmerz verschwindet. Nicht angezeigt ist diese Methode bei Kopfschmerzen, die auf Verspannungen im Schulter-Nacken-Bereich zurückgehen. Ist kein Eisbeutel zur Hand, legen Sie einen nassen Waschlappen für einige Minuten in das Tiefkühlfach Ihres Kühlschranks.

Wasseranwendungen nach Pfarrer Kneipp

Bei vielen Arten von Kopfschmerz sind die Wasseranwendungen nach Pfarrer Kneipp hilfreich, weil sie sowohl auf die Blutgefäße im Kopf als auch auf dessen Muskulatur und das vegetative, nicht bewußt steuerbare Nervensystem gleichzeitig einwirken. Die Güsse nach Pfarrer Kneipp kann jeder allein zu Hause durchführen.

Armbad

Wunder wirkt das kalte Armbad, bei dem Sie die Arme bis zum Ellbogen für etwa 30 Sekunden in kaltes Wasser tauchen. Am besten probieren Sie es im Waschbecken aus! Anschließend sollten Sie sich warm einpacken und ausruhen.

Schon der alte Pfarrer Kneipp wußte es: Wasser bringt Entspannung. Probieren Sie doch mal das eine oder andere Rezept von ihm aus.

Armguß

Auch der sanfte Armguß bringt rasche Hilfe bei Kopfschmerzen und Abgespanntheit.

- Führen Sie den kalten Duschstrahl langsam von der rechten Hand über den Arm bis zur Schulter, verharren Sie dort einen Moment, und führen Sie das Wasser gemächlich abwärts.
- Verfahren Sie genauso mit dem linken Arm!
- Diese Anwendung können Sie ohne weiteres mehrmals wiederholen.
- Hören Sie auf, wenn sich ein unangenehmes Kältegefühl einstellen sollte!

Kopfdampfbad

Ein Kopfdampfbad bringt Erleichterung – vor allem bei Schmerzen, die auf Erkältungen und Nebenhöhleninfektionen zurückzuführen sind.

- Geben Sie in einen Topf mit kochendem Wasser eine Handvoll Kräuter; empfehlenswert sind
  - Salbei
  - Fenchel
  - Lindenblüten
  - Heublume oder
  - Kamille.
- Oder benutzen Sie ätherische Öle in einer ausgewogenen Zusammensetzung.
- Verwenden Sie das Öl sparsam, nur zwei bis drei Tropfen ins Wasser geben.
- Jetzt den Kopf über die Schüssel beugen, ein Handtuch darüberhängen und die Dämpfe fünf bis höchstens sieben Minuten einatmen.

Kaffee

Bei Kopfschmerz aus Müdigkeit wirkt ein Täßchen Kaffee schnell belebend und schmerzlindernd. Es stärkt die Durchblutung und regt die Nervenzentren im Gehirn an. Stark sollte der Kaffee auf jeden Fall sein, am besten trinken Sie Mokka oder Espresso.

Nicht empfehlenswert ist Kaffee nach Alkoholgenuß mit entsprechenden Magenbeschwerden, da er neben der erwünschten Förderung der Durchblutung auch die Magenschleimhäute reizt!

Unser Tip: Kaffee mit Zitrone!

Hochwirksam gegen Kopfschmerz ist auch ein altes Hausmittel, das allerdings einen ziemlich robusten Magen voraussetzt:

Mischen Sie schwarzen Kaffee mit dem Saft einer halben Zitrone.

Kaffee oder Massage: (Aus-) Probieren geht über Studieren. Vielleicht erspart es Ihnen die eine oder andere Tablette.

Massagen

Bei Verspannungs- und Streßkopfschmerzen empfehlen sich Kopfmassagen. Probieren Sie doch mal nachfolgende Übung. Sie werden überrascht sein!

Eine einfache Übung gegen Kopfschmerzen

- Zunächst streichen Sie mit den Fingerkuppen beider Hände kräftig von der Nasenspitze über Stirn und Kopf bis zum Nacken.
- Dann fangen Sie wieder bei der Nasenspitze an, streichen nun aber seitlich rechts und links an den Augenbrauen vorbei und knapp oberhalb der Ohren über den Kopf, wieder bis in den Nacken.
- Jetzt massieren Sie entgegengesetzt vom Ohr über die Schläfe bis zur Stirn und von da wieder seitlich über den Kopf bis in den Nacken.
- Wiederholen Sie die Übung, solange sie Ihnen angenehm ist.
- Noch wirkungsvoller ist die Massage, wenn Sie sie mit einer weichen Naturbürste machen!

Bewegungsübungen

Die einfachen Streck- und Dehnübungen dienen der Lockerung einer verkrampften Schulter- und Nackenmuskulatur.

Bewegungsübungen

- **Übung 1:** Kopf im Sitzen geradehalten. Beide Hände an den Hinterkopf legen. Ellbogen nach oben. Nun kräftig die Ellbogen nach hinten drücken. 20 Sekunden halten. Sie machen es richtig, wenn Sie die Bewegung in den Schultern spüren.

- **Übung 2:** Schultern bis zu den Ohren heben. Nun langsam den Kopf nach vorn beugen. Zehnmal, dann noch zehnmal nach hinten beugen.

- **Übung 3:** Rechten Arm nach oben strecken, abwinkeln, mit der flachen Hand auf die linke Schulter hinten legen. Nun den linken Arm heben und mit der Hand den rechten Ellbogen nach hinten drücken. 20 Sekunden lang Druck ausüben. Bitte nicht wippen! Und jetzt die andere Seite.

- **Übung 4:** Kopf locker hängen lassen, langsam nach vorne, nach links, nach rechts und wieder nach vorn beugen. Fünfmal rechts herum, fünfmal links herum.

- **Übung 5:** Mit leicht gespreizten Beinen hinstellen. Arme waagerecht abspreizen, Finger sind geschlossen. Jetzt zehnmal nach vorne kleine Kreise mit den Armen beschreiben, anschließend zehnmal nach hinten kreisen.

- **Übung 6:** Locker hinstellen, Arme baumeln lassen. Jetzt rasch abwechselnd die rechte und die linke Schulter so hoch wie möglich ziehen. Bitte 20mal wiederholen!

Tip: Mit Musik machen die Übungen mehr Spaß!

Wenn Sie die Technik des autogenen Trainings beherrschen, dann haben Sie eine wirksame Waffe gegen Kopfschmerz in der Hand.

Den Kopf bei den Übungen nie kreisen lassen, das belastet die Halswirbelsäule zu stark!

Akupressur

Fingerspitzengefühl allein genügt nicht, aber es ist schon eine gute Basis, um mit dieser Methode erfolgreich Schmerzen »wegzudrücken«. Entscheidend ist, daß Sie exakt den richtigen Punkt erwischen. Dazu gehören eine genaue Anleitung und etwas Erfahrung mit dieser erfolgreichen alten chinesischen Heilmethode.

Akupunktur arbeitet mit Nadeln auf die sogenannten Schmerzpunkte des Körpers. Akupressur ist verträglicher: Hier werden die Schmerzen schlicht weggedrückt.

Eine alte chinesische Heilmethode

Schon vor Tausenden von Jahren wußten die Chinesen, daß man mittels Druck und Massage mit der Hand und den Fingerkuppen Schmerz und Wohlbefinden des Menschen beeinflussen kann. Das Einstechen von Nadeln, wie es bei der Akupunktur gebräuchlich ist, entfällt hier. Die Massage konzentriert sich auf die bekannten Akupunkturpunkte und auf sogenannte Schmerzpunkte.

Historisch hat sich die Akupressur aus der Akupunktur entwickelt. Beide werden von medizinisch Fachkundigen ausgeführt, jedoch eignet sich die Akupressur auch hervorragend zur Selbstbehandlung.

Akupressur gegen Kopfschmerz

Für Kopfschmerzen gibt es verschiedene Punkte, von denen einige nicht am Kopf liegen.

- Am einfachsten zu finden ist der Punkt oberhalb der Nase, genau zwischen den Augenbrauen.
- Drücken Sie ihn einige Sekunden mit der Fingerkuppe.
- Massieren Sie diesen Punkt anschließend mit sanft kreisenden Bewegungen an den Augenbrauen entlang bis zur Schläfe.

Probieren Sie diese Massage doch einfach einmal aus! Vielleicht haben Sie dann Ihr ganz persönliches Antikopfschmerzmittel gefunden – garantiert nebenwirkungsfrei!

Das richtige Medikament

Im folgenden informieren wir Sie über die wichtigsten, überwiegend rezeptfrei erhältlichen Wirkstoffe in modernen Schmerzmitteln. Zu unterscheiden ist dabei zwischen

- Sogenannten Monopräparaten und
- Kombinationspräparaten.

Heute wird allgemein von vielen Ärzten und Apothekern geraten, ein Schmerzmittel mit nur einem Wirkstoff zu wählen (Monopräparate). Wir geben Ihnen jedoch auch einige Empfehlungen zu Kombinationspräparaten.

Schon Hippokrates empfahl Salicylate gegen Entzündungen und Kopfschmerz. Heute steht mit der Acetylsalicylsäure ein nebenwirkungsarmer Klassiker zur Verfügung.

Nutzen und Risiko der Wirkstoffe

Acetylsalicylsäure

Der Klassiker unter den Schmerzmitteln ist die Acetylsalicylsäure (ASS), der Wirkstoff, der allgemein unter seinem ersten Handelsnamen Aspirin bekannt und unentbehrlich geworden ist. Hauptbestandteil des Schmerzkillers, der bald seinen 100. Geburtstag feiert, sind die Bitterstoffe der Rinde einiger Weidenarten – Salicylate, die übrigens schon Hippokrates gegen fieberhafte Erkältungen empfahl. Hier liegen auch heute noch die Schwerpunkte des Behandlungsspektrums von Aspirin: fiebrige Erkältungskrankheiten bis zu grippalen Infekten, Kopf-, Zahn- und Gliederschmerzen, rheumatische Beschwerden.

Die Acetylsalicylsäure (ASS) wirkt rasch und zuverlässig, mit dem Wirkungseintritt ist schon nach 22 bis 34 Minuten zu rechnen, bei Brausetabletten sogar noch schneller.

Die häufigste Nebenwirkung dieses ansonsten sehr gut erforschten Wirkstoffes sind Magenbeschwerden, die im Einzelfall bis zu Magenblutungen führen. Patienten mit Magen-Darm-Beschwerden sollten sich für einen anderen Schmerzwirkstoff entscheiden. Grundsätzlich sollte Aspirin nicht auf nüchternen Magen, sondern nach dem Essen eingenommen werden.

Paracetamol

Paracetamol ist in seiner Wirkung der Acetylsalicylsäure (ASS) sehr ähnlich. Paracetamol greift jedoch den Magen weniger an, kann dafür aber bei entsprechender Veranlagung Leber und Nieren schädigen. Daher ist auch der gleichzeitige Genuß von Alkohol zu meiden – was allerdings für alle Schmerzwirkstoffe gilt.

Kombinationspräparate vereinen die Vorteile der Acetylsalicylsäure mit der durchblutungsfördernden Wirkung von Coffein.

Ibuprofen

Ein stärkerer Wirkstoff ist Ibuprofen, das allerdings bei Kopfschmerzen eigentlich schon zu stark ist. Ibuprofen hat sich als Monopräparat besonders bei entzündlichen rheumatischen Erkrankungen bewährt. Bei vorgeschriebener Dosierung ist mit ernsten Nebenwirkungen nicht zu rechnen: Ibuprofen ist auch sehr magenverträglich.

Kombinationspräparate

Bei den Kombinationspräparaten gibt es vor allen Dingen die Zusammenstellung von Acetylsalicylsäure oder Paracetamol mit Coffein, wie etwa in Thomapyrin, Neuralgin und Melabon K. Empfehlenswert sind solche Präparate besonders für jene Patienten, bei denen die Ursache des Schmerzes unbekannt ist und Monopräparate keine oder wenig Wirkung zeigen. Durch den Coffeinzusatz tritt die Wirkung dieser Stoffe sehr rasch ein, im allgemeinen kommen die Patienten mit einer Tablette aus. Das Coffein wirkt auf die Hirngefäße durchblutungsfördernd und kann daher auch bei Migräne schmerzlindernd sein.
In welcher Darreichungsform Sie die Schmerzmittel nehmen, bleibt ganz Ihrem persönlichen Geschmack überlassen: Neben normalen Tabletten sind bei vielen Kopfschmerzgeplagten Brausetabletten sehr beliebt.

Unser Tip: Ätherische Öle!
Die ätherischen Öle aus verschiedenen Heilpflanzen (z. B. JHP, Kneipp Minzöl, Mahama P) können besonders bei Kopfschmerzen im Stirnbereich manche Pille ersetzen. Das Öl sanft auf die schmerzenden Stellen reiben.
Vorsicht: Das Öl nicht in die Nähe von Augen und Schleimhäuten bringen!

Checkliste: Kopfschmerzen und Migräne

Ursachen

- Wetterfühligkeit, besonders bei Föhn
- Sauerstoffmangel
- Hunger und Müdigkeit
- Zuviel Alkohol, Nikotin oder Kaffee
- Psychische Probleme
- Auto- und Industrieabgase, Lärmbelästigung
- Wohngifte und Ausdünstungen am Arbeitsplatz
- Organische Erkrankungen
- Kopfverletzungen und Hirntumoren

Die Anlage zu Migräne ist vererbbar. Auslösende Faktoren können sein: Streß, Lärm, Wetterumschwung, hormonelle Umstellungen und bestimmte Lebensmittel (z. B. Rotwein).

Symptome

Aus der Art der Kopfschmerzen kann der Arzt Rückschlüsse auf die Ursache ziehen. Merkmale der Migräne: Schmerzen hämmernd und klopfend, meist einseitig und anfallsartig mit Lichtempfindlichkeit, Übelkeit und Erbrechen.

Behandlung

Bei Kopfschmerzen sollten Sie nicht automatisch zur Schmerztablette greifen. Oft helfen gesündere Mittel:

- Bewegung an der frischen Luft
- Eisbeutel auf die schmerzende Stelle
- Kaffee bei Müdigkeit, viel Mineralwasser
- Kopfmassage
- Kopfdampfbad mit ätherischen Ölen
- Akupressur
- Wasseranwendungen nach Kneipp

Als Tabletten haben sich bewährt: Acetylsalicylsäure (z. B. Aspirin), Paracetamol und Kombinationspräparate aus beiden Wirkstoffen (z. B. Thomapyrin).

Ursachen, Symptome und Behandlungsmöglichkeiten von Kopfschmerzen auf einen Blick!

Kopfschmerzen / Migräne

Name/Hersteller	Wirkstoffe	Risiken & Nebenwirkungen
Alka-Seltzer Bayer	Acetylsalicylsäure (ASS)	Nicht in Schwangerschaft und Stillzeit sowie bei Magengeschwüren. Nicht bei Asthma, Leber- und Nierenstörungen.
apo-Dolor Pekana	Homöopathische Mischung	Enthält 50 Vol.-% Alkohol!
Aspirin Bayer	Acetylsalicylsäure (ASS)	Nicht in Schwangerschaft und Stillzeit sowie bei Magengeschwüren. Nicht bei Asthma, Leber- und Nierenstörungen.
Aspro Nicholas	Acetylsalicylsäure (ASS)	Nicht in Schwangerschaft und Stillzeit sowie bei Magengeschwüren. Nicht bei Asthma, Leber- und Nierenstörungen.
ASS + C - ratiopharm ratiopharm	Acetylsalicylsäure (ASS), Vitamin C	Nicht in Schwangerschaft und Stillzeit sowie bei Magengeschwüren. Nicht bei Asthma, Leber- und Nierenstörungen.
ASS-ratiopharm ratiopharm	Acetylsalicylsäure (ASS)	Nicht in Schwangerschaft und Stillzeit sowie bei Magengeschwüren. Nicht bei Asthma, Leber- und Nierenstörungen.
ASS 500 Stada Stada	Acetylsalicylsäure (ASS)	Nicht in Schwangerschaft und Stillzeit sowie bei Magengeschwüren. Nicht bei Asthma, Leber- und Nierenstörungen.

Beratung	Darreichungsform
Lang bewährtes Mittel (ursprünglicher Wirkstoff aus der Silberweide) gegen Schmerzen, Fieber und rheumatische Entzündungen. Ist nicht für magenempfindliche Personen geeignet.	Brausetabletten
Pflanzliches homöopathisches Präparat; angeboten gegen Kopfschmerzen, Gliederschmerzen, Migräne.	Tropfen
Lang bewährtes Mittel (ursprünglicher Wirkstoff aus der Silberweide) gegen Schmerzen, Fieber und rheumatische Entzündungen. Ist nicht für magenempfindliche Personen geeignet.	Tabletten, Kautabletten, Brausetabletten
Lang bewährtes Mittel (ursprünglicher Wirkstoff aus der Silberweide) gegen Schmerzen, Fieber und rheumatische Entzündungen. Ist nicht für magenempfindliche Personen geeignet.	Tabletten
Lang bewährtes Mittel (ursprünglicher Wirkstoff aus der Silberweide) gegen Schmerzen, Fieber und rheumatische Entzündungen. Ist nicht für magenempfindliche Personen geeignet.	Brausetabletten
Lang bewährtes Mittel (ursprünglicher Wirkstoff aus der Silberweide) gegen Schmerzen, Fieber und rheumatische Entzündungen. Ist nicht für magenempfindliche Personen geeignet.	Tabletten
Lang bewährtes Mittel (ursprünglicher Wirkstoff aus der Silberweide) gegen Schmerzen, Fieber und rheumatische Entzündungen. Ist nicht für magenempfindliche Personen geeignet.	Tabletten

Kopfschmerzen/Migräne

Name/Hersteller	Wirkstoffe	Risiken & Nebenwirkungen
ben-u-ron / Benuron bene-Arzneimittel	Paracetamol	Vorsicht in Schwangerschaft und Stillzeit sowie bei Leber- und Nierenschäden! Bei langem Gebrauch Leber- und Nierenstörungen möglich.
Biologische Migräne-Tropfen Woelm Pharma	Homöopathische Mischung	Enthält Alkohol! Bei Kindern Pupillenveränderungen und Mundtrockenheit möglich. Wegen des Johanniskrautanteils kann Lichtempfindlichkeit auftreten.
Boxazin plus C Thomae	Acetylsalicylsäure (ASS), Vitamin C	Nicht in Schwangerschaft und Stillzeit sowie bei Magengeschwüren. Nicht bei Asthma, Leber- und Nierenstörungen.
Cefanalgin Cefak	Homöopathische Mischung	Enthält Alkohol!
Contradol Merz	Acetylsalicylsäure (ASS)	Nicht in Schwangerschaft und Stillzeit sowie bei Magengeschwüren. Nicht bei Asthma, Leber- und Nierenstörungen.
Dihydergot *Rp* Sandoz	Dihydroergotamin	Vorsicht in der Schwangerschaft (keine Tabletten) sowie bei Leberschäden und arteriellen Gefäßerkrankungen! Erbrechen, Übelkeit möglich.
Dociton *Rp* Zeneca	Propanolol	Vorsicht in Schwangerschaft und Stillzeit! Erbrechen, Übelkeit möglich.

Beratung	Darreichungsform
Lang bewährtes Mittel gegen Fieber und Schmerzen. Für rheumatische Entzündungen wird der Wirkstoff ASS als sinnvoller angesehen.	Saft, Kapseln, Zäpfchen, Tabletten
Homöopathische Mischung; angeboten gegen Migräne und Kopfschmerzen.	Tropfen
Lang bewährtes Mittel (ursprünglicher Wirkstoff aus der Silberweide) gegen Schmerzen, Fieber und rheumatische Entzündungen. Ist nicht für magenempfindliche Personen geeignet.	Brausetabletten
Pflanzliches homöopathisches Präparat; angeboten gegen Schmerzen, insbesondere Migräne, Neuralgie.	Tropfen, Injektionslösung
Lang bewährtes Mittel (ursprünglicher Wirkstoff aus der Silberweide) gegen Schmerzen, Fieber und rheumatische Entzündungen. Zum Lutschen. Ist nicht für magenempfindliche Personen geeignet.	Pastillen
Migränemittel; verwendbar zu Beginn eines Anfalls.	Tabletten, Retardtabletten, Tropflösung
Herzmittel (Betablocker), das auch zur Vorbeugung gegen Migräne verwendet werden kann.	Tabletten

Kopfschmerzen / Migräne

Name/Hersteller	Wirkstoffe	Risiken & Nebenwirkungen
Doloreduct Azupharma	Paracetamol	Vorsicht in Schwangerschaft und Stillzeit sowie bei Leber- und Nierenschäden! Bei langem Gebrauch Leber- und Nierenstörungen möglich.
Ergotamin Medihaler *Rp* 3M Medica	Ergotamintartrat	Vorsicht in Schwangerschaft und Stillzeit! Durchblutungsstörungen, Übelkeit möglich.
Fensum Merckle	Paracetamol	Vorsicht in Schwangerschaft und Stillzeit sowie bei Leber- und Nierenschäden! Bei langem Gebrauch Leber- und Nierenstörungen möglich.
Godamed Pfleger	Acetylsalicylsäure (ASS)	Nicht in Schwangerschaft und Stillzeit sowie bei Magengeschwüren. Nicht bei Asthma, Leber- und Nierenstörungen.
Ibufug *Rp* Wolff	Ibuprofen	Vorsicht in Schwangerschaft und Stillzeit sowie bei Magen-Darm-Beschwerden! Nicht geeignet für Kinder unter 8 Jahren. Asthmaanfäl (selten), Magenstörungen möglich.
Ibuprofen Heumann Heumann	Ibuprofen	Vorsicht in Schwangerschaft und Stillzeit sowie bei Magen-Darm-Beschwerden! Nicht geeignet für Kinder unter 8 Jahren. Asthmaanfäl (selten), Magenstörungen möglich.
Ibuprofen 200 Riker 3M Medica	Ibuprofen	Vorsicht in Schwangerschaft und Stillzeit sowie bei Magen-Darm-Beschwerden! Nicht geeignet für Kinder unter 6 Jahren. Asthmaanfäl (selten), Magenstörungen möglich.

Beratung	Darreichungsform
Bewährtes Mittel gegen Fieber und Schmerzen. Für rheumatische Entzündungen wird der Wirkstoff ASS als sinnvoller angesehen.	Saft, Tabletten, Zäpfchen
Dosiergerät zur rechtzeitigen Anwendung des Medikaments, eines Mutterkornalkaloids, zu Beginn eines Migräneanfalls.	Dosieraerosol
Seit langem bewährtes Mittel vor allem gegen Fieber und Schmerzen. Für rheumatische Entzündungen wird der Wirkstoff ASS als sinnvoller angesehen.	Tabletten, Zäpfchen
Lang bewährtes Mittel (ursprünglicher Wirkstoff aus der Silberweide) gegen Schmerzen, Fieber und rheumatische Entzündungen. Ist nicht für magenempfindliche Personen geeignet.	Tabletten
Ursprüngliches Rheumamittel (Antirheumatikum) gegen Schmerzen und Entzündungen. Wird gegen starke Kopfschmerzen empfohlen.	Tabletten, Retardtabletten
Ursprüngliches Rheumamittel (Antirheumatikum) gegen Schmerzen und Entzündungen. Gut geeignet gegen starke Kopfschmerzen.	Tabletten, Brausetabletten
Ursprüngliches Rheumamittel (Antirheumatikum) gegen Schmerzen und Entzündungen. Gut geeignet gegen starke Kopfschmerzen.	Tabletten

Kopfschmerzen/Migräne

Name/Hersteller	Wirkstoffe	Risiken & Nebenwirkungen
Neuralgietropfen S (Gelsemium Cosmoplex) Cosmochema	Homöopathische Mischung	Enthält Alkohol! Hautreaktionen möglich.
Optalidon 200 Sandoz	Ibuprofen	Vorsicht in Schwangerschaft und Stillzeit sowie bei Magen-Darm-Beschwerden! Nicht geeignet für Kinder unter 6 Jahren. Asthmaanfä (selten), Magenstörungen möglich.
Paracetamol-ratiopharm ratiopharm	Paracetamol	Vorsicht in Schwangerschaft und Stillzeit sowie bei Leber- und Nierenschäden! Bei langem Gebrauch Leber- und Nierenstörungen möglich.
Paracetamol Stada Stada	Paracetamol	Vorsicht in Schwangerschaft und Stillzeit sowie bei Leber- und Nierenschäden! Bei langem Gebrauch Leber- und Nierenstörungen möglich.
Parsal *Rp* Brenner-Efeka	Ibuprofen	Vorsicht in Schwangerschaft und Stillzeit sowie bei Magen-Darm-Beschwerden! Nicht geeignet für Kinder unter 6 Jahren. Asthmaanfä (selten), Magenstörungen möglich.
Phönix Phönomigral Phönix	Homöopathische Mischung	Enthält Alkohol!
Rephalgin Repha	Homöopathische Mischung	Keine bekannt.

Beratung	Darreichungsform
Homöopathisches Mittel; angeboten gegen neuralgisch-rheumatische Schmerzen, auch Kopf-, Zahn-, Armschmerzen.	Tropfen
Ursprüngliches Rheumamittel (Antirheumatikum) gegen Schmerzen und Entzündungen. Geeignet gegen leichte bis mittelstarke Kopfschmerzen.	Tabletten
Bewährtes Mittel vor allem gegen Fieber und Schmerzen. Für rheumatische Entzündungen wird der Wirkstoff ASS als sinnvoller angesehen.	Lösung, Tabletten, Zäpfchen
Bewährtes Mittel vor allem gegen Fieber und Schmerzen. Für rheumatische Entzündungen wird der Wirkstoff ASS als sinnvoller angesehen.	Tabletten, Zäpfchen
Ursprüngliches Rheumamittel (Antirheumatikum) gegen Schmerzen und Entzündungen. Gegen starke Kopfschmerzen gut geeignet.	Tabletten, Retardtabletten, Dragees
Homöopathische Mischung; angeboten gegen Migräne. Zur unterstützenden Therapie bei Durchblutungsstörungen im Gehirn.	Tropfen
Homöopathisches Mittel; angeboten gegen Migräne, Kopfschmerzen, Neuralgien.	Tabletten

Kopfschmerzen/Migräne

Name/Hersteller	Wirkstoffe	Risiken & Nebenwirkungen
Sandomigran *Rp* Sandoz	Pizotifen	Verboten in Stillzeit und für Kinder unter 2 Jahren. Vorsicht in Schwangerschaft! Müdigkeit, Blasenentleerungsstörungen möglich.
Schwöneural Schwörer	Homöopathische Mischung	Enthält Alkohol!
Spigelon Heel	Homöopathische Mischung	Enthält Alkohol!
Togal ASS 400 Togalwerke	Acetylsalicylsäure (ASS)	Nicht in Schwangerschaft und Stillzeit sowie bei Magengeschwüren. Nicht bei Asthma, Leber- und Nierenstörungen.
Togal N Togalwerke	Ibuprofen	Vorsicht in Schwangerschaft und Stillzeit sowie bei Magen-Darm-Beschwerden! Nicht geeignet für Kinder unter 6 Jahren. Asthmaanfäl (selten), Magenstörungen möglich.
Treupel mono Asta Medica	Paracetamol	Vorsicht in Schwangerschaft und Stillzeit sowie bei Leber- und Nierenschäden! Bei langem Gebrauch Leber- und Nierenstörungen möglich.
Unotex N feminin/masculin Bilgast	Homöopathische Mischung	Enthält Alkohol!

Beratung	Darreichungsform
Mittel (Serotoninantagonist) zur Vorbeugung gegen Migräne. Hemmt die Wirkung körpereigener Stoffe wie Histamin, Serotonin und Acetylcholin.	Dragees
Homöopathisches Mittel; angeboten gegen Migräne und Neuralgien im Bereich des Kopfes.	Tropfen
Homöopathische Mischung; angeboten gegen Kopfschmerzen.	Tabletten, Tropfen, Injektionslösung
Lang bewährtes Mittel (ursprünglicher Wirkstoff aus der Silberweide) gegen Schmerzen, Fieber und rheumatische Entzündungen. Ist nicht für magenempfindliche Personen geeignet.	Tabletten
Ursprüngliches Rheumamittel (Antirheumatikum) gegen Schmerzen und Entzündungen. Geeignet gegen Kopfschmerzen.	Tabletten
Bewährtes Mittel gegen Fieber und Schmerzen. Für rheumatische Entzündungen wird ASS als sinnvoller angesehen. Zäpfchen gibt es auch für Kinder, Kleinkinder und Säuglinge.	Tabletten, Zäpfchen
Homöopathisches Präparat; als »Kurmittel« gegen Migräne sowie menstruations- und witterungsbedingte Kopfschmerzen angeboten.	Dragees, Tropfen

Kopfschmerzen / Migräne

	Name/Hersteller	Wirkstoffe	Risiken & Nebenwirkungen
ÖSTERREICH	**Aspirin** Bayer	Acetylsalicylsäure	Nicht in Schwangerschaft und Stillzeit sowie bei Magengeschwüren. Nicht bei Asthma, Leber- und Nierenstörungen.
ÖSTERREICH	**Iburem** Dolorgiet	Ibuprofen	Vorsicht in Schwangerschaft und Stillzeit sowie bei Magen-Darm-Beschwerden! Magenstörungen, Schwindel, Juckreiz möglich.
ÖSTERREICH	**Paracetamol Genericon** Genericon	Paracetamol	Vorsicht in Schwangerschaft und Stillzeit sowie bei Leber- und Nierenschäden! Bei langem Gebrauch Leber- und Nierenstörungen möglich.
ÖSTERREICH	**Sanvita Weidenrinden-Dragees** Strallhofer	Weidenrinden-extrakt, Vitamin C	Nicht bei Asthma, in Schwangerschaft und Stillzeit. Selten Magen-Darm-Beschwerden, allergische Reaktionen.
SCHWEIZ	**Aspirin** Bayer	Acetylsalicylsäure	Nicht in Schwangerschaft und Stillzeit sowie bei Magengeschwüren. Nicht bei Asthma, Leber- und Nierenstörungen.
SCHWEIZ	**Solufen** Whitehall-Robins	Ibuprofen	Vorsicht in Schwangerschaft und Stillzeit sowie bei Magen-Darm-Beschwerden! Magenstörungen, Schwindel, Juckreiz möglich.
SCHWEIZ	**Zeller Kopfweh-Dragees forte** Zeller	Weidenrinden-extrakt	Nicht in der Schwangerschaft und bei Überempfindlichkeit auf Salicylate.

Beratung	Darreichungsform
Bewährtes Mittel (ursprünglicher Wirkstoff aus der Silberweide) gegen Schmerzen, Kopfschmerzen, Fieber und rheumatische Entzündungen. Ist nicht für magenempfindliche Personen geeignet. Wirkt blutverdünnend.	Tabletten
Nicht geeignet für Kinder unter 8 Jahren. Ursprüngliches Rheumamittel gegen Schmerzen und Entzündungen. Hat sich bei starken Kopfschmerzen gut bewährt.	Dragees
Bewährtes Mittel vor allem gegen Fieber und Schmerzen, hierbei besonders gut gegen Kopfschmerzen geeignet.	Tabletten
Pflanzliches Mittel gegen leichte Kopfschmerzen und leichte rheumatische oder entzündliche Schmerzen.	Dragees
Bewährtes Mittel (ursprünglicher Wirkstoff aus der Silberweide) gegen Schmerzen, Kopfschmerzen, Fieber und rheumatische Entzündungen. Ist nicht für magenempfindliche Personen geeignet. Wirkt blutverdünnend.	Tabletten, Kautabletten, Brausetabletten
Nicht geeignet für Kinder unter 8 Jahren. Ursprüngliches Rheumamittel gegen Schmerzen und Entzündungen. Hat sich bei starken Kopfschmerzen gut bewährt.	Kapseln
Heilmittel auf pflanzlicher Basis gegen Kopfschmerzen und rheumatische Schmerzen.	Dragees

Krebs

Krebs ist eine der gefürchtetsten Krankheiten überhaupt – und das zu Recht. Noch immer sind nur rund ein Drittel aller Krebspatienten zu heilen, während andererseits etwa 20 Prozent der Bevölkerung an Krebs sterben.

Nichts spricht dafür, daß es typische Krebspersönlichkeiten gibt. Vielmehr resultiert der Ausbruch dieser Krankheit aus einem ganzen Bündel von Gründen.

Was ist Krebs?

Beim Krebs handelt es sich um bösartige Zellwucherungen, die praktisch jede Zelle im Körper betreffen könnten. Voraussetzung für diese Entartung ist ein Defekt im Steuerungsmechanismus der Zelle selbst. Es kann Jahre dauern, bis aus einer solchen entarteten Zelle ein Tumor entsteht. Dieser zerstört dann auch die Nachbarzellen; über Blut und Lymphe können sich die Krebszellen im Körper ausbreiten und Metastasen (Tochtergeschwülste) in ganz anderen Organen bilden.

Die Krankheitsursache

Es gibt keinerlei Hinweise darauf, daß es eine typische Krebspersönlichkeit gibt. Vielmehr geht man heute davon aus, daß eine Reihe von verschiedenen Faktoren zusammenkommen müssen, um eine Krebserkrankung auszulösen.

Die häufigsten Auslöser von Krebs sind:

- Familiäre Anlage
- Psychische Faktoren wie Streß, Angst u. ä.
- UV- und Röntgenstrahlen
- Rauchen und Alkohol
- Chemische Stoffe aus der Nahrung (z. B. Nitrosamine aus Pökel- und Räucherfleisch, Schwermetalle aus Innereien oder Pilzen, Nitrate im Gemüse, Benzpyrene aus Gegrilltem)
- Chemische Stoffe am Arbeitsplatz.

Die Behandlung

Krebsbehandlung erfolgt selbstverständlich nur beim Arzt. In der Regel sind stationäre Aufenthalte unumgänglich.

Heilungschancen bei Krebs
Grundsätzlich sind die Heilungschancen bei Krebs um so besser, je kleiner die Krebserkrankung ist, wenn sie entdeckt wird. Je nach Art des Tumors sollte dann rasch operiert werden, bei einigen Krebsarten ist eventuell eine Chemo- oder Strahlentherapie das Mittel der Wahl.

Als geheilt gilt ein Krebspatient, wenn er nach der Behandlung fünf Jahre lang ohne Krankheitssymptome bleibt. Allerdings verlaufen leider viele Krebserkrankungen chronisch. D. h., Zeiten, in denen es den Patienten schlechter geht und sie eine Behandlung benötigen, können mit Zeiten wechseln, in denen sie relativ normal leben können.

Unser Tip: Früherkennung bei Krebs!
Je früher eine Krebserkrankung erkannt wird, um so größer sind die Heilungschancen. Im Frühstadium kann bei bestimmten Krebsleiden eine Operation sogar vermieden werden, beim Krebsbefall eines Organs eine sofortige Operation hingegen die Ausbreitung der bösartigen Zellen verhindern. Nutzen Sie daher auf jeden Fall sämtliche angebotenen Untersuchungen zur Krebsfrüherkennung!

Das richtige Medikament

Im Falle von Krebserkrankungen müßte diese Überschrift eigentlich eher heißen »Das einzige Medikament für Ihre Krankheit«. Denn die gegen Krebs eingesetzten Medikamente, die Zytostatika, haben derart horrende Nebenwirkungen, daß sich auch seriöse Mediziner in vielen Fällen fragen, ob die durch die Nebenwirkung eingeschränkte Lebensqualität wirklich noch in einem sinnvollen Verhältnis zu dem erzielten medizinischen Erfolg steht. Gerade bei fortgeschrittenen Tumoren wirken sie zumeist nicht lebensverlängernd.

Zytostatika: Da die Nebenwirkungen bei diesen Medikamenten so horrend sind, fragen sich viele seriöse Mediziner, ob sich deren Einsatz überhaupt noch vertreten läßt.

Länger leben ohne Zytostatika?

Studien an Krebspatienten haben sogar gezeigt, daß solche, bei denen die Zytostatika nicht wirken und die sie deshalb nicht nehmen, länger leben als andere mit einer chemotherapeutischen Behandlung.

Studien haben gezeigt, daß Patienten ohne Zytostatika zum Teil länger leben als Krebspatienten mit chemotherapeutischer Behandlung.

Derartige Medikamente müssen individuell auf die Konstitution des Patienten und die jeweilige Krebsart abgestimmt werden, allgemeine Empfehlungen können hier daher nicht gegeben werden.

Nutzen und Risiko der Wirkstoffe

Bei den Zytostatika handelt es sich um chemische Wirkstoffe, die Zellen abtöten sollen. Dabei ist es bislang nur ein frommer Wunsch der Hersteller, daß diese Medikamente nur die erkrankten Krebszellen ausrotten. Andere Zellen, die sich auch rasch teilen, sind leider von dieser medikamentösen Maßnahme mitbetroffen: etwa die der Schleimhäute, des blutbildenden Systems, die Keimzellen.
Sanftere Behandlungsmethoden gibt es einige, ihre Wirkung ist jedoch umstritten (siehe nächste Seite). Für viele Patienten sind Zytostatika daher die einzige Hoffnung.

Horrende Nebenwirkungen

Durch ihre zellzerstörende Wirkung verursachen Zytostatika horrende Nebenwirkungen. Die häufigsten sind:

- Eklatante Schwächung des Immunsystems
- Schädigung des Knochenmarks
- Haarausfall
- Erbrechen
- Übelkeit
- Ernste und langwierige Störungen an lebenswichtigen Organen wie:
  - Herz und Kreislauf
  - Leber, Magen und Darm.

Siehe hierzu den auch Abschnitt »Enzyme« Seite 510.

Es gibt eine Reihe von alternativen Krebstherapien, die sehr wohl ergänzend oder anstelle der Chemotherapie eingesetzt werden können. Vergleichen Sie bitte die nebenstehende Liste.

Die biologische Krebsbehandlung

Auch wenn viele Mediziner diesen alternativen Therapien jegliche Wirkung absprechen, so kann es im Einzelfall sehr wohl sinnvoll sein, diese anstelle einer Chemotherapie oder zumindest ergänzend einzusetzen.

Folgende alternative Krebsbehandlungsmethoden sind dabei heute von Bedeutung:

- **Hyperthermie**

  Die Hyperthermie (Überwärmung) beruht auf der Erkenntnis, daß Krebszellen hitzeempfindlicher sind als gesunde Zellen und daher mit Überwärmung abgetötet werden können. Man kann heute gezielt einzelne vom Krebs befallene Gewebeteile hyperthermisch behandeln.

- **Misteltherapie**

  Diese Heilpflanze enthält zellwachstumshemmende Eiweißbausteine. Die Behandlung mit Mistelextrakten ist heute bei Krebskranken relativ weit verbreitet; sie wird vorwiegend ergänzend zu einer Chemotherapie eingesetzt.

- **Thymustherapie**

  Thymuspräparate wirken vor allem immunstärkend und sind daher eine sinnvolle begleitende Maßnahme neben anderen Behandlungsmethoden.

- **Enzymtherapie**

  Enzyme sind lebenswichtige Stoffe, die am gesamten Stoffwechselgeschehen im Körper beteiligt sind. Für die Krebstherapie sind nur eiweißabbauende Enzymgemische geeignet, die vor allem in der Nachbehandlung zur Verhütung der Metastasenbildung eingesetzt werden.

- **Sauerstofftherapie**

  Tumorgewebe ist in der Regel nicht sehr gut durchblutet, weshalb sich eine höhere Sauerstoffzufuhr auf das gesamte Wohlbefinden des Patienten sehr günstig auswirken kann. Nur in Einzelfällen wurde auch ein Stillstand des Tumorwachstums beobachtet.

Krebs

Name/Hersteller	Wirkstoffe	Risiken & Nebenwirkungen
Eurixor medisculab	Mistelkraut (Auszug)	Ungeeignet bei Eiweißüberempfindlichkeit und Infektionen. Schüttelfrost, Fieber, Kopfschmerzen möglich.
Helixor Helixor	Tannenmistel	Ungeeignet in der Schwangerschaft sowie bei Mistelallergie und akuten entzündlichen Erkrankungen.
Iscador M / P / Qu Weleda	Apfelbaum-, Kiefer- und Eichenmistel	Ungeeignet bei Fieber sowie Hirntumoren. Allergische Reaktionen und lokale entzündliche Reizungen möglich.
Plenosol N Madaus	Mistelkraut	Ungeeignet bei Eiweißüberempfindlichkeit und chronischen Infektionen. Schüttelfrost, Fieber, Kreislaufbeschwerden möglich.
Vysorel-A / -M / -P Stärke 60 Novipharm	Apfelbaum-, Kiefer- und Eichenmistel	Ungeeignet bei Fieber sowie Hirntumoren. Allergische Reaktionen und lokale entzündliche Reizungen möglich.
Wobe-Mugos E *Rp* Mucos	Papain, Trypsin, Chymptrypsin	Nicht bei Blutungsneigung. Selten allergische Reaktionen möglich.
ÖSTERREICH		
Helixor Helixor	Tannenmistel	Ungeeignet in der Schwangerschaft sowie bei Mistelallergie und akuten entzündlichen Erkrankungen.

Beratung	Darreichungsform
Mistelpräparat, das zur lindernden Behandlung bei Krebs angeboten wird.	Ampullen
Anthroposophisches Mistelpräparat. Zur Anwendung gegen bösartige Erkrankungen und zur Vorbeugung gegen Rückfälle angeboten.	Injektionslösung
Mistelpräparat. Gemäß der anthroposophischen Menschen- und Naturlehre gegen Geschwulsterkrankungen und zur Vorbeugung gegen Rückfälle angeboten.	Injektionslösung
Zur lindernden Behandlung im Sinne einer Reiztherapie bei bösartigen Geschwülsten angeboten.	Injektionslösung
Mistelpräparat. Gemäß der anthroposophischen Menschen- und Naturlehre gegen Geschwulsterkrankungen und zur Vorbeugung gegen Rückfälle angeboten.	Injektionslösung
Kombination aus dem Enzym des mexikanischen Melonenbaumes (Papain) und anderen Substanzen; angeboten zur Behandlung von bösartigen Tumoren und zur Vorbeugung von Tochtergeschwülsten.	Tabletten
Anthroposophisches Mistelpräparat. Zur Anwendung gegen bösartige Erkrankungen und zur Vorbeugung gegen Rückfälle angeboten.	Injektionslösung

Kreislaufstörungen

Wetterfühligkeit, zuviel Genußmittel wie Nikotin und Alkohol, zuwenig Schlaf oder einfach viel zuviel Arbeit: Kreislaufstörungen können die Folge sein.
Neben diesen Einflüssen von außen gibt es aber auch noch krankhafte Störungen, die den gesamten Kreislauf durcheinanderbringen können, wie z. B. den zu hohen oder zu niedrigen Blutdruck. Ferner können auch Herzerkrankungen wie Herzmuskelschwäche, Herzrhythmusstörungen oder Herzklappenfehler den Kreislauf in Mitleidenschaft ziehen.

Der Kreislauf

100 000 Kilometer Adern!

Unter Kreislauf verstehen wir jenes System, in dem das Blut durch die zahlreichen Blutgefäße unseres ganzen Körpers, der Gewebe und aller Organe fließt. Würde man sämtliche großen und kleinen Blutgefäße aneinanderlegen, so ergäbe sich die beachtliche Gesamtstrecke von etwa 100 000 Kilometern!

7000 Liter Blut pro Tag

Wir unterscheiden zwischen dem kleinen und dem großen Kreislauf. Der kleine Kreislauf ist jener zwischen der rechten Herzkammer und der Lunge, in dem das verbrauchte Blut vom Herzen zur Lunge gepumpt und dort mit frischem Sauerstoff angereichert wird. Jetzt wird das Blut in die linke Herzkammer gepumpt. Von da geht es in den großen Kreislauf: Durch die Arterien strömt das Blut in die verschiedenen Organe, wo es Sauerstoff und andere lebensnotwendige Stoffe abgibt. Immerhin werden täglich über 7000 Liter Blut auf diese Art und Weise durch die Gefäße gepumpt!
Durch die Venen wird dann das inzwischen sauerstoffarme und mit Schadstoffen angereicherte Blut zum Herzen zurückgepumpt und zur Auffrischung wieder in den kleinen Kreislauf eingeschleust.

Der menschliche Kreislauf ist ein wahres Wunderwerk an Leistung: Großer und kleiner Kreislauf umfassen etwa 100 000 Kilometer Adern, durch die täglich 7000 Liter Blut gepumpt werden.

Typische Krankheitssymptome

Niedriger Blutdruck

Bei Menschen mit niedrigem Blutdruck sackt ein Großteil des Blutes in die Venen, während vorübergehend zuwenig zum Herzen zurückgepumpt wird. Als niedrig werden bei Frauen Blutdruckwerte von weniger als 100/80 Millimeter Quecksilber auf der Meßskala des Blutdruckmeßgerätes angesehen und bei Männern von 110/80.

Wann ist der Blutdruck niedrig?

Als Faustregel für niedrigen Blutdruck gilt:

- Bei Frauen weniger als 100/80 Millimeter Quecksilber
- Bei Männern weniger als 110/80 Millimeter Quecksilber.

Länger leben bei niedrigem Blutdruck

Sofern ein niedriger Blutdruck keine ernsthaften Beschwerden macht, wird er von Medizinern eigentlich eher als Glücksfall und Garant für ein langes Leben betrachtet: Menschen mit niedrigem Blutdruck werden im allgemeinen alt, da ihre Gefäße nicht so stark belastet werden wie beim hohen Blutdruck. Dafür fällt es Menschen mit niedrigem Blutdruck besonders schwer, morgens »in die Gänge zu kommen«.

Checkliste: Niedriger Blutdruck

Mit ziemlicher Sicherheit leiden Sie an niedrigem Blutdruck, wenn

- Sie morgens nur schwer in die Gänge kommen
- Ihnen beim schnellen Aufstehen schwarz vor Augen wird
- Sie gelegentlich an Antriebsschwäche leiden
- Sie ab und zu leichte Konzentrationsstörungen bemerken
- Sie leicht frieren
- Sie schnell müde werden
- Sie verstärkt unter Wetterfühligkeit leiden.

Menschen mit niedrigem Blutdruck haben die besten Chancen, gesund zu bleiben und alt zu werden. Ihre Gefäße werden nicht so stark belastet.

Hoher Blutdruck

Typische Krankheitssymptome beim hohen Blutdruck sind:

- Leichtes Unwohlsein
- Häufige Kopfschmerzen
- Herzklopfen.

All diese Symptome treten erst auf, wenn der Blutdruck bereits extrem hoch ist. Tückischerweise macht erhöhter Blutdruck lange Zeit überhaupt keine Beschwerden, weshalb die Betroffenen auch keinen Grund sehen, einen Arzt aufzusuchen.

Hoher Blutdruck bereitet lange überhaupt keine Beschwerden. Deswegen sehen die Betroffenen natürlich auch keinen Grund, den Arzt aufzusuchen.

Bluthochdruck senkt die Lebenserwartung

Chronisch hoher Blutdruck ist sehr gefährlich: Er kann zu ernsten Erkrankungen wie Herz- oder Nierenleiden, Augen- und Gefäßschäden sowie Gehirnschlag führen und die Lebenserwartung drastisch senken. Da das Risiko eines erhöhten Blutdrucks mit fortschreitendem Alter steigt, sollten Sie jenseits des 40. Lebensjahres regelmäßig Ihren Blutdruck kontrollieren lassen. Als zu hoch gilt beim Erwachsenen ein Blutdruck über 140/90 Millimeter auf der Quecksilbersäule (mehrfach gemessen).

Wann ist der Blutdruck hoch?
Als Grenzwert für hohen Blutdruck bei Erwachsenen gilt über 140/90 Millimeter Quecksilber.
Unser Tip: Lassen Sie ab dem 40. Lebensjahr regelmäßig Ihren Blutdruck kontrollieren. Wußten Sie schon, daß auch Ihr Apotheker Blutdruckmessungen anbietet?

Checkliste: Bluthochdruck

- Haben Sie Übergewicht?
- Ernähren Sie sich gern fett- und kalorienreich?
- Rauchen Sie viel?
- Trinken Sie gern ein Gläschen zuviel?
- Sitzen Sie zuviel? (Fernsehsessel? Büro?)
- Leiden Sie an Diabetes oder Gicht?
- Nehmen Sie regelmäßig Medikamente?
- Plagen Sie ständig Streß und Hektik?

Die Krankheitsursachen

Psyche und Streß

Bei Menschen bis zum 40. Lebensjahr haben Kreislaufstörungen meistens psychische Ursachen, d.h. sie gehen vom vegetativen Nervensystem aus. Hektik, Streß, Überlastung, finanzielle Sorgen u.a.m. können dahinterstecken.

Kreislaufstörungen sind meist eine Folge des modernen Lebens: Streß, Sorgen, Überlastung, Alkohol, Nikotin, zuwenig Schlaf und Bewegung sowie ungesunde Ernährung.

All die kleinen Sünden . . .

Mit psychischen Problemen gehen meist eklatante Fehler in der Lebensführung einher, die den Kreislauf noch labiler machen. Dies sind vor allem Bewegungsmangel, zuwenig Schlaf, Ernährungssünden, Alkohol-, Nikotin- und Medikamentenmißbrauch.

Verborgene Krankheiten

Im Einzelfall können hinter anhaltenden Kreislaufstörungen auch ernste Krankheiten verborgen sein. Dazu zählen in erster Linie: Herzerkrankungen, Blutarmut, Gefäßleiden, Zuckerkrankheit, Fettstoffwechselstörungen, Magenschleimhautentzündungen und Magengeschwüre sowie etliche andere Erkrankungen mehr.

Wann Sie den Arzt brauchen

Checkliste: Arztbesuch

Einen Arzt sollten Sie aufsuchen, wenn

- Kreislaufstörungen bei Ihnen immer wieder auftreten
- Der Verdacht naheliegt, daß eine ernste Erkrankung dahintersteckt
- Ihnen häufig schwarz vor Augen wird
- Sie schon einmal ohnmächtig wurden
- Sie neben den Kreislaufbeschwerden noch andere Symptome haben, z.B. Herzstolpern
- Sie bereits an einem Herzleiden erkrankt sind.

Die sanfte Selbstbehandlung

Vorausgesetzt, es stecken keine ernsthaften Krankheiten hinter Ihrer Kreislaufschwäche, sondern eher psychische Ursachen und eine ungesunde Lebensführung, dann können Sie viel tun, um Ihren Kreislauf langfristig zu stabilisieren.

Tips zur Selbstbehandlung

Schonen Sie Ihren Kreislauf, und gönnen Sie sich ab und zu Erholung!

Die besten Maßnahmen gegen Kreislaufschwäche sind:

- **Geregelt leben!**
  Sorgen Sie für ausreichend Schlaf, legen Sie feste Zeiten für Arbeit und Freizeit fest, essen Sie regelmäßig.
- **Gesunde Ernährung!**
  Meiden Sie vor allem die Genußmittel Nikotin und Alkohol! Bevorzugen Sie eine fettarme, ballaststoffreiche Kost mit viel Vitaminen und Mineralstoffen.
- **Regelmäßig trimmen!**
  Mindestens zweimal in der Woche sollten Sie Sport treiben, am besten an der frischen Luft.
- **Abhärten!**
  Gefäß- und kreislaufstärkend wirken ganz besonders die verschiedenen Wasseranwendungen nach Pfarrer Kneipp. Machen Sie entweder regelmäßig am Morgen heiß-kalte Wechselduschen oder am Abend Wassertreten im kalten Badewasser.

Gesund mit Hund

So manches Kreislaufproblem wurde schon dadurch gelöst, daß sich die geschwächten Menschen einen vierpfotigen Hausgenossen angeschafft haben. Dieser muß nämlich mehrmals täglich Gassi gehen, und das tut er nicht alleine!

Und vielleicht lernen Sie dabei noch andere nette Hundebesitzer kennen, Sie kommen ins Gespräch – und der nächste Spaziergang wird fest verabredet: zu zweit, zu dritt, zu vielen.

Vorteil: Hundebesitzer sind meist sehr kontaktfreudig!

Ein Gläschen Sekt
Den guten Rat, doch ein Gläschen Sekt für den Kreislauf zu trinken, hören Betroffene recht häufig.
Tatsächlich kann Alkohol den Kreislauf vorübergehend ankurbeln, er kann danach aber auch um so schneller wieder absacken.
Liegen den Kreislaufbeschwerden eindeutig nervöse Störungen zugrunde, kann ein Gläschen Sekt sogar beruhigend wirken.
Verboten ist dieses »Hausmittel« jedoch bei allen Kreislaufbeschwerden, die organische Ursachen haben, sowie ganz besonders beim hohen Blutdruck.

Ein Gläschen Sekt für den Kreislauf: Auf lange Sicht fahren Sie jedoch mit einer Behandlung auf Heilpflanzenbasis weitaus besser.

Für die Behandlung leichterer Kreislaufschwächen stehen einige gute heilpflanzliche Wirkstoffe zur Verfügung, über die die folgende Tabelle einen Überblick gibt.

Pflanzen, die den Kreislauf unterstützen

Heilpflanze	Wirkung	Anwendungen
Weißdorn	Fördert Durchblutung und Sauerstoffversorgung des Herzmuskels, stärkt den Blutdruck	Als Kur 1 Monat lang einnehmen, im Alter regelmäßig
Rosmarin	Klassische Kreislaufpflanze, reguliert den niedrigen Blutdruck	Besonders günstig als Badezusatz
Hirtentäschel (Herzkraut)	Fördert die Blutgerinnung, kräftigt Gefäße	In Herz- und Kreislauftees
Knoblauch	Beugt Gefäßverkalkung vor, reguliert erhöhte Blutfette, senkt Bluthochdruck	Bei niedrigem Blutdruck den Arzt fragen
Sellerie	Verbessert die Durchblutung, kurbelt den Stoffwechsel an	Immer wieder mal auf den Speisezettel bringen

Nutzen und Risiko der Wirkstoffe

Für den niedrigen Blutdruck

Die wichtigsten Wirkstoffe in der medikamentösen Behandlung gehören zur großen Gruppe der Sympathomimetika. In dieser Gruppe sind wiederum vor allem die Substanzen Etilefrin, Norfenefrin und das Pholedrin zu nennen.
Gerade in der Selbstbehandlung des niedrigen Blutdrucks mit diesen Medikamenten sind die Erfolge jedoch nicht immer überzeugend, da sie auch davon abhängen, wie das Verhältnis von oberem zu unterem Blutdruckwert ist. Dies können Sie als Laie kaum diagnostizieren; bleiben also die Medikamente wirkungslos, ist ein Arzt zu Rate zu ziehen.

Bitte beachten Sie: Alle Medikamente gegen hohen Blutdruck heilen keineswegs die Krankheitsursachen, sondern kurieren nur die Symptome. Wenn Sie Ihr Leben nicht ändern, wird nichts besser werden.

Nebenwirkungen

Diese Medikamente sollten Sie nicht länger als einige Wochen nehmen. Ihr chemischer Aufbau ist den körpereigenen Hormonen Adrenalin und Noradrenalin recht ähnlich, die beide in Krisenzeiten aufputschend wirken. Daher sollte auch die Dosierung der Mittel exakt eingehalten werden, denn bei Überdosierung kann es zu Nebenwirkungen wie Herzklopfen, Unruhe, Schlafstörungen, Schweißausbrüchen und Druckgefühl im Kopf kommen.

Selbstbehandlung ist nicht sinnvoll

Wegen des Risikos schwerer Folgeerkrankungen sollte die Behandlung hohen Blutdrucks ausschließlich in der Hand des Arztes liegen. Zur Wahl stehen verschiedene Wirkstoffe mit schweren Nebenwirkungsrisiken, wobei man zum Teil für die Behandlung zwei oder sogar drei Wirkstoffe kombinieren muß. Der Arzt sollte jedoch bestrebt sein, für die Langzeitbehandlung mit nur einem für den Patienten verträglichen Wirkstoff auszukommen.
Wichtig: Die verschiedenen Wirkstoffe heilen die Krankheit niemals ursächlich, sondern senken den Blutdruck nur so weit, daß die Gefahr von schweren Folgeerkrankungen vermieden wird.

Die wichtigsten Wirkstoffe

Betablocker können neben Schwindel, Pulsverlangsamung, Benommenheit, Depressionen, Atembeschwerden weitere schwere Nebenwirkungen hervorrufen. Deshalb werden sie oft mit harntreibenden Mitteln (Diuretika) kombiniert.

Als recht gut verträglich und wirksam werden ACE-Hemmer von Medizinern eingestuft, deren schwerste Nebenwirkungen nur ein harmloser Reizhusten und ein nicht weiter schädlicher Kaliumüberschuß im Körper sind. Immer häufiger werden beim Bluthochdruck auch Calciumantagonisten verordnet, die zwar Nebenwirkungen haben, jedoch selten gefährliche. Je nach Wirkstoff reichen sie von Schwindel, Benommenheit, leichter Übelkeit über allergische Hautreaktionen bis zu Wasseransammlungen im Gewebe. Deswegen halten Sie sich bitte genau an die Dosierung, die Ihnen Ihr Arzt empfiehlt.

Siehe hierzu auch den Abschnitt »Enzyme« Seite 510.

Unser Tip: Ändern Sie Ihr Leben!
Beim niedrigen Blutdruck und in vielen Fällen auch beim hohen Blutdruck hilft es, wenn Sie sich zu einer gesünderen, vernünftigen Lebensweise durchringen! Dadurch kann die Dosis der verordneten Medikamente zum Teil drastisch gesenkt werden.

Merke!
Wenn Sie Medikamente gegen hohen Blutdruck nehmen müssen, beachten Sie bitte folgende vier Faustregeln:

- Wenig verschiedene Medikamente nehmen!
- So niedrig dosieren wie möglich!
- Medikamente unbedingt und grundsätzlich in der vom Arzt vorgeschriebenen Dosis nehmen! Nehmen Sie irgendwelche anderen (rezeptfreien) Mittel, unbedingt mit dem Arzt klären, ob Wechselwirkungen bestehen!
- Bluthochdruck kann auch besser werden. Daher regelmäßig die Werte kontrollieren und mit dem Arzt die Dosis der Medikamente den neuen Werten anpassen.

Der Kreislauf ist ein System im Gleichgewicht. Gerät es außer Kontrolle, ist dies ein Anzeichen dafür, daß Ihr Leben aus dem Gleichgewicht geraten ist.

Kreislaufstörungen

Name/Hersteller	Wirkstoffe	Risiken & Nebenwirkungen
Angionorm *Rp* Farmasan	Dihydroergotamin	Übelkeit, selten Durchblutungsstörungen.
Angioton S DHU	Homöopathische Wirkstoff-kombination	Keine nennenswerten bekannt.
Bioflutin-N Südmedica	Etilefrin	Nicht in Schwangerschaft und Stillzeit. Unruhe, Schwindel, Kopfschmerzen, Herzklopfen, Schlaflosigkeit.
Confidol Medopharm	Etilefrin	Nicht in Schwangerschaft und Stillzeit. Herzschmerzen und -klopfen, Erregung, Schlaflosigkeit.
Corvipas Pascoe	Homöopathische Wirkstoff-kombination	Schlaflosigkeit, Unruhe, Schwitzen, Schwindel, Magen-Darm-Beschwerden.
DET MS *Rp* Rentschler	Dihydroergotamin	Nicht einnehmen bei Leber-, Nieren- und Gefäßerkrankungen! Übelkeit, Erbrechen, seltener Durchblutungsstörungen.
Dihydergot / -forte /-retard *Rp* Sandoz	Dihydroergotamin	Nicht in der Schwangerschaft. Übelkeit, Erbrechen, selten Durchblutungsstörungen, Schwindel, Kopfschmerzen.

Beratung	Darreichungsform
Wird bei niedrigem Blutdruck, aber auch zur Migränevorbeugung eingesetzt. Tropfen für die kurzfristige Behandlung sinnvoll, nicht für die Langzeittherapie.	Retard- und Depotkapseln, Tropfen
Bei labilem Kreislauf in Jugend und Alter, nach längerer Krankheit. Achtung: Enthält 50 Vol.-% Alkohol! Daher nicht für Kinder unter 12 Jahren. Morgens vor dem Aufstehen einnehmen.	Lösung zum Einnehmen
Nicht einnehmen bei Engwinkelglaukom, Blasenentleerungsstörungen, Herz- und Gefäßveränderungen. Für Schulkinder ab 6 Jahren geeignet. Wird bei labilem Kreislauf eingesetzt.	Tropfen
Für Kinder ab 6 Jahren geeignet, nicht jedoch für Herzkranke und Diabetiker. Zur schnellen Stabilisierung des niedrigen Blutdrucks.	Tropfen
Bei allen Formen von Kreislaufschwäche und -versagen. Achtung: Enthält 16 Vol.-% Alkohol! Vorsicht in Schwangerschaft und Stillzeit!	Tonikum
Nur für die kurzzeitige Behandlung! Nicht in Schwangerschaft und Stillzeit! Für Kinder ab 8 Jahren geeignet. Wird bei Kreislaufschwäche eingesetzt.	Tropfen, Tabletten, Retardkapseln, Injektionslösung
Nicht einnehmen bei Leber-, Gefäß- und Nierenerkrankungen. Nicht über einen längeren Zeitraum einnehmen. Für Kinder ab 8 Jahren geeignet.	Tabletten, Tropfen, Injektionslösung, Retardtabletten

Kreislaufstörungen

Name/Hersteller	Wirkstoffe	Risiken & Nebenwirkungen
Energona Maurer	Norfenefrin	Unruhe, Schwindel, Kopfschmerzen, Herzklopfen, Schlaflosigkeit.
Ergomimet *Rp* Klinge	Dihydroergotamin	Nicht in der Schwangerschaft. Übelkeit, Erbrechen, selten Durchblutungsstörungen, Schwindel, Kopfschmerzen.
Ergont /-retard / -depot *Rp* Desitin	Dihydroergotamin	Nicht in der Schwangerschaft. Übelkeit, Erbrechen, selten Durchblutungsstörungen.
Euviterin Südmedica	Coffein, Adenosin	Unruhe, Schlaflosigkeit, Magen- und Darmbeschwerden, Herzrhythmusstörungen, selten allergische Reaktionen.
Katovit N *Rp* Thomae	Prolintan	Vorsicht in Schwangerschaft und Stillzeit! Herzschmerzen- und -klopfen, Erregung, Unruhe, großes Abhängigkeitsrisiko.
Kneipp Kreislauf-Bad Rosmarin Aquasan Kneipp	Rosmarinöl, Kampfer	Nicht bei Hautverletzungen, akuten Hauterkrankungen, fieberhaften und infektiösen Erkrankungen, Herzschwäche und Bluthochdruck anwenden.
Mephentermin Salutas Fahlberg-List	Mephentermin	Schlaflosigkeit, Magen-Darm-Beschwerden, Herzklopfen, Kopfschmerzen, Zittern.

Beratung	Darreichungsform
Nicht in Schwangerschaft und Stillzeit. Verzögerter Wirkungseintritt durch Retarddarreichung.	Retardtabletten
Achtung: Verzögerter Wirkungseintritt bei Retardkapseln! Nicht einnehmen bei Gefäßkrankheiten. Das Nebenwirkungs- und Gewöhnungsrisiko ist recht hoch! Für Kinder ab 12 Jahren geeignet.	Tropfen, Retardkapseln
Verzögerter Wirkungseintritt (Retard!). Nicht einnehmen bei Leber-, Nieren- und Gefäßerkrankungen. Für Kinder ab 12 Jahren geeignet! Achtung: Enthält 60 Vol.-% Alkohol!	Tropfen, Retardtabletten
Auf keinen Fall in der Stillzeit anwenden (Coffein)! Am besten vor dem Aufstehen nehmen. Achtung: Enthält 14 Vol.-% Alkohol!	Tropfen
Besonders bei Erschöpfungszuständen und Leistungsschwäche. Nicht einnehmen bei Engwinkelglaukom, Blasenentleerungsstörungen, Schilddrüsenüberfunktion.	Dragees
Soweit nicht anders verordnet, nimmt man zwei- bis dreimal wöchentlich ein Bad zur Kreislaufanregung.	Lotion
Vor allem für Kinder und Jugendliche mit psychisch-physischen Erschöpfungszuständen. Wechselwirkungen mit anderen Medikamenten beachten. Dragees nicht nach 14 Uhr nehmen.	Dragees

Kreislaufstörungen

Name/Hersteller	Wirkstoffe	Risiken & Nebenwirkungen
Norfenefrin Ziethen Ziethen	Norfenefrin	Schlaflosigkeit, Unruhe, Schwindel, Kopfschmerzen, Magen-Darm-Beschwerden, Herzklopfen.
Normotin-R rapid OTW	Etamivan, Norfenefrin, Heptaminol	Schlaflosigkeit, Unruhe, Schwindel, Magen-Darm-Beschwerden, selten Herzrhythmusstörungen.
Ordinal forte /retard Asche	Octodrinkampfer, Norfenefrin, Adenosin (nur retard)	Nicht in Schwangerschaft und Stillzeit. Herzschmerzen und -klopfen, Unruhe, Schlaflosigkeit, Magen-Darm-Beschwerden.
Pasgensin Pascoe	Vitamine A, B1, B2, B6, C, D, E, Folsäure, Oxedrintartrat	Schlaflosigkeit, Unruhe, Schwindel, Kopfschmerzen, Herzklopfen, Magen-Darm-Beschwerden.
RR-plus *Rp* Gödecke	L-Sparteinsulfat, Herba Convallariae, Ephedrin	Magen- und Darm-Beschwerden, Herzrhythmusstörungen, selten allergische Reaktionen, Schlaflosigkeit.
Sympatol Boehringer Ingelheim	Oxedrin	Herzschmerzen und -klopfen, Schlaflosigkeit.
Thomasin-Tropfen/ -retard Apogepha	Etilefrin	Herzschmerzen und -klopfen, Unruhe, Schlaflosigkeit, Magen-Darm-Beschwerden.

Beratung	Darreichungsform
Zur Stabilisierung nach Kreislaufkollaps. Nicht in Schwangerschaft und Stillzeit. Für Kinder in jedem Alter: 1 Tropfen pro Lebensjahr zweimal täglich vor dem Essen.	Kapseln, Tropfen
Günstig im akuten Notfall: Wirkung tritt sofort ein! Nicht in Schwangerschaft und Stillzeit. Achtung: Enthält 22 Vol.-% Alkohol!	Tropfen, Dragees
Vor allem nach Krankheiten und Operationen, bei Wetterfühligkeit und morgendlicher Antriebsschwäche. Für Kinder ab 9 Jahren geeignet.	Dragees
Vor allem nach Infektionskrankheiten mit Vitaminmangelzuständen. Vorsicht in Schwangerschaft und Stillzeit! Dragees nur morgens und mittags nehmen.	Dragees
Bei chronisch niedrigem Blutdruck. Nicht einnehmen bei Blasenentleerungsstörungen, Engwinkelglaukom und Herzgefäßleiden. Wechselwirkungen mit anderen Medikamenten beachten.	Dragees
Vor allem geeignet in der Schwangerschaft, bei Säuglingen und im Alter. Sanfte Wirkung, enthält jedoch 10 Vol.-% Alkohol! Wechselwirkungen mit anderen Medikamenten beachten.	Lösung zum Einnehmen
Vorsicht in Schwangerschaft und Stillzeit! Achtung: Enthält 30 Vol.-% Alkohol! Auch für Kleinkinder geeignet. Dosierung beachten.	Retardtabletten, Tropfen

Land	Name/Hersteller	Wirkstoffe	Risiken & Nebenwirkungen
	Wintonin *Rp* Sanofi Winthrop	Gepefrin	Schlaflosigkeit, Unruhe, Schwindel, Herzklopfen, Magen-Darm-Beschwerden.
Österreich	**Carnigen (Mono) /-forte** *Rp* Albert-Roussel	Oxilofrin	Unruhe, Schlaflosigkeit, Herzklopfen, Magen-Darm-Beschwerden.
Österreich	**Effortil /-Depot** Boehringer Ingelheim	Etilefrin	Herzschmerzen und -klopfen, Unruhe, Schlaflosigkeit, Magen-Darm-Beschwerden.
Österreich	**Novadral** Gödecke	Norfenefrin	Schlaflosigkeit, Unruhe, Schwindel, Kopfschmerzen, Magen-Darm-Beschwerden, Herzklopfen.
Schweiz	**Dihydergot** *Rp* Sandoz	Dihydroergotamin	Möglichst nicht in Schwangerschaft und Stillzeit. Vorsicht bei schweren Nieren- und Lebererkrankungen! Übelkeit und Erbrechen möglich.
Schweiz	**Effortil** Boehringer Ingelheim	Etilefrin	Nicht bei Schilddrüsenüberfunktion, Engwinkelglaukom, Bluthochdruck. Herzklopfen, Unruhe, Kopfdruck und Schwitzen möglich.
Schweiz	**Novadral /-retard / -retard forte** *Rp* Warner-Lambert	Norfenefrin	Nicht bei Phäochromozytom, Schilddrüsenüberfunktion, Engwinkelglaukom.

Beratung	Darreichungsform
Vor allem für Jugendliche mit labilem Kreislauf, in den Wechseljahren sowie nach Krankheiten. Nicht länger als maximal 6 Wochen einnehmen. Vorsicht in Schwangerschaft und Stillzeit!	Kapseln
Nicht einnehmen bei Engwinkelglaukom, Herzrhythmusstörungen und koronaren Herzerkrankungen. Kurzfristige Wirkung, aber hohes Nebenwirkungsrisiko. Gewöhnungsgefahr!	Tropfen, Dragees
Kurzfristig wirksam, es besteht jedoch Gewöhnungsgefahr! Vorsicht in Schwangerschaft und Stillzeit! Laut Hersteller auch für Kleinkinder ab 2 Jahren geeignet.	Tabletten, Tropfen, Infusion
Vorsicht in Schwangerschaft und Stillzeit! Nicht zu hoch dosieren. Achtung: Enthält 9 Vol.-% Alkohol!	Lösung zum Einnehmen, Dragees
Bei niedrigem Blutdruck mit Schwindel, chronischer Müdigkeit. Auch zur Vorbeugung und Behandlung von Migräne und chronischen Kopfschmerzen.	Tabletten, Tropflösung, Ampullen
Gut verträgliches Analeptikum zur Behandlung von Kreislaufregulationsstörungen durch zu niedrigen Blutdruck. Auch für Kinder und ältere Personen geeignet.	Tabletten, Tropfen, Depot Perlongetten
Bei schweren Formen niedrigen Blutdrucks, schweren Kreislaufstörungen konstitutioneller Art sowie nach Operationen und nach der Entbindung.	Dragees, Saft, Ampullen

Leber- und Gallenerkrankungen

Die Leber ist eines der wichtigsten Organe im Körper und mit etwa drei Pfund auch das gewichtigste. Eine ihrer wichtigsten Aufgaben ist die Entgiftung bzw. Entschlackung des Körpers, ferner speichert sie lebenswichtige Stoffe und bildet täglich die Galle, die für die Fettverdauung benötigt wird.

Unsere Leber ist so robust, daß die meisten Menschen gar nicht merken, wenn ihre Leber krank ist.

Die Leber

Das größte innere Organ unseres Körpers liegt im rechten Oberbauch vor dem Magen und leistet einige wichtige Aufgaben für den Stoffwechsel. Vor allem ist sie wesentlich für die Entsorgung von Schad- und Schlackenstoffen aus dem Körper verantwortlich, lagert vorübergehend nicht benötigte Fette, Vitamine und Zucker in Depots ein und produziert für die Verdauung täglich einen Liter Gallenflüssigkeit, die die Fette aus der Nahrung verarbeitet. Ferner ist die Leber auch aktiv an der Blutgerinnung und der Bildung der Sexualhormone beteiligt.

Feinde der Leber

Die größten Feinde der Leber sind Alkohol und Medikamente, vor allem einige Schmerz- und Rheumamittel, Antibiotika, Neuroleptika, Betablocker und die Antibabypille.

Typische Krankheitssymptome

Lebererkrankungen

Die Leber ist ein ungemein wichtiges Organ im Körper und eines der robustesten. Deshalb kommt es häufig vor, daß der Betroffene gar nichts von einer Erkrankung merkt und keinerlei Schmerzen verspürt. Bei einer radikalen Änderung der Lebensweise kann sich die Leber oft selbst regenerieren.

Leberentzündung
Bei so unspezifischen Beschwerden wir Appetitlosigkeit, Ekel vor Fleisch, Übelkeit, ständiger Müdigkeit und unerklärlichen Kopf- und Gliederschmerzen sollte man, vor allem wenn Alkohol- oder Medikamentenmißbrauch im Spiel ist, an eine Leberentzündung denken.
Später kann ein permanenter Druckschmerz im rechten Oberbauch hinzukommen.

Ist die Leber krank, kann sie ihrer Reinigungsfunktion nicht mehr ausreichend nachkommen. Haut und das Weiße der Augen verfärben sich dann gelb. Der Mensch hat Gelbsucht.

Die Gelbsucht ist lediglich das äußere Symptom für eine Erkrankung der Leber, bei der Haut und das Weiße des Auges auffallend gelb verfärbt sind.

Die schwerste Lebererkrankung ist die Leberzirrhose, bei der die Zellen der Leber stetig degenerieren und absterben; die Leber verhärtet. Die Krankheit ist meist unheilbar.

Gallenerkrankungen

Eine der häufigsten Gallenerkrankungen sind die Gallensteine, die allerdings vom Betroffenen gar nicht bemerkt werden müssen. Bei immer wieder auftretenden, aber lang anhaltenden undeutlichen Druckschmerzen im Oberbauch sollten Sie an Gallensteine denken.

Gallenkolik
Verklemmte Gallensteine können eine Gallenkolik auslösen, die schwerste krampfartige Schmerzen mit Fieber, Schweißausbrüchen, Erbrechen und Schüttelfrost hervorrufen.
Eine Kolik nennt man die starken krampfartigen Schmerzen, wenn sich ein Organ extrem zusammenzieht. Häufige Koliken sind Darm-, Gallenstein-, Nieren-, Blasen- und Magenkolik. Kolikschmerzen sind extrem stark.

Eine Gallenblasenentzündung kann auch durch die Gallensteine verursacht werden.
Weitaus häufiger sind hier aber Erreger beteiligt, die durch den Darm in die Galle gelangen. Bei der Gallenblasenentzündung kommt es zu kolikartigen Schmerzen unter dem rechten Rippenbogen.

Die Krankheitsursachen

Zu den häufigsten Ursachen für Lebererkrankungen gehören Alkohol- und Medikamentenmißbrauch.

Die Folge einer romantischen Urlaubsbekanntschaft: Oft wird Hepatitis B, C und D über den Geschlechtsverkehr übertragen. Schützen Sie sich mit Kondomen!

Viren

Auch die Viren vom Hepatitistyp A, B, C, D und E, mit denen man sich besonders in warmen Ländern mit unzureichenden Hygienebedingungen anstecken kann, schädigen die Leber. Die Hepatitsviren B, C und D werden über den Blutweg übertragen, häufig kommt es beim ungeschützten Geschlechtsverkehr zur Ansteckung.

Fett und Alkohol

Falsche Ernährung, hier vor allen Dingen zu fett- und eiweißreiche Kost, wird für die Entstehung von Gallensteinen und anderen Gallenleiden verantwortlich gemacht.

Zur Fettleber kommt es hingegen durch Alkohol, der dieses Organ derart in Anspruch nimmt, daß für die Fettverbrennung nicht mehr genügend Kapazitäten frei sind. Das überschüssige Fett wird nun in der Leber gespeichert.

Wann Sie den Arzt brauchen

Im Zweifelsfall ist bei Verdacht auf Leber- und Gallenerkrankungen stets der Arzt aufzusuchen, insbesondere wenn Sie die folgenden Symptome häufig oder länger anhaltend beobachten.

Checkliste: Leber- und Gallenerkrankungen

- Gelbfärbung von Haut und Augen
- Schmerzen unter dem rechten Rippenbogen
- Koliken
- Übelkeit und Brechreiz
- Ekel vor Fleisch, Fett und Alkohol
- Müdigkeit, Gelenkschmerzen, Kopfschmerzen

Die sanfte Selbstbehandlung

Die beste Selbsthilfe bei Leber- und Gallenerkrankungen ist die Vorbeugung. Das bedeutet zum einen eine vernünftige, gesunde Ernährung und zum anderen vor allen Dingen einen verantwortungsbewußten Umgang mit Alkohol. Nehmen Sie auch nicht leichtfertig bei jedem kleinen Wehwehchen sofort zahlreiche Medikamente, sondern nur, wenn diese wirklich erforderlich sind.

Unser Tip: Verzicht auf Alkohol!
Verspüren Sie erste Anzeichen einer leichten Leber- oder Gallenschädigung, gibt es nur eines:
Sofort Hände weg vom Alkohol und auf fettarme Kost umsteigen!

Das richtige Medikament

Für schwere Leberfunktionsstörungen stehen Medikamente zur Verfügung, die der Arzt verordnen sollte, deren Wirkung aber von manchen Experten in Zweifel gezogen wird. Wenn man nämlich bedenkt, daß auch Medikamente zu den größten Feinden der Leber gehören, ist es im Einzelfall möglicherweise ratsam, gerade darauf zu verzichten und auf die Selbstheilungskräfte dieses Organs zu setzen.

Gegen Hepatitis A und B können Sie sich auch impfen lassen. Bitte schlagen Sie dazu im Kapitel »Impfungen« auf Seite 322 nach.

Hygiene hilft!

Vor der Hepatitis schützt vor allem sorgfältige Hygiene; gegen die Hepatitis A und B kann man sich impfen lassen, was sich vor allem bei Fernreisen empfiehlt.

Leberkur mit Pflanzen

Ferner stehen einige pflanzliche und biologische Produkte zur Verfügung, die sich vor allem kurmäßig zum Schutz der Leber anbieten. Dabei sollte man jedoch nicht dem Denkfehler verfallen, fröhlich weiterzechen zu können, weil ja das Medikament die Leber schützt!
Achtung: Strikter Alkoholverzicht ist auch bei einer Leberkur grundsätzlich anzuraten.

Nutzen und Risiko der Wirkstoffe

Spitzenreiter unter den Leberpflanzen ist die Mariendistel. Deren Wirkstoffe, vor allem das Silymarin, sollen die Leberzellen stärken und vor Giften schützen. Die Mariendistel empfiehlt sich besonders zur Vorbeugung von Leberschäden bei Alkohol- oder Medikamentenmißbrauch, zur Unterstützung der Behandlung bei entzündlichen Lebererkrankungen.

Lecker und gesund: Artischocken schmecken nicht nur vorzüglich, sie bringen auch Ihre Leber wieder auf Vordermann. Warum nicht am nächsten Wochenende mal Artischocken kochen?

Vitamine bringen die Leber auf Trab

Die Vitamine C, E und Betacarotin sowie das Spurenelement Selen kurbeln die Lebertätigkeit an, kurmäßig empfehlen sich auch Artischockenprodukte.

Gallensteine entfernen

Gallensteine werden zweckmäßigerweise heute chirurgisch oder endoskopisch entfernt; es gibt auch Medikamente zur Auflösung dieser Steine, die jedoch leider für die wenigsten Steine geeignet sind.

Unser Tip: Löwenzahnsalat für die Galle!

Für die Galle eignen sich vor allem die ätherischen Öle und Bitterstoffe. Diese finden Sie am leichtesten in Löwenzahn, Kümmel und Schafgarbe.

Probieren Sie doch mal einen Löwenzahnsalat!

- Suchen Sie junge Löwenzahnpflanzen, idealerweise an einem Hang (dann tut Ihnen der Rücken nicht weh).
- Vermeiden Sie unbedingt Straßenböschungen, denn die hier wachsenden Pflanzen sind zu stark belastet.
- Stechen Sie die jungen Pflanzen, die nur wenig aus dem Boden schauen.
- Waschen Sie die Blätter gründlich.
- Dressing nach Wunsch.
- Mit Gänseblümchen gemischt: Eine Delikatesse!

Checkliste: Leber- und Gallenerkrankungen
Leber- und Gallenerkrankungen reichen von Entzündungen, Gallensteinen über die Fettleber und Leberzirrhose bis zu Leber- und Gallentumoren.

Ursachen

- **Ungesunde Ernährung:** Zu fett- und eiweißreiche Kost spielt besonders bei der Entstehung von Gallensteinen eine entscheidende Rolle.
- **Alkoholmißbrauch:** Er führt zunächst zur Fettleber und schließlich zur Leberzirrhose, die meist unheilbar ist.
- **Leberentzündungen durch Viren:** Die Ansteckung erfolgt je nach Virus entweder durch ungenügende Hygiene, besonders auf Reisen in fernen Ländern, durch ungeschützten Geschlechtsverkehr mit infizierten Personen oder durch unsaubere Injektionsnadeln.
- **Gallensteine:** Wenn Gallensteine die Gallenwege blockieren, verursachen sie starke Schmerzen; durch den Gallenstau entzündet sich oft die Leber.

Symptome
Eine Leberentzündung verläuft anfangs schmerzlos und wird erst mit der sogenannten Gelbsucht erkannt. Weitere Symptome: Appetitlosigkeit, Ekel vor Fleisch, Übelkeit, ständige Müdigkeit sowie Kopf- und Gliederschmerzen. Eingeklemmte Gallensteine können starke Krämpfe auslösen, verbunden mit Fieber, Schweißausbrüchen und Erbrechen.

Behandlung
Die sinnvollste Therapie von Leber- und Gallenerkrankungen ist das Vorbeugen. Dazu gehört insbesondere:

- Vernünftige und gesunde Ernährung!
- Vorsichtiger Umgang mit Medikamenten!
- Alkohol in Maßen! Ab und zu ein Gläschen in Ehren – dagegen ist nichts einzuwenden. Aber bitte nicht regelmäßig.

Ursachen, Symptome und Behandlungsmöglichkeiten der Leber- und Gallenerkrankungen auf einen Blick.

Leber- und Gallenerkrankungen

Name/Hersteller	Wirkstoffe	Risiken & Nebenwirkungen
Aristochol Konzentrat Steiner	Schöllkraut, Schafgarbe, Löwenzahnwurzel, javanische Gelbwurz (Kurkuma)	Nicht in Schwangerschaft und Still-zeit, nicht für Kinder unter 12 Jahre nicht bei entzündlichen Darmerkra kungen, Leberstörungen. Bei Dauergebrauch Elektrolytverluste.
Aristochol N Steiner	Schöllkraut, Schafgarbe, Löwenzahnwurzel, javanische Gelbwurz (Kurkuma)	Nicht in Schwangerschaft und Still-zeit, nicht für Kinder unter 12 Jahre nicht bei entzündlichen Darmerkra kungen, Leberstörungen. Bei Dauergebrauch Elektrolytverluste.
Cholagogum N Nattermann Nattermann	Schöllkraut, javanische Gelbwurz (Kurkuma), Pfefferminzöl	Enthält Alkohol! Verboten bei schweren Leberstörungen, Verschluß der Gallenwege, Darmverschluß.
Cholspamin forte Lipha	Hymecromon	Vorsicht in Schwangerschaft und Stillzeit! Nicht bei chronisch entzündlichen Darmerkrankungen und akuten Gallenstörungen. Durchfälle möglich.
Chol-Spasmoletten Dolorgiet	Hymecromon	Vorsicht in Schwangerschaft und Stillzeit! Ungeeignet bei chronisch entzündlichen Darmerkrankungen und akuten Gallenstörungen. Durchfälle möglich.
Cynarzym N Roland	Artischocken- und Schöllkrautextrakt	Ungeeignet bei schweren Gallen- und Leberstörungen sowie Darmverschluß.
Gallen-Tee Cholaflux S Nattermann	Verschiedene Pflanzenextrakte	Vorsicht bei entzündlichen Erkrankungen des Leber-Darm-Bereichs.

Beratung	Darreichungsform
Pflanzliches, stimulierendes Mittel gegen Verstopfung und chronische oder akute Gallenwegsstörungen. Derartige Mittel sollten nur auf ärztlichen Rat länger als 1 bis 2 Wochen genommen werden. Zweifelhafter Nutzen.	Kapseln, Granulat
Pflanzliches, stimulierendes Mittel gegen Verstopfung und chronische oder akute Gallenwegsstörungen. Derartige Mittel sollten nur auf ärztlichen Rat länger als 1 bis 2 Wochen genommen werden. Zweifelhafter Nutzen.	Tropfen
Pflanzliches Mittel gegen chronische Gallenerkrankungen und Gallensteine, bei ungenügender Leistung der Bauchspeicheldrüse. Kurkuma vermutlich sinnvoll bei Gallenentzündung, sonst therapeutischer Nutzen fraglich.	Tropfen, Kapseln
Mittel, das die Gallensekretion der Leberzellen steigert (Choleretikum). Bei Krampfzuständen im Gallenwegsbereich, bei Entzündungen der Gallenblase und Gallensteinen.	Tabletten
Mittel, das die Gallensekretion der Leberzellen steigert (Choleretikum). Gegen Blähungen und Völlegefühl im Oberbauch.	Dragees
Pflanzliche Kombination aus Gallen- und Abführmittel; angeboten gegen Gallenstau, Völlegefühl, Verdauungsstörungen.	Dragees
Angeboten zur Unterstützung gegen nichtentzündliche Gallenbeschwerden, gegen Völlegefühl, Blähungen und Verdauungsbeschwerden.	Tee

Leber- und Gallenerkrankungen

Name/Hersteller	Wirkstoffe	Risiken & Nebenwirkungen
Gallexier Salushaus	Verschiedene Pflanzenextrakte	Nicht bei Magen-Darm-Geschwüren. Vorsicht bei entzündlichen Erkrankungen des Leber-Darm-Bereichs!
Gallitophen Reinecke	Komplexe homöopathische Mischung	Nicht geeignet bei schweren Leberfunktionsstörungen, Verschluß der Gallenwege und des Darms (Ileus).
Gallo Merz Spasmo Hymecromon Merz	Hymecromon	Vorsicht in Schwangerschaft und Stillzeit! Nicht bei chronisch entzündlichen Darmerkrankungen und akuten Gallenstörungen. Durchfälle möglich.
Galloselect M Liquidum Dreluso	Homöopathische Mischung	Keine bekannt.
Hepabionta compositum Cascan	Vitamine, Pankreatin	Selten allergische Reaktionen.
Hepar-Pasc N Pascoe	Schöllkraut, Mariendistel, Methionin	Nicht bei Nierenfunktionsstörung.
Hepatofalk Falk	Vitamine, Dexpanthenol, Ochsengalle, Enzyme	Nicht bei schweren Leberstörungen, Verschluß der Gallenwege und des Darms. Selten allergische Reaktionen.

Beratung	Darreichungsform
Pflanzliche Mischung; angeboten zur Unterstützung der Funktion von Magen, Leber und Galle.	Saft
Homöopathikum; angeboten gegen Gallen- und Lebererkrankungen.	Dragees
Mittel, das die Gallensekretion der Leberzellen steigert (Choleretikum); von zweifelhaftem Nutzen.	Dragees
Homöopathikum; angeboten gegen Leber- und Gallenerkrankungen, Entzündungen, Stauungen, leberbedingte Reizbarkeit und Depressionen sowie zur Nachbehandlung von Leberentzündungen.	Dragees, Liquidum
Vitaminkombinationspräparat; angeboten gegen akute und chronische Leberentzündungen und Leberschäden. Fraglicher Nutzen.	Kapseln
Vitaminkombinationspräparat; angeboten gegen akute und chronische Leberentzündungen und Leberschäden. Fraglicher Nutzen.	Tabletten
Vitaminkombinationspräparat; angeboten gegen akute und chronische Leberentzündungen und Leberschäden. Fraglicher Nutzen.	Dragees

Leber- und Gallenerkrankungen

Name/Hersteller	Wirkstoffe	Risiken & Nebenwirkungen
Heumann Leber- und Gallentee Solu-Hepar NT Heumann	Verschiedene Pflanzenextrakte	Vorsicht bei entzündlichen Erkrankungen des Leber-Darm-Bereichs!
Kneipp Galle- und Leber-Tee N Kneipp	Verschiedene Pflanzenextrakte	Keine bekannt.
Kneipp Löwenzahn Pflanzensaft Wörisol Kneipp	Preßsaft aus frischem Löwenzahn (Ganzpflanze)	Nicht bei Verschluß der Gallenwege. Eventuell Magenübersäuerung.
Kneipp Löwenzahn Tabletten Hepar-Kneipp Kneipp	Löwenzahn (Wurzelstock und Kraut)	Nicht bei Verschluß der Gallenwege, Darmverschluß, Eiteransammlung in der Gallenblase. Eventuell Magenübersäuerung. Bei Gallensteinen Arzt fragen.
Kneipp Löwenzahn-Tee Cholapressan Kneipp	Löwenzahnwurzeln mit Kraut	Nicht bei Verschluß der Gallenwege. Wie bei allen bitterstoffhaltigen Drogen kann Magenübersäuerung auftreten.
Oddibil Nattermann	Extrakt von Erdrauchkraut (Fumariae herba)	Keine bekannt.
Panchelidon /-N Boots	Extrakt aus Schöllkraut	Kapseln nicht für Kinder unter 12 Jahren. Tropfen enthalten Alkohol! Selten allergische Reaktionen.

Beratung	Darreichungsform
Pflanzliche Mischung; angeboten zur Unterstützung gegen chronische Gallenerkrankungen und zur Leberschutztherapie.	Pulver
Pflanzliche Mischung; angeboten zur Unterstützung der Funktion von Galle und Leber.	Tee
Bei Völlegefühl, Koliken, Unverträglichkeit von Speisen, Leber- und Gallenbeschwerden. Zwei- bis dreimal täglich 1 Eßlöffel voll, Kinder zwei- bis dreimal täglich 1 Teelöffel.	Saft
Bei Leber- und Gallenbeschwerden, bei Störungen des Gallenflusses, Appetitlosigkeit, Verdauungsbeschwerden wie Völlegefühl und Blähungen.	Filmtabletten
Anregend für Leber und Galle, leicht wassertreibend. Soweit nicht anders verordnet, zwei- bis dreimal täglich 1 Tasse zu den Mahlzeiten.	Tee
Pflanzenmittel; angeboten gegen krampfartige Beschwerden der Galle, der Gallenwege und im Magen-Darm-Trakt.	Dragees
Pflanzliches Mittel; angeboten gegen Entzündungen, Koliken und Krämpfe der Gallenwege.	Tropfen, Kapseln

Leber- und Gallenerkrankungen

	Name/Hersteller	Wirkstoffe	Risiken & Nebenwirkungen
ÖSTERREICH	**Cholonerton** *Rp* Dolorgiet	Hymecromon	Vorsicht in Schwangerschaft und Stillzeit! Nicht bei Leber- und Nierenschäden, entzündlichen Darm- und Gallenerkrankungen.
ÖSTERREICH	**Galle-Donau** Donau-Pharmazie	p-Tolylmethyl-carbinolnikotinsäure-ester	Nicht bei schweren Leberstörungen, Verschluß der Gallenwege und des Darms. Hautrötungen möglich.
ÖSTERREICH	**Sanvita Leber-Galle-Kapseln** Sanamed	Artischocken, javanische Gelbwurz, (Kurkuma), Löwenzahn	Nicht bei schweren Leberstörungen, Verschluß der Gallenwege und des Darms. Hautrötungen möglich. Vorsicht bei Reizmagen!
ÖSTERREICH	**Unichol** *Rp* Merck	Hymecromon	Vorsicht in Schwangerschaft und Stillzeit! Nicht bei chronisch entzündlichen Darmerkrankungen und akuten Gallenstörungen. Durchfälle möglich.
SCHWEIZ	**Bilicante** *Rp* Lipha	Hymecromon	Nicht bei Verschluß der Gallenwege, schwerer Leberinsuffizienz und Überempfindlichkeit. Gelegentlich Durchfall, seltener Nesselsucht möglich.
SCHWEIZ	**Demonatur Leber- und Gallentropfen** *Rp* Demopharm	Pflanzliche Mischung	Nicht bei Verschlußkrankheiten der Gallenwege. Enthält Alkohol!
SCHWEIZ	**Hepargen** *Rp* Syntex	Timonacicum	Nicht in Schwangerschaft und Stillzeit. Vereinzelt treten Übelkeit und Hautreaktionen auf.

Beratung	Darreichungsform
Bei Funktionsstörungen im Leber-Gallen-Bereich, bei Druck- und Völlegefühl im Oberbauch. Nicht für Kinder unter 14 Jahren.	Dragees
Kombinationspräparat; gegen Gallenbeschwerden angeboten. Fraglicher Nutzen.	Dragees
Pflanzliches Mittel; Kurkuma wahrscheinlich therapeutisch sinnvoll bei Entzündungen der Gallenblase und der Gallenwege. Geeignet gegen Völlegefühl, Blähungen, zur Verbesserung der Leberfunktion.	Kapseln
Mittel, das die Gallensekretion der Leberzellen steigert (Choleretikum); von zweifelhaftem Nutzen.	Dragees
Bei Beschwerden im Zusammenhang mit Funktionsstörungen der Gallenwege. Vorsicht bei Niereninsuffizienz und bei entzündlichen Darmerkrankungen!	Kapseln
Bei Verdauungsstörungen infolge ungenügender oder unregelmäßiger Gallenbildung und Gallenabsonderung, Fettverdauungsstörungen mit Appetitlosigkeit, Blähungen, Druckgefühl in der Leber- und Magengegend.	Tropfen
Zur unterstützenden Behandlung bei Erkrankungen der Leber und der Gallenwege. Nicht geeignet für Kinder, da Vergiftungserscheinungen möglich.	Tabletten

Magen- und Darmerkrankungen

Alles, was wir zu uns nehmen, muß im Magen-Darm-Trakt verarbeitet werden. Nicht genug damit: Auch der Ärger, den wir schlucken müssen, wird vom Verdauungssystem verarbeitet.

Alles muß durch Magen und Darm. Nicht nur die Nahrung, sondern auch all der Ärger. Kein Wunder, daß sich vieles auf den Magen schlägt.

An sich sind diese Organe sehr robust. Bedenkt man jedoch, was ihnen mitunter alles zugemutet wird – von falscher Ernährung über Krankheitskeime bis hin zu den psychischen Belastungen –, dann ist es kein Wunder, daß Magen und Darm mit zahlreichen Beschwerden und Erkrankungen reagieren können.

Magen und Darm

Das vegetative Nervensystem

Im Magen, der etwa einen Liter Fassungsvermögen hat, werden die aufgenommenen Speisen gesammelt und für die weitere Verarbeitung aufbereitet. Dort werden die Speisen durchgeknetet und zu einer Art Brei verarbeitet, der anschließend in den Zwölffingerdarm weitergegeben wird. Für die Produktion des Magensafts, mit dem der Speisebrei durchmischt wird, und die nötigen Knetbewegungen zur Verarbeitung desselben ist das vegetative Nervensystem zuständig. Darum reagiert der Magen sehr empfindlich auf psychische Belastungen wie Streß und Ärger, denn diese wiederum haben auch direkten Einfluß auf das vegetative Nervensystem.

Der Weg der Nahrung durch den Körper

Die eigentliche Verarbeitung des Speisebreis, die Trennung in verwertbare und unverwertbare Teile, findet im fünf bis sechs Metern langen Dünndarm statt. Die nicht verwertbaren Teile der Nahrung werden schließlich über den Dickdarm an den Mastdarm weitergegeben und ausgeschieden.

Typische Krankheitssymptome

Um den Ursachen Ihrer Magen-Darm-Beschwerden auf die Spur zu kommen und damit eine sinnvolle Behandlung möglich zu machen, müssen Sie diese zunächst genau einkreisen und beschreiben. Neben dumpfen, stechenden oder krampfartig ziehenden Schmerzen im Unter- oder Oberbauch treten bei Magen- und Darmstörungen häufig Völlegefühl, Blähungen, Durchfall, Verstopfung, Übelkeit, Erbrechen, Sodbrennen, Aufstoßen und Fieber auf.

Unser Tip: Beobachten Sie sich selbst!
Versuchen Sie herauszufinden, ob die Beschwerden regelmäßig in bestimmten Situationen oder nach dem Verzehr bestimmter Lebens- oder Genußmittel auftreten!

Die folgende Tabelle auf der nächsten Doppelseite gibt Ihnen erste Anhaltspunkte, bei welchen Symptomen Sie an welche Krankheit denken müssen!

Die Krankheitsursachen

- Der Magen-Darm-Trakt ist besonders gefährdet durch mit der Nahrung aufgenommene Krankheitserreger, also Viren, Bakterien, Pilze. Typische Symptome: Bauchschmerzen mit Übelkeit, Erbrechen, teils Fieber, seltener Verstopfung.
- Ernährungsfehler führen häufig zu Bauchschmerzen, Übelkeit, Blähungen oder Sodbrennen: reichliches, fettes Essen, schwere Speisen, zuviel Alkohol, Kaffee und Nikotin.
- Etliche Medikamente (Selbstmedikation!) können Nebenwirkungen auf den Magen-Darm-Trakt haben: Schmerz- und Rheumamittel, Antibiotika, Cortisone, Herz-Kreislauf-Mittel, einige Mineralstoffe.
- Organische Veränderungen im Magen-Darm-Trakt, etwa Darmverengung, Darmverschluß, Polypen, Magen- und Darmgeschwüre sowie Krebserkrankungen können die Ursache sein.
- Psychische Probleme, Streß, Enttäuschungen und vieles andere können sich »auf den Magen schlagen«.

Magen und vegetatives Nervensystem hängen sehr eng zusammen. Deswegen reagiert der Magen auch auf psychische Belastungen und Ärger so direkt.

Magen-Darm-Beschwerden

Ihre Beschwerden	Mögliche Ursachen	Therapievorschläge
Aufstoßen	Zu schnell gegessen, zuviel Luft geschluckt; bei häufigem Auftreten: Gallenerkrankung	Heilpflanzentees, Ruhe
Sodbrennen	Zuviel Alkohol oder Kaffee, Übergewicht; in der Schwangerschaft häufig; Erkrankung der Speiseröhre	Milchprodukte, Kümmel- oder Fencheltees, Süßholz, Kartoffelsaft, Tausendgüldenkraut (Tee oder Tonikum)
Übelkeit	Nervöser Magen, Magenschleimhautentzündung, Mißbrauch von Nikotin, Alkohol, Kaffee; Lebererkrankung	Heilpflanzentees, 1 Tag fasten
Erbrechen	Virusinfektion, Lebensmittelvergiftung, Magenschleimhautentzündung, Zwölffingerdarmgeschwür, Nebenwirkungen von Medikamenten	Kohl (bei Geschwüren), mit Heilkräutertees und Mineralwasser Flüssigkeits- und Mineralienverlust ausgleichen, 1 bis 2 Tage fasten
Blähungen	Ernährungsbedingt (Hülsenfrüchte, Kohl, Zwiebeln), nervöser Darm, Bauchspeicheldrüsenschwäche	Milchprodukte, Heilpflanzentees (Fenchel)
Durchfall	Virusinfektion, Lebensmittelvergiftung, nervöse Darmstörung, Abführmittelmißbrauch, Nebenwirkung von Medikamenten, Allergie	Knoblauch bei infektiösem Durchfall, geriebener Apfel, 1 bis 2 Tage Medikamente gegen Durchfall

Magen-Darm-Beschwerden

Ihre Beschwerden	Mögliche Ursachen	Therapievorschläge
Verstopfung	Ernährungsumstellung (z. B. im Urlaub), zu häufiger Gebrauch von Abführmitteln, Schilddrüsenunterfunktion, Darmerkrankung	Viel Flüssigkeit, ballaststoffreiche Ernährung, Medikamente gegen Verstopfung
Bauchschmerzen (allgemein)	Streß, Magen überlastet, bei Frauen Menstruationsbeschwerden, nervöser Darm, Infektion, Nebenwirkung von Medikamenten, ernste Darmerkrankung	Wärmebehandlung, 1 bis 2 Tage fasten; wenn nach wenigen Tagen keine Besserung eintritt, ärztliche Hilfe suchen
Bauchschmerzen mit Übelkeit, Erbrechen, Fieber	Vergiftung, Virusinfektion	Wärmebehandlung, Heilpflanzentees, Medikamente gegen Magen-Darm-Beschwerden
Bauchschmerzen mit mehreren Symptomen	Streß; nervöser Magen, Magenschleimhautentzündung	Wärmebehandlung, Heilpflanzentees, Ruhe; wenn nach wenigen Tagen keine Besserung eintritt, ärztliche Hilfe suchen
Magenschmerzen nach dem Essen	Streß; zuviel, zu hastig, zu schwer gegessen	Heilpflanzentees, 1 bis 2 Tage fasten
Magenbeschwerden nach Alkohol und Nikotin	Magenschleimhaut gereizt	Milchprodukte, 1 Tag fasten
Magenschmerzen mit Stuhlverfärbung und/oder Durchfall/Verstopfung	Nebenwirkung von Medikamenten	Nach Absprache mit dem Arzt Medikamentenwechsel

Die Blinddarmentzündung
Verursacher dieser schweren Krankheit sind Bakterien, wobei keineswegs der Blinddarm selbst entzündet ist, sondern der am Anfang des Dickdarms sitzende »Wurmfortsatz« (Appendix) des Blinddarms. Im schlimmsten Fall kann die Entzündung zur Vereiterung und zum Aufbrechen des Wurmfortsatzes führen und damit den gesamten Bauchraum mit Bakterien vergiften. Typische Symptome sind plötzlich auftretende, krampfartige Schmerzen im Mittelbauch, die sich erst später in den rechten Unterbauch verlagern. Hinzu kommen häufig Übelkeit, Erbrechen, Durchfälle, Frösteln und leichtes Fieber.
Bei diesen Symptomen unverzüglich den Notarzt rufen!

Magen- und Darmstörungen können Sie nur dann selbst behandeln, wenn diese auf Fehlernährung oder Streß zurückzuführen sind. In anderen Fällen (siehe Checkliste) rufen Sie bitte den Notarzt!

Wann Sie den Arzt brauchen

Grundsätzlich ist eine Selbstbehandlung bei Magen- und Darmstörungen nur angesagt, wenn Sie die Ursachen, wie z. B. Fehlernährung oder Streß, genau kennen und selbst abstellen können.
Sofort einen Arzt aufsuchen sollten Sie jedoch, wenn die Beschwerden immer wiederkommen oder sich sogar verschlimmern, sich Ihr Stuhl auffällig verändert, Blut enthalten ist oder Sie Blut erbrechen, Fieber hinzukommt oder sich Ihr Gewicht und Ihr Appetit verändern. In diesem Fall könnte eine ernste Erkrankung vorliegen!

Rufen Sie sofort den Notarzt, wenn

- Der Betroffene starke Schmerzen hat und Blut erbricht
- Das Erbrochene bräunlichschwarz und breiig ist (Verdacht auf Magenblutung)
- Der Bauch des Patienten sich steinhart anfühlt
- Der Patient Pulsjagen, Schweißausbrüche hat und sehr bleich wird
- Sich neben den Magenschmerzen die Symptome eines Herzinfarkts einstellen: Engegefühl in der Brust; Schmerzen, die in Arm und Rücken ausstrahlen; Todesangst.

Die sanfte Selbstbehandlung

Das A und O eines gesunden Magens und Darms ist die richtige Ernährung. Für die gesunde Darmtätigkeit sind vor allem Ballaststoffe aus Rohkost, Gemüse und Vollkornprodukten unerläßlich. Verzehren Sie zusätzlich viel Obst, Öle mit mehrfach ungesättigten Fettsäuren, Weizenkeime, Feigen und Trockenpflaumen für die Verdauung. Gehen Sie dafür sparsam um mit Zucker, tierischen Fetten und fetthaltigen Fleischwaren!

Milch, Joghurt, Obst und Vollkornprodukte sind das A und O eines gesunden Magens. Und zugleich sind sie das perfekte Rezept für ein leckeres Müsli.

Essen mit Köpfchen – dem Magen zuliebe!

- Niemals in Eile oder Hektik essen, jeden Bissen gründlich kauen, lieber fünf kleine statt drei große Mahlzeiten zu sich nehmen.
- Beim Essen keine Probleme oder Sorgen besprechen!
- Nicht zu heiß und nicht zu kalt essen!
- Verzichten Sie auf magenunfreundliche Gewürze: auf Zwiebeln, Pfeffer, scharfen Senf, Tabasco und auf feurige Fertigsoßen.
- Üben Sie Zurückhaltung bei Getränken, die der Magen nicht sehr liebt, vor allem kohlensäurehaltige Drinks, Bohnenkaffee und Alkohol.

Hausmittel, die bei leichten Magenverstimmungen sanft und gut helfen:

- **Milch und Milchprodukte:** Bei empfindlichem Magen und leichten Magenschleimhautreizungen wirkt Milch zu gleichen Teilen mit Mineralwasser gemischt Wunder. (Vorausgesetzt, Sie reagieren nicht überempfindlich auf Milchzucker und -eiweiß.) Das Milcheiweiß blockiert saure und basische Zersetzungsprodukte in Magen und Darm. Milchprodukte wie Kefir, Buttermilch, Sauermilch und Joghurt sind vor allem sehr hilfreich bei Sodbrennen, Blähungen, Völlegefühl und überreiztem Magen.

- **Wärme:** Bei leichten Magenschmerzen infolge von Streß, Menstruationsbeschwerden oder zu üppigem Essen hilft Omas Wärmflasche oder die moderne Variante, das elektrische Heizkissen.
- **Bitte beachten Sie:** Legen Sie das Heizkissen unter keinen Umständen auf die nackte Haut! Es besteht Verbrennungsgefahr!

Unser Tip: Vorsicht bei Natron!
Angeblich ist Natron ein uraltes Hausmittel gegen Magenbeschwerden. Unbestritten ist, daß dieses säurebindende Mittel tatsächlich wirkt. Es wurden aber mittlerweile so viele und zum Teil gefährliche Nebenwirkungen entdeckt, daß davon eigentlich nur noch abgeraten werden kann. Natron kann den Stoffwechsel mit Alkali belasten, ebenso den Harn, was Nierensteine fördert; das enthaltende Natrium ist für Bluthochdruckkranke äußerst gefährlich.
Es gibt genügend andere säurebindende, natürliche oder chemische Mittel, die weniger riskant sind.

Sanfte Hilfe bei Verstopfung

Nicht alles, was Menschen als Verstopfung bezeichnen, ist tatsächlich ein behandlungsbedürftiger Fall. Erst ab dem vierten, fünften Tag sprechen Mediziner von einer echten Verstopfung. Es ist also durchaus normal, wenn Sie nur zwei- bis dreimal in der Woche »müssen«.

Tips gegen Verstopfung

- Nehmen Sie sich genügend Zeit für den Gang zur Toilette!
- Gehen Sie täglich zur gleichen Zeit und ohne Hast!
- Keine Panik, wenn es nicht klappt!
- Stellen Sie Ihre Ernährung auf ballaststoffreiche Kost um!
- Verzichten Sie auf Weißmehlprodukte und Zucker!
- Essen Sie viel Gemüse und Pflanzenfasern!
- Ein Glas Mineralwasser auf nüchternen Magen langsam getrunken wirkt Wunder!
- Leinsamen, Kleie und Trockenpflaumen regen die Darmtätigkeit an!
- Trinken Sie mindestens zwei Liter Mineralwasser oder Kräuter- und Früchtetees am Tag!

Problem Verstopfung: Kein Weißbrot und kein Zucker mehr, dafür ein Glas Mineralwasser auf nüchternen Magen – und schon kommt Ihr Darm in Gang.

Natürliche Hilfen bei Durchfall

Entscheidend beim Durchfall ist, daß der auftretende Flüssigkeits- und Salzverlust möglichst rasch ausgeglichen wird! Deswegen ist es auch ratsam, den Arzt aufzusuchen, wenn der Durchfall länger als drei Tage anhält.

Tips gegen Durchfall

- Eine zweitägige Fastenkur mit viel Pfefferminz- oder Kamillentee und kohlensäurearmem Mineralwasser!
- Essen Sie ein oder zwei Tage lang nur geriebene Äpfel; die in diesem Obst enthaltenen Pektine helfen dem Darm, sich wieder zu erholen.

Unser Tip: Heidelbeeren!
Ein altes Hausmittel bei Durchfall sind getrocknete Heidelbeeren (50 bis 100 Gramm gründlich kauen oder in Wasser quellen lassen und trinken).
Viele Betroffene schwören darauf, die getrockneten Heidelbeeren in einem Glas herbem, gerbstoffhaltigem Rotwein aufquellen zu lassen.
Das ist nur empfehlenswert, wenn keine schweren Darmerkrankungen vorliegen!

Das richtige Medikament

Medikamente gegen Magen-Darm-Beschwerden enthalten:

- Wirkstoffe, die der Magenübersäuerung entgegenwirken
- Wirkstoffe, die die Magensaftproduktion und Verdauungstätigkeit ankurbeln, oder
- Wirkstoffe, die gezielt einzelne Symptome wie Durchfall, Übelkeit, Erbrechen oder Verstopfung bekämpfen.

Zur Verfügung stehen einige hochwirksame Heilpflanzen, chemische Wirkstoffe und Kombinationen von beiden.

Problem Durchfall: Zwei Tage nur geriebene Äpfel – und der Darm gibt wieder Ruhe.

Nutzen und Risiko der Wirkstoffe

Unter den pflanzlichen Magentröstern sind vor allem Kamille, Pfefferminze, Melisse, Kümmel, Fenchel und das Tausendgüldenkraut zu nennen. Alle Pflanzen sind als Heiltees erhältlich. Wie sie am besten wirken, entnehmen Sie der folgenden Tabelle »Magenfreundliche Heilpflanzen«.

Magenfreundliche Heilpflanzen

Heilpflanze	Wirkung	Anwendungen
Kamille	Bei Entzündungen, Geschwüren und Blähungen; krampflösend, wirkt in Magen und Darm	Als Tee, am besten morgens nüchtern, bei häufigen Beschwerden 3 bis 4 Tassen täglich 4 Wochen lang trinken; nicht mehr und nicht länger. Bei Gewöhnung läßt die Wirkung nach!
Pfefferminze	Bei Übelkeit, Brechreiz, Blähungen; beruhigt die Magenschleimhaut, steigert die verdauungsfördernde Gallenbildung, zersetzt Gasblasen im Magen	Als Tee, ungesüßt und nicht zu heiß; bei Übelkeit ein Stück Zwieback dazu essen. Vorsicht: Bei Dauergebrauch kann die Wirkung nachlassen!
Süßholz	Bei Magenschleimhautentzündung, Magengeschwür und Sodbrennen	Ist in Lakritze enthalten. 20 Gramm Lakritze zerkleinern, in Kamillentee auflösen, nach den Mahlzeiten trinken. Die Dosis von 20 Gramm pro Tag nicht überschreiten! Nebenwirkungen wie Schwindel oder Kopfschmerzen können auftreten
Melisse	Bei nervösen Magenleiden, gegen Schmerzen, Krämpfe, Blähungen; beruhigend	Als Tee, nicht zu heiß, dreimal täglich vor den Mahlzeiten langsam trinken. Günstig auch in Kombination mit anderen Heilpflanzen

Magenfreundliche Heilpflanzen

Heilpflanze	Wirkung	Anwendungen
Kümmel, Fenchel	Gegen Blähungen und Sodbrennen	Als Tee oder »Kümmeltropfen« oder Fenchelwasser aus der Apotheke
Kartoffel	Bei Schmerzen, Krämpfen, Sodbrennen, Völlegefühl, Übersäuerung; fördert die Selbstheilung	Kartoffelsaft, im Handel erhältlich, trinken oder eine geschälte rohe Kartoffel auspressen (nicht mehr als eine Kartoffel pro Tag). Bei Fertigprodukten Mengenangaben beachten, bei Überdosierung können Nebenwirkungen wie Mundtrockenheit und beschleunigter Puls auftreten
Kohl	Vorbeugend gegen Magengeschwüre; unterstützend bei Zwölffingerdarmgeschwür und Geschwüren der tieferen Darmabschnitte	Ideal als Rohkost (als Salat, nicht als erhitztes Sauerkraut), Kohlsaft (aus dem Reformhaus, als Kur 6 Wochen einnehmen). Wer Kohl nicht gewohnt ist, bekommt anfangs Blähungen – dagegen helfen Kümmel und Kamillentee zwischen den Mahlzeiten
Tausendgüldenkraut	Bei untersäuertem, zu langsam arbeitendem Magen, kurbelt die Magensaftproduktion an; geeignet bei Sodbrennen, Völlegefühl, nicht bei Übersäuerung	Als Tee oder Tonikum, z. B. Kneipp Magentrost (aus der Apotheke)

Das Magengeschwür

Eines der häufigsten Magenprobleme ist aufgrund unserer hektischen und ungesunden Lebensweise die schmerzhafte Magenübersäuerung, in schlimmen Fällen das Magengeschwür.

Problem Magenübersäuerung: Säurebinder (Antazida) sind nur begrenzt wirksam, die wesentlich stärkeren Säurehemmer sind nicht frei von gefährlichen Nebenwirkungen. Fragen Sie hierzu Ihren Apotheker!

Umstrittene Säurebinder

Zum Einsatz kommen bei der Magenübersäuerung vorwiegend säurebindende Mittel, die Antazida. Sie binden die Säure im Magen und lindern rasch Schmerzen bei Entzündungen, Sodbrennen und Geschwüren.

Wichtigster Vorwurf von Arzneimittelkritikern: Bei vielen der im Handel befindlichen Präparate ist die angegebene Dosis zu gering und daher wenig wirksam.

Wir meinen: Lassen Sie sich vom Apotheker Ihres Vertrauens beraten, und probieren Sie aus, ob es wirkt! Nebenwirkungen treten nur selten auf, wenn man die Medikamente nicht länger als maximal zehn Tage und in vorgeschriebener Dosis nimmt.

Wissenswert: Die Wirkung anderer Arzneimittel kann durch die Einnahme von Antazida gestört sein.

Gefährliche Säurehemmer

Stärkere Geschosse sind die in den letzten Jahren verstärkt auf den Markt gekommenen Säurehemmer, deren Einsatz jedoch nur bei Geschwüren sinnvoll ist.

Entsprechend ihrer starken Wirkung sind auch die Nebenwirkungen: Kopfschmerzen, psychische Störungen, Durchfälle, seltener Impotenz und Störungen im Immunsystem kommen häufig vor.

Mittel gegen Magenübersäuerung

Gegen Magenübersäuerung sind zwei verschiedene Typen von Medikamenten erhältlich:

- Säurebinder (Antazida): nur begrenzt wirksam
- Säurehemmer: gefährliche Nebenwirkungen.

Teufelskreis Abführmittel

Warnung!
Zum Thema »Abführmittel« folgende Warnung:

- Bei Dauergebrauch geraten Sie bei einigen Wirkstoffen leicht in einen Teufelskreis.
- Wenn sich nämlich der Darm an die Unterstützung durch das Medikament gewöhnt hat, schränkt er seine natürlichen Entleerungsbewegungen immer weiter ein.
- Im schlimmsten Fall geht ohne Abführmittel gar nichts mehr. Dann brauchen Sie zur Entwöhnung ärztliche Hilfe.

Ständiger Konsum von Abführmitteln

- Schädigt die Darmflora
- Stört den Wasserhaushalt
- Verursacht einen gefährlichen Kaliumverlust.

Wenn Sie also Abführmittel gebrauchen wollen, dann bitte nur kurzfristig einnehmen und am besten auf pflanzliche Stoffe zurückgreifen. Hier sind zu nennen die sogenannten Quellmittel mit Pflanzenfasern (indische Flohsamenschalen oder Leinsamen) und Abführtees mit mild wirkenden pflanzlichen Stoffen (Sennesblätter, Faulbaumrinde, Fenchel u.a.).
Tip: Quellmittel können dem Körper Flüssigkeit entziehen, daher unbedingt viel dazu trinken!

Durchfall

Ein alltäglicher Durchfall muß keineswegs mit Medikamenten behandelt werden:
Im Einzelfall kann Aktivkohle die Leidenszeit abkürzen, wirksamer ist Loperamid, ein Opiat, das aber nur Erwachsenen gegeben werden darf und vor allem beim schweren Reisedurchfall ratsam ist. Nebenwirkungen treten bei kurzzeitiger Anwendung eher selten auf.

Einen alltäglichen Durchfall sollten Sie nicht sofort mit Medikamenten bekämpfen: Wenn geriebene Äpfel nicht helfen, dann sollten Sie es mit Aktivkohle probieren.

Magen- und Darmerkrankungen/Magenschmerzen

Name/Hersteller	Wirkstoffe	Risiken & Nebenwirkungen
Acidrine Kali-Chemie	Myrtecainlaurylsulfat, Dihydroxyaluminium-glycinat, Galactansulfat	Verstopfung, bei langer Einnahme Aluminiumeinlagerung in Nerven und Knochen, Phosphatmangel.
Aludrox Wyeth	Aluminiumhydroxid	Verstopfung, bei langer Einnahme Aluminiumeinlagerung in Nerven und Knochen.
Andursil N Zyma	Magnesiumcarbonat, Aluminiumhydroxid	Verstopfung, selten Durchfall.
antacidum OPT Optimed	Aluminiumhydroxid	Verstopfung, bei langer Einnahme Aluminiumeinlagerung in Nerven und Knochen.
Bourget N Medipharma	Natriumcitrat, Natriumhydrogen-carbonat, Weinsäure	Keine nennenswerten Risiken bekannt.
Cimetidin Heumann *Rp* Heumann	Cimetidin	Durchfall, Hormon- und sexuelle Störungen möglich.
Dystomin M Redel	Magnesiumoxid	Durchfall, bei hoher Dosis hohe Magnesiumkonzentration im Körper.

Beratung	Darreichungsform
Vor allem bei Sodbrennen, Völlegefühl, schmerzhaften Krämpfen. Am besten 1 Stunde nach den Mahlzeiten einnehmen.	Kautabletten
Besonders bei nervösen Magenbeschwerden und chronischer Gastritis. Zwischen den Mahlzeiten und vor dem Schlafengehen einnehmen.	Tabletten
Bei Beschwerden aufgrund Alkohol- und Nikotinmißbrauchs. Tabletten auch vor dem Schlafengehen nehmen.	Kautabletten
Nicht nehmen bei Nierenschäden. Hilft bei Druck- und Völlegefühl, saurem Aufstoßen und Sodbrennen. Verfalldatum beachten.	Tabletten
Nur bei leichteren Beschwerden, nicht bei Magenschleimhautentzündungen und Magengeschwüren. Wechselwirkungen mit anderen Medikamenten beachten. Zeitlich versetzt einnehmen.	Brausetabletten
Zur Behandlung von Magen- und Darmgeschwüren, nach Operationen. Keinesfalls für Kinder und Jugendliche! Nicht nehmen bei Nierenfunktionsstörungen. In der Schwangerschaft nur nach Rücksprache mit dem Arzt; keinesfalls während der Stillzeit!	Filmtabletten
Bei Druck- und Völlegefühl, saurem Aufstoßen und Sodbrennen. Wechselwirkungen mit zahlreichen Medikamenten, andere daher zeitlich versetzt (2 Stunden) einnehmen.	Pulver

Magen- und Darmerkrankungen/Magenschmerzen

Name/Hersteller	Wirkstoffe	Risiken & Nebenwirkungen
Gastripan Merckle	Magaldrat	Durchfall, bei hoher Dosis hohe Magnesiumkonzentration im Körper.
gastropulgit Spitzner	Attapulgit, Aluminiumhydroxid, Magnesiumcarbonat	Verstopfung, bei längerer Einnahme Aluminiumeinlagerung in Nerven und Knochen.
Heumann Magentee Solu-Vetan Heumann	Süßholzwurzel, Pfefferminze	Nur bei längerer Einnahme und hoher Dosierung Störungen des Mineralstoffhaushalts.
Kneipp Kamillenblüten-Tee Stomakneipp Kneipp	Kamillenblüten	Nicht im Augenbereich anwenden.
Kneipp Magentrost Kneipp	Johanniskraut, Schafgarbe, Tausendgüldenkraut, Wacholderbeeren, Pfefferminzblätter	Enthält Alkohol! Nicht bei Leberkranken, Alkoholkranken, Epileptikern, Hirngeschädigten, Schwangeren und Kindern anwenden.
Kompensan Pfizer	Aluminiumnatrium-carbonatdihydroxid	Nicht einnehmen bei Nierenfunktionsstörungen. Verstopfung.
Lac 4 n Parke-Davis	Aluminiummagnesium-silicathydrat	Allergie gegen Milcheiweiß (selten).

Beratung	Darreichungsform
Vor allem bei Sodbrennen und Übersäuerung. Unbedingt auch vor dem Schlafengehen nehmen!	Gel, Tabletten
Für Magenbeschwerden aufgrund von Alkohol- und Nikotinmißbrauch oder nach der Einnahme von Medikamenten. Bei starken Beschwerden können bis zu 8 Kautabletten am Tag genommen werden.	Gel, Kautabletten
Ideal als Rollkur morgens und abends bei allen Magenbeschwerden.	Pulver
Bei Magen- und Darmbeschwerden ist die Kamille eines der natürlichsten Hilfsmittel. Drei- bis viermal täglich 1 Tasse zwischen den Mahlzeiten trinken.	Tee
Zur Appetitanregung und Unterstützung der Verdauung, insbesondere bei zu reichlicher und ungewohnter Nahrung.	Lösung
Niedrig dosiert, zur Unterstützung anderer Therapien. Vermindert die Aufnahme anderer Medikamente.	Tabletten, Lösung
Bei Ernährungs- und Genußmittelsünden. Bei Geschwüren und Entzündung nur als unterstützende Therapie.	Tabletten

Magen- und Darmerkrankungen/Magenschmerzen

Name/Hersteller	Wirkstoffe	Risiken & Nebenwirkungen
Maaloxan Rorer	Aluminiumhydroxid, Magnesiumhydroxid	Nicht einnehmen bei eingeschränkter Nierenfunktion und Verstopfung. Bei langer Einnahme Aluminiumeinlagerung in Nerven und Knochen, Phosphatmangel.
Magalphil Philopharm	Magaldrat	Verstopfung, bei langer Einnahme Aluminiumeinlagerung in Nerven und Knochen, Phosphatmangel.
Markalakt Pascoe	Kamillenblüten, Lactose	Keine Risiken bekannt.
Megalac Almasilat / -mint Meuselbach	Almasilat, Aluminiumoxid, Magnesiumoxid	Verstopfung, bei längerer Einnahme Aluminiumeinlagerung in Nerven und Knochen, Phosphatmangel.
Metoclopramid *Rp* Dolorgiet	Metoclopramid	Müdigkeit, Kopfschmerzen, Schwindel, selten Angst und Depressionen.
Milid *Rp* Opfermann	Proglumid	Vorsicht in der Schwangerschaft!
Nervogastrol Heumann	Wismutnitrat, -gallat, Magnesium-, Calciumcarbonat, Natriumhydrogencarbonat	Zentralnervöse Störungen, Herzjagen, Mundtrockenheit, Beschwerden beim Wasserlassen.

Beratung	Darreichungsform
Sinnvolle Wirkstoffkombination bei allen Magenbeschwerden durch Übersäuerung, ferner bei Magenschleimhautentzündung, Geschwüren.	Lösung, Tabletten, Kautabletten
Mild wirksam bei leichteren Beschwerden. Bei längerer Einnahme Aluminiumspiegel kontrollieren lassen.	Tabletten
Nur bei leichteren Magenbeschwerden!	Pulver
Bei Reizmagen und schmerzhafter Gastritis. Sollte viermal täglich genommen werden. Lagerungshinweise beachten.	Lösung
Besonders bei Motilitätsstörung im Magen-Darm-Trakt, Sodbrennen, auch Übelkeit, Erbrechen. Kann die Wirkung anderer Medikamente und von Alkohol beeinflussen.	Kapseln, Tropfen
Vor allem bei Geschwüren und Entzündungen.	Filmtabletten
Vorsicht in Schwangerschaft und Stillzeit! Bei nervösen Magenbeschwerden, Gastritis und Geschwüren.	Tabletten

Magen- und Darmerkrankungen/Magenschmerzen

Name/Hersteller	Wirkstoffe	Risiken & Nebenwirkungen
Nizax *Rp* Lilly / Beiersdorf-Lilly	Nizatidin	Magen- und Darmbeschwerden, Hormon- und sexuelle Störungen, selten Verwirrtheitszustände.
Pepdul mite *Rp* MSD Chibropharm	Famotidin	Magen-Darm-Beschwerden, Hormon- und sexuelle Störungen. In Einzelfällen sind schwere psychische und Bewußtseinsstörungen möglich.
Phosphalugel Yamanouchi	Aluminiumphosphat	Verstopfung, bei längerer Einnahme Aluminiumeinlagerung in Nerven und Knochen.
Rabro N Fink	Calciumcarbonat, Magnesiumoxid	Phosphatmangel bei langer Einnahme, Müdigkeit, Störungen im Mineralstoffhaushalt.
Riopan Byk Gulden	Magaldrat	Durchfall möglich.
Roxit mite *Rp* Albert-Roussel	Roxatidinacetat	Magen- und Darmbeschwerden, Hormon- und sexuelle Störungen.
Sostril *Rp* Cascan/Cascapharm	Ranitidin	Kopfschmerzen, Müdigkeit, Schwindel, Hormon- und sexuelle Störungen, Durchfall, Hautausschlag.

Beratung	Darreichungsform
Hauptsächlich gegen Geschwüre. Keinesfalls für Kinder geeignet! Nicht in Schwangerschaft und Stillzeit einnehmen!	Kapseln
Nur bei starken Beschwerden, Geschwüren, Blutungen. Für Kinder ungeeignet. Keinesfalls in Schwangerschaft und Stillzeit nehmen!	Filmtabletten, Injektionslösung
Bei Beschwerden nach Ernährungsfehlern und Genußmittelmißbrauch. Auch geeignet gegen Sodbrennen in der Schwangerschaft.	Lösung zum Einnehmen
Nur bei leichteren Beschwerden bzw. zur Unterstützung einer Therapie.	Tabletten
Insbesondere hilfreich bei zuviel Alkohol, Nikotin, Coffein und schwerverdaulichen Medikamenten.	Gel, Tabletten
Verzögerter Wirkungseintritt durch Retarddarreichung. Vor allem bei gutartigen Magengeschwüren. Nicht geeignet für Kinder und Jugendliche unter 14 Jahren. Keinesfalls in Schwangerschaft und Stillzeit nehmen!	Retardkapseln
Für schwere Magen- und Zwölffingerdarmgeschwüre. Bei leichten Beschwerden auf andere Mittel zurückgreifen. Nicht in Schwangerschaft und Stillzeit einnehmen, für Kinder unter 10 Jahren ungeeignet.	Tabletten, Brausetabletten, Injektionslösung

Magen- und Darmerkrankungen/Magenschmerzen

Name/Hersteller	Wirkstoffe	Risiken & Nebenwirkungen
Spasmo-Nervogastrol Heumann	Butinolin, Wismutsalze, Calciumcarbonat	Vorsicht in der Schwangerschaft, auf keinen Fall in der Stillzeit! Sehstörungen, Mundtrockenheit, selten zentralnervöse Störungen.
Spasmo-Solugastril Heumann	Butinolin, Aluminiumhydroxid, Calciumcarbonat	Achtung: Reaktionsvermögen kann beeinträchtigt werden! Sehstörungen, Mundtrockenheit.
Tagamet *Rp* SmithKline Beecham	Cimetidin	Durchfall, Hormon- und sexuelle Störungen.
Talcid / -forte Bayer	Hydrotalcit	Durchfall, Erbrechen (selten).
Tepilta *Rp* Wyeth	Oxetacain, Aluminiumhydroxid, Magnesiumhydroxid	Mundtrockenheit, Verstopfung, bei langer Einnahme Aluminium-einlagerung in Nerven und Knochen.
Trigastril Heumann	Aluminiumhydroxid, Magnesiumhydroxid, Calciumcarbonat	Verstopfung, bei längerer Einnahme Aluminiumeinlagerung in Nerven und Knochen.
Ulcotruw N Truw	Kamille, Pfefferminze	Keine nennenswerten bekannt.

Beratung	Darreichungsform
Bei entzündlichen Beschwerden, Ernährungsfehlern und Genußmittelmißbrauch mit Krämpfen und Schmerzen.	Tabletten
Bei Magen- und Zwölffingerdarmgeschwüren, Gastritis.	Gel, Tabletten
Insbesondere bei Magen- und Zwölffingerdarmgeschwüren. Nicht anwenden in Schwangerschaft und Stillzeit.	Filmtabletten, Injektionslösung
Gutes säurebindendes Mittel für alle Beschwerden. Dosierungshinweise genau beachten!	Kautabletten, Lösung
Akute und chronische Gastritis, auch bei Sodbrennen in der Schwangerschaft. Für Kinder nicht geeignet. Empfohlene Dosis nicht überschreiten.	Tabletten, Lösung
Ratsam bei Magenschleimhautentzündungen mit Schmerzen, Völlegefühl, Sodbrennen, Aufstoßen. Nicht über einen längeren Zeitraum zu hoch dosieren (Störungen im Säure-Basen-Haushalt möglich).	Gel, Granulat, Tabletten
Pflanzliches Mittel mit guter Verträglichkeit. Besonders bei Magenschleimhautentzündungen mit Krämpfen.	Kautabletten

Magen- und Darmerkrankungen/Magenschmerzen

	Name/Hersteller	Wirkstoffe	Risiken & Nebenwirkungen
	Ulgastrin-Lac Dolorgiet	Calciumcarbonat, Magnesiumhydroxid, Wismutnitrat	Verfärbung von Zähnen und Zunge, Übelkeit, Erbrechen.
	Ventrovis Truw	Chlorophyllin, Menthol, Lactose, Aluminiumhydroxid, verschiedene Pflanzen	Verstopfung möglich.
	Vit-u-pept Plantina	Weißkohlpulver, Wismut-, Magnesiumcarbonat, Natriumhydrogen-carbonat	Durchfall, zentralnervöse Störungen, Müdigkeit, Herzrhythmusstörungen.
	Zantic *Rp* Glaxo	Ranitidin	Durchfall, Müdigkeit, Kopfschmerzen, Hormon- und sexuelle Störungen möglich.
ÖSTERREICH	**Cimetag** *Rp* SmithKline Beecham	Cimetidin	Durchfall, Hormon- und sexuelle Störungen möglich.
ÖSTERREICH	**Gelusil Lac / Lac Quick / -Liquid** Warner Wellcome	Aluminium-magnesium-silicathydrat	Nicht einnehmen bei Nierenfunktionsstörungen. Lac und Lac Quick nicht für Milcheiweißallergiker!
ÖSTERREICH	**Maalox 70** *Rp* Rorer	Magnesium-, Aluminiumhydroxid	Verstopfung, bei langer Einnahme Aluminiumeinlagerung in Nerven und Knochen, Phosphatmangel.

Beratung	Darreichungsform
Kombination von pflanzlichen und chemischen Wirkstoffen. Bei Reizmagen und Sodbrennen. Nicht in Schwangerschaft und Stillzeit. Nicht für Kinder unter 14 Jahren.	Tabletten
Vor allem bei nervösen Magenbeschwerden mit Appetitlosigkeit. Wechselwirkungen mit anderen Medikamenten beachten.	Granulat
Bei Magen- und Zwölffingerdarmgeschwüren sowie Gastritis. Arzneimittelkritiker warnen vor der Kombination zu vieler Wirkstoffe!	Tabletten
Nur bei starken Beschwerden z. B. durch Magen- und Zwölffingerdarmgeschwüre. Nicht in Schwangerschaft und Stillzeit. Für Kinder frühestens ab 10 Jahren.	Filmtabletten, Brausetabletten, Injektionslösung
Zur Behandlung von Magen- und Darmgeschwüren, nach Operationen. Keinesfalls für Kinder und Jugendliche! Nicht nehmen bei Nierenfunktionsstörungen. In der Schwangerschaft nur nach Rücksprache mit dem Arzt; keinesfalls während der Stillzeit!	Filmtabletten, Gel, Granulat, Kautabletten
Vermindert die Wirkung anderer Arzneimittel. Relativ niedrig dosiertes Mittel für Gastritis, Geschwüre und andere Beschwerden bei Übersäuerung.	Tabletten, Pulver, Lösung, Granulat
Vor allem bei streßbedingten Beschwerden und Genußmittelmißbrauch. Nicht einnehmen bei eingeschränkter Nierenfunktion und Verstopfung.	Lösung, Kautabletten

Magen- und Darmerkrankungen/Darmträgheit

	Name/Hersteller	Wirkstoffe	Risiken & Nebenwirkungen
Österreich	**Motilium** *Rp* Janssen	Domperidon	Nicht in der Schwangerschaft, Vorsicht in der Stillzeit! Bewegungsstörungen.
Österreich	**Paspertin** *Rp* Kali-Chemie	Metoclopramid	Schläfrigkeit, selten Bewegungsstörungen.
Schweiz	**Gastrosil** *Rp* Heumann	Metoclopramid	Selten motorische Fehlfunktionen. Häufiger Unruhezustände, Schlaflosigkeit, Müdigkeit, Schwindel und Kopfschmerzen.
Schweiz	**Malimed** *Rp* Ecosol	Cimetidin	Leichte, vorübergehende Störungen wie Durchfall, Muskelschmerzen, Schwindel und Hautausschlag möglich.
Schweiz	**Phosphalugel** Wild	Aluminiumphosphat	Bei bettlägerigen und älteren Patienten Verstopfung möglich. Keine Langzeitbehandlung bei Niereninsuffizienz.
	Kneipp Abführ Herbagran Granulat-Psyllium Psyllium-Kneipp Kneipp	Indische Flohsamenschalen, granuliert	Nicht bei krankhafter Verengung des Magen-Darm-Trakts, bei drohendem oder bestehendem Darmverschluß. In seltenen Fällen allergische Reaktionen.
	Kneipp Abführ Herbagran Trink-Psyllium Psyllium-Kneipp Kneipp	Indische Flohsamenschalen	Nicht bei krankhafter Verengung des Magen-Darm-Trakts, bei drohendem oder bestehendem Darmverschluß. In seltenen Fällen allergische Reaktionen.

Beratung	Darreichungsform
Bei Kindern können Nervenstörungen nicht ausgeschlossen werden. Nur für Erwachsene und Jugendliche bei Übelkeit, Brechreiz, Erbrechen, Völlegefühl.	Tropfen, Filmtabletten, Suspension, Zäpfchen
Vor allem zur Behandlung des Reizmagens. Nicht für Kinder unter 2 Jahren. Nicht in Schwangerschaft und Stillzeit.	Saft, Zäpfchen, Injektionslösung, Tabletten, Retardtabletten, Tropfen
Bei Gastritis, Sodbrennen, Magen- und Zwölffingerdarmgeschwür, Übelkeit und Erbrechen sowie bei anhaltendem Schluckauf. Nicht für Kinder unter 2 Jahren und möglichst nicht in Schwangerschaft und Stillzeit!	Zäpfchen, Tropfen, Tabletten, Retardkapseln, Ampullen
Bei allen Erkrankungen, die eine Reduktion der Sekretion von Magensäure erfordern, wie z. B. Geschwürbildung, Gastritis, Reizmagen. Vorsicht bei Heranwachsenden sowie in Schwangerschaft und Stillzeit!	Filmtabletten
Gel zur Behandlung bei überschüssiger Magensäure, Entzündung der Speiseröhre, Magenschleimhautentzündung, Reizmagen, Sodbrennen und Magenbeschwerden nach Einnahme anderer Medikamente.	Gel
Anzuwenden bei chronischer Darmträgheit. Bis zum Eintritt der vollen Wirkung braucht der Darm eine Umstellungszeit von 2 bis 3 Tagen. Mindestens 2 Liter Flüssigkeit (Wasser, Tee) am Tag trinken.	Granulat
Bei chronischer Darmträgheit. Bis zur vollen Wirkung braucht der Darm eine Umstellungszeit von 2 bis 3 Tagen. Mindestens 2 Liter Flüssigkeit (Wasser, Tee) am Tag trinken.	Granulat

Magen- und Darmerkrankungen/Darmträgheit

Name/Hersteller	Wirkstoffe	Risiken & Nebenwirkungen
Kneipp Abführwürfel N Phytokneipp Kneipp	Sennesblätterextrakt mit Pflaumenmus	Nicht während der Schwangerschaft und Stillzeit (Arzt fragen). Nicht bei Darmverschluß und schweren Störungen des Wasser- und Mineralhaushalts.
Agarol Warner Wellcome	Paraffinöl, Agar-Agar, Phenolphthalein	Hauterkrankungen, allergische Reaktionen, seltener Leber- und Nierenerkrankungen.
Agiolax Madaus	Cascararinde, Faulbaumrinde, Rhabarberwurzeln, Aloe, Kamille	Darmkrämpfe, gelegentlich Überempfindlichkeit.
Citropepsin /-forte Promonta	Pepsin, Zitronensäure	Keine nennenswerten Risiken bekannt.
Darmol Abführ-Schokolade Omegin Dr. Schmidgall	Phenolphthalein	Elektrolytverluste bei Überdosierung, sonst keine nennenswerten Risiken.
Drix Abführ-Dragees Hermes	Sennesblätter	Gelegentlich Darmkrämpfe, Salzverluste.
Glycilax Engelhard	Glycerol	Keine nennenswerten Risiken bekannt.

Beratung	Darreichungsform
Dieses dank Pflaumenmus wohlschmeckende Abführmittel ist anzuwenden bei allen Erkrankungen, bei denen eine leichte Stuhlentleerung mit weichem Stuhl erwünscht ist. Nicht über längere Zeit einnehmen.	Kauwürfel
Auch wenn sie selten sind: Wegen der teils schweren Nebenwirkungsrisiken nur kurzfristig einnehmen. Kindern nur nach Rücksprache mit dem Arzt geben!	Emulsion
Einnahme über einen längeren Zeitraum kann die Darmträgheit noch verschlimmern! Vorsicht in Schwangerschaft und Stillzeit! Andere Medikamente nicht gleichzeitig nehmen. Für Kinder ab 12 Jahren.	Granulat
Sinnvoll, wenn vor allem Verdauungsstörungen vorliegen, und bei Appetitlosigkeit. Wirkt regulierend.	Tabletten, Dragees
Bei Darmträgheit infolge von Bettruhe, Kostveränderung oder unter Einfluß von Medikamenten. Darreichung für Kinder (ab 6 Jahren) günstig.	Schokotäfelchen
Nur kurzfristig anwenden. Auf keinen Fall in Schwangerschaft und Stillzeit!	Dragees
Mild wirkendes Mittel, das auch für Kinder ab dem 1. Lebensjahr gut geeignet ist.	Zäpfchen

Magen- und Darmerkrankungen/Darmträgheit

Name/Hersteller	Wirkstoffe	Risiken & Nebenwirkungen
Iberogast Tinktur Steigerwald	Frischpflanzen-auszüge	Keine nennenswerten Risiken bekannt.
Kneipp Abführtee N Kneipp	Sennesfrüchte, Hydroxyanthracen-glykoside	Elektrolytverluste (Kalium) möglich.
Kneipp Wörisetten Kneipp	Aloe, Fenchel	Elektrolytverluste möglich.
Lactulose Neda Zyma	Lactulose	Gelegentlich Blähungen, Erbrechen, Durchfall, Elektrolytverluste.
Laxoberal Boehringer Ingelheim	Natriumpicosulfat	Elektrolytverluste bei längerer Anwendung.
Linusit Darmaktiv Leinsamen Fink	Leinsamen	Bei zuwenig Flüssigkeitszufuhr Völlegefühl und Blähungen, sonst keine nennenswerten Risiken.
Mediolax N Medice	Sennesblätter, Aloe	Elektrolytverluste möglich.

Beratung	Darreichungsform
Mild abführend auch bei Gastritis und Magen- und Zwölffingerdarmgeschwüren. Enthält 31 Vol.-% Alkohol! Auch für Kinder ab 5 Jahren geeignet.	Tinktur
Angenehm einzunehmen, sanfte Wirkung. Dennoch: Nicht in Schwangerschaft und Stillzeit.	Tee
Mit Nebenwirkungen ist bei richtiger Anwendung nicht zu rechnen. Mild abführend. Nicht in Schwangerschaft und Stillzeit. Die Wirkung tritt etwa nach 8 bis 10 Stunden ein.	Dragees
Empfehlenswert zur Entwöhnung bei chronischem Abführmittelmißbrauch. Kurmäßig nach Vorschrift anwenden. Auch für Säuglinge und Kleinkinder geeignet.	Sirup
Nur kurzfristig einnehmen. Vorgeschriebene Dosierung nicht überschreiten. Nicht in der Schwangerschaft. Für Kinder ab 4 Jahren.	Tropfen, Tabletten
Unbedenklich zu nehmen, vorausgesetzt, es wird reichlich Flüssigkeit dazu getrunken. Verfalldatum beachten.	Samenkörner
Besonders für bettlägerige Patienten und bei Hämorrhoiden. Vorsicht: Darmreizungen sind möglich! Nicht über längere Zeit nehmen. Nicht in Schwangerschaft und Stillzeit.	Dragees

	Name/Hersteller	Wirkstoffe	Risiken & Nebenwirkungen
	Neda Früchtewürfel Zyma	Sennesfrüchte	Krämpfe, Störungen des Mineralhaushalts.
	Normacol Berlin-Chemie	Faulbaumrinde, Karayagummi	Äußerst selten allergische Reaktionen.
	Pyrilax Berlin-Chemie	Bisacodyl	Elektrolytverluste, bei Zäpfchen eventuell Schmerzen im Enddarm.
	Salus Abführtee Nr. 2 Salushaus	Fruchtmischung	Im Einzelfall allergische Reaktionen, Elektrolytverluste, Magen-Darm-Krämpfe.
ÖSTERREICH	**Bekunis** roha Arzneimittel	Sennesfrüchte	Kaliumverlust bei längerer Einnahme, Salzverlust.
ÖSTERREICH	**Combizym** Luitpold	Pankreatin, pflanzliche Enzyme	Keine nennenswerten Risiken bekannt.
ÖSTERREICH	**Dragees 19** Berlin-Chemie	Phenolphthalein, Rhabarberextrakt	Selten Darmkrämpfe, Salzverluste.

Beratung	Darreichungsform
Nicht unterzukriegender Abführklassiker. Zuverlässige, aber recht starke Wirkung bei geringen Nebenwirkungen. Nicht in Schwangerschaft und Stillzeit. Nicht für Kinder.	Kauwürfel
Empfehlenswert zur kurzfristigen Anwendung. Vorsicht in Schwangerschaft und Stillzeit!	Granulat
Nur kurzfristig bei Krankheiten, die eine rasche Darmentleerung erfordern.	Zäpfchen, Filmtabletten
Angenehme Anwendung, jedoch nicht über einen längeren Zeitraum nehmen.	Tee
Nur kurzfristig anwenden, Inhaltsstoffe können den Darm reizen.	Tee, Dragees
Sinnvoll, wenn Verdauungsstörungen vorliegen. Wirkt regulierend.	Dragees
Vor allem, wenn der Stuhl weicher sein soll (z. B. bei Darmerkrankungen). Nicht in Schwangerschaft und Stillzeit. Vorsicht bei bestehenden Hauterkrankungen.	Filmtabletten

Magen- und Darmerkrankungen/Durchfall

	Name/Hersteller	Wirkstoffe	Risiken & Nebenwirkungen
Österreich	**Dulcolax** Thomae	Bisacodyl	Gelegentlich Darmkrämpfe, bei längerem Gebrauch Salzverluste.
Schweiz	**Duphalac / -dry** Kali-Duphar	Lactulose	Zu Beginn der Behandlung sind Blähungen möglich. Diabetiker: Vorsicht bei hohen Dosen!
Schweiz	**Muxol** Vifor	Bisacodyl	Unbedenkliche Rotfärbung des Harns möglich. Nicht über längere Zeit hinweg einnehmen.
	Imodium -N / -lingual *Rp* Janssen	Loperamid	Mundtrockenheit, Verstopfung, Kopfschmerzen, Müdigkeit.
	Kohle-Compretten Merck	Medizinische Kohle	Keine nennenswerten Risiken.
	Perenterol Thiemann	Saccharomyces boulardii	Juckreiz, Blähungen (in Einzelfällen).
	Reasec *Rp* Janssen	Diphenoxylat, Atropinsulfat	Selten Hautallergien, Bauchschmerzen, Verstopfung, Kopfschmerzen, Unruhe.

Beratung	Darreichungsform
Sinnvoll zur Darmentleerung z. B. vor Operationen. Nicht für den häuslichen Dauergebrauch.	Dragees
Bei gelegentlicher oder chronischer Verstopfung und bei chronischen Lebererkrankungen. Vorsicht bei Galactose, Lactoseintoleranz, Durchfall und bei Behandlung mit hohen Dosen!	Sirup, Pulver
Zur kurzfristigen Behandlung gelegentlicher Verstopfungen. Bei abendlicher Einnahme tritt die erwünschte Wirkung am folgenden Morgen ein, ohne die Nachtruhe zu beeinträchtigen.	Dragees
Bei akuten und schweren Durchfallerkrankungen. Der Klassiker für Globetrotter. Für Kinder ab 2 Jahren, jedoch streng Dosierungshinweise beachten! Nicht in Schwangerschaft und Stillzeit.	Kapseln, Lösung, Tabletten
Rasch wirksam. Nicht anwenden bei Durchfall mit Fieber. Kann die Wirkung anderer Arzneimittel herabsetzen.	Tabletten
Kann unbedenklich auch zur Vorbeugung gegen Reisedurchfälle genommen werden. Für Kinder ab 2 Jahren. Wechselwirkungen mit anderen Medikamenten beachten.	Kapseln
Nur bei schweren akuten und chronischen Durchfällen. Für den gelegentlichen Hausgebrauch nicht geeignet. Nicht in Schwangerschaft und Stillzeit. Für Kinder ab 5 Jahren.	Tabletten

Magen- und Darmerkrankungen/Durchfall

	Name/Hersteller	Wirkstoffe	Risiken & Nebenwirkungen
	Tannacomp Nordmark	Tanninalbuminat	Gelegentlich allergische Reaktionen.
Österreich	**Imodium** *Rp* Janssen	Loperamid	Mundtrockenheit, Verstopfung, Kopfschmerzen, Müdigkeit.
Österreich	**Omniflora N** Zyma	Bakterienkulturen	Keine nennenswerten Risiken.
Österreich	**Tannalbin** Nordmark	Tanninalbuminat	Gelegentlich allergische Reaktionen.
Schweiz	**Binaldan** Vifor	Loperamid	Möglichst nicht in Schwangerschaft und Stillzeit. Normalerweise keine Nebenwirkungen, gelegentlich Magen-Darm-Beschwerden.
Schweiz	**Imodium** *Rp* Janssen	Loperamid	Möglichst nicht in Schwangerschaft und Stillzeit. Normalerweise keine Nebenwirkungen, gelegentlich Magen-Darm-Beschwerden.
	Bonamine Pfizer	Chlorbenzhydryl-piperazin, Meclozin	Sehstörungen, Mundtrockenheit, allergische Reaktionen.

Beratung	Darreichungsform
Auch zur Vorbeugung gegen Reisedurchfälle. Bei Säuglingen und Kindern streng nach Dosierungsanleitung. Nicht in der Schwangerschaft.	Filmtabletten
Bei akuten und schweren Durchfallerkrankungen. Der Klassiker für Globetrotter. Für Kinder ab 2 Jahren, jedoch streng Dosierungshinweise beachten. Nicht in Schwangerschaft und Stillzeit.	Kapseln, Lösung, Tabletten, Saft
Bei Durchfällen unbekannter Ursache. Auch für Säuglinge und Kleinkinder.	Kapseln
Bei schweren Durchfällen aufgrund von Infektionen und Vergiftungen. Nicht in der Schwangerschaft.	Tabletten
Zur Behandlung verschiedenster Arten akuten und chronischen Durchfalls. Nicht bei schweren Leberfunktionsstörungen. Für Kinder unter 5 Jahren ungeeignet. Binaldan behandelt nicht die Ursachen des Durchfalls.	Kapseln
Zur Behandlung verschiedenster Arten akuten und chronischen Durchfalls. Nicht bei schweren Leberfunktionsstörungen. Für Kinder unter 2 Jahren ungeeignet. Imodium behandelt nicht die Ursachen des Durchfalls.	Kapseln, Sirup
Gehört zur Gruppe der Antihistaminika. Wird auch bei Schwangerschaftserbrechen empfohlen. Für Kinder ab 12 Jahren.	Tabletten

Magen- und Darmerkrankungen/Übelkeit, Erbrechen

Name/Hersteller	Wirkstoffe	Risiken & Nebenwirkungen
Cascapride *Rp* Merck	Bromoprid	Müdigkeit, Schwindel, Unruhe, Angst, Zittern, Durchfall.
Emesan -E/ -K/ -S *Rp* Lindopharm	Diphenhydramin	Magen-Darm-Beschwerden, Müdigkeit, Kopfschmerzen. Bei Kindern eventuell Krämpfe und Erregung.
Gastronerton / -retard *Rp* Dolorgiet	Metoclopramid	Müdigkeit, Kopfschmerzen, Schwindel, Angst, Unruhe, Zittern, Durchfall.
Logomed Reisetabletten Logomed	Dimenhydrinat	Schläfrigkeit, Benommenheit, Mundtrockenheit, Sehstörungen.
Paspertin *Rp* Kali-Chemie	Metoclopramid	Nicht in Schwangerschaft und Stillzeit. Müdigkeit, Hormon- und selten Bewegungsstörungen.
Propulsin *Rp* Janssen	Cisaprid	Durchfall, Magenkrämpfe, Kopfschmerzen, Benommenheit, Hautausschläge (selten).
Scopoderm TTS *Rp* Ciba	Scopolamin	Pupillenerweiterung, Hautausschläge, Müdigkeit, Kopfschmerzen.

Beratung	Darreichungsform
Bei Übelkeit und Erbrechen verschiedenster Ursache. Vorsicht in der Schwangerschaft, auf keinen Fall in der Stillzeit! Für Kinder ab 2 Jahren nur nach ärztlicher Empfehlung!	Kapseln
Bei Übelkeit, Schwindel, Kopfschmerzen jeglicher Ursache. Nicht in der Schwangerschaft. Kinderzäpfchen ab dem 1. Lebensjahr geeignet. Wechselwirkungen mit Alkohol und beruhigenden Medikamenten.	Zäpfchen für Kinder, Zäpfchen für Erwachsene, Tabletten
Bei Übelkeit und Erbrechen verschiedenster Ursache sowie zur rascheren Magenentleerung. Nicht in Schwangerschaft und Stillzeit. Tropfen für Kleinkinder ab 1. Jahr, Retardkapseln ab 3. Jahr.	Injektionslösung, Kapseln, Zäpfchen, Retardkapseln, Tropfen
Zur Vorbeugung und Behandlung der Reisekrankheit. Nicht in Schwangerschaft und Stillzeit. Für Kinder ab 6 Jahren. Wechselwirkungen mit anderen Medikamente. Achtung: Reaktionsvermögen kann beeinträchtigt werden!	Tabletten
Zuverlässiger Klassiker zur Behandlung von Übelkeit und Erbrechen, auch aufgrund von Arzneimittelunverträglichkeit und Magen-Darm-Krankheiten. Nicht für Kinder unter 2 Jahren, Injektionslösung erst ab 14 Jahren.	Injektionslösung, Saft, Zäpfchen, Filmtabletten, Kapseln, Retardkapseln, Tropfen
Vor allem bei Beschwerden aufgrund von Reizmagen, Refluxkrankheit. Weniger bei Reisekrankheit. Nicht in Schwangerschaft und Stillzeit. Säuglinge und Kleinkinder nach ärztlicher Anweisung.	Suspension, Tabletten
Hoch wirksam bei Reise- und vor allem Seekrankheit. Nicht vorzeitig absetzen, Kreislaufprobleme denkbar. Nicht in Schwangerschaft und Stillzeit, nicht für Kinder. Auf keinen Fall Alkohol trinken!	Pflaster

Magen- und Darmerkrankungen/Übelkeit, Erbrechen

	Name/Hersteller	Wirkstoffe	Risiken & Nebenwirkungen
	Superpep /-forte Reise-Kaugummi-Dragees Hermes	Dimenhydrinat	Magen-Darm-Beschwerden, Müdigkeit, Mundtrockenheit, Kopfschmerzen.
	Vertigoheel Heel	Homöopathische Zusammensetzung	Keine nennenswerten Risiken.
	Vomex A Dragees N Yamanouchi	Dimenhydrinat	Schläfrigkeit.
Österreich	**Rodavan** *Rp* Asta Medica	Chlorphenoxamin, Chlortheophyllin, Coffein	Schwindel, Koordinationsstörungen.
Österreich	**Torecan** *Rp* Sandoz	Thiethylperazin-dimaleat	Achtung: Kann das Reaktionsvermögen beeinträchtigen! Mundtrockenheit, Schläfrigkeit, Blutdruckabfall, Herzjagen.
Schweiz	**Paspertin** *Rp* Kali-Duphar	Metoclopramid	Nicht in Schwangerschaft und Stillzeit. Müdigkeit, Hormon- und selten Bewegungsstörungen.
Schweiz	**Trawell** Searle	Dimenhydrinat	Normalerweise keine Nebenwirkungen. Bei hoher Dosis Schläfrigkeit möglich.

Beratung	Darreichungsform
Hauptsächlich bei Reisekrankheit. Sofort bei den ersten Anzeichen nehmen! Auch für Kleinkinder geeignet.	Kaudragees
Vor allem bei Schwindel. Gut verträgliches Medikament.	Tabletten, Tropfen, Injektionslösung
Bei Übelkeit und Erbrechen aufgrund von Magenerkrankungen. Auf keinen Fall bei Vergiftungen! Für Kinder ab 6 Jahren.	Dragees
Für Reisekrankheit, Übelkeit und Erbrechen. Bei Kindern ab 2 Jahren. Auch zur Vorbeugung.	Zäpfchen
Bei Schwindel, Übelkeit und Erbrechen aufgrund von Magen-Darm-Erkrankungen und Arzneimittelunverträglichkeit. Nicht in Schwangerschaft und Stillzeit. Nicht für Säuglinge und Kinder. Für Jugendliche ab 15 Jahren.	Dragees, Zäpfchen, Injektionslösung
Zuverlässiger Klassiker zur Behandlung von Übelkeit und Erbrechen, auch aufgrund von Arzneimittelunverträglichkeit und Magen-Darm-Krankheiten. Nicht für Kinder unter 2 Jahren, Injektionslösung erst ab 14 Jahren.	Injektionslösung, Saft, Zäpfchen, Filmtabletten, Kapseln, Retardkapseln, Tropfen
Sofort wirkende Kaugummidragees zur Behandlung von Reisekrankheiten. Wird auch eingenommen, um Übelkeit, Schwindel und Erbrechen vorzubeugen. Hinweis für Diabetiker: Trawell enthält 1/20 BE.	Kaugummidragee

Männerkrankheiten

Genau wie bei Frauen ist auch bei Männern ein Großteil der Beschwerden an den Geschlechtsorganen auf Infektionen mit Bakterien, Pilzen, Viren, Trichomonaden oder Chlamydien zurückzuführen. Diese Krankheiten werden hauptsächlich beim Geschlechtsverkehr übertragen. (Über Ursachen und Behandlungsmöglichkeiten dieser Geschlechtskrankheiten informieren Sie sich bitte im Kapitel »Frauenkrankheiten« Seite 198)
Daneben gehören zu den häufigsten männlichen Problemen Prostatabeschwerden sowie Impotenz und Erektionsstörungen, die wir im folgenden näher behandeln wollen.

Zu den häufigsten männlichen Beschwerden gehören:

- **Prostatabeschwerden**
- **Erektionsprobleme**
- **Impotenz.**

Die männlichen Geschlechtsorgane

Zu den männlichen Geschlechtsorganen gehören der Penis mit seinem Kopf, der Eichel, samt ihrer Vorhaut, die Hoden und Nebenhoden, die Prostata (Vorsteherdrüse) sowie Samenblase und Samenleiter.
Die Geschlechtsorgane sind eng mit den Harnwegen des Mannes verbunden, so daß Krankheitskeime auch leicht von den Geschlechtsteilen zu den Harnwegen überwechseln können und umgekehrt.

Penis und Hoden

Für das Anschwellen des Penis sind Schwellkörper zuständig, die dicht mit Blutgefäßen durchwebt sind. In den Hoden liegen die männlichen Keimdrüsen, in denen die Sexualhormone gebildet werden sowie die Spermien. Diese werden in den Nebenhoden bis zum nächsten Samenerguß gespeichert.

Die Prostata

Die etwa kastaniengroße Prostata am Eingang der männlichen Harnröhre in die Blase produziert ein milchiges Sekret, das beim Samenerguß dem Samen beigemischt wird und die Samenfädchen beweglich macht.

Der Schwachpunkt der Männer

Aufgrund ihrer engen Nachbarschaft zur Harnröhre wirkt sich jegliche Veränderung der Prostata sofort auf den Harnfluß aus. Kommt es beispielsweise durch Harnwegsinfekte zu einer Entzündung der Prostata, schwillt diese an. Die Folgen sind eine Einengung der Harnröhre, gehäufter Harndrang und Schmerzen beim Wasserlassen. Der Harn tröpfelt nur noch, fließt nicht mehr wie gewohnt ab. Auch eine Ausdehnung der Prostata nach hinten kann schmerzhafte Folgen haben, wenn der Darm betroffen ist: Der Stuhlgang wird behindert.

Typische Krankheitssymptome

Infektiöse Geschlechtskrankheiten werden häufig zwischen den Partnern hin und her übertragen. Am besten sollten sich beide Partner behandeln lassen.

Die verschiedenen infektiösen Geschlechtskrankheiten äußern sich beim Mann mit folgenden Beschwerden:

- **Pilze:** Vorwiegend Entzündungen an Vorhaut und Eichel mit milchig-weißen Belägen.
- **Trichomonaden:** Bei vielen Männern verläuft diese Infektion unbemerkt; manche bemerken milchigen Ausfluß, ein leichtes Brennen und Ziehen.
- **Chlamydien:** Frühestens nach einer Woche stellen sich Probleme beim Wasserlassen ein, begleitet von eitrigem Ausfluß.
- **Bakterielle Infektionen:** Bakterielle Infektionen verursachen in der Regel Entzündungen der Harnröhre, der Eichel und Vorhaut, der Hoden, Nebenhoden und der Prostata. Bei Entzündungen der Harnröhre stellen sich Brennen beim Wasserlassen, Ausfluß, starker Harndrang ein. Bei Eichel-, Vorhaut- und Hodenentzündungen zeigen sich Schwellungen und Rötungen, die sehr schmerzhaft sind. Prostataentzündungen äußern sich im ständigen Harndrang bei gleichzeitigen Schmerzen beim Wasserlassen.
- **Virusinfektionen:** Virusinfektionen verursachen dieselben Beschwerden wie bakterielle Infektionen, sie betreffen jedoch hauptsächlich die Harnröhre, Eichel und Vorhaut (Herpes! Siehe hierzu Seite 252), die Hoden und die Nebenhoden.

Prostatavergrößerung

An eine Prostatavergrößerung müssen Sie bei den folgenden Beschwerden denken:

- Anfangs verspüren Sie häufigen Harndrang, vor allem nachts.
- Dann wird der Harnstrahl etwas schwächer, was auf eine nicht mehr vollständige Blasenentleerung schließen läßt.
- Später ist das Wasserlassen kaum mehr möglich, wobei es aber ständig aus der Harnröhre leicht tröpfelt.
- In diesem Stadium ist auch die Niere in ihrer Tätigkeit gestört, was sich in Symptomen wie
  - Starkem Durst
  - Erbrechen
  - Gewichtsabnahme
  - Benommenheit

äußert. Die Krankheit beginnt meist um das 50. Lebensjahr.

Die größte Gefahr einer Prostataentzündung ist die Verschleppung der Krankheit. Dann kann sie chronisch werden und sogar zu Potenzstörungen und Unfruchtbarkeit führen.

Die Symptome beim Prostatakrebs sind ähnlich wie die der Prostatavergrößerung. In einem fortgeschrittenen Stadium tritt Blut im Harn auf.

Die Krankheitsursachen

Für die Prostataentzündung sind in aller Regel bakterielle Erreger verantwortlich, die durch die Harnröhre oder über das Blut eingeschleust werden. Die größte Gefahr ist die Verschleppung der Erkrankung, denn die Prostataentzündung kann in ihrer chronischen Verlaufsform zu Potenzstörungen und Unfruchtbarkeit führen.

Die Prostatavergrößerung ist hormonell bedingt und tritt daher in den Wechseljahren des Mannes auf, wenn sich das Gleichgewicht zwischen den männlichen und weiblichen Hormonen im Körper zugunsten der weiblichen verschiebt.

Die Ursachen von Prostatakrebs sind bis heute noch nicht bekannt.

Impotenz

Wenn der Mann nicht mehr so »kann«, wie er möchte, ist der Männlichkeit in der Regel auch mit Medikamenten nicht aufzuhelfen, da die Ursachen ganz woanders, nämlich im psychischen Bereich, liegen.

Impotenz – die größte Angst der Männer. In der Regel liegen die Ursachen nicht im organischen, sondern im psychischen und partnerschaftlichen Bereich.

Impotenz – die häufigsten Gründe

Probleme mit der Partnerin

- Angst vor einer starken Frau
- Streit und Mißverständnisse in der Beziehung
- Unterschiedliche Vorstellungen von Sexualität und Zärtlichkeit
- Unausgesprochene Lustfantasien

Streß

- Hektik
- Überlastung im Beruf
- Überforderung im Privatleben
- Niedergeschlagenheit und Nervosität

Zunehmendes Alter

Es ist normal, daß mit dem Alter das sexuelle Verlangen langsam abnimmt.

Alkohol und Medikamente

Vor allem Medikamente gegen hohen Blutdruck, Depressionen und Psychosen (Psychopharmaka), Magengeschwüre, Aufputschmittel und Krebsmedikamente beeinträchtigen die Potenz. Gleiches gilt für zuviel Alkohol!

Organische Ursachen der Impotenz

Zu den sehr seltenen organischen Ursachen einer Impotenz zählen etliche chronische Krankheiten:

- Schilddrüsenunterfunktion
- Diabetes
- Asthma
- Leberschäden
- Hoher Blutdruck.

Wann Sie den Arzt brauchen

Der Arztkontakt ist grundsätzlich bei allen Männerkrankheiten anzuraten, da eine Selbstbehandlung schon an der Schwierigkeit der Diagnosestellung scheitern würde. Zudem ist das Risiko einer Verschleppung sehr groß.

Merke: Impotenz ist häufig mehr ein psychisches denn ein physisches Problem. Manchmal bringt aber auch ein gutes Gespräch mit einem Arzt die Lösung.

Die sanfte Selbstbehandlung

Selbsthilfe ist – wenn es sich nicht um psychische Ursachen einer Impotenz handelt – nicht möglich. Lediglich den beim Geschlechtsverkehr übertragenen Infektionen können Sie durch sorgfältige Hygiene und mit Kondomen vorbeugen.

Das richtige Medikament

Infektionen durch Erreger werden zumeist mit Antibiotika behandelt (siehe hierzu das Kapitel »Frauenkrankheiten« Seite 198). Dies gilt auch für die Prostataentzündung.

Wichtig: Bei der Impotenz sollte mit einer medikamentösen Behandlung sehr vorsichtig umgegangen werden, insbesondere wenn es sich um eine hormonelle Behandlung handelt, deren Nebenwirkungen beträchtlich sein können!

Die Prostatavergrößerung kann in der Regel nur vorübergehend und in leichteren Fällen mit pflanzlichen Medikamenten behandelt werden, von Hormonen ist hier dringend abzuraten!

Ansonsten sind hier wie auch beim Prostatakrebs andere nichtmedikamentöse Therapien erforderlich, Bestrahlungen etwa oder eine Operation. Sie können ausschließlich vom Arzt vorgenommen werden, meist bei stationärem Aufenthalt.

Teufelskreis Impotenz

Daß es einmal nicht so geht, wie der Mann eigentlich will, ist völlig normal! Das Fatale daran ist jedoch: Wenn man einmal versagt hat, stellt sich sofort die Angst vor der Impotenz ein, und damit ist der nächste Versager schon programmiert.

Lassen Sie innerlich das Problem los! Dann geht es wieder aufwärts.

Nutzen und Risiko der Wirkstoffe

Vor lust- und erektionsfördernden Aphrodisiaka (luststeigernden Mitteln) muß gewarnt werden. Sie beseitigen nicht die Ursache der Impotenz, ihre Wirkung ist mehr als zweifelhaft, und ihre Nebenwirkungen sind teils erheblich. Zu nennen sind hier Ginseng, die Spanische Fliege und das Yohimbin.

Hormone gegen Impotenz

Eine hormonelle Behandlung der Impotenz ist nur dann angesagt, wenn der Arzt tatsächlich beim Mann eine Hormonstörung nachweisen konnte. Behandelt wird mit dem männlichen Sexualhormon Testosteron, das aber nur unter ärztlicher Kontrolle verabreicht werden darf.

Aufbauspritzen?

Bei organisch bedingten Erektionsproblemen gibt es ferner die Möglichkeit, durchblutungsfördernde Mittel direkt in die Schwellkörper des Penis zu spritzen. Injiziert wird beispielsweise Prostaglandin, eventuell kombiniert mit Phentolamin. Es bewirkt, daß die Schwellkörper mit mehr Blut versorgt werden.

Die Nebenwirkungen dieser Methode beginnen schon bei der Verabreichung, die nämlich sinnvollerweise kurz vor dem geplanten Geschlechtsverkehr zu Hause von der Partnerin in die Hand genommen werden sollte: Verletzungen von Nerven oder Harnröhre durch die Injektionsnadel! Neben Spannungsgefühlen im Glied haben viele Männer bei dieser Methode noch mit schmerzhaften Dauererektionen zu kämpfen.

Luststeigernde Mittel sind äußerst fragwürdig: Wenn Sie mit sich selbst und Ihrer Partnerin wieder klarkommen, dann löst sich auch das Problem in Ihrem Kopf – und die Post geht von selbst wieder ab.

Pflanzliche Mittel

Für die medikamentöse Behandlung der vergrößerten Prostata empfiehlt sich ein Pflanzenextrakt aus Kürbiskernen oder dem Wirkstoff Sitosterin. Bei beiden Wirkstoffen sind keine Nebenwirkungen zu erwarten. Allerdings soll nicht verschwiegen werden, daß nicht wenige Experten beiden Stoffen jegliche Wirkung absprechen.

Männerkrankheiten

Name/Hersteller	Wirkstoffe	Risiken & Nebenwirkungen
Andriol *Rp* Organon	Testosteron	Ungeeignet bei Prostata- oder Brustkrebs, Spermienhemmung möglich.
Granufink Kürbiskern Granulat Fink	Kürbiskern	Keine bekannt.
Ichtho-Himbin *Rp* Ichthyol	Natrium-bituminosulfonat, Yohimbin	Ungeeignet bei Blasenstörungen und niedrigem Blutdruck. Mundtrockenheit, Unruhe möglich.
Kneipp Antiprostin-Tee N Kneipp	Brennesselwurzel, Riesengoldrutenkraut	Gelegentlich leichte Magen-Darm-Beschwerden.
Nomon mono Hoyer	Pflanzliche Mischung	Nicht bei schwerer Bauchspeicheldrüsen-entzündung.
Pluriviron *Rp* Asche	Mesterolon, Yohimbin	Ungeeignet bei Leber- und Nierenerkrankungen. Schlaflosigkeit, Übelkeit, Herzrasen möglich.
Prosta Fink N Fink/Kade	Kürbiskern, Sägepalmenfrüchte	Keine bekannt.

Beratung	Darreichungsform
Präparat mit männlichem Sexualhormon, gegen Störungen der Hodenunterfunktion. Kaum sinnvoll bei Fruchtbarkeits- und Potenzstörungen.	Kapseln
Als pflanzliches Mittel gegen Reizzustände und Schwäche der Blase, auch bei vorzeitigen Prostatabeschwerden.	Granulat
Kombinationspräparat aus Schieferöl und angeblichem Aphrodisiakum; angeboten gegen Potenzstörungen.	Zäpfchen
Zur Linderung der Beschwerden beim Wasserlassen ebenso wie bei Blasen- und Prostatabeschwerden. Soweit nicht anders verordnet, täglich 2 bis 3 Tassen trinken.	Tee
Als pflanzliches Mittel gegen Reizzustände und Schwäche der Blase, auch im Zusammenhang mit einer Prostataentzündung angeboten.	Liquidum, Kapseln
Kombination aus männlichem Sexualhormon und umstrittenem potenzsteigernden Mittel; angeboten gegen Potenzstörungen bei Diabetes und Schilddrüsenkrankheiten.	Dragees
Als pflanzliches Mittel gegen Reizzustände und Schwäche der Blase, auch im Zusammenhang mit einer Prostatavergrößerung angeboten.	Kapseln

Männerkrankheiten

Name/Hersteller	Wirkstoffe	Risiken & Nebenwirkungen
Prostaforton N Plantorgan	Brennesselwurzel	Selten leichte Magen-Darm-Beschwerden.
Prostagalen N Galenika Hetterich	Sägepalmenfrüchte, Brennessel-, Hauhechelwurzel	Keine bekannt.
Prostagutt forte / mono Schwabe	Sägepalmenfrüchte, Brennesselwurzel	Selten leichte Magen-Darm-Beschwerden.
Prostaherb N Redel	Brennesselwurzel	Selten leichte Magen-Darm-Beschwerden.
Prostalog Tosse	Kürbissamen	Keine bekannt.
Prostaneurin Heumann	Brennesselwurzel	Keine bekannt.
Prostaselect Dreluso	Homöopathische Mischung, mit Sägepalmenfrüchten	Enthält Alkohol!

Beratung	Darreichungsform
Gegen Beschwerden beim Wasserlassen durch eine gutartige Prostatavergrößerung.	Dragees
Gegen gutartige Prostatavergrößerung, zur Vor- und Nachbehandlung bei Prostataoperationen.	Tropfen
Als pflanzliches Mittel gegen Reizzustände und Schwäche der Blase, auch im Zusammenhang mit einem Prostataadenom angeboten.	Kapseln, Tropfen
Pflanzliches Mittel gegen Beschwerden beim Wasserlassen durch eine gutartige Prostatavergrößerung.	Dragees
Als pflanzliches Mittel gegen Reizzustände und Schwäche der Blase, auch im Zusammenhang mit einer gutartigen Prostatavergrößerung angeboten.	Kapseln
Pflanzliches Mittel gegen Beschwerden beim Wasserlassen durch eine gutartige Prostatavergrößerung.	Tabletten
Homöopathisches Mittel; gegen Miktionsbeschwerden bei Prostatikern sowie Reizblase und Blasenstein angeboten.	Tropfen

Männerkrankheiten

Name/Hersteller	Wirkstoffe	Risiken & Nebenwirkungen
Prostata-Echtroplex Weber & Weber	Homöopathische Mischung, mit Sonnenhutkraut (Echinacea)	Enthält Alkohol!
Prosta-Urgenin Madaus	Sägepalmenfrüchte	Keine bekannt.
Prostess-Uno TAD	Sägepalmenfrüchte	Selten Magenbeschwerden.
Proviron-25 *Rp* Schering	Mesterolon	Nicht bei Prostata- oder Brustkrebs. Nur für Männer. Spermienhemmung möglich, bei Erektionsverlängerung Dosisverminderung.
Testosteron propionat »Eifelfango« *Rp* Eifelfango	Testosteron	Ungeeignet bei Prostata- oder Brustkrebs. Vorsicht bei Bluthochdruck, Herz- und Nierenerkrankungen! Spermienhemmung möglich.
Urtica APS APS	Brennesselwurzel-extrakt	Gelegentlich leichte Magen-Darm-Beschwerden.
Yohimbin »Spiegel« *Rp* Kali-Chemie	Yohimbin	Nicht bei niedrigem Blutdruck. Zittern und Erregungszustände möglich. Achtung: Beeinträchtigt Reaktionsvermögen!

Beratung	Darreichungsform
Homöopathisches Mittel; angeboten gegen Prostataneurosen, Prostataentzündung, gutartige Prostatavergrößerung (auch vorbeugend).	Tropfen
Pflanzliches Mittel gegen Beschwerden beim Wasserlassen durch eine gutartige Prostatavergrößerung.	Kapseln
Als pflanzliches Mittel gegen Reizzustände und Schwäche der Blase, auch im Zusammenhang mit einer gutartigen Prostatavergrößerung angeboten.	Kapseln
Wird bei psychovegetativen Störungen und Leistungsminderung im mittleren und höheren Lebensalter eingesetzt.	Tabletten
Präparat mit männlichem Sexualhormon gegen Störungen der Hodenunterfunktion. Kaum sinnvoll bei Fruchtbarkeits- und Potenzstörungen.	Kapseln
Wird gegen Beschwerden beim Wasserlassen durch eine gutartige Prostatavergrößerung empfohlen.	Tabletten
Präparat mit umstrittenem Potenzmittel (Aphrodisiakum) gegen Impotenz sowie gegen Harninkontinenz. Die Substanz wird auch als gefäßerweiterndes Kreislaufmittel angewendet.	Tabletten

	Name/Hersteller	Wirkstoffe	Risiken & Nebenwirkungen
ÖSTERREICH	**Permixon** *Rp* Bender	Sägepalmenfrüchte	Selten allergische Hauterscheinungen.
ÖSTERREICH	**Prostagutt** *Rp* Schwabe	Sägepalmenfrüchte, Brennesselwurzel	Sehr selten Magen-Darm-Störungen möglich.
ÖSTERREICH	**Urgenin** *Rp* Madaus	Sägepalmenfrüchte, Echinacin	Nicht bei Tuberkulose, Leukosen, multipler Sklerose und Allergien gegen Korbblütler. Selten Magenbeschwerden.
SCHWEIZ	**Adenoprostal** IBSA	Pollenextrakte	Selten allergische Erscheinungen oder Magen-Darm-Beschwerden.
SCHWEIZ	**Eviprostat** Interdelta	Homöopathische Mischung	Keine bekannt.
SCHWEIZ	**Prosta-Caps** Fink	Kürbissamen, Sägepalmenfrüchte	Selten Magenbeschwerden möglich.
SCHWEIZ	**Urgenin** Madaus	Sägepalmenfrüchte, Echinacin	Nicht bei Tuberkulose, Leukosen, multipler Sklerose und Allergien gegen Korbblütler. Selten Magenbeschwerden.

Beratung	Darreichungsform
Zur Behandlung der gutartigen Prostatavergrößerung. Die Behandlungsdauer sollte je nach Schweregrad der Prostataerkrankung 4 bis 8 Wochen betragen.	Kapseln
Präparat zur Behandlung der gutartigen Prostatavergrößerung sowie gegen Beschwerden beim Wasserlassen.	Kapseln
Pflanzliches Mittel zur Behandlung der Beschwerden durch eine gutartige Prostatavergrößerung oder Reizblase.	Tropfen
Zur Behandlung der Beschwerden, die durch eine gutartige Prostatavergrößerung hervorgerufen werden; auch bei Reizblase anwendbar. Längere Therapie sinnvoll.	Kapseln
Bei Harnentleerungsstörungen durch eine gutartige Prostatavergrößerung, auch bei Entzündungen der Prostata.	Dragees
Bei Beschwerden beim Wasserlassen durch gutartige Vergrößerung der Prostata. Eine regelmäßige Einnahme über einen längeren Zeitraum erscheint sinnvoll.	Kapseln
Pflanzliches Mittel zur Behandlung der Beschwerden durch eine gutartige Prostatavergrößerung oder Reizblase.	Lösung, Dragees

Ohrenerkrankungen

Ohrenschmerzen sind eine relativ häufige Begleiterscheinung von Erkältungen und Grippe, Zahnschmerzen oder Mandelentzündungen. In solchen Fällen verschwinden die Ohrenschmerzen, wenn die Grunderkrankung ausgeheilt ist.
Daneben ist das Ohr auch durch bakterielle Infektionen gefährdet, die z. B. eine Mittelohrentzündung hervorrufen können. Schädigungen des Hörnervs im Inneren des Ohrs beeinträchtigen das Hörvermögen; im Alter auftretende Schwerhörigkeit ist jedoch meist auf eine zunehmende Verkalkung des Innenohrs zurückzuführen.
Das Äußere des Ohrs gehört vom Krankheitsrisiko und der Therapie her eigentlich zur Haut, denn genau wie diese kann es von Juckreiz, Ekzemen, Pilzen und anderen Hautkrankheiten befallen werden (zur Behandlung des äußeren Ohrs siehe »Hauterkrankungen« Seite 248).

Ohrenputzen nicht übertreiben! Wenn Sie Ihre Ohren zu eifrig von Ohrenschmalz reinigen, dann erhöhen Sie damit das Risiko einer Entzündung.

Das Ohr

Wir unterscheiden beim Ohr zwischen dem äußeren Ohr, dem Mittelohr und dem Innenohr.

Das äußere Ohr

Das äußere Ohr besteht aus der knorpeligen Ohrmuschel und dem Gehörgang; von hier werden Töne und Geräusche als Schallwellen zum Trommelfell geleitet.
Das größte Erkrankungsrisiko ist »hausgemacht«: Wer zu eifrig das schützende Ohrenschmalz aus dem Gehörgang entfernt, erhöht das Entzündungsrisiko.

Das Mittelohr

Das Mittelohr besteht aus einer dünnen Membran von etwa einem Zentimeter Durchmesser – dem Trommelfell –, lufthaltigen Hohlräumen und den Gehörknöchelchen. Es ist über die sogenannte Eustachische Röhre mit Nase und Rachen verbunden. Über diesen Verbindungsweg werden bei Erkältungen, Zahn- und anderen Erkrankungen der oberen Atemwege auch die Ohren gern in Mitleidenschaft gezogen.

Das Trommelfell

Das Trommelfell nimmt die Schallschwingungen aus der Luft auf und überträgt sie an die Gehörknöchelchen. Die Eustachische Röhre hat die Aufgabe, den Druck in den Ohren auszugleichen. Deshalb kommt es auch bei Schnupfen häufig zu Druckproblemen.

Das Innenohr

Tief im Innern des Ohrs liegen das schneckenförmige Hörorgan und das Gleichgewichtsorgan. Vom Hörorgan werden die aufgenommenen Töne und Geräusche über den Hörnerv und die Hörbahnen zum Gehirn geleitet. Ist der Hörnerv geschädigt, kann das Wahrgenommene nicht weitergeleitet werden – der Betroffene ist taub.

Da das Gleichgewichtsorgan mitten im Ohr sitzt, ist es nicht weiter verwunderlich, daß Erkrankungen des Ohrs häufig mit Gleichgewichtsstörungen einhergehen.

Der Gleichgewichtssinn sitzt mitten im Ohr. Deswegen sind Ohrenerkrankungen häufig mit Gleichgewichtsstörungen verbunden.

Typische Krankheitssymptome

Treten Ohrenschmerzen als Begleiterscheinung einer Erkrankung der oberen Atemwege oder des Rachenraumes auf, so kommt es in der Regel zu starken Schmerzen, Fieber, das über 38 Grad ansteigen kann, geschwollenen Drüsen, unter Umständen leichtem Ausfluß aus dem Ohr und sogar vorübergehenden Hörstörungen.

Die Mittelohrentzündung ist eine relativ häufige Infektionskrankheit. Hier hat sich vermehrt Schleim im Ohr gebildet, auf dem sich leicht Bakterien ausbreiten können. Der dadurch entstehende erhöhte Druck läßt das Trommelfell platzen, so daß der Schleim in die äußere Ohrmuschel abfließen kann. Keine Angst: Im Verlauf der Erkrankung heilt das Trommelfell von allein wieder.

Die Krankheitsursachen

Die Krankheitsursachen sind in aller Regel deutlich spürbar: Erkältungen, Grippe, Zahnschmerzen, Schnupfen. Häufig sind dann auch die Drüsen unterhalb des Ohrs geschwollen.

Wenn sich in Ihrem Ohr ein Ohrschmalzpfropfen gebildet hat, kann dieser leicht vom Ohrenarzt mit warmem Wasser herausgespült werden.

Ohrenverstopfung
Eine leicht eingeschränkte Hörfähigkeit und dumpfer Druck auf den Ohren sind häufig auf einen Ohrschmalzpfropfen zurückzuführen, der beim zu eifrigen Putzen tiefer in das Ohrinnere hineingeschoben wurde und nun vor dem Trommelfell sitzt. Der Ohrenarzt kann diesen Pfropfen leicht mit warmem Wasser herausspülen.

Die Mittelohrentzündung

An der Mittelohrentzündung sind immer Bakterien beteiligt, die sich häufig infolge einer Erkältungskrankheit ausbreiten. Dadurch können die Schleimhäute dermaßen anschwellen, daß in der Folge auch die Eustachische Röhre verstopft und in Mitleidenschaft gezogen wird.

Wann Sie den Arzt brauchen

Sie sollten einen Ohrenarzt aufsuchen, wenn

- Stärkere Ohrenschmerzen länger anhalten
- Ihnen ein Fremdkörper ins Ohr geflogen ist
- Hörstörungen längere Zeit anhalten
- Eiter abfließt und der Verdacht auf Mittelohrentzündung besteht
- Blut aus dem Ohr läuft
- Ohrenschmerzen von anhaltendem Fieber oder Schüttelfrost begleitet werden
- Sie plötzlich auf einem oder beiden Ohren gar nichts mehr hören können.

Die sanfte Selbstbehandlung

Mit diesem wichtigen Sinnesorgan sollten Sie sehr behutsam umgehen. Deshalb noch einmal unser Rat: Eine Selbstbehandlung ist nur sehr vorsichtig zu beginnen; wenn Sie nach zwei Tagen kein Erfolg zeitigt, besser den Arzt aufsuchen.

Gehen Sie mit Ihrem Gehör sehr vorsichtig um! Wenn Ihre Selbstbehandlung nach zwei Tagen keinen Erfolg hat, dann sollten Sie wirklich einen Ohrenarzt aufsuchen.

Die wichtigsten Mittel der Selbstbehandlung

- **Öl:** Bei leichten Schmerzen, Juckreiz, Brennen, verhärteten Ohrschmalzpfropfen oder kleinen Fremdkörpern (Insekten) hilft ein in warmes Öl getränkter Wattebausch.
- **Wärme:** Bei Entzündungsschmerzen lindern die Wärme einer Rotlichtlampe, ein Kopfdampfbad mit Fenchel, Pfefferminze oder Salbei sowie warme Kamillenumschläge.
- **Zwiebelsäckchen:** Ein altes Hausmittel, das leider eine gewisse Geruchsbelästigung mit sich bringt. Dazu hacken Sie eine Zwiebel fein, erwärmen sie ohne Fett in einem Tiegel und packen sie in ein dünnes Tuch, das auf das Ohr gelegt und mit einem Schal befestigt wird. Das Zwiebelsäckchen sollte die ganze Nacht über auf dem Ohr verbleiben.

Ohrgeräusche – ein verbreitetes Leiden

Tinnitus nennt der Mediziner die Krankheit, bei der Menschen ständig irgendwelche Geräusche im Ohr wahrnehmen. Ursachen können Ohr- und andere Erkrankungen sein, ferner Nebenwirkungen von Medikamenten sowie Schädigungen durch Lärm. Sofern die Ursache beseitigt werden kann, ist eine Heilung möglich, bei vielen Patienten können jedoch nur die Beschwerden gelindert werden. Der Arzt verordnet beispielsweise Stutgeron, das eigentlich gegen Herzschwäche eingesetzt wird, oder Vomex, dessen Haupteinsatzgebiet die Reisekrankheit (Gleichgewichtsstörungen) ist.

Als Selbsthilfemaßnahme können Sie Entspannungstechniken wie autogenes Training üben, auch Ablenkung mit leichter Musik wirkt lindernd.

Ohrenbeschwerden

Ihre Beschwerden	Mögliche Ursachen	Therapievorschläge
Juckreiz, eingeschränktes Hörvermögen, gelbgrüner Eiter, Schmerz bei Kopfbewegung	Entzündungen des äußeren Gehörgangs (Bakterien-, Virusinfektion)	Öl einträufeln; ärztliche Hilfe suchen
Gefühl des vollen Ohrs, Schmerzen, Fieber	Mittelohrentzündung	Bettruhe, Wärme; ärztliche Hilfe (Antibiotika)
Eitriger Ausfluß, eingeschränktes Hörvermögen	Chronische Mittelohrentzündung	Ohren trocken und sauberhalten; ärztliche Hilfe suchen (Antibiotika sind notwendig)
Starke Ohrenschmerzen, Blutungen	Trommelfellverletzung	Schmerzmittel; ärztliche Hilfe suchen
Pulsierende Ohrgeräusche, heftige Schmerzen, Schwindel, Gefühl eines verstopften Ohrs	Druckprobleme im Innenohr, besonders beim Fliegen, Tauchen oder schnellen Überwinden von Höhenunterschieden	Schlucken, Gähnen, Mund und Nase schließen und Atem gegen die geschlossene Nase drücken; ärztliche Hilfe suchen, wenn der Schmerz anhält
Schwerhörigkeit	Ohrschaden durch Lärm, chronische Mittelohrentzündung, Gehirnhautentzündung, Verkalkung	Von den Lippen lesen, Hörgerät; ärztliche Hilfe suchen
Plötzlicher ein- oder beidseitiger Hörverlust	Hörsturz	Sofort ärztliche Hilfe suchen (Notfall!)

Das richtige Medikament

Etliche, vor allem rezeptpflichtige Ohrentropfen enthalten Kombinationen aus Antibiotika, cortisonähnlichen Wirkstoffen, Schmerz- und Betäubungsmitteln – eine Mischung, der zahlreiche Experten wegen der kaum kontrollierbaren Nebenwirkungen sehr skeptisch gegenüberstehen.

Unser Tip: Nicht ohne Arzt!
Ohrentropfen sollten Sie nicht auf eigene Faust nehmen! Lassen Sie sich im Einzelfall von Ihrem Arzt oder Apotheker ausführlich über Wirkung und Nebenwirkungen des jeweiligen Medikaments beraten!

Nutzen und Risiko der Wirkstoffe

Ohrentropfen sind nicht ohne Gefahr: Da in vielen Tropfen zahlreiche Wirkstoffe gemischt vorkommen, sind deren Nebenwirkungen kaum zu kontrollieren.

Besteht der Verdacht, daß eingeschränktes Hörvermögen und leichte Schmerzen mit einem verhärteten Ohrschmalzpfropfen zusammenhängen, gibt es entsprechende rezeptfreie Tropfen (mit Propylenglycol oder Glycerol). Beide Arten von Tropfen haben keine nennenswerten Nebenwirkungen.
Nutzen Sie jedoch nichts, ist nach wenigen Tagen der Gang zum Ohrenarzt unerläßlich. Aber keine Angst: Die Entfernung des Ohrenpfropfens tut überhaupt nicht weh!

Antibiotika

Bei der Mittelohrentzündung sind noch immer Antibiotika notwendig, um der Infektion Herr zu werden. Diese kommen jedoch nicht als Ohrentropfen, sondern als Mittel zum Einnehmen zum Einsatz. Üblicherweise werden Breitspektrumpenicilline angewandt. Die bei Antibiotika üblichen Nebenwirkungen sind Haut-, Magen- und Darmbeschwerden, bei häufigerer Einnahme Wirkungslosigkeit durch Resistenz der Krankheitserreger sowie unter Umständen eine Schwächung des Immunsystems und eine höhere Anfälligkeit für Pilzerkrankungen.

Ohrenerkrankungen

Name/Hersteller	Wirkstoffe	Risiken & Nebenwirkungen
Cerumenex N Mundipharma	Ölsäure-Polypeptid-Kondensat	Nicht bei Loch im Trommelfell. Allergische Reaktionen möglich.
Otalgan Südmedica	Phenazon, Glycerol, Procain	Ungeeignet bei Pyrazolonallergie. Überempfindlichkeitserscheinungen, Juckreiz.
Otobacid N *Rp* Asche	Dexamethason, Cinchocain, Butandiol	Nicht bei Herpesinfektion des Ohrs, bei Loch im Trommelfell oder bei chronischer Mittelohrentzündung.
Otosporin *Rp* Wellcopharm	Polymyxin-B, Neomycin, Hydrocortison	Nicht bei Infektionen des Gehörgangs durch Pilze und Viren, bei Tuberkulose und Syphilis oder bei Loch im Trommelfell. Ekzeme, Schwellung.
Otovowen Weber & Weber	Aconitum, Kamille, Sonnenhut, Jod	Nicht bei Schilddrüsenerkrankungen. Vorsicht bei Überempfindlichkeit gegen Jod! Enthält Alkohol!
Otowaxol Norgine	Docusat	Nicht einsetzen bei Loch im Trommelfell.
Regenaplex Nr. 71 b, Nr. 216 Regenaplex	Homöopathische Mischung	Enthält Alkohol!

Beratung	Darreichungsform
Sinnvoll zur Aufweichung von verhärteten Ohrenschmalzpfropfen.	Tropfen
Gegen Ohrenschmerzen angeboten. Kombination zweier örtlich wirkender Schmerzmittel (gegen die Verwendung von Phenazon, das als veraltet gilt, werden Bedenken geäußert).	Ohrentropfen
Kombinationspräparat; enthält einen Stoff mit cortisonähnlicher Wirkung (Prednisolon). Sinnvoll bei kurzzeitiger Behandlung von Ekzemen des äußeren Gehörgangs.	Ohrentropfen
Kombination aus cortisonähnlichem Wirkstoff (Hydrocortison) und Antibiotika. Begründbare Anwendung bei bakteriellen Entzündungen des äußeren Gehörgangs bis zur Feststellung des Erregers.	Ohrentropfen
Homöopathische Kombination; angeboten gegen Mittelohrentzündung, Ohrensausen, Schwerhörigkeit infolge Verschleimung des Rachens, Stockschnupfen.	Tropfen
Mittel zum Aufweichen von Ohrenschmalzpfropfen.	Lösung
Homöopathikum; zur Behandlung einer Mittelohrentzündung und zu deren Vorbeugung angeboten.	Tropfen

	Name/Hersteller	Wirkstoffe	Risiken & Nebenwirkungen
ÖSTERREICH	**Aleot** *Rp* Apomedica	Chlorbutanol, Chlorphenesin, Benzalkoniumchlorid, Harnstoff	Nicht am verletzten Ohr bzw. bei Loch im Trommelfell anwenden. Selten leichte Hautreaktion.
ÖSTERREICH	**Dolothricin** *Rp* Provita	Tyrothricin, Neomycin, Benzocain, Kampfer	Nicht einsetzen bei Loch im Trommelfell.
ÖSTERREICH	**Otalgan** *Rp* Medichemie	Phenazon, Glycerin, Lidocain	Nicht bei Loch im Trommelfell anwenden. Selten allergische Hautreaktionen am Ohr.
ÖSTERREICH	**Otosporin** *Rp* Wellcome	Polymyxin-B, Neomycin, Hydrocortison	Nicht bei Infektionen des Gehörgangs durch Pilze und Viren, nicht bei Tuberkulose und Syphilis oder bei Loch im Trommelfell.
SCHWEIZ	**Cerumenex** Mundipharma	Ölsäure-Polypeptid-Kondensat	Nicht bei Loch im Trommelfell. Allergische Reaktionen möglich.
SCHWEIZ	**Otosan** Streuli	Phenazon, Glycerol, Procain	Ungeeignet bei Pyrazolonallergie. Überempfindlichkeits-erscheinungen, Juckreiz.
SCHWEIZ	**Panotile** *Rp* Inpharzam	Neomycin, Polymyxin-B, Fludrocortison, Lidocain	Nicht bei Loch im Trommelfell verwenden. Hautallergien möglich.

Beratung	Darreichungsform
Gut verträgliches Mittel gegen schmerzhafte und entzündliche Erkrankungen des äußeren Gehörgangs und des Mittelohrs, bei Ohrenschmerzen und Tubenkatarrh.	Ohrentropfen
Antibakterielles Mittel in Kombination mit einem Lokalanästhetikum gegen schmerzhafte, entzündliche Erkrankungen des äußeren und mittleren Ohrs.	Ohrentropfen
Gut verträgliches Mittel gegen schmerzhafte Erkrankungen des äußeren Gehörgangs und des Mittelohrs, bei denen das Trommelfell intakt ist.	Ohrentropfen
Kombination aus cortisonähnlichem Wirkstoff (Hydrocortison) und Antibiotika. Begründbare Anwendung bei bakteriellen Entzündungen des äußeren Gehörgangs bis zur Feststellung des Erregers.	Ohrentropfen
Sinnvoll zur Aufweichung von verhärteten Ohrenschmalzpfropfen.	Tropfen
Gut verträgliches Mittel gegen schmerzhafte Erkrankungen des äußeren Gehörgangs und des Mittelohrs, bei denen das Trommelfell intakt ist.	Ohrentropfen
Kombinationsmittel aus Antibiotika, Corticoid und Lokalanästhetikum zur Behandlung von akuten Entzündungen des äußeren Gehörgangs, des Mittelohrs sowie bei Furunkulosen und Ekzemen des Gehörgangs.	Ohrentropfen

Rückenschmerzen

Das Kreuz mit dem Kreuz

Das Kreuz mit dem Kreuz – schon jeder fünfte Bundesbürger klagt über Rückenschmerzen. Erschreckend daran ist, daß unter den Betroffenen zunehmend jüngere Menschen unter 20 Jahren sind.

Die Symptome, die sich an der gesamten Wirbelsäule, aber auch häufig in Armen und Beinen bemerkbar machen, können eine ganze Palette von Ursachen haben. Sie reichen von Abnutzungserscheinungen bis hin zu entzündlichen, rheumatischen Erkrankungen (siehe hierzu Kapitel »Gelenkbeschwerden« Seite 218). Auch der tägliche Streß und andere psychische Belastungen können dem Kreuz schwer zu schaffen machen!

Sitzen, sitzen, sitzen und sitzen – im Büro, vor dem Monitor, dem Fernseher, im Auto und auf Reisen: Jahrzehntelanges Sitzen übersteht Ihre Wirbelsäule nicht ohne Schaden.

Die Wirbelsäule

Die Wirbelsäule selbst hat sieben Halswirbel, zwölf Brustwirbel und fünf Lendenwirbel. Dies ist der bewegliche Teil, an ihn schließen sich fünf Kreuzbein- und vier bis fünf Steißbeinwirbel an, die zu einem Knochen verwachsen sind.

Ein einzelner Wirbel besteht aus einem Wirbelkörper und einem Bogen, die zusammen den Rückenmarkskanal umschließen, ferner dem Dornfortsatz, dem äußerlich sichtbaren Rückgrat, und Gelenkfortsätzen, die die Verbindung zum nächsten Wirbel darstellen.

Schwachpunkt: Bandscheiben

Die Bandscheiben liegen als »Polster« zwischen den knöchernen Wirbelkörpern. Sie bestehen aus einem elastischen Gewebe mit einem gallertartigen Kern. Ihre Aufgabe ist es, Stöße abzufedern und für die Beweglichkeit der Wirbelsäule zu sorgen. Mit zunehmendem Alter verschleißen sie, halten den täglichen Belastungen nicht mehr stand, werden zusammengequetscht und verformen sich – was sehr schmerzhaft ist.

Typische Krankheitssymptome

Rund zwei Drittel der Rückenkrankheiten beginnen im Bereich der Lendenwirbelsäule, ein weiteres Drittel bei den Halswirbeln. Höchst selten sind die Brustwirbel betroffen.

Art der Schmerzen

Schmerzen in der mittleren Rückenpartie treten entweder blitzartig und sehr stark oder leise schleichend auf. Sie können im Einzelfall Schmerzen im Brustkorb hervorrufen, die schwer von Herzbeschwerden zu unterscheiden sind.

Halswirbelsäulenbeschwerden können auch in Schulter und Arme ausstrahlen. Schmerzen im unteren Rückenbereich, die ebenfalls plötzlich und sehr stark oder langsam und steigend auftreten können, bleiben meist über einen längeren Zeitraum oder kommen in kürzeren Abständen immer wieder. Bewegung, Husten und Niesreiz können die Schmerzen kurzfristig noch verschlimmern.

Die Krankheitsursachen

Häufig liegen den Rückenschmerzen, ganz besonders bei Kindern, Fehlhaltungen zugrunde, die immer orthopädisch behandelt werden müssen. Gerne werden Rückenschmerzen als berufsbedingt bezeichnet, also als Folge von langem Sitzen, Heben oder Tragen schwerer Lasten angesehen.

Wußten Sie schon, daß Rückenleiden beispielsweise bei Orchestermusikern als Berufskrankheit anerkannt werden?

Berufskrankheit bei Orchestermusikern

Tatsache ist jedoch, daß es nur wenige Berufe gibt, die Dauerschädigungen des Rückens verursachen. Immerhin: Bei Bauarbeitern, Krankenpflegern, Land- und Forstwirten, Orchestermusikern und Kfz-Mechanikern wird ein Rückenleiden inzwischen zum Teil schon als Berufskrankheit anerkannt. Etwa nach zehn Berufsjahren machen sich erste Schäden bemerkbar. Die meisten anderen Berufe allerdings sind für den gesunden Rücken nicht so gefährlich.

Fernsehen macht schlaff

Riskant dagegen ist, daß viele Menschen in ihrer Freizeit nichts tun, um ihre Rückenmuskulatur zu stärken. Wer seinen Feierabend vor dem Fernseher verbringt und es sich am Wochenende auf dem Sofa gemütlich macht, darf sich über schlaffe Muskeln und eine verminderte Belastbarkeit nicht wundern.

Einige Rückenbeschwerden können Vorboten von ernsthaften Verschleißleiden sein, was für den Laien nicht immer sofort erkennbar ist, da die Symptome im Einzelfall recht untypisch sein können.

Bandscheibenschäden

Bandscheiben verschleißen im Laufe eines Lebens, wobei die Pufferringe zwischen den Wirbeln ihre Elastizität einbüßen; anschließend werden sie zunehmend gequetscht und deformiert. Schmerzhaft wird die Erkrankung, wenn eine verformte Bandscheibe auf einen der zahlreichen Nerven drückt, die zwischen den Wirbeln liegen.

Bandscheiben sind ein Verschleißteil des menschlichen Körpers. Versuchen Sie daher, die Belastung Ihres Rückens langfristig zu verringern.

Bandscheibenvorfall

Von einem Bandscheibenvorfall sprechen wir, wenn der gallertartige Kern aus der geplatzten Bandscheibe hervortritt. Das ist nicht nur mit sehr starken Rückenschmerzen verbunden, sondern häufig auch mit Problemen beim Wasserlassen, mit Lähmungserscheinungen und Gefühllosigkeit in Beinen oder Armen. Handelt es sich um einen Bandscheibenvorfall, benötigen Sie unbedingt ärztliche Hilfe. In vielen Fällen ist eine Operation unerläßlich.

Hexenschuß

Mit dieser volkstümlichen Bezeichnung werden Rückenschmerzen charakterisiert, die ganz verschiedene Ursachen haben können, aber alle dasselbe Symptom aufweisen: einen plötzlich einsetzenden, sehr heftigen Schmerz im unteren

Rücken. Ausgelöst wird er durch Unterkühlung, Überanstrengung, ungeschickte Bewegungen oder falsches Heben. Oftmals ist ein Hexenschuß aber auch ein erstes Warnzeichen für Rheuma oder eine Bandscheibenabnutzung.
Wenn Sie häufiger unter einem Hexenschuß leiden, ist eine orthopädische Untersuchung notwendig.

Ischias

Medizinisch korrekt heißt die extrem schmerzhafte Krankheit Ischialgie. Eine verletzte Bandscheibe drückt den Ischiasnerv im Lendenwirbelbereich. Üblicherweise tritt der Ischiasschmerz in Höhe des Hüftgelenks auf und kann über das gesamte Bein bis in die Zehen ausstrahlen.
Selbsthilfe ist bei einer richtigen Ischialgie nur bedingt ratsam, besser ist es, umgehend einen Therapeuten aufzusuchen. Besonders wenn die Schmerzen in immer kürzeren Abständen auftreten, könnte es zum Bandscheibenvorfall kommen. Zudem besteht die ernste Gefahr einer Beinlähmung, die eventuell nicht mehr rückgängig zu machen ist.

Hexenschuß, Ischias, Morbus Bechterew: Die Namen sind vielfältig wie die Schmerzen. Schon jeder fünfte Bundesbürger klagt über Rückenschmerzen.

Morbus Bechterew

Die entzündliche chronische Krankheit betrifft fast zu 90 Prozent Männer und setzt im allgemeinen zwischen dem 20. und 30. Lebensjahr ein. Die Gelenke und Längsbänder der Wirbelsäule verknöchern, im schlimmsten Fall kann die rheumatische Erkrankung sogar zur Versteifung der Wirbelsäule und einem Buckel führen.

Die Krankheit beginnt oftmals mit ganz anderen Beschwerden wie Darmerkrankungen, Nervenschmerzen oder Entzündungen der Regenbogenhaut der Augen. Niemand denkt an die Wirbelsäule! Erst später treten ganz typische Schmerzen tief unten im Rücken auf, die in das Gesäß und die Schenkel ausstrahlen. Um der drohenden Versteifung vorzubeugen, erfordert diese Krankheit konsequente ärztliche Behandlung.

Wann Sie den Arzt brauchen

Rückenleiden können chronisch werden und zu lang anhaltenden Bewegungseinschränkungen führen. Sie sollten bei länger dauernden Rückenschmerzen ärztliche Hilfe suchen, um zu vermeiden, daß Ihr Leiden chronisch wird. Nachfolgender Checkliste können Sie die Bedingungen entnehmen, wann ein Arztbesuch angeraten ist.

Bitte beachten Sie: Rückenleiden können, wenn sie nicht rechtzeitig behandelt werden, chronisch werden und zu dauernden Bewegungseinschränkungen führen.

Checkliste: Rückenleiden

Bei Rückenleiden sollten Sie immer einen Arzt oder Orthopäden aufsuchen, wenn

- Ihre Selbsthilfemaßnahmen keinen Erfolg haben und die Schmerzen länger als drei Tage anhalten
- Ihre Beweglichkeit bereits stark eingeschränkt ist
- In Ihrer Familie schon rheumatische Erkrankungen vorgekommen sind
- Lähmungserscheinungen auftreten
- Sie bereits einmal wegen eines Rückenleidens in Behandlung waren
- Sie starkes Übergewicht und Rückenschmerzen haben.

Die sanfte Selbstbehandlung

Für die Behandlung vorübergehender Rückenschmerzen (aufgrund von Überlastung oder Erkältung) eignen sich grundsätzlich alle Selbsthilfemaßnahmen, die auch bei Gelenkschmerzen und Rheuma durchaus sinnvoll sind. Sehen Sie hierzu bitte im Kapitel »Gelenkbeschwerden« auf Seite 218 nach. Die Selbstbehandlung eignet sich nicht bei lang anhaltenden Rückenschmerzen!

Kommen Sie zur kleinen Rückenschule!

Ferner können Sie Rückenschmerzen sehr gut vorbeugen, wenn Sie die folgenden Ratschläge der kleinen Rückenschule beherzigen!

Kleine Rückenschule
Mit unserer Rückenschule können Sie nicht nur Rückenleiden prima vorbeugen, Sie können auch leichte Rückenbeschwerden ohne Arzt und Medikamente beheben.

1. Immer in Bewegung bleiben! Gehen Sie häufig zu Fuß, statt mit dem Auto zu fahren; benutzen Sie lieber die Treppe statt den Aufzug.
2. Geradegehen! Halten Sie bewußt bei jeder Bewegung Ihren Rücken gerade.
3. Beim Bücken, besonders beim Heben schwerer Gegenstände vom Boden, stets in die Hocke gehen, niemals die Bewegung aus dem Rücken heraus machen.
4. Möglichst keine schweren Gegenstände heben; ist dies jedoch unvermeidlich, die Lasten gleichmäßig auf beide Körperseiten verteilen und stets dicht am Körper halten.
5. Besonders beim Sitzen muß der Rücken gerade sein! Den Oberkörper nach Möglichkeit abstützen und häufiger die Stellung wechseln.
6. Gerade bei sitzenden Berufen müssen Sie auf körper- und arbeitsgerechte Sitzmöbel achten. Machen Sie in den Arbeitspausen immer ein paar Lockerungsübungen.
7. Nicht zu lange stehen.
8. Im Liegen häufiger die Beine anstellen.
9. Regelmäßig Ausgleichssport treiben; rückenfreundliche Sportarten sind Schwimmen, Laufen und Radfahren.
10. Täglich ein paar Gymnastikübungen für die Wirbelsäule.

Mit nur ein paar Minuten täglicher Rückengymnastik stärken Sie nicht nur Ihre Wirbelsäule, sondern auch Ihr Bewußtsein für den aufrechten Gang.

Das richtige Medikament

Für die äußerliche und innerliche Behandlung von Rückenschmerzen eignen sich alle Medikamente, die im Kapitel »Gelenkbeschwerden« auf Seite 226 genannt werden, sowie alle Schmerzmittel, die Sie im Kapitel »Kopfschmerzen« auf Seite 346 aufgeführt finden.

Rückenschmerzen

Name/Hersteller	Wirkstoffe	Risiken & Nebenwirkungen
DoloVisano M *Rp* Kade	Mephenesin	Verboten in der Schwangerschaft, bei Muskelschwäche und Leberfunktionsstörungen. Vorsicht in der Stillzeit! Müdigkeit, Schläfrigkei[t], Kopfschmerzen, Übelkeit.
Musaril *Rp* Sanifi Winthrop	Tetrazepam	Nicht in der Stillzeit, Vorsicht in der Schwangerschaft! Wenig geeignet für Kinder. Müdigkeit, verminderte Reaktionsfähigkeit, Benommenheit möglich.
Muskel Trancopal *Rp* **compositum** Sanofi Winthrop	Chlormezanon, Paracetamol	Vorsicht in Schwangerschaft und Stillzeit! Mundtrockenheit, Schwindel, allergische Reaktionen möglich.
Norflex *Rp* 3M Medica	Orphenadrin	Nicht bei grünem Star, Muskelschwäche, Blasenstörungen. Verminderte Reaktionsfähigkeit, Herzrasen, allergische Reaktionen.
Norgesic N *Rp* 3M Medica	Orphenadrin, Propyphenazon	Nicht in Stillzeit und bei Muskelschwäche, Vorsicht in der Schwangerschaft! Verminderte Reaktionsfähigkeit, Herzrasen, allergische Reaktionen.
Ortoton Plus Tabletten *Rp* Bastian-Werk	Methocarbamol, Acetylsalicylsäure	Ungeeignet für Kinder unter 12 Jahren. Vorsicht in Schwangerschaft und Stillzeit! Magen-Darm-Störungen, Überempfindlichkeitsreaktionen möglich.
Sirdalud *Rp* Wander Pharma	Tizanidin	Verboten in Schwangerschaft und Stillzeit sowie für Säuglinge und Kinder. Müdigkeit, Blutdruckabfall, Übelkeit möglich.

Beratung	Darreichungsform
Vermindert Reaktionsfähigkeit und Fahrtüchtigkeit. Mittel zur Muskelentspannung, das über das Zentralnervensystem auch allgemein dämpfend wirkt; angeboten gegen Muskelverspannungen, Hexenschuß und Muskelschmerzen.	Dragees
Benzodiazepinabkömmling, daher Gefahr der Abhängigkeit bei längerer Einnahme. Mittel gegen Muskelverspannungen, insbesondere bei Beschwerden der Wirbelsäule und der Gelenke.	Filmtabletten
Mittel zur Muskelentspannung; angeboten gegen schmerzhafte Verspannungen der Skelettmuskulatur, Hexenschuß und Ischiasschmerzen.	Tabletten, Zäpfchen
Mittel zur Muskelentspannung, besonders bei Wirbelsäulen- und Bandscheibenschäden, Schiefhals und Hexenschuß. Zur Unterstützung bei chiropraktischer Behandlung.	Retardtabletten, Zäpfchen
Kombination aus Schmerzmittel (Propyphenazon) und muskelentspannender Substanz gegen schmerzhafte Erkrankungen des Bewegungsapparates und Verspannungen der Skelettmuskulatur.	Dragees, Zäpfchen
Kombination aus Schmerzmittel (Acetylsalicylsäure) und muskelentspannender Substanz gegen schmerzhafte Verspannungen der Skelettmuskulatur und degenerative Veränderungen der Wirbelsäule.	Tabletten
Mittel gegen nervlich bedingte Muskelverspannungen; sinnvoll auch, wenn wegen Abhängigkeit Benzodiazepine nicht verwendet werden können.	Tabletten

Rückenschmerzen

	Name/Hersteller	Wirkstoffe	Risiken & Nebenwirkungen
ÖSTERREICH	**Norflex** *Rp* Health Care 3M	Orphenadrin	Nicht bei grünem Star, Muskelschwäche, Blasenstörungen. Verminderte Reaktionsfähigkeit, Herzrasen, allergische Reaktionen.
ÖSTERREICH	**Sirdalud** *Rp* Sandoz	Tizanidin	Verboten in Schwangerschaft und Stillzeit sowie für Säuglinge und Kinder. Müdigkeit, Blutdrucksenkung, Übelkeit möglich.
ÖSTERREICH	**Tizanidin Sanabo** *Rp* Sanabo	Tizanidin	Verboten in Schwangerschaft und Stillzeit sowie für Säuglinge und Kinder. Müdigkeit, Blutdrucksenkung, Übelkeit möglich.
ÖSTERREICH	**Trancopal compositum** *Rp* Kwizda	Chlormezanon, Paracetamol	Vorsicht in Schwangerschaft und Stillzeit! Mundtrockenheit, Schwindel, allergische Reaktionen möglich.
SCHWEIZ	**Norflex** *Rp* Health Care 3M	Orphenadrin	Nicht bei grünem Star, Muskelschwäche, Blasenstörungen. Verminderte Reaktionsfähigkeit, Herzrasen, allergische Reaktionen.
SCHWEIZ	**Parafon** *Rp* Cilag	Chlorzoxazon, Paracetamol	Vorsicht in Schwangerschaft und Stillzeit! Schwindel, Kopfweh, Übelkeit, allergische Reaktionen möglich.
SCHWEIZ	**Sirdalud** *Rp* Sandoz	Tizanidin	Verboten in Schwangerschaft und Stillzeit sowie für Säuglinge und Kinder. Müdigkeit, Blutdrucksenkung, Übelkeit möglich.

Beratung	Darreichungsform
Mittel zur Muskelentspannung, besonders bei Wirbelsäulen- und Bandscheibenschäden, Schiefhals und Hexenschuß. Zur Unterstützung bei chiropraktischer Behandlung.	Tabletten
Mittel gegen nervlich bedingte Muskelverspannungen, sinnvoll auch nach Hexenschuß und steifem Hals.	Tabletten
Mittel gegen nervlich bedingte Muskelverspannungen, sinnvoll auch nach Hexenschuß und steifem Hals.	Tabletten, Kapseln
Mittel zur Muskelentspannung; angeboten gegen schmerzhafte Verspannungen der Skelettmuskulatur, Hexenschuß und Ischiasschmerzen.	Tabletten
Mittel zur Muskelentspannung, besonders bei Wirbelsäulen- und Bandscheibenschäden, Schiefhals und Hexenschuß. Zur Unterstützung bei chiropraktischer Behandlung.	Tabletten, Injektionslösung
Gegen Schmerzen und Skelettmuskelverspannungen, bei Schiefhals, Hexenschuß und Verletzungen der Muskulatur einsetzbar.	Kapseln
Mittel gegen nervlich bedingte Muskelverspannungen, sinnvoll auch nach Hexenschuß und steifem Hals.	Tabletten

Schilddrüsen-erkrankungen

Schilddrüsenstörungen sind weit verbreitet, was mit dem zunehmenden Jodmangel in unseren Böden zu tun hat. Sowohl die Über- als auch die Unterfunktion dieser Drüse gehören in ärztliche Behandlung, und hier liegt das eigentliche Problem. Oft leiden Patienten jahrelang, bevor sie überhaupt auf die Idee kommen, wegen ihrer Beschwerden einen Arzt aufzusuchen. Denn bei den Beschwerden wie Gewichtszu- oder -abnahme, Übernervosität oder chronischer Müdigkeit, Depressionen und Schweißausbrüchen denkt kaum jemand an die kleine, schmetterlingsförmige Drüse im Hals, sondern an ganz andere Ursachen. Oft werden z.B. Streß, falsche Ernährung, Magen- und Darmbeschwerden u. a. m. für die Probleme verantwortlich gemacht.

Eine kleine, 30 Gramm schwere Drüse, die aussieht wie ein Schmetterling: die Schilddrüse. Sie mischt bei vielen Prozessen im Körper kräftig mit.

Die Schilddrüse

Die kleine Drüse, die bis zu 30 Gramm schwer wird, sieht aus wie ein Schmetterling und liegt unterhalb vom Kehlkopf links und rechts der Luftröhre. Sie produziert die Hormone Thyroxin und Trijodthyronin. Die Produktion dieser beiden Homone läuft an, wenn von ganz »oben«, nämlich vom Hypothalamus, der Kommandozentrale aller Hormone im Gehirn, ein entsprechender Befehl erteilt wird.

Eiweiß aus Jod

Damit die Schilddrüse diese Hormone auch in ausreichender Menge zur Verfügung stellen kann, braucht die Drüse bestimmte Eiweißstoffe und Spurenelemente, die der Körper aus der Nahrung beziehen muß. Ein ganz wichtiger Baustein für die Schilddrüsenhormone ist das Jod.

Die Schilddrüse mischt bei allen Prozessen im Körper kräftig mit. Sie kurbelt den gesamten Stoffwechsel an, sorgt also für den Abtransport von Schlackenstoffen, überschüssigem Wasser und verbrauchtem Salz durch die Hautoberfläche. Sie ist an Verdauung und Darmtätigkeit beteiligt, unterstützt die Aktivitäten von Leber, Galle, Nieren und Bauchspeicheldrüse, reguliert den Wärmehaushalt, sorgt für gute Laune und Leistungsfähigkeit und ist nicht zuletzt an Lust und Spaß bei der Liebe beteiligt.

Treibstoff Jod

Stellen wir uns die Schilddrüse als Motor vor, der eine Leistung zu erbringen hat, nämlich die beiden Hormone T3 und T4 zu produzieren. Um das zu schaffen, braucht der Motor Treibstoff, und zwar das Jod. Dabei ist er keineswegs unbescheiden, der Motor würde sich mit 100 bis 150 Mikrogramm täglich durchaus begnügen. Aber selbst die Bereitstellung dieser lächerlichen Menge können wir unserer Schilddrüse heute nicht mehr garantieren. Früher gab es reichlich Jod aus verschiedensten Nahrungsmitteln, denn Jod war ausreichend im Ackerboden vorhanden. Damit ist es längst vorbei. In den Alpenregionen, die die höchste Zahl an Schilddrüsenkranken haben, wurde das Jod schon vor Jahrtausenden durch das Schmelzwasser der Eiszeitgletscher ausgewaschen.

Doch auch in den nördlicheren Regionen nimmt die Jodkonzentration in den Böden ab – durch Überdüngung und optimale Nutzung des Bodens für die Landwirtschaft. Das Spurenelement Jod ist rar geworden, inzwischen ist es ausreichend nur noch im Meerwasser und in den darin lebenden Fischen und Schaltieren enthalten.

Typische Krankheitssymptome

Störungen der Schilddrüse wirken sich auf den ganzen Körper aus: auf den Stoffwechsel, zahlreiche Organe, die Psyche, Haut und Haare.

In unserer Umgebung gibt es immer weniger Jod: Dabei braucht der Mensch täglich nur etwa 100 Mikrogramm. Diese Menge findet sich am besten im Fisch.

Äußerlich sichtbares Zeichen einer Erkrankung ist der Kropf, das »bayrische Sportabzeichen«, ferner hervortretende Augäpfel, die sogenannte Basedowsche Krankheit. Bei dieser Erkrankung schüttet die Schilddrüse übermäßig viel Hormone aus, was auch beim Kropf der Fall sein kann. Ein solcher – von Medizinern als Struma bezeichneter – Kropf kann aber auch noch andere Komplikationen machen, nämlich die Luftröhre einengen, zur Einstellung der ganzen Hormonproduktion führen oder sich völlig verselbständigen. In einem solchen Fall spricht man vom autonomen Adenom, d. h., die Schilddrüse produziert auf eigene Faust massenhaft Hormone, ohne auf die Befehle des Gehirns noch Rücksicht zu nehmen.

Die Schilddrüsenüberfunktion

Wenn aufgrund von Jodmangel oder einer Erkrankung der Schilddrüse dieses Organ anfängt, hektisch Hormone zu produzieren, oder wenn ein autonomes Adenom sozusagen eine zweite Produktionsstätte aufmacht, dann kommt es zur Überfunktion. Die häufigsten Symptome sind:

Der Kropf ist das typische Endresultat einer langen und schweren Schilddrüsenkrankheit – oft bedingt durch zuwenig Jod.

- Plötzliche Gewichtsabnahme oder unwillkürliche Änderung der Ernährungsgewohnheiten
- Hektik, Nervosität, Unruhe
- Leichtes Zittern der Hände
- Starkes Schwitzen
- Häufige Durchfälle
- Schlaflosigkeit
- Herzklopfen bis zum Herzrasen
- Hoher Blutdruck, schneller Puls.

Die Schilddrüsenunterfunktion

Wenn es der Schilddrüse ständig an Hormonen mangelt, arbeitet der Körper nur noch auf Sparflamme, alles wird gedämpft. In seltenen Fällen kann eine Unterfunktion auch angeboren sein, wenn bei der Mutter während der Schwangerschaft Schilddrüsenhormone gefehlt haben. Dies kann zu sehr schweren Entwicklungsschäden beim Kind führen. Bei der im Laufe eines Lebens durch Hormonmangel aufgetretenen Unterfunktion machen sich vor allem die folgenden Symptome bemerkbar:

- Ständige Müdigkeit
- Erhöhtes Schlafbedürfnis
- Extreme Kälteempfindlichkeit, Frieren
- Trägheit, Niedergeschlagenheit, Teilnahmslosigkeit

- Leistungsabfall, Antriebsschwäche
- Stumpfe, brüchige Haare und trockene, blasse Haut
- Gewichtszunahme ohne größeren Appetit
- Verstopfung.

Die Krankheitsursachen

Für Schilddrüsenstörungen ist gemeinhin Jodmangel verantwortlich. Der »Chef« aller Hormone im Körper, der Hypothalamus im Gehirn, kontrolliert ständig, ob von den beiden Schilddrüsenhormonen genug im Körper vorhanden ist. Ist dies nicht der Fall, kriegt die Schilddrüse die Peitsche – sie produziert dann Hormone wie wild.

Der Hypothalamus, ein Teil des Zwischenhirns, kontrolliert ständig die Hormonproduktion im Körper. Fehlt es an Hormonen, muß die Schilddrüse Überstunden leisten.

Um diese Aufgabe bewältigen zu können, vergrößert sich gelegentlich die Schilddrüse, und so entsteht der Kropf. Im günstigsten Fall ist dies ein Zeichen dafür, daß die Schilddrüse die Aufrechterhaltung der Hormonproduktion trotz Jodmangels geschafft hat.

Wann Sie den Arzt brauchen

Haben Sie den Verdacht, an einer Schilddrüsenüber- oder -unterfunktion zu leiden, ist der Arztbesuch unumgänglich. Zunächst muß der Arzt durch eine entsprechende Untersuchung klären, ob eine Unter- oder Überfunktion vorliegt und wie hoch der Mangel bzw. Überschuß ist. Die Diagnosemethoden reichen von Bluttests, dem Radiojodtest, einer (unschädlichen) Strahlenuntersuchung, der Schilddrüsenszintigraphie, bei der die Schilddrüse bildlich dargestellt wird, bis zur Schilddrüsenpunktion, einer schmerzlosen Gewebeentnahme, im Einzelfall.

Frauen – besonders gefährdet
Besonders gefährdet sind Frauen in Lebensphasen, in denen sie mehr Schilddrüsenhormone brauchen, so z. B. in Schwangerschaft und Stillzeit, in den Wechseljahren und eventuell bei Zyklusstörungen. Dies hängt mit der veränderten Produktion der Sexualhormone zusammen, die wiederum eng mit der Schilddrüse korrespondieren.

Für die Behandlung kann der Arzt je nach Art der Funktionsstörung folgende Maßnahmen ergreifen:

- Er verordnet Medikamente, entweder mit Schilddrüsenhormonen oder solche, die die überschießende Hormonproduktion bremsen.
- Er befürwortet eine Strahlenbehandlung, die nach bisherigen Erkenntnissen für die Patienten risikolos ist. Sie kommt in Frage bei Schilddrüsenüberfunktion, wenn die Behandlung mit Medikamenten erfolglos ist und die Patienten jenseits des 40. Lebensjahrs sind.
- Bei schweren Fällen von Überfunktion, einem großen Kropf, der Beschwerden macht, und beim autonomen Adenom kann eine Operation sinnvoll sein.

Verwenden Sie immer jodiertes Speisesalz! Damit beugen Sie ohne jeglichen Aufwand dem Jodmangel vor.

Die sanfte Selbstbehandlung

Ist die Schilddrüse entgleist, ob nun zur Über- oder Unterfunktion, können Sie mit einer Selbstbehandlung nichts mehr ausrichten.
Aber vorbeugen können Sie: Achten Sie darauf, daß Sie ausreichend Jod zu sich nehmen! Jod enthalten heute vorwiegend Meeresprodukte sowie jodiertes Speisesalz (»Vollsalz«) und bestimmte Mineralwässer. Zu den jodhaltigen Genüssen zählen übrigens auch pflanzliche Nahrungsmittel wie Algen und Seetang, welche Sie in unterschiedlichen Formen in Ihrem Reformhaus erhalten.

Den höchsten Jodgehalt haben

	Jodgehalt je 100 g (in Mikrogramm)
Schellfisch	502
Seelachs	260
Scholle	237
Kabeljau	143
Brathering	130
Kaviar (echter)	130
Krabben	130
Miesmuscheln	130
Seehecht	126
Venusmuschel	120
Tintenfisch	119
Zander	59
Thunfisch	57

Das richtige Medikament

Zur Behandlung einer Schilddrüsenunterfunktion – und unter Umständen auch zur Behandlung eines Kropfes – stehen synthetisch hergestellte Hormone zur Verfügung, und zwar das T3 (Trijodthyronin) und T4 (Thyroxin). Für die Schilddrüsenüberfunktion stehen Wirkstoffe zur Verfügung, die die Hormonproduktion bremsen.

Einmal pro Woche Fisch mit jodiertem Speisesalz – und alle Jodmangelprobleme sind vergessen!

Radioaktives Jod

Im großen und ganzen sind die für die Behandlung der Unterfunktion eingesetzten Hormone relativ nebenwirkungsfrei. Dies gilt ganz besonders für das T4, während beim T3, vor allem wenn es zu hohen Hormonkonzentrationen im Blut kommt, teilweise Nebenwirkungen beobachtet werden. Von Kombinationspräparaten mit beiden Hormonen wird häufig abgeraten.

Unser Tip: Nach Vorschrift nehmen!
Die Gefahr von Nebenwirkungen darf bei Schilddrüsenbehandlungen nicht unterschätzt werden. Nehmen Sie die vom Arzt verordneten Medikamente auf jeden Fall nach seiner Anweisung; eigenwilliges Absetzen oder Verändern der Dosis kann höchst gefährliche Konsequenzen haben!

Bei der Überfunktion werden entweder Tabletten mit radioaktivem Jod gegeben, das sich allerdings wegen eines vermuteten Risikos, Schilddrüsen- oder andere Krebsarten zu fördern, nur für Patienten jenseits des 40. Lebensjahres empfiehlt. Zudem kann diese Behandlung oftmals in eine Unterfunktion der Schilddrüse führen.

Die sogenannten Thyreostatika können durchaus erhebliche Nebenwirkungen haben, beispielsweise Fieber; sogar Hepatitis, Nierenentzündungen und Blutbildstörungen wurden beobachtet. Hier ist die Dosis genau anzupassen! Ferner gibt es noch schwefelhaltige Wirkstoffe wie etwa das Carbimazol, bei deren Einnahme seltener Nebenwirkungen auftreten, aber wenn doch, dann schwere wie z. B. Blutbildveränderungen. Regelmäßige Kontrolle ist daher empfehlenswert!

Schilddrüsenerkrankungen

Name/Hersteller	Wirkstoffe	Risiken & Nebenwirkungen
Adelheid-Jodqueller Tölzer Jodquellen	Kalium-, Natrium-, Ammonium-, Calcium-, Magnesium-, Eisen-, Chloridionen, Jod, Brom	Bei falscher Dosierung Über- bzw. Unterfunktion in der Schilddrüse, Kropf.
Carbimazol Henning *Rp* Henning Berlin	Carbimazol	Nicht bei Überempfindlichkeit der Haut, Blutbildveränderungen. Kopfschmerzen, Pigmentveränderungen. Andere Nebenwirkungen sehr selten.
Eferox *Rp* Wyeth	Levothyroxin	Bei Überdosierung und zu rascher Dosiserhöhung am Anfang Symptome einer Überfunktion der Schilddrüse.
Euthyrox *Rp* Merck	Levothyroxin	Bei Überdosierung und zu rascher Dosiserhöhung am Anfang Symptome einer Überfunktion der Schilddrüse.
Favistan *Rp* Asta Medica	Thiamazol	Kopfschmerzen, Schwindel, Haarausfall (selten), Hautausschlag – jedoch nur zu Beginn der Behandlung.
Hewethyreon Hevert	Homöopathische Wirkstoffkombination	Keine nennenswerten Risiken.
Krophan N Repha	Tang, Kaliumjodid, Thyreoidium	Bei Überdosierung Symptome einer Überfunktion der Schilddrüse, Überempfindlichkeit (selten).

Beratung	Darreichungsform
Bei Kropf aufgrund Jodmangels. Vorsicht in Schwangerschaft und Stillzeit! Wechselwirkungen mit entwässernden Mitteln. Faustregel: Nicht mehr als 1 Glas (250 g) vor dem Frühstück und abends.	Heilwasser
Bei Schilddrüsenüberfunktion. Bremst die Hormonproduktion. Bei Einnahme in Schwangerschaft und Stillzeit engmaschige Kontrolle erforderlich.	Tabletten
Bei Schilddrüsenunterfunktion und Kropf. Bei älteren Patienten mit Herzleiden sehr vorsichtig dosieren! Vorsicht in der Schwangerschaft!	Tabletten
Bei Schilddrüsenunterfunktion und Kropf. Bei älteren Patienten mit Herzleiden sehr vorsichtig dosieren! Vorsicht in der Schwangerschaft!	Tabletten
Bei Schilddrüsenüberfunktion. Bremst die Hormonproduktion. Im allgemeinen gut verträgliches Produkt.	Tabletten
Bei Schilddrüsenüberfunktion. Bei leichteren Formen durchaus einen Versuch wert. Achtung: Enthält 60 Vol.-% Alkohol!	Tabletten, Tropfen
Bei Jodmangelkropf und zur Unterstützung nach einer Operation. Vorsicht in Schwangerschaft und Stillzeit! Auch für Kinder und Jugendliche geeignet.	Tabletten

Schilddrüsenerkrankungen

Name/Hersteller	Wirkstoffe	Risiken & Nebenwirkungen
L-Thyroxin Henning *Rp* Henning Berlin	Levothyroxin	Bei Überdosierung Symptome einer Überfunktion der Schilddrüse.
Lycoaktin M Steigerwald	Wolfstrappkraut	Keine nennenswerten Risiken.
Thevier *Rp* Glaxo	Levothyroxin	Bei Überdosierung und zu rascher Dosiserhöhung am Anfang Symptome einer Überfunktion der Schilddrüse.
Thyreogutt mono Schwabe	Wolfstrappkraut	Keine nennenswerten Risiken.
thyreo-loges Loges	Homöopathische Wirkstoff-kombination	Keine nennenswerten Risiken.
Mutellon Klein	Pflanzliche Mischung	Keine nennenswerten Risiken.
Propycil 50 *Rp* Kali-Chemie	Propylthiouracil	Kopfschmerzen, Schwindel, Haarausfall, Hautausschlag – jedoch nur zu Beginn der Behandlung.

Beratung	Darreichungsform
Bei Schilddrüsenunterfunktion, Kropf und zur Behandlung nach Operationen. Vorsicht in der Schwangerschaft und bei älteren Patienten mit Herzschäden!	Tabletten
Bei Schilddrüsenüberfunktion. Empfehlenswert bei leichten Fällen mit vorwiegend vegetativ-nervösen Störungen. Nicht gleichzeitig mit synthetischen oder anderen Schilddrüsenhormonen nehmen.	Tabletten
Bei Schilddrüsenunterfunktion und Kropf. Bei älteren Patienten mit Herzleiden sehr vorsichtig dosieren! Vorsicht in der Schwangerschaft!	Tabletten
Bei Schilddrüsenüberfunktion. Anzuraten bei leichten Beschwerden mit vegetativ-nervösen Störungen. Nicht gleichzeitig mit synthetischen oder anderen Schilddrüsenhormonen nehmen.	Tabletten
Bei Schilddrüsenüberfunktion. Bei leichten Formen durchaus einen Versuch wert. Achtung: Enthält 21 Vol.-% Alkohol!	Tropfen
Bei Schilddrüsenüberfunktion. Ungefährliche pflanzliche Mischung, die bei leichten Krankheitsverläufen durchaus erfolgreich sein kann. Auch in Schwangerschaft und Stillzeit eine gute Alternative zu riskanteren Wirkstoffen.	Tropfen
Bei Schilddrüsenüberfunktion. Bremst die Hormonproduktion. Vorsicht in Schwangerschaft und Stillzeit!	Tabletten

Schilddrüsenerkrankungen

	Name/Hersteller	Wirkstoffe	Risiken & Nebenwirkungen
	Thiamazol Henning *Rp* Henning Berlin	Thiamazol	Kopfschmerzen, Pigmentveränderungen. Bei Diabetikern kann in seltenen Einzelfällen der Blutzuckerwert stark abfallen!
Österreich	**Euthyrox** *Rp* Merck	Levothyroxin	Bei Überdosierung und zu rascher Dosiserhöhung am Anfang Symptome einer Überfunktion der Schilddrüse.
Österreich	**Favistan** *Rp* Asta Medica	Thiamazol	Kopfschmerzen, Schwindel, Haarausfall (selten), Hautausschlag – jedoch nur zu Beginn der Behandlung.
Österreich	**Irenat Tropfen** *Rp* Bayer	Natriumperchlorat	Übelkeit, Brechreiz, Mundtrockenheit, fiebrige Gelenkschmerzen.
Schweiz	**Eltroxin** *Rp* Glaxo	Levothyroxin	Bei überhöhter Dosis Nervosität, Schlaflosigkeit, Durchfall, Glukosurie, Zittern, Schwitzen, Kopfschmerzen und Gewichtsverlust möglich.
Schweiz	**Novothyral** *Rp* Merck	Levothyroxin, Levothyronin	Überdosierungserscheinungen: Herzinfarkt, Angina pectoris, Herzrhythmusstörungen, Schweißausbrüche, Durchfall.
Schweiz	**Tapazole** *Rp* Dista	Methimazol	Keinesfalls in Schwangerschaft und Stillzeit! Bei hoher Dosis und älteren Patienten Hemmung der Blutkörperbildung möglich.

Beratung	Darreichungsform
Bei Schilddrüsenüberfunktion. Bremst die Hormonproduktion. Vorsicht in Schwangerschaft und Stillzeit! Regelmäßige Blutbildkontrolle empfehlenswert.	Tabletten, Injektionslösung
Bei Schilddrüsenunterfunktion und Kropf. Bei älteren Patienten mit Herzleiden sehr vorsichtig dosieren! Vorsicht in der Schwangerschaft!	Tabletten
Bei Schilddrüsenüberfunktion. Bremst die Hormonproduktion. Im allgemeinen gut verträgliches Produkt.	Tabletten
Bei Schilddrüsenüberfunktion. In Einzelfällen sind erheblich schwerere Nebenwirkungen nicht auszuschließen. Regelmäßige ärztliche Kontrolle bei Langzeitanwendung unbedingt erforderlich (Blutbild)!	Tropfen
Schilddrüsenhormon zur Ergänzung bei Unterfunktion der Schilddrüse. Steigert den Energieumsatz des gesamten Organismus. Nicht bei Schilddrüsenüberfunktion, Herzinfarkt, Angina pectoris, Herzinsuffizienz und Überempfindlichkeit.	Tabletten
Bei Vergrößerung der Schilddrüse (Kropf) und bei Schilddrüsenunterfunktion. Genaue Kontrolle des Blutzuckerspiegels bei Diabetes mellitus. Tagesdosis 1/2 Stunde vor dem Frühstück einnehmen.	Tabletten
Zur Behandlung von Schilddrüsenüberfunktion und zur Vorbereitung einer Schilddrüsenentfernung oder radioaktiver Jodbehandlung. Nicht bei Schilddrüsentumoren, Bluterkrankungen und schwerer Leberinsuffizienz.	Tabletten

Schlafstörungen

Schlafen ist sie natürlichste Sache auf der Welt. Doch vielen Menschen fällt es zunehmend schwerer, in Morpheus' Armen Erholung zu finden.

Szenen einer Nacht, die sich so oder ähnlich in etwa jedem dritten bundesdeutschen Schlafzimmer abspielen: Müde und erschöpft fällt ein Mensch ins Bett und wartet sehnsüchtig auf den erlösenden Schlaf. Doch er kann nicht einschlafen. Unruhig wälzt er sich von einer Seite auf die andere. Nach quälenden Stunden kriecht die Dämmerung herauf, den Unglücklichen erfaßt Panik: Termine drängen, die Arbeit wartet – und man ist völlig unausgeschlafen. Plötzlich klingelt der Wecker, und der Nichtschläfer muß feststellen, daß er doch wohl irgendwann eingenickt ist…

Ein anderer Fall: Man schläft sofort ein, wacht jedoch nach wenigen Stunden wieder auf und ist hellwach, an Schlaf ist nicht mehr zu denken.

Der gesunde Schlaf

Im Laufe einer Nacht erlebt jeder mehrmals verschiedene Schlafphasen. Die Nacht beginnt mit einer langsamen Phase, dem Einschlafen, gefolgt von einem leichten Schlaf, der später in Tiefschlaf übergeht. Dazwischen gibt es kurze, nur minutenlange, sogenannte REM-Phasen (REM = rapid eye movement = schnelle Augenbewegung); sie wechseln im Laufe einer Nacht etwa fünf- bis sechsmal mit dem Tiefschlaf ab. Normal ist, daß man sich in der langsamen Schlafphase auch einmal in einem halbwachen Zustand befindet. Wer geistig stark gefordert ist, hat längere REM-Phasen als andere.

Nicht jeder Mensch braucht pro Nacht acht Stunden Schlaf. Das Schlafbedürfnis ist individuell verschieden. Es gibt Kurzschläfer, die nach fünf Stunden fit sind, während andere mit weniger als acht Stunden Schlaf noch müde und unausgeruht sind. Die moderne Schlafforschung hat beide Typen analysiert: Langschläfer sind in der Regel sensible, in sich gekehrte, oft zu Depressionen neigende und zugleich sehr kreative, künstlerisch begabte Menschen. Kurzschläfer sind alles andere als unausgeschlafen: außerordentlich energisch, tatkräftig, ehrgeizig und entschlußkräftig.

Der Schlaf hängt von Ihrem ganz persönlichen Biorhythmus ab. Wer ein ausgesprochener Nachtmensch und Morgenmuffel ist, wird kaum erholsamen Schlaf finden, wenn er, obwohl er nicht müde ist, bereits um neun Uhr schlafen geht.

Weniger Schlaf im Alter?
Es heißt, daß das Schlafbedürfnis mit zunehmendem Alter abnehme. Das ist häufig der Fall, aber nicht immer. Zudem muß man berücksichtigen, daß ältere Menschen gern mittags ein Nickerchen halten, was sich auf das Schlafbedürfnis der Nacht auswirkt.

Typische Krankheitssymptome

Von Betroffenen hört man immer wieder die beiden Sätze: »Ich habe in der letzten Nacht wieder kein Auge zugetan!« und »Ich fühle mich wie gerädert!«.
Menschen, die über Ein- und Durchschlafstörungen klagen, können jedoch selten objektiv beurteilen, ob bei ihnen wirklich eine Schlafstörung vorliegt. Wenn beispielsweise zwei Menschen mit völlig unterschiedlichen Schlafbedürfnissen ein Bett teilen, so ist nachgewiesenermaßen stets der Kurzschläfer davon überzeugt, an Schlafstörungen zu leiden.

Die Menschen brauchen unterschiedlich viel Schlaf. Wenn Kurzschläfer mit Langschläfern das Bett teilen, dann leidet der Kurzschläfer viel öfter unter Schlafstörungen.

Die Krankheitsursachen

Gerade bei Schlafstörungen ist es ein sinnloses Unterfangen, an den Symptomen herumzukurieren. Besser ist es, Sie versuchen herauszufinden, woher die gestörte Nachtruhe kommt. Und da gibt es gleich eine ganze Reihe von Möglichkeiten:

- Psychische Belastungen, Sorgen, Ärger, finanzielle Nöte.
- Das Wetter: Manche Menschen schlafen bei Vollmond oder föhnigen Wetterlagen schlecht.
- Schmerzen jeder Art.
- Chronische Erkrankungen wie solche von Herz und Kreislauf, Asthma oder Bronchitis.
- Wer regelmäßig nachts um drei wach wird, hat möglicherweise einen überlasteten Stoffwechsel, insbesondere eine überforderte Leber.

Die sanfte Selbstbehandlung

Schlafstörungen können Sie meist selbst in den Griff bekommen, indem Sie

- Sanfte Entspannungstechniken wie etwa das autogene Training praktizieren
- Einen Spaziergang oder Gymnastik an der frischen Luft vor dem Schlafengehen machen
- Ein heißes Bad mit stoffwechselfördernden, entspannenden Kräuterzusätzen nehmen
- Jeden Abend zur gleichen Zeit ins Bett gehen (der Fernseher sollte überhaupt aus dem Schlafzimmer verschwinden!)
- Den Schlaf nicht erzwingen, sondern versuchen, an etwas Positives zu denken und die Schlaflosigkeit vorübergehend als gegeben hinzunehmen
- Das Schlafzimmer stets gut lüften, eine angenehme Temperatur einstellen, Licht und Lärm aus dem Raum verbannen.

Wann Sie den Arzt brauchen

In den meisten Fällen sind Schlafstörungen vorübergehender Natur und häufig psychisch bzw. durch äußere Einflüsse bedingt.

An einen Arztbesuch sollten Sie jedoch denken, wenn

- Schlafstörungen länger anhalten und Leistungsfähigkeit und Wohlbefinden erheblich beeinträchtigen
- Sämtliche Selbsthilfemaßnahmen überhaupt nichts fruchten
- Sie den Verdacht haben, daß organische Erkrankungen dahinterstecken könnten
- Sie psychische Probleme haben, die Sie allein nicht bewältigen können.

Schlaftabletten sind nicht generell abzulehnen. Sie sollten sich jedoch der Risiken dabei bewußt sein.

Das richtige Medikament

Schlaftabletten generell in Bausch und Bogen zu verdammen, halten wir für nicht vertretbar. Sofern Sie nur kurze Zeit eingenommen werden, sind sie in Krisenzeiten und bei außergewöhnlichen Belastungen eine wertvolle Hilfe. Man sollte sich jedoch stets der Risiken bewußt sein:

- Der künstlich herbeigeführte Schlaf ist nicht so erfrischend wie der natürliche.
- Nebenwirkungen sind nicht zu unterschätzen.
- Das Abhängigkeits- und Suchtpotential ist erheblich!

Nutzen und Risiko der Wirkstoffe

Bei Schlafstörungen sind vor allem die Heilpflanzen Baldrian, Hopfen, Melisse, Kava-Kava und, sofern Depressionen im Spiel sind, das Johanniskraut zu nennen. Diese Stoffe werden auch erfolgreich zur Behandlung von nervösen Unruhezuständen, Angst, Niedergeschlagenheit und Depressionen eingesetzt. Ihr Nebenwirkungspotential ist gering, ein Abhängigkeitsrisiko besteht nicht. Sie können also unbedenklich auch über einen längeren Zeitraum genommen werden.

Unter den rein chemischen Wirkstoffen gegen Schlafstörungen rangieren an erster Stelle die Benzodiazepine (Informationen dazu siehe Kapitel »Depressionen« Seite 126).

Jeden Morgen um drei Uhr …

Wer regelmäßig um drei Uhr hellwach wird und nicht mehr einschlafen kann, sollte dringend etwas für seine Leber tun:

- Für eine Weile auf Kaffee und Alkohol verzichten
- Abends leichtverdauliche, nicht blähende Kost essen
- Häufig frische Artischocken zubereiten, das Gemüse fördert die Entgiftung der Leber
- Vitamin-B-Tabletten aus der Apotheke nehmen
- Täglich einen Leber-Gallen-Tee trinken.

Vom Schlaf zur Sucht

Die klassische Schlummerpille enthält Barbiturate, deren einziger Vorteil wirklich darin besteht, daß sie Schlaf bringen. Dies tun sie mitunter nur zwei Wochen lang, dann nämlich kann bereits die Abhängigkeit beginnen. Daneben haben sie gefährliche Wechselwirkungen mit anderen Medikamenten und mit Alkohol.

Die klassische Schlummerpille enthält Barbiturate. Davon kann man zwar prima schlafen, aber bald kommt man ohne sie nicht mehr aus. Denn Barbiturate machen süchtig!

Ferner ist der Wirkstoff Chloralhydrat zu nennen, der am folgenden Morgen nicht so benommen macht wie etwa die Barbiturate und dessen mögliche Nebenwirkungen vor allem Herz, Nieren und Leber betreffen.

Diphenhydramin ist auch in vielen Schlafmitteln enthalten und hat eher lästige Nebenwirkungen wie Mundtrockenheit, macht aber mit ziemlicher Sicherheit nicht abhängig.

Schlafstörungen

Name/Hersteller	Wirkstoffe	Risiken & Nebenwirkungen
Chloraldurat blau / rot *Rp* Pohl	Chloralhydrat	Müdigkeit, eventuell Verwirrtheitszustände, Hautreaktionen.
Dalmadorm *Rp* Roche	Flurazepam	Benommenheit am Morgen. Große Suchtgefahr!
Dormarist Schlafkapseln Steiner	Baldrian, Melisse	Keine nennenswerten Risiken.
Dormo-Sern Sertürner	Baldrian, Passionsblumenkraut	Keine nennenswerten Risiken.
Dormutil N Tabletten Isis Pharma	Diphenhydramin	Nicht bei Allergien, Asthma, Magen- und Zwölffingerdarmgeschwüren, Epilepsie. Empfindlichkeit gegen UV-Licht.
Eatan N *Rp* Desitin	Nitrazepam	Allergische Reaktionen. Müdigkeit, Schwindel, Benommenheit, Magen-Darm-Beschwerden. Suchtgefahr!
Gittalun Trinktabletten Thomae	Doxylaminsuccinat	Herzklopfen, Müdigkeit, Mundtrockenheit, Magen-Darm-Beschwerden.

Beratung	Darreichungsform
Bei Ein- und Durchschlafstörungen. Bewährtes Medikament, geringes Nebenwirkungs-potential. Dennoch: Nicht langfristig nehmen. Nicht in der Schwangerschaft. Nicht für Kinder unter 6 Jahren.	Kapseln
Bei Ein- und Durchschlafstörungen. Kann das Reaktionsvermögen einschränken. Achtung: Auf keinen Fall Alkohol trinken! Vorsicht in Schwangerschaft und Stillzeit!	Tabletten
Bei nervös bedingten Einschlafstörungen. Gut bekömmlich. Achtung: Reaktionsvermögen am nächsten Tag kann eingeschränkt sein!	Kapseln
Bei nervös bedingten Einschlafstörungen. Auch für Jugendliche geeignet. Angenehme Einnahmeform. Auch tagsüber zur Beruhigung.	Sirup
Bei Ein- und Durchschlafstörungen. Nicht in Schwangerschaft und Stillzeit. Für Kinder erst ab 14 Jahren. Vorsicht: Alkohol verstärkt die Wirkung!	Tabletten
Bei Durchschlafstörungen. Nicht in Schwangerschaft und Stillzeit. Nicht für Kinder und Jugendliche. Vorsicht mit Alkohol! Nur kurzzeitig nehmen.	Tabletten
Bei Einschlafbeschwerden und unruhigem Schlaf. Nicht in Schwangerschaft und Stillzeit. Nur kurzzeitig nehmen. Vorsicht mit Alkohol!	Brausetabletten

Schlafstörungen

Name/Hersteller	Wirkstoffe	Risiken & Nebenwirkungen
imeson *Rp* Desitin	Nitrazepam	Allergische Reaktionen, Müdigkeit, Schwindel, Benommenheit, Magen-Darm-Beschwerden. Suchtgefahr!
Kneipp Baldrian Tabletten Kneipp	Baldrianwurzel	Keine nennenswerten Risiken.
Kneipp Baldrianwurzel-Tee Herbipolis Kneipp	Baldrianwurzel	Keine nennenswerten Risiken.
Kneipp Nerven- und Schlaf-Tee N Kneipp	Melisse, Baldrian	Keine nennenswerten Risiken.
Lendormin *Rp* Boehringer Ingelheim	Brotizolam	Nicht in Schwangerschaft und Stillzeit. Allergische Reaktionen, Müdigkeit, Schwindel, Benommenheit, Magen-Darm-Beschwerden. Suchtgefahr!
Moradorm S Bouhon	Pflanzliche Mischung	Keine nennenswerten Risiken.
Neodorm SP *Rp* Nordmark	Temazepam	Allergische Reaktionen, Müdigkeit, Schwindel, Benommenheit, Magen-Darm-Beschwerden. Suchtgefahr!

Beratung	Darreichungsform
Bei Durchschlafstörungen. Starkes Geschütz! Nur bei starken Beschwerden und nur kurzzeitig. Nicht in Schwangerschaft und Stillzeit.	Tabletten
Bei allen Unruhezuständen und besonders bei nervös bedingten Einschlafstörungen zu verwenden.	Tabletten
Sehr geeignet bei Unruhezuständen, nervös bedingten Einschlafstörungen. Traditionell wird Baldrianwurzel als Beruhigungstee angewandt.	Tee
Bei vorübergehenden leichten Schlafstörungen. Wirkt sanft und zuverlässig.	Tee
Bei schweren Ein- und Durchschlafstörungen. Nicht für Kinder und Jugendliche. Keinen Alkohol trinken! Nicht bei Medikamenten-, Alkohol-, Drogenabhängigkeit und Psychosen! Bei älteren Menschen kann sich die Wirkung umkehren: Erregung statt Schlaf.	Tabletten
Bei streßbedingten Schlafstörungen. Mild wirksam ohne Risiken.	Filmtabletten
Bei Ein- und Durchschlafstörungen. Nur kurzzeitig nehme. Nicht in Schwangerschaft und Stillzeit. Abhängigkeitsrisiko schon nach kurzer Zeit: Nicht unterschätzen! Wechselwirkungen mit anderen Medikamenten beachten.	Kapseln

Schlafstörungen

Name/Hersteller	Wirkstoffe	Risiken & Nebenwirkungen
Noxom S Fides	Homöopathische Wirkstoff-kombination	Keine nennenswerten Risiken.
Phytonoxon N Steigerwald	Lerchensporn-wurzelstock, kalifornischer Goldmohn	Keine nennenswerten Risiken.
Requiesan Klein	Heilpflanzenmischung	Keine nennenswerten Risiken.
Rohypnol *Rp* Roche	Flunitrazepam	Nicht in Schwangerschaft und Stillzeit. Allergische Reaktionen, Müdigkeit, Schwindel, Benommenheit, Magen-Darm-Beschwerden. Suchtgefahr!
Salus Gutnacht-Kräutertonikum Salushaus	Heilpflanzenmischung	Johanniskraut kann UV-lichtempfindlich machen.
Kneipp Sedativ-Bad Baldrian-Melisse Aquasan Kneipp	Baldrianöl, Hopfenextrakt, Melissenöl	Nicht bei größeren Hautverletzun[gen] und akuten unklaren Hauterkrank[ungen,] schweren fieberhaften und infekti[ösen] Erkrankungen, Herzschwäche und Bluthochdruck. Arzt fragen.
Staurodorm Neu *Rp* Dolorgiet	Flurazepam	Lichtempfindlichkeit, allergische Reaktionen, Müdigkeit, Schwindel, Benommenheit, Magen-Darm-Beschwerden. Suchtgefahr!

Beratung	Darreichungsform
Bei nervös bedingten Schlafstörungen. Risikolos und im Einzelfall sehr wirksam. Ausprobieren! Vorsicht: Enthält 61 Vol.-% Alkohol!	Tropfen
Bei Einschlafstörungen und nächtlicher Unruhe. In leichten Fällen gute Wirksamkeit! Auch für Kleinkinder geeignet. In Schwangerschaft und Stillzeit nur nach Rücksprache mit dem Arzt. Vorsicht: Enthält 40 Vol.-% Alkohol!	Tinktur
Bei Einschlaf- und Durchschlafstörungen. Pflanzliches Produkt mit gutem Erfolg. Auch für Kinder. Vorsicht: Enthält 40 Vol.-% Alkohol!	Tropfen
Bei schweren Einschlafstörungen. Ein Hammer! Nur kurzzeitig nehmen, die Suchtgefahr und das Nebenwirkungsrisiko sind erheblich! Nicht für Kinder und Jugendliche.	Tabletten
Bei nervös bedingten Schlafstörungen. Stärkt die Nerven. Nach dem Abendessen einnehmen.	Tonikum
Soweit nicht anders verordnet, zwei- bis dreimal wöchentlich ein Bad nehmen. Beruhigt und entspannt. Zur Besserung einer vegetativen Symptomatik.	Lösung
Bei schweren Ein- und Durchschlafstörungen. Schweres Geschoß! Nur kurzzeitig nehmen. Nicht in Schwangerschaft und Stillzeit. Vorsicht im höheren Lebensalter!	Tabletten

Schlafstörungen

	Name/Hersteller	Wirkstoffe	Risiken & Nebenwirkungen
ÖSTERREICH	**Lendorm Tabletten** *Rp* Boehringer Ingelheim	Brotizolam	Nicht in Schwangerschaft und Stillzei.! Allergische Reaktionen, Müdigkeit, Schwindel, Benommenheit; Magen-Darm-Beschwerden. Suchtgefahr!
ÖSTERREICH	**Luvased** Wyeth	Baldrian, Hopfenzapfen	Nicht in der Schwangerschaft. Selten Magen-Darm-Beschwerden, Hautreaktionen.
ÖSTERREICH	**Noctamid** *Rp* Schering	Lormetazepam	Müdigkeit, Schwindel, Benommenheit, Konzentrationsstörungen, allergische Reaktionen. Suchtgefahr!
ÖSTERREICH	**Rohypnol** *Rp* Roche	Flunitrazepam	Nicht in Schwangerschaft und Stillzeit. Allergische Reaktionen, Müdigkeit, Schwindel, Benommenheit, Magen-Darm-Beschwerden. Suchtgefahr!
SCHWEIZ	**Lendormin** *Rp* Boehringer Ingelheim	Brotizolam	Keinesfalls in Schwangerschaft und Stillzeit! Im angegebenen Dosisbereich sind Nebenwirkungen selten.
SCHWEIZ	**Mogadon** *Rp* Roche	Nitrazepam	Keinesfalls in Schwangerschaft und Stillzeit! Benommenheit, Schwindel, Mattigkeit, Muskelschwäche möglich. Gefahr der Abhängigkeit!
SCHWEIZ	**Planum** *Rp* Pharmacia	Temazepam	Kann nach nur kurzem Schlaf nachwirken. Benommenheit, Schwindel, Kopfschmerzen, Magen-Darm-Störungen möglich. Gefahr der Abhängigkeit!

Beratung	Darreichungsform
Bei schweren Ein- und Durchschlafstörungen. Nicht für Kinder und Jugendliche. Keinen Alkohol trinken! Nicht bei Medikamenten-, Alkohol-, Drogenabhängigkeit und Psychosen! Bei älteren Menschen kann sich die Wirkung umkehren: Erregung statt Schlaf.	Tabletten
Pflanzliches Mittel bei Unruhe und Nervosität und bei nervösen Einschlafstörungen. Für Kinder ab 7 Jahren geeignet.	Dragees
Bei schweren Ein- und Durchschlafstörungen. Nur kurzzeitig nehmen. Nicht in Schwangerschaft und Stillzeit. Nicht für Kinder und Jugendliche. Abhängigkeitsgefahr ist sehr hoch einzuschätzen!	Tabletten
Bei schweren Einschlafstörungen. Ein Hammer! Nur kurzzeitig nehmen, die Suchtgefahr und das Nebenwirkungsrisiko sind erheblich! Nicht für Kinder und Jugendliche.	Tabletten
Bei Ein- und Durchschlafstörungen. Vorsicht bei Erkrankungen der Atemwege, psychiatrischen Erkrankungen, Leberzirrhose sowie bei älteren und geschwächten Patienten! Nicht an Jugendliche unter 18 Jahren. Gefahr der Abhängigkeit!	Tabletten
Starkes Schlafmittel, bewirkt 6- bis 8stündigen Schlaf. Auch zur Behandlung von Epilepsie. Nicht in Verbindung mit Alkohol einnehmen! Nicht geeignet für abhängige Personen und bei Überempfindlichkeit. Überdosierung kann lebensbedrohlich sein!	Tabletten
Bei Ein- und Durchschlafstörungen. Vorsicht bei Erkrankungen der Atemwege, bei psychiatrischen Erkrankungen und in Schwangerschaft und Stillzeit! Nicht an Kinder unter 14 Jahren.	Kapseln

Venenleiden

Genaugenommen gehören Venenleiden zu den Kreislauferkrankungen. Wir führen sie in diesem Buch nur deshalb gesondert auf, weil die Venen ein besonders störanfälliger Teil des Kreislaufsystems sind und weil es gerade für diesen Bereich viele spezielle Medikamente gibt.
Venenleiden sind leider auf dem besten Weg, in der westlichen Welt zur Volkskrankheit Nummer eins zu werden. Das liegt hauptsächlich an unserer modernen Lebensweise: Bewegungsmangel und ungesunde Ernährung.

Die Venen

Während die Arterien im Körper das frische, mit Sauerstoff angereicherte Blut durch alle Gewebe und Organe tragen, müssen die Venen, ihre Gegenspieler, das verbrauchte, mit Schadstoffen angereicherte Blut wieder zurück zu Herz und Lunge pumpen. Sie sind wahre »Schwerarbeiter«, denn diese Leistung müssen sie gegen die Erdanziehungskraft, also von unten nach oben, vollbringen. Damit nun das Blut nicht wieder nach unten sackt, sondern stets in die richtige Richtung fließt, gibt es in den Venen Klappen, die den Blutfluß regulieren. Zwischen den Arterien und den Venen befinden sich feinste Haargefäße, die Kapillaren. Durch ihre Wände gelangen die lebensnotwendigen Stoffe aus dem Blut in die Zellen, und durch sie fließt das verbrauchte Blut wieder zurück in die Venen.

Venenleiden sind auf dem besten Weg, die Volkskrankheit Nummer eins in der westlichen Welt zu werden. Grund: Bewegungsmangel und ungesunde Ernährung.

Drei Gruppen von Venen

Die Venen kann man in drei Gruppen einteilen: die oberflächigen Venen, die direkt unter der Haut verlaufen, die tieferen Venen, die in den Beinmuskeln liegen, und die Querverbindungen zwischen diesen beiden Hauptvenen. Ein Niederdrucksystem im venösen Geflecht pumpt das Blut über eineinhalb Meter nach oben. Wichtigste Voraussetzung ist, daß die Venenklappen ordnungsgemäß funktionieren.

Typische Krankheitssymptome

Die häufigsten Erkrankungen im Venensystem sind Krampfadern, Venenentzündungen, das »offene Bein«, Beinvenenthrombosen und der Sonderfall Hämorrhoiden.

Der Gefahr von Thrombosen (Blutpfropfen) können Sie mit proteolytischen Enzymen vorbeugen. Diese verflüssigen das Blut und lösen beginnende Blutgerinnsel auf. Fragen Sie Ihren Apotheker hierzu!

Krampfadern

Krampfadern sind nicht zu verkennen: Es sind jene geschlängelten, bläulichen Linien an den Beinen, die meist das erste sichtbare Zeichen einer beginnenden Venenerkrankung sind.

Venenentzündungen

Venenentzündungen zeichnen sich rot und heiß auf dem Bein ab, können stark anschwellen und große Schmerzen verursachen.

Das »offene Bein«

Beim »offenen Bein« handelt es sich im Prinzip um nicht heilende Geschwüre am Bein, die bis handtellergroß werden können. Am Anfang sind es nur viele kleine Bläschen, die platzen und rote Flecken hinterlassen. Später schuppt die Haut, reißt, juckt, brennt und näßt. Dann beginnt ein wahrer Teufelskreis: Die Patienten kratzen sich, reißen die Haut weiter auf und schaffen so den bereits auf der Lauer liegenden Bakterien alle Möglichkeiten, sich einzunisten. Das »offene Bein« heilt oft über Monate nicht ab, ist schmerzhaft und riecht recht übel.

Beinvenenthrombosen

Beinvenenthrombosen entstehen, wenn sich Kalk- und Fettablagerungen an den Venenwänden zu einem festen Gebilde, einem Blutpfropfen (Thrombus), verklumpen. Werden diese Pfropfen größer, besteht die Gefahr, daß sie die Vene vollkommen verschließen und damit einen ständigen Blutstau verursachen. Symptom ist zunächst ein recht unklares Spannungsgefühl im Bein, die Haut ist bläulich verfärbt, und das Bein kann anschwellen und wird zunehmend schmerzhaft. Gelegentlich kann es auch zu Fieber kommen!

Hämorrhoiden

Hämorrhoiden entstehen am unteren Mastdarm und After, wo auch Venen liegen. Diese können sich knotenförmig erweitern und entzünden. Dann verursachen sie Brennen, Jucken und ein Druckgefühl. Klassische Anzeichen sind helle Blutungen, Nässen und wunde Stellen. Im Frühstadium können Hämorrhoiden mit Cremes selbstbehandelt werden.

Die Krankheitsursachen

Venenleiden liegen fast immer Blutstauungen und ausgeleierte Venenklappen zugrunde. Wird das empfindliche Gefäßsystem der Venen zu stark belastet, halten die Klappen und die Venenwände dem höheren Druck auf Dauer nicht mehr stand; sie verlieren ihre Elastizität. Dann staut sich das Blut immer mehr; am Unterschenkel ist der auftretende Druck am größten, weshalb auch dort Beschwerden zuerst auftreten.

Wenn die Venenklappen zu lange und zu stark belastet werden, verlieren sie ihre Elastizität. Dann staut sich das Blut, zuerst am Unterschenkel, wo die Beschwerden auch zuerst auftreten.

Blutstauungen: Erste Warnzeichen
Schwellungen am Knöchel, die gern bei Hitze und nach längerem Stehen auftreten, werden von vielen Menschen überhaupt nicht beachtet. Das sollten sie aber, denn dies ist das erste Warnzeichen für Blutstauungen.

Checkliste: Venenleiden
Für die heutzutage gehäuft auftretenden Venenleiden gibt es acht sehr wichtige Gründe:

1. **Erbanlage**
   Erkrankungen der Blutgefäße und schwaches Bindegewebe treten familiär gehäuft auf. (Das bedeutet jedoch nicht, daß nicht Sie in Ihrer Familie der erste sein könnten!) Ebenso gehäuft tritt auch die familiäre Anlage zu schlechten Gewohnheiten auf wie Rauchen, Alkohol, ungesundem Essen u. a. m.

2. **Bewegungsmangel**
   Wir sitzen im Büro, im Auto, vor dem Fernseher. Das fördert den Rückstau des Blutes in den Venen. Ebenso gefährlich ist allzu langes Stehen (Verkäuferinnen, Friseusen und andere Berufe). Denn damit sind die Venen auch überfordert, weil sie ständig verhindern müssen, daß das Blut der Schwerkraft entsprechend in die Beine fließt.
3. **Falsche Ernährung**
   Zuviel und falsches Essen über Jahre führt gleich mehrfach zu einer Belastung für das Venensystem: Der stark gedehnte, übervolle Darm engt die Venen im Körperinneren ein. Eine schlechte Verdauung und träger Stoffwechsel verhindern, daß Giftstoffe ausreichend abtransportiert werden. Das aus Fehlernährung resultierende Übergewicht ist eine weitere Mehrbelastung für die Venen in den Beinen.
4. **Rauchen und Alkohol**
   Rauchen erhöht bekanntermaßen grundsätzlich das Risiko, an Herz und Kreislauf zu erkranken. Alkohol hat zwar in kleinen Mengen die gute Eigenschaft, das Blut fließfähiger zu machen, aber ständig zuviel davon ist schädlich. Und vergessen Sie nicht: Alkohol ist ein beträchtlicher Kalorienlieferant!
5. **Falsche Kleidung und Schuhe**
   Enge, spitze Schuhe, die Füße und Zehen einengen, sowie hohe Absätze, die den Fuß in eine unnatürliche Haltung zwängen, erschweren die Arbeit der Venen. So chic Ihre neuen hohen Pumps auch aussehen, Ihre Venen freuen sich nicht darüber. Dasselbe trifft auf einzwängende Mieder, hautenge Stretchhosen und knappe Rocktaillen zu.
6. **Schwangerschaft**
   In diesen neun Monaten werden die Wände der Venen lockerer, ihre Elastizität läßt nach. In den letzten Monaten werden durch die große Gebärmutter die Bauchvenen gestaut, was einen Blutstau in den Beinen herbeiführen kann. 30 Prozent aller Schwangeren entwickeln nach ihrer ersten Geburt Krampfadern.

Entnehmen Sie nebenstehender Liste die wichtigsten Gründe für Venenleiden.

7. **Antibabypille**
   Da dieses Verhütungsmittel dem Körper permanent eine Schwangerschaft vortäuscht, sind die Risiken ganz ähnlich. Mit den modernen, niedrig dosierten Antibabypillen ist die Gefahr allerdings weitaus geringer geworden.
8. **Alter**
   Abnutzungserscheinungen betreffen im Alter alle Organe und Gewebe, da machen auch die Venen und ihre Klappen keine Ausnahme.

Wann Sie den Arzt brauchen

Lediglich bei Krampfadern können Sie den Arztbesuch eine Weile hinausschieben, vorausgesetzt, die Krampfader stört Sie optisch nicht. Eines Tages aber werden sie Beschwerden machen, und wenn Sie erst beim Gehen oder Stehen Schmerzen haben, werden Sie freiwillig einen Arzt aufsuchen.
Auch Hämorrhoiden, die keine größeren Beschwerden verursachen, können Sie eine Weile selbst behandeln.
Bei Anzeichen für alle anderen Venenerkrankungen sollten Sie jedoch umgehend einen Arzt aufsuchen, da bei Nichtbehandlung oder falscher Therapie teils lebensgefährliche Folgekrankheiten auftreten können.

Mit Selbstbehandlung können Sie bei Venenleiden eine Menge erreichen, um Ihre Venen wieder flottzumachen. Sind jedoch erst mal die Schäden da, hilft Selbstbehandlung nichts mehr.

Die sanfte Selbstbehandlung

Venenleiden kündigen sich an durch:

- Häufig geschwollene Beine
- Geschwollene Knöchel
- Schwere Beine nach längerem Stehen
- Wasseransammlungen im Beingewebe.

Bei diesen ersten Anzeichen können Sie mit Selbstbehandlungsmaßnahmen eine Menge erreichen, um Ihr Venensystem wieder flottzumachen. Sind jedoch erst einmal Schäden eingetreten, wie z. B. Krampfadern oder Entzündungen, gibt es nichts, was Sie selbst noch dagegen tun könnten.

Tips zur Vorbeugung gegen Venenleiden

Die besten Methoden, um Venenleiden ein Leben lang vorzubeugen:

- **Wasser:** Empfehlenswert sind abendliche kalt-warme Wechselbäder, in die Sie die Beine jeweils fünf Minuten tauchen. Ferner die allabendlichen kalten Beingüsse oder das Wassertreten im kalten Wasser der Badewanne.
- **Laufen:** Beine sind eigentlich zum Laufen da, und wenn Sie das regelmäßig jeden Tag eine halbe Stunde tun, haben Sie das beste Venentrainingsprogramm absolviert.
- **Gymnastik:** Machen Sie täglich eine Viertelstunde lang gezielte Gymnastikübungen für die Beinmuskulatur.
- **Ausgewogene Ernährung:** Einer schlechten Verdauung, trägem Stoffwechsel und Übergewicht – Risikofaktoren für Venenleiden! – beugen Sie am besten mit einer vernünftigen Ernährung vor. Sie soll frisch, abwechslungsreich, vollwertig, ballaststoffreich und fettarm sein.

Unser Tip: Mit Köpfchen essen!

Bitte weniger: Fleisch, Eier, Alkohol, Fett, Wurst, Salzhaltiges, Süßwaren.

Bitte mehr: Obst, Beeren, Salat, Rohkost, Kartoffeln, Gemüse, Vollkornprodukte, Milch, Joghurt.

Fünf goldene Regeln bei Hämorrhoiden

1. **Stellen Sie Ihre Ernährung um!**
   Frische, ballaststoffreiche und leichte Kost kurbelt Ihre Verdauung an.
   Optimal sind Obst, Gemüse, Salate, Vollkornbrot, Haferflocken, Müsli, Nüsse, Trockenobst und andere vitaminreiche Nahrung.
   Schränken Sie Ihren Verzehr an Fett, Fleisch, weißem Mehl, Alkohol, Geräuchertem und Süßem ein!
   Wichtig: Trinken Sie viel, mindestens zwei Liter täglich! Mineralwasser, Kräutertee, ungesüßte Frucht- und Gemüsesäfte sind ideal.

Fünf goldene Regeln bei Hämorrhoiden: Nebenstehende Auflistung gibt Ihnen Tips, wie Sie dieses Leiden lindern können.

2. **Regelmäßig Bewegung hilft!**
   Passend sind Ausdauersportarten wie Radfahren, Schwimmen, Wandern, Tanzen, Gymnastik, Langlauf. Um einen Erfolg zu erzielen, müssen Sie allerdings dreimal in der Woche mindestens eine Stunde trainieren.
3. **Regelmäßiger Stuhlgang!**
   Gehen Sie möglichst regelmäßig und zur gleichen Zeit auf die Toilette. Nehmen Sie sich genügend Zeit dafür! Die Darmmuskulatur muß sich erst entspannen, damit die natürlichen Bewegungen einsetzen können. Vermeiden Sie starkes Pressen.
4. **Achten Sie auf Sauberkeit!**
   Gerade am Darmausgang bieten Schmutzreste einen idealen Nährboden für Bakterien und Pilze; diese verursachen äußerst schmerzhafte Entzündungen. Waschen Sie sich gründlich, am besten mit lauwarmem Wasser und sanften Waschlotionen! Täglich frische Unterwäsche sollte ebenso selbstverständlich sein!
5. **Hilfe aus der Apotheke!**
   In der Apotheke erhalten Sie Salben aus Pflanzenextrakten, die Schmerzen lindern, entzündungshemmend und desinfizierend wirken.

All die Salben und Tabletten allein helfen bei Venenleiden nicht. Sie unterstützen lediglich den Heilungsprozeß.

Das richtige Medikament

Tabletten, Tropfen und vor allem Salben und nochmals Salben: Die Auswahl an Medikamenten gegen Venenleiden ist riesengroß. Dazu muß jedoch zweierlei angemerkt werden:

- Medikamente allein bewirken bei Venenleiden praktisch nichts, sie wirken immer nur unterstützend im Rahmen einer vernünftigen, venengesunden Lebensführung.
- All diese Medikamente haben eine ausgesprochene Langzeitwirkung, d. h., sie müssen konsequent über einen längeren Zeitraum eingenommen werden. Kurzzeitiger Gebrauch im Akutfall hilft nichts!

Nutzen und Risiko der Wirkstoffe

Vorbeugen mit Naturmitteln

Die einzelnen Stoffe für die Venen wirken vor allem durchblutungsfördernd, venenstärkend und machen das Blut fließfähiger. Es handelt sich also mehr oder weniger um vorbeugende Maßnahmen bzw. solche in der Anfangsphase eines Venenleidens. In erster Linie werden natürlich pflanzliche Stoffe eingesetzt, die besten sind die Roßkastanie, Beinwell, Hamamelis, Rosmarin und die bekannte Arnika. Neben diesen Naturmitteln gibt es außerdem noch den synthetischen Wirkstoff Heparin.

Mutter Natur hält eine Reihe von Kräutern gegen Venenleiden parat: Ob und wie stark diese Naturmittel wirken, beurteilen Sie am besten selbst.

Umstrittene Wirksamkeit

Gemeinsam ist all diesen Arzneimitteln, daß sie praktisch keine Nebenwirkungen haben; böse Zungen unterstellen aber dasselbe auch, was die Wirkung betrifft. Im Einzelfall ist die Wirkung aber auch sehr stark dosisabhängig, d. h., wer zuwenig einnimmt oder aufträgt, kann auch keine Wirkung erzielen (siehe hierzu auch den Abschnitt »Enzyme« Seite 510).

Der richtige Arzt bei Venenleiden

In zahlreichen Kliniken und ambulanten Praxen gibt es Ärzte, die sich auf Venenleiden spezialisiert haben. Sie heißen Phlebologen.

In Ihrem eigenen Interesse sollten Sie sich an diese Spezialisten wenden, denn nur sie können die modernen, schonenden Untersuchungen durchführen und die entsprechenden Behandlungen einleiten.

Ist bei Krampfadern eine Verödung erforderlich, also das Stilllegen einer Vene, oder ein kleiner operativer Eingriff – das heute übliche »Stripping« –, dann ist es ratsam, sich in eine Fachklinik für Venenleiden zu begeben. Dort sind Sie bestens aufgehoben!

Name/Hersteller	Wirkstoffe	Risiken & Nebenwirkungen
Aecusan 20 Jenapharm	Roßkastanienextrakt	Selten Reizungen der Magenschleimhaut, Überempfindlichkeitsreaktionen.
Aescuven forte Redel	Roßkastanienextrakt	Selten Reizungen der Magen-Darm-Schleimhaut.
Arnica Kneipp Gel Kneipp	Arnikatinktur	Bei längerer Anwendung eventuell Hautreaktionen, sonst keine nennenswerten Risiken.
Dobica *Rp* OPW	Calciumdebosilat	In Einzelfällen allergische Hautreaktionen und Magen-Darm-Beschwerden.
Essaven Gel 60.000 / -Salbe Nattermann	Heparin	In Einzelfällen allergische Reaktionen.
Fagorutin Buchweizen-Tee Fink	Herba Fagopyri exculenti	Keine nennenswerten Risiken.
Heparin 30 000 Riker Salbe/Gel 50 000 Riker Salbe 3M Medica	Heparin	Selten allergische Reaktionen.

Beratung	Darreichungsform
Bei Ödemen, Venenentzündungen, Neigung zu Wadenkrämpfen. Konsequent über einen längeren Zeitraum nehmen.	Tabletten
Bei chronischer Venenschwäche. Wenig Risiken, unbedenklich über einen längeren Zeitraum zu nehmen.	Dragees
Bei Blutergüssen, Prellungen, Quetschungen. Reichlich auftragen und großflächig einreiben, am besten morgens und abends.	Gel
Bei Gefäßschäden, Venenschwäche und ihren Folgekrankheiten. Hochwirksam! Nicht in Schwangerschaft und Stillzeit. Nicht bei Magen- und Darmgeschwüren und Magenschleimhautentzündung.	Tabletten
Bei oberflächlichen Venenentzündungen (sofern Kompressionsstrümpfe nicht helfen). Nicht auf offene Wunden geben.	Gel, Salbe
Vorbeugend gegen alle Venenleiden. Mild belebend für Venen und Arterien. Ratsam bei Veranlagung und erhöhter Belastung wie langem Sitzen, Stehen, heißem Klima.	Tee
Bei oberflächigen Venenentzündungen. Das Gel kühlt angenehm (an heißen Tagen). Nicht auf offene Wunden geben.	Salbe, Gel

Venenleiden

Name/Hersteller	Wirkstoffe	Risiken & Nebenwirkungen
Heweven P3 Venendragees Hevert	Hamamelis, Roßkastanienextrakt	Keine nennenswerten Risiken.
Poikiven T Lomapharm	Homöopathische Wirkstoff-kombination	Keine nennenswerten Risiken.
Sanaven Luitpold	Mucopolysaccharid-polysulfat	Herzklopfen, selten allergische Reaktionen.
Vasotonin forte *Rp* Merz & Co.	Roßkastanienextrakt	Magen-Darm-Beschwerden, Ödeme, Überempfindlich-keitsreaktionen. Achtung: Kann das Reaktions-vermögen einschränken!
Venalot Depot Schaper & Brümmer	Cumarin	Keine nennenswerten Risiken.
Venelbin Tabs *Rp* Hoechst/Cassella-Riedel	Dihydroergotamin	Übelkeit und Erbrechen bei Langzeitanwendung, Schwindel, Kopfschmerzen, Blutdruckveränderungen.
Venobiase mono Fournier	Mäusedornwurzel-extrakt	Selten Magenbeschwerden und Übelkeit.

Beratung	Darreichungsform
Bei Durchblutungsstörungen mit Wadenkrämpfen, schweren Beinen, Schwellungen. Laut Hersteller auch bei Krampfadern (gehen nicht weg!), Hämorrhoiden und Unterschenkelgeschwüren (bei letzteren nur unterstützend zu anderen Therapiemaßnahmen).	Dragees
Bei venösen Stauungen in den Beinen. Auch für Venenbeschwerden in der Schwangerschaft sowie bei Bettlägerigkeit.	Tropfen
Bei Stauungen und Schwellungen in den Beinen. Vorsicht in Schwangerschaft und Stillzeit! Für die Dauertherapie und zur Vorbeugung geeignet.	Creme
Bei schweren venösen Stauungen, Ödemen, offenem Bein, Entzündungen. Nicht in der Schwangerschaft. Vorsicht in der Stillzeit! Regelmäßige Blutbildkontrollen sind ratsam.	Dragees
Bei Stauungen im venösen System, Entzündungen und Sportverletzungen. Erfolge erst nach längerer Einnahme.	Depotdragees
Nur bei schweren Venenleiden. Nicht in der Schwangerschaft. Ärztliche Kontrolle ratsam.	Tabletten
Bei chronischer Venenschwäche und (laut Hersteller) Hämorrhoiden. Vorsicht in Schwangerschaft und Stillzeit! Unbedenklich längerfristig zu nehmen.	Kapseln

Venenleiden

	Name/Hersteller	Wirkstoffe	Risiken & Nebenwirkungen
	Venoruton-intens Zyma	Troxerutin	Selten allergische Hautreaktionen, Magen-Darm-Beschwerden, Kopfschmerzen.
	Venostasin -retard / -N / -S Klinge	Roßkastanienextrakt	Gelegentlich leichte Magenbeschwerden.
Österreich	**Exhirud-Blutegel-Salbe / -Blutegel-Gel** Plantorgan	Extrakt aus Blutegeln	Selten allergische Reaktionen.
Österreich	**Hemeran Gel /-Salbe** Ciba-Geigy	Heparin	Selten allergische Reaktionen.
Österreich	**Venoruton-Gel /-Salbe** Zyma	Oxerutin	Keine nennenswerten Risiken.
Schweiz	**Hepagel** Spirig	Heparin	Vorsicht in der Schwangerschaft! Bei längerer Anwendung allergische Hautreaktionen möglich.
Schweiz	**Hirudoid / -forte** Luitpold	Mucopolysaccarid-polysulfat	Überempfindlichkeitsreaktionen der Haut möglich.

Beratung	Darreichungsform
Bei chronischer Venenschwäche. In der Schwangerschaft erst ab dem 4. Monat. Bei Bedarf kann die Dosierung unbedenklich erhöht werden.	Filmtabletten
Unterstützend bei Ödemen, Schmerzen und Schwellungen. Hoch dosiert einsteigen, später reduzieren. Achtung: Tropfen enthalten 14 Vol.-% Alkohol!	Retardkapseln, Dragees, Tropfen
Bei oberflächigen Thrombosen und Prellungen, Verstauchungen, Quetschungen. Nicht sparsam verwenden: Bis zu viermal täglich fingerdick auf die erkrankte Stelle auftragen, mit einem Mull- oder Leinentuch abdecken.	Salbe, Gel
Zur Vorbeugung und Behandlung oberflächiger Venenerkrankungen. Auch bei Sportverletzungen. Behandlungsdauer mindestens 2 Wochen.	Gel
Bei Schmerzen, Ödemen und Venenschwäche, auch bei Verstauchungen, Verrenkungen. Wegen des geringen Nebenwirkungsrisikos für die Langzeittherapie gut geeignet. Idealerweise zweimal täglich dünn auftragen.	Gel, Salbe
Zur Vorbeugung, Therapie bei Blutergüssen, Verstauchungen, Zerrungen, Prellungen, Thrombosen, Krampfadern. Wirkt gerinnungs- und entzündungshemmend. Nicht auf offene Wunden, Schleimhäute und Augen. Bei Thrombosen nicht massieren.	Gel
Zur Vorbeugung, Therapie und Nachbehandlung bei Venenentzündungen, Thrombosen, Krampfadern, Blutergüssen, Schwellungen und Wadenkrämpfen. Nicht auf offene Wunden, Schleimhäute und in die Augen. Bei Thrombosen nicht massieren.	Salbe, Gel

Vitamine, Mineralstoffe und Co.

Vitamintabletten: Ja oder nein?

Zusätzliche Vitamin- und Mineralstofftabletten sind im Einzelfall sinnvoll, denn es gibt viele Belastungen, die unsere körpereigenen Depots an Vitaminen und Mineralstoffen plündern.

Bei der Frage, ob ein Mensch, der sich halbwegs vernünftig und abwechslungsreich ernährt, zusätzlich zur Nahrung Vitamine oder Mineralstoffe braucht, scheiden sich die wissenschaftlichen Geister. Wir meinen, diese Frage sollte jeder individuell beantworten. So gibt es beispielsweise in unserem Leben einige Faktoren, die inzwischen als gefährliche Vitamin- und Mineralstoffräuber entlarvt wurden: Dies ist nicht nur die einseitige Ernährung, sondern auch Streß, Umweltbelastungen und -gifte, Alkohol und Nikotin. Auch Krankheiten können die körpereigenen Depots plündern, ebenso Umstellungen im Körper wie beispielsweise während der Wechseljahre.

Daher ist es im Einzelfall möglicherweise durchaus ratsam, die Vitamin- und Mineralstoffversorgung des Körpers mit entsprechenden Kapseln, Pillen oder Dragees zu ergänzen.

Gefährliche Vitaminräuber: Medikamente

Medikamente können den Vitaminhaushalt gefährden.

- **Abführmittel:** Sie rauben die Vitamine A, B, D und E.
- **Antibabypille:** Sie verstärkt den Bedarf an den Vitaminen A, B und C.
- **Schmerz- und Rheumamedikamente:** Sie können die Vitamine B und C zerstören.
- **Antibiotika:** Wer sie nehmen muß, sollte zusätzlich die Vitamine A, B, C und E einnehmen.

Bekannt ist, daß Vitamine nicht nur an zahlreichen lebenserhaltenden Funktionen des Körpers (z. B. an den Aktivitäten der Enzyme und ihrer Coenzyme) beteiligt sind, sondern auch noch vor Erkrankungen schützen können, wahrscheinlich sogar vor Krebs.

Mineralstoffmangel

Auch die Mineralstoffe und ihre kleinen Ableger, die Spurenelemente, sind als »Biokatalysatoren« für den menschlichen Körper unentbehrlich. Ein Mangel an Mineralstoffen kann heute sogar noch leichter entstehen als ein Vitaminmangel, da die anorganischen Mineralien hauptsächlich aus den Böden gewonnen werden, die durch Überdüngung und extreme landwirtschaftliche Nutzung sehr ausgelaugt sind. Deshalb sind in Feldfrüchten und Gemüsen nicht selten zu wenige dieser lebensnotwendigen Mineralstoffe enthalten. Sie werden im Körper jedoch gebraucht, um lebensnotwendige Nährstoffe wie Fett, Eiweiß und Kohlenhydrate zu verwerten, und damit die Funktionen von Herz, Kreislauf, Hirntätigkeit, Hormonproduktion sowie von Muskeln und Nerven aufrechtzuerhalten.

Unser Tip: Richtig dosieren!
Sind Sie zu dem Schluß gekommen, daß es für Sie sinnvoll wäre, ergänzend zur Nahrung Vitamine oder Mineralstoffe einzunehmen, achten Sie insbesondere darauf, daß die Dosis des jeweiligen Stoffes hoch genug ist.
Fragen Sie Ihren Apotheker nach der richtigen Dosierung!

Welche Vitamine sind notwendig?

Die nachfolgenden Tabellen sollen Ihnen einen Überblick darüber geben, bei welchen Belastungen in Ihrem Leben es möglicherweise sinnvoll sein könnte, das eine oder andere Vitamin oder einen Mineralstoff zusätzlich zu nehmen.

Vitamine und Mineralstoffe sind Katalysatoren, d. h., ohne sie findet keine biochemische Reaktion im Körper statt. Beispiel: Ohne Vitamine stellen viele Enzyme ihre Funktion ein.

Täglicher Bedarf an Vitaminen

Vitamin A	Retinol	0,8 bis 1,0 mg
Vitamin B1	Thiamin	1,1 bis 1,4 mg
Vitamin B2	Riboflavin	1,5 bis 1,7 mg
Vitamin B6	Pyridoxin	1,6 bis 1,8 mg
Vitamin B12	Cobalamin	5 µg
Vitamin C	Ascorbinsäure	75 mg
Vitamin D	Calciferol	5 µg
Vitamin E	Tocopherol	12 mg

Checkliste: Vitamine

Belastung	Vitamine	Wirkungen
Alkohol, Bildschirmarbeit	Vitamin A	Alkohol senkt den Vitamin-A-Spiegel, strapazierte Augen erholen sich durch Vitamin A
Spannung, Streß, Regelschmerzen	Vitamine der B-Gruppe	Vitamine der B-Gruppe helfen, wichtige Eiweißverbindungen aufzubauen, deren Mangel zu Nervosität führt. Vitamin B stellt das Hormongleichgewicht wieder her
Parodontose, Entzündungen der Mundschleimhaut, Müdigkeit	Vitamin C	Vitamin C aktiviert den Zellstoffwechsel, wirkt stimulierend, baut Gewebe und Zahnbein auf, aktiviert die Blutbildung. Abwehrkräfte werden unterstützt
Unfruchtbarkeit, Schwangerschaft, Infarktrisiko	Vitamin E	Wirkt positiv auf die Keimdrüsen, eine gesunde Schwangerschaft wird durch Wechselwirkung mit Ovarialhormonen unterstützt. Vitamin E schützt die Zellen des Herzmuskels
Unreine Haut, brüchige Nägel, glanzlose Haare, schuppige Haut	Vitamine A, B, E	Kombination dieser Vitamine hilft bei Störungen im Haut- und Haarstoffwechsel. Brüchige Fingernägel werden wieder hart
Schwangerschaft, Kinder in der Wachstumsphase	Alle Vitamine, Calcium	Während der Schwangerschaft und in der Wachstumsphase benötigt der Körper besonders viele Vitamine und Spurenelemente. Calcium unterstützt die Zahn- und Knochenbildung
Gibt es in Ihrer Familie Krebs?	Vitamine E, C, Betacarotin	Die Vitamine E, C und Betacarotin bekämpfen freie Radikale im Körper und schützen so vor Krebs

Checkliste: Mineralstoffe

Ernährung, Lebensumstände	Möglicher Mangel an	Mögliche Beschwerden	Was Sie zu sich nehmen sollten
Wenig Gemüse	Kupfer, ggf. Zink	Abwehrschwäche, Störungen im Nervensystem, Müdigkeit, Appetitlosigkeit	Möhren, Tomaten, Weißkohl, Weizen, Nüsse, Kupferkapseln
Kaum Milch und Milchprodukte	Calcium, Molybdän	Knochenbrüchigkeit im Alter (vorbeugen!); Molybdänmangel fördert Karies	Molybdän- und Kupferkapseln
Wenig Vollkornprodukte	Mangan	Infektionsanfälligkeit, Abwehrschwäche	Hülsenfrüchte, Eier, Bananen, Spinat, Tee, Mangankapseln
Kein Fisch	Zink, Jod	Hautkrankheiten, Verdauungsstörungen, Impotenz bei Zinkmangel, Schilddrüsenprobleme bei Jodmangel	Pilze, Vollkornprodukte, Sonnenblumenkerne, jodiertes Speisesalz, Zinkkapseln
Selten naturbelassene Kost	Chrom	Störungen im Blutzuckerhaushalt	Schwarzen Pfeffer, Austern, Petersilie, Chromkapseln
Rauchen	Selen	Schlechte Ausscheidung von Schwermetallen, Vermehrung freier Radikale	Bevorzugt Nahrung aus Bio-Anbau, Selenkapseln
Streß, zuviel Alkohol	Magnesium	Unruhe, Reizbarkeit, Durchblutungsstörungen, Muskel- und Wadenkrämpfe	Mineralwässer, Salate und Gemüse, Magnesiumkapseln
Körperliche Schwerarbeit, Sport	Chrom, Magnesium, Zink	Unruhe, Reizbarkeit, Durchblutungsstörungen, Muskel- und Wadenkrämpfe	Chrom, Magnesium- und/oder Zinkkapseln

Enzyme

Die Erkenntnis, daß sich mit Enzymkombinationspräparaten zahlreiche Krankheiten erheblich leichter behandeln lassen, ist noch gar nicht so alt. Wenn immer noch einige Ärzte der Enzymtherapie eher ablehnend gegenüberstehen, liegen die Gründe darin, daß man lange Zeit davon überzeugt war, daß in Magen und Darm alle Eiweißmoleküle bis in die kleinsten Bestandteile zerlegt werden, so daß die recht kompliziert aufgebauten Enzyme dadurch vernichtet würden.

Auch wenn viele Ärzte der Enzymtherapie noch ablehnend gegenüberstehen weiß man, daß sich mit Enzymen zahlreiche Krankheiten effektiv behandeln lassen.

Die Wissenschaft hat jedoch gezeigt, daß Enzyme völlig intakt in die Blutbahn gelangen können. Um eine effiziente Therapie zu ermöglichen, muß man ihnen dabei allerdings mit einigen Tricks helfen, indem man bei der Herstellung der Enzympräparate diese durch einen magensaftresistenten Überzug vor dem schädlichen Milieu des sauren Magensaftes schützt.

Systemische Enzymtherapie

Eine andere, schwierige Frage: Im Blut gibt es Moleküle, die die Enzyme buchstäblich in die Tasche stecken. Man nahm an, daß die Enzymwirkung dadurch gehemmt wird. Heute weiß man: Diese Moleküle, die Antiproteasen, sind Steuer- und Transportmoleküle unseres Abwehrsystems. Sie schützen die Enzyme sogar und transportieren sie zum Einsatzort.

Die wichtigste Frage, wie Enzyme wirken, konnte erst in den letzten Jahren durch die Erforschung unseres Abwehrsystems richtig beleuchtet werden. Diese Entwicklung steht aber noch am Anfang.

Enzyme – gut verträgliche Alternativen

Der Wirksamkeitsnachweis der Enzymtherapie ist durch zahlreiche klinische Studien belegt. In modernen medizinischen Fachbüchern ist ausgeführt, daß die Enzymtherapie auch bei den schwer behandelbaren chronischen und sogar bösartigen Erkrankungen sinnvoll einsetzbar ist und insgesamt – ein nicht zu unterschätzender Nebeneffekt – sogar die Therapiekosten senken hilft. Rezeptfreie Enzymkombinationspräparate wie das Wobenzym N und verschreibungsfähige wie Phlogenzym, WOBE-MUGOS E und Mulsal N sind als gut verträgliche und praktisch nebenwirkungsfreie Alternative zu manch anderer, belastender Therapie erhältlich.

Was bitte ist ein Enzym?

Unser Körper ist zum großen Teil aus Eiweißen, den Proteinen, aufgebaut. Die Baupläne für die vielen verschiedenen Eiweißmoleküle liegen in den Zellkernen als DNA vor. In jeder Zelle gibt es eine Fabrik, die die Proteine nach Bedarf herstellt. Viele dieser Proteine sind Enzyme. Hinter diesem Begriff verbergen sich mehrere tausend zum Teil sehr unterschiedliche Moleküle.

Es gibt sechs große Gruppen mit jeweils vielen Untergruppen. Jedes Enzym kann ganz spezielle Aufgaben erfüllen. Manche Enzyme können ganz für sich alleine arbeiten, andere wiederum benötigen die Mithilfe zusätzlicher Moleküle, wie beispielsweise von Vitaminen und Mineralien. Eine ausreichende Ernährung mit Vitaminen und Mineralien ist daher um so wichtiger.

Ohne Enzyme läuft gar nichts

Die vielfältigen Aufgaben der Enzyme in unserem Körper sind fast undurchschaubar und doch mit einem Satz zu beschreiben. Enzyme ermöglichen und steuern den gesamten Stoffwechsel in unserem Organismus, ohne sie gäbe es kein Leben. Es gibt Enzyme, die im Sicherheitsbereich, dem Zellkern, arbeiten. Sie sind für die Verwaltung und Pflege unserer Erbinformation verantwortlich, andere Aufgaben interessieren sie nicht. Eine andere Gruppe von Enzymen, die Hydrolasen, sind dagegen eher Allroundarbeiter. Viele von ihnen findet man im Blut und in den Transporträumen zwischen den Zellen. Sie packen quasi dort mit an, wo Not am Mann ist. So sorgen sie beispielsweise dafür, daß unser Blut fließfähig bleibt.

Sechs große Gruppen und viele Untergruppen: Unterschiedlichste Arten von Enzymen steuern den gesamten Stoffwechsel.

Hochspezialisierte Fachkräfte

Entstehen im Verlauf einer Erkrankung zu viele Abbauprodukte, die den Körper belasten, sind Enzyme zur Stelle, um diese zu beseitigen. Vor allem aber unterstützen sie unser Abwehrsystem und verhindern Störungen und überschießende Abwehrreaktionen. Dieses Abwehrsystem besteht aus Milliarden Zellen, welche entweder direkt Krebszellen zerstören oder Stoffe produzieren, die Tumoren vernichten. Daher ist es so wichtig, diese Zellen zu aktivieren. Hydrolasen werden daher bei sehr vielen Gesundheitsstörungen allein oder in Kombination mit anderen Therapien sinnvoll eingesetzt.

Enzyme – im Krankheitsfall doppelt nötig

Im Krankheitsfall kann es passieren, daß die Enzyme (Hydrolasen) des Körpers nicht mehr alle Aufgaben bewältigen können oder auch zu wenige von den Zellen produziert wurden. Genau dann ist der Körper für zusätzliche Enzyme in Form von Enzymkombinationspräparaten dankbar. Die verschiedenen Enzyme in den Präparaten übernehmen unterschiedliche Aufgaben und ergänzen sich.

Wo finden wir Enzyme?

Enzyme sind für alles Lebende notwendig. Wir finden Enzyme also auch in unserer Nahrung, vor allem in frischem Obst und Gemüse. Allerdings sind Enzyme außerhalb ihrer natürlichen Umgebung sehr empfindlich. Bleiben sie schutzlos längere Zeit der Luft ausgesetzt oder werden sie gar gekocht, verlieren sie ihre Fähigkeiten. Geringe Mengen von Enzymen nehmen wir mit der Nahrung auf.

Mit leckerem Obst und Gemüse beugen Sie Enzymmangel vor. Mit der Nahrung allein läßt sich eine ausreichende Versorgung allerdings nicht sicherstellen.

Gesunde Ernährung reicht nicht aus

Das ist jedoch nicht genug, um eine ausreichende Versorgung sicherzustellen: Die Eiweißmoleküle in der Nahrung werden vom Körper recht lieblos behandelt. Im Magen zerstört sie die Magensäure, und diejenigen, die es bis in den Darm geschafft haben, werden dort von Verdauungsenzymen angegriffen. Kaum welche erreichen nach diesem gefahrvollen Weg unbeschadet die Blutbahn. Um den Enzymen dieses Schicksal zu ersparen, müssen sie in besonderen Dragees oder Tabletten speziell verpackt werden. Die Enzyme in den Präparaten werden aus Naturstoffen gewonnen und hoch gereinigt. Um hochwirksame Präparate zu gewährleisten, werden nur besonders aktive Enzyme genutzt.

Enzyme in der Sport- und Unfallmedizin

Eine Überforderung beim Sport, eine ungeschickte Bewegung, ein Sturz – und schon ist es passiert: Muskelkater, blaue Flecken, Prellungen, Verstauchungen oder gar ein Bruch, oft verbunden mit dicken Schwellungen und heftigen Schmerzen.

Preiswert und sanft

In vielen vergleichenden klinischen Untersuchungen konnte festgestellt werden, daß der Einsatz von Enzymkombinationspräparaten wie etwa Wobenzym N oder Phlogenzym hier sehr hilfreich ist. Blaue Flecken und auch die schmerzhaften Schwellungen klingen meßbar schneller ab. Da die Enzymtherapie die Heilungszeit verkürzt und zudem hilft, Schmerzmittel einzusparen, senkt sie insgesamt die Krankheitskosten. Zwar sind Enzyme selbst keine Schmerzmittel, aber sie gehen die schmerzauslösenden Ursachen an, und der Patient benötigt weniger Schmerzmittel. Gerade in der Selbstbehandlung leichter Verletzungen sind Enzyme wegen ihres geringen Nebenwirkungspotentials riskanteren Schmerzmitteln in jedem Fall vorzuziehen.

Unser Tip:
Noch bis zu 20 Stunden nach einer Verletzung sollten Sie kühlen. Aber: Zwischen Eis oder Kühlbeutel immer ein Handtuch legen und die verletzte Stelle nie unterkühlen!

Berufssportler haben die segensreiche Wirkung der Enzyme schon längst für sich entdeckt und noch eine interessante Beobachtung gemacht: Bei Profis ist es durchaus keine Seltenheit, daß eine Verletzung noch ausheilt, während sich die nächste schon einstellt. Nahmen die Sportler wegen der ersten Verletzung bereits Enzyme ein, zeigte sich, daß die Schwere und der Krankheitsverlauf der neuen Blessur wesentlich leichter waren. Die Schwellungen waren kleiner oder blieben sogar ganz aus. Enzyme kann man also auch prophylaktisch einsetzen. Leistungssportler nehmen die Enzyme dazu ca. zwei bis vier Stunden vor einem Kampf ein.

Bei Sportverletzungen können Enzyme den Schmerzmittelverbrauch reduzieren und sogar vorbeugend gegen Schwellungen wirken.

Enzyme in der Operationsnachsorge

Jeder operative Eingriff ist eine Verletzung, und unser Körper reagiert darauf auch so: mit Entzündung, Schwellungen, Blutungen und Schmerzen. Da es sich bei einer Operation um eine »offene Verletzung« handelt, muß sich das Gewebe oft zusätzlich mit Erregern auseinandersetzen.

Blut wird flüssiger durch Enzyme

Nach Operationen beschleunigen Enzyme die Heilung. Sie fördern die Versorgung des Gewebes mit Nährstoffen und halten Krankheitserreger fern.

Jede Narkose und jeder Eingriff belastet unser Immunsystem, und eine notwendige Bettruhe wirkt sich nicht gerade günstig auf den Stoffwechsel aus. Spricht nichts dagegen – wie z. B. eine erhöhte Blutungsgefahr –, kann man mit den Enzymen den Heilungsprozeß beschleunigen. Sie machen das Blut fließfähiger und kurbeln die Versorgung des Gewebes mit Sauerstoff und Nährstoffen an. Sie helfen beim Abtransport von Abbauprodukten und aktivieren die Abwehrzellen. Krankheitserreger haben es schwer, sich hier anzusiedeln und die Heilung zu stören.

Keine Angst vorm Zahnarzt!

Die Hilfe der Enzyme wirkt sich besonders bei zahnärztlichen Eingriffen aus. Das Gewebe im Mundbereich ist sehr stark durchblutet und neigt infolgedessen leicht zu Schwellungen. Zu allem Überfluß kann man hier die Krankheitserreger kaum fernhalten. Werden bei einer solchen Operation Enzyme eingenommen, treten kaum Schwellungen auf, die Schmerzen sind wesentlich erträglicher, und auch die Wunde heilt schneller. Selbst die bekannten Schwellungen der Lymphknoten und Schluckbeschwerden, die bei diesen Eingriffen recht häufig sind, verringern sich unter der Enzymtherapie deutlich.

Dafür gibt es auch Beweise: Bei vergleichenden klinischen Untersuchungen in der Chirurgie und Zahnmedizin wurden Meßwerte erhoben und Blutwerte kontrolliert, die zuverlässige Indikatoren für die Schwere von Entzündungen sind. Diese Werte waren bei Patienten, die Enzyme einnahmen, kaum erhöht.

Enzyme bei Gefäßleiden

Menschen, die viel stehen oder sitzen, sich falsch ernähren, unter Übergewicht leiden, die Pille nehmen oder rauchen: Sie alle tragen ein erhöhtes Risiko, an Gefäßleiden zu erkranken. Betroffen sein können Arterien, Venen und/oder Lymphgefäße. Die Arterien leiten das sauerstoff- und nährstoffreiche Blut vom Herzen in den Körper. Die Venen müssen gegen die Schwerkraft für den Rücktransport des Blutes sorgen. Lymphgefäße sind größere und kleinere Sammelgefäße, die einsammeln, was die anderen Gefäße nicht aufnehmen.

Die Venen müssen das Blut – meist gegen die Schwerkraft – zum Herzen zurückbefördern. Langes Stehen belastet hier zusätzlich.

Harmloser Name – schmerzhafte Krankheit

»Schaufensterkrankheit«, das ist eine harmlose Bezeichnung für eine ernste Erkrankung der Beinarterien. An den Gefäßwänden laufen entzündliche Prozesse ab, es lagern sich der Blutklebstoff Fibrin, Fette und Calcium an. Die Arteriosklerose verengt die Arterien und behindert den Blutfluß. Dies wirkt sich besonders dann aus, wenn ein Muskel beansprucht wird und eine höhere Versorgung benötigt. Auf eine Unterversorgung mit Sauerstoff reagiert der Muskel schnell mit Schmerzen. Bei Patienten mit einer schweren arteriellen Verschlußkrankheit (AVK) treten die Schmerzen schon nach einer kurzen Gehstrecke auf. Sie müssen stehenbleiben und warten, bis der Muskel die Mangelversorgung wieder ausgleichen konnte. Erst dann verschwinden die Schmerzen langsam wieder. Das nächste Stückchen Weg kann bewältigt werden. Besteht diese Erkrankung über einen längeren Zeitraum, wird das Gewebe durch die Mangelversorgung so geschädigt, daß es aufbrechen

Ödeme: Ursachen klären lassen!
Häufig geschwollene, schwere oder schmerzende Beine, vor allem am Abend oder nach längerem Stehen bzw. Sitzen – dies können die Anzeichen eines beginnenden Venenleidens sein. Der Rücktransport des Blutes ist gestört. Durch den Rückstau werden die Venen gedehnt und Wasser tritt in das umliegende Gewebe aus. Der Arzt klärt, ob nicht eine andere Ursache, z. B. eine Herzschwäche, für das Beinödem verantwortlich ist.

kann bzw. Wunden nicht mehr abheilen. Durch den Einsatz der Enzyme ist die Krankheit zwar nicht heilbar, aber günstig zu beeinflussen. Enzyme hemmen die Ablagerung von Fibrin und Fetten und verbessern die Durchblutung. Interessant sind auch Hinweise, daß die Enzymtherapie die Blutfettwerte senken kann. Wichtig: Risikofaktoren ausschalten! Am Anfang des Venenleidens stehen meist Krampfadern und schmerzhafte Entzündungen der sichtbaren Venen. Schon in diesem Stadium sollten eine Behandlung und die Ausschaltung von Risikofaktoren erfolgen. Schreitet die Erkrankung fort, werden auch die wichtigen tiefen Beinvenen in Mitleidenschaft gezogen. Die tiefen Beinvenen tragen die Hauptlast des Blutrücktransportes. Sind sie nicht mehr in der Lage, ihre Aufgabe zu erfüllen, ist die Versorgung des Beins nicht mehr gewährleistet und die Gefahr groß, daß sich ein »offenes Bein« entwickelt.

Operation bei Krampfadern?
Krampfadern sollten gegebenenfalls operativ behandelt werden. Hierzu bietet sich das Verfahren nach Fox an, wobei nur kleine, später nicht mehr sichtbare Hautschnitte erforderlich sind. Ein optimal angepaßter Stützstrumpf ist Pflicht und durch keine Therapie zu ersetzen. Eine zusätzliche Enzymtherapie verbessert die Durchblutung, hilft, die Schwellungen abzubauen, und wirkt Entzündungen sowie Thrombosen entgegen. Bewährt hat sich die Kombination mit gefäßabdichtenden Rutosiden, die in Wobenzym N und Phlogenzym enthalten sind.

Bei Thrombosen in die Klinik

Eine Thrombose in den tiefen Beinvenen (Phlebothrombose), bei der das Bein meist schmerzt, stark geschwollen und bläulich verfärbt ist, ist allerdings eine lebensgefährliche Erkrankung, die keinesfalls selbst behandelt werden darf. Die sogenannte Phlebothrombose ist immer ein Fall für die Klinik. Eine gezielte Behandlung des Venenleidens sollte so früh als möglich begonnen werden. Neben den genannten anderen Maßnahmen eignet sich für die vorbeugende Selbstbehandlung das verschreibungsfreie Wobenzym N. Selbst bei einer Einnahme über Jahre konnten keine Nebenwirkungen beobachtet werden.

Eine Thrombose der tiefen Beinvenen ist eine lebensgefährliche Erkrankung und ein Fall für die Klinik. Mit Enzymen kann allerdings ohne Nebenwirkungen vorgebeugt werden.

Eine besonders unangenehme Erkrankung ist der Lymphstau bzw. das Lymphödem. Häufig tritt es nach Brustoperationen wegen Krebs am betroffenen Arm auf. Je früher man hier Enzyme verwendet, um so besser. Allerdings ist häufig eine jahrelange Behandlung notwendig.

Enzyme bei Entzündungen

Sind Krankheitserreger in das Gewebe eingedrungen, rufen sie Entzündungen hervor. Enzyme beschleunigen die Heilung, indem sie die Durchblutung verbessern und abgestorbene Gewebeteile entfernen.

Wenn Krankheitserreger in offene Wunden, Haut, Gewebe, Zahnwurzeln oder Gelenke eindringen und dort Entzündungen hervorrufen, muß das Immunsystem eine große Schlacht schlagen. Histamin, das am Ort der Entzündung von den Zellen freigesetzt wird, sorgt dafür, daß die Durchblutung verstärkt und die Durchlässigkeit der kleinen Gefäße erhöht wird. Rötung, Schwellung, Schmerzen und Wärme sind die deutlich sicht- und fühlbaren Zeichen.
Die schnell einsetzende Mehrdurchblutung und die erhöhte Durchlässigkeit der kleinen Gefäße machen durchaus Sinn. Dadurch treffen möglichst schnell viele Immunzellen und Abwehrstoffe zur Unterstützung im Entzündungsgebiet ein. Diesen Prozeß können Enzyme auf verschiedene Weise unterstützen:

- Sie verbessern die Durchblutung und damit die Versorgung des Gewebes.
- Sie aktivieren und unterstützen das Immunsystem.
- Sie organisieren die Beseitigung abgestorbener Zell- und Gewebeteile.
- Sie helfen bei der anschließenden Wundheilung.

Entzündungen der Atemwege und Nebenhöhlen

Die Sinusitis, wie der Mediziner die Nasennebenhöhlenentzündung nennt, tritt oft infolge einer bösen Erkältung auf. In den letzten Jahren hat die Häufigkeit dieser Erkrankungen zugenommen. Dies ist auch auf die zunehmende Luftverschmutzung zurückzuführen. Die empfindlichen Schleimhäute der Nebenhöhlen werden überreizt. Zudem schwächen die

Schadstoffe unser Immunsystem, und das öffnet den Krankheitserregern Tür und Tor. Da die Nebenhöhlen von Knochengewebe umschlossen sind, erfolgt die Blutversorgung der Schleimhaut nur über eine begrenzte Zahl von Blutgefäßen. Das Immunsystem versucht zudem, die Krankheitserreger vom gesunden Gewebe abzuschotten, und bildet einen Mantel aus Fibrin, dem Blutklebstoff. Wird dieser Schutzmantel zu dick – und dies passiert vor allem dann, wenn die Schleimhäute durch Umwelteinflüsse geschädigt sind –, erschwert er den Immunzellen und Abwehrstoffen den Zugang zum Entzündungsgebiet. Neben schleimlösenden und entzündungshemmenden Wirkstoffen verordnet der Arzt meist Antibiotika. Doch auch diese antibakteriellen Wirkstoffe haben es schwer, in ausreichender Menge zum Entzündungsherd in der Nebenhöhle zu gelangen.

Unser Tip:
Während der Erkrankung zu den Enzymen auch täglich Vitamine einnehmen, vor allem Vitamin A (10 000 I.E. Retinol-Palmitat), Vitamin E (500 I.E.) und Vitamin C (1 bis 2 Gramm). Trinken Sie dazu viel Wasser (2 Liter täglich). Emulsionen mit Vitamin A und E werden vom Körper besonders gut aufgenommen.

Wenn der Körper zuviel des Guten tut

Enzyme können hier helfen: Sie bauen den zu dicken Fibrinmantel ab und geben der schon wartenden Abwehr den Weg frei. Bei chronischen Nebenhöhlenentzündungen reicht oftmals die Enzymgabe allein aus, um eine Heilung zu erreichen. Bei akuten bakteriellen Entzündungen kann der Arzt die Enzyme sehr gut mit Antibiotika kombinieren. Enzyme wirken selbst schleimlösend und abschwellend. Dies haben Untersuchungen mit Phlogenzym ergeben.

Bei schweren Erkrankungen, etwa eitrigen Nebenhöhlenentzündungen, kann der Arzt Enzyme mit Antibiotikagaben kombinieren.

Auch unsere Bronchien werden mit der zunehmend schlechteren Luft nicht mehr fertig. Wer dazu noch raucht, der erhöht das Risiko drastisch, an einer Entzündung der Bronchien, einer Bronchitis, zu erkranken. Menschen, die häufig unter dieser Erkrankung zu leiden haben, sollten auf Enzyme nicht verzichten. Denn:

- Sie lassen die Schleimhäute abschwellen.
- Sie verflüssigen den zähen Schleim.
- Sie verbessern die Durchblutung.
- Sie stärken das Immunsystem.

Wenn Sie dennoch als Raucher an einer Bronchitis leiden oder gar eine chronische Bronchitis haben, gibt es nur eins: Mit dem Rauchen aufhören!

Enzyme für Blase, Prostata und Eierstöcke

Bei abakteriellen Prostataentzündungen können Enzyme den Schmerzmittelverbrauch deutlich senken.

Während Frauen recht häufig von schmerzhaften Blasenentzündungen betroffen sind, plagt Männer oft eine Prostataentzündung. In der Anfangsphase stecken hinter beiden entzündlichen Erkrankungen meist Krankheitskeime. Beide Entzündungen neigen zu häufigen Rückfällen, es kommt zur lokalen Störung des Immunsystems und schließlich zur Chronifizierung. Die Entzündung schwelt weiter, obwohl keine Keime mehr beteiligt sind. Bei diesen abakteriellen Entzündungen richten Antibiotika natürlich wenig aus. Klinische Untersuchungen zeigten, daß hier aber Enzyme schon innerhalb von sechs Wochen erfolgreich sein können. Mehr noch: Unter der Enzymtherapie mit Wobenzym N konnte der Schmerzmittelverbrauch in allen Fällen gesenkt werden.

Hilfe bei chronischer Eierstockentzündung

Auch die sehr schmerzhafte chronische Eierstockentzündung, die Adnexitis, verläuft meist abakteriell. Und auch bei diesem Krankheitsbild bestätigte sich die Wirksamkeit der Enzymtherapie in einer klinischen Studie. Wobenzym N wurde dabei mit den klassischen Medikamenten verglichen. Schon nach 14 Tagen waren mehr als die

Wenn es nicht ohne Antibiotika geht…
Sind Bakterien die Ursache einer deutlichen Entzündung, darf man auf Antibiotika nicht verzichten. Enzyme sind auch dann sinnvoll. Sie übernehmen Schlepperfunktion, erhöhen die Effizienz der Antibiotika und fördern die vollständige Ausheilung.

Hälfte der enzymbehandelten Patientinnen beschwerdefrei. Allen anderen ging es bereits wesentlich besser. Neben der erfreulichen Tatsache, daß Frauen durch die Enzymtherapie keinerlei Nebenwirkungen zu erleiden hatten, traten bei Ihnen auch weniger Rückfälle auf als bei anderen Behandlungsmethoden.

Unterschiedlichste Krankheitserscheinungen werden unter dem Begriff Rheuma zusammengefaßt. Treten dabei Entzündungen auf, können sie mit Enzymen gelindert werden.

Enzyme bei Rheuma

Rheuma ist ein verwirrender Sammelbegriff für sehr unterschiedliche Krankheitsbilder mit verschiedenen Ursachen. Recht häufig ist jenseits der 60 die Arthrose, eine schmerzhafte Gelenkabnutzung. Enzyme sind zwar nicht in der Lage, die Abnutzungserscheinungen zu beheben, sie können aber die zusätzlich auftretenden Entzündungen bessern. Ein Gelenkschaden durch immer wiederkehrende Entzündungen kann so verhindert werden.

Kein Wundermittel, aber hilfreich

Bei der rheumatoiden Arthritis, einer Autoimmunerkrankung, liegt die Ursache in einer Störung des Immunsystems. Aufgrund einer Fehlinformation erkennt es den eigenen Knorpel als körperfremd und greift ihn an. Spezielle Zellen unserer Abwehr produzieren dann nicht nur unnütze, sondern auch hochgefährliche Stoffe. Diese lagern sich an das Gewebe an. Man bezeichnet sie dann als krank machende (Immun-)-Komplexe.

Es kommt zu schweren Entzündungen mit einer sehr schmerzhaften Zerstörung der Gelenke. Treten die krank machenden Immunkomplexe in zu großer Zahl auch in der Blutbahn auf, können zusätzlich noch andere Organe in Mitleidenschaft gezogen werden. Enzyme bauen die krank machenden Immunkomplexe ab und dämpfen so das Entzündungspotential. Diese Basisarbeit kann in den ersten Tagen sogar zu einer kurzzeitigen Verschlimmerung führen. Doch der Erfolg gibt den Enzymen recht: Bei Patienten, die über einen längeren Zeitraum behandelt wurden, nahm die Krankheitsaktivität ab.

Bei rheumatischen Erkrankungen sind Enzyme zwar keine Wundermittel, mit ihren immunregulierenden, abschwellenden, sekundär schmerzlindernden und durchblutungsfördernden Effekten tragen sie aber sehr wohl in vielen Fällen zur Linderung der Beschwerden bei. Fast immer ist es möglich, andere Rheumamittel einzusparen. Rheumamittel haben, vor allem da sie über längere Zeit eingesetzt werden müssen, eine Reihe ernster Nebenwirkungen, manchmal sogar so ausgeprägt, daß eine Therapie abgebrochen werden muß. Der große Vorteil der Enzymtherapie liegt im geringen Nebenwirkungspotential. Dies ist besonders beim Weichteilrheuma, z. B., Tennisellenbogen, Muskelrheuma etc., von größtem Vorteil.

Hoffnung für Millionen

Neueste Forschungen geben Anlaß zu Hoffnungen daß Enzyme selbst bei so schweren Erkrankungen wie Krebs, AIDS oder multipler Sklerose erfolgreich eingesetzt werden können.

Erfolgversprechende Therapieansätze gibt es – neben der rheumatoiden Arthritis – auch bei anderen Autoimmunerkrankungen wie der multiplen Sklerose, dem Morbus Crohn und der Colitis ulcerosa. Selbst bei Viruserkrankungen wie dem Herpes zoster (Gürtelrose) konnten die Enzyme ihre Wirksamkeit in vergleichenden Studien unter Beweis stellen.

In der Onkologie (der Lehre von den Tumoren) werden Enzymkombinationspräparate wie WOBE MUGOS E vor allem zur Verringerung der Chemotherapie- oder Strahlentherapienebenwirkungen eingesetzt. Neue immunologische Forschungen weisen darauf hin, daß mit der Enzymtherapie bei verschiedenen Krebsformen die Absiedlung von Tochtertumoren gehemmt werden kann.

Auch in Amerika kann man das wohl erfolgreichste Enzymkombinationspräparat Wobenzym schon seit langem kaufen. Seit durch die moderne Forschung Licht in die Wirkungsweise dieser Enzymkombinationen gekommen ist, interessieren sich die kritischen amerikanischen Gesundheitsbehörden für deren klinischen Einsatz. Aus diesem Grund wurden in den USA für die Enzymkombinationspräparate Wobenzym und Phlogenzym Prüfungszulassungen bei AIDS, Rheuma und Multiple Sklerose erlassen.

Vitamine, Mineralstoffe und Co.

Name/Hersteller	Wirkstoffe	Risiken & Nebenwirkungen
Ascorvit Jenapharm	Ascorbinsäure (Vitamin C)	Bei Injektionslösung eventuell Überempfindlichkeitsreaktionen.
A-Mulsin forte Mucos	Retinol (Vitamin A)	Hypervitaminose bei zu langer Einnahme.
A-Mulsin-Hochkonzentrat *Rp* Mucos	Retinol (Vitamin A) hochdosiert	Unbedingt Behandlungsanleitung vom Hersteller anfordern wegen möglicher Nebenwirkungen!
Biogenis Bayer	Vitamin E, Magnesium	Durchfall, Herzrhythmusstörungen. Störungen der Muskeltätigkeit.
BIO-H-TIN Mauermann	Biotin	Keine nennenswerten Risiken.
B-Komplex-Vicotrat + C Heyl	Vitamin B1, B2, B6, C, Nicotinamid	Nur in seltenen Einzelfällen.
BVK Roche plus C / forte Roche	Vitamin B1, B2, B6, C, Nicotinamid, Folsäure, Biotin	Bei richtiger Dosierung keine nennenswerten Risiken.

Beratung	Darreichungsform
Bei erhöhtem Vitamin-C-Bedarf (Krankheit, Streß u.a.) und Mangelzuständen. Verfalldatum beachten.	Dragees, Injektionslösung
Bei Vitamin-A-Mangel, Kropf, Nachtblindheit, nach einer Antibiotikatherapie. Nicht zu lange einnehmen, Pausen machen.	Emulsion
Extrem hoch dosiertes Medikament, das begleitend in der Krebstherapie eingesetzt wird. Unverträglichkeit mit Alkohol!	Emulsion
Günstig bei Leistungsschwäche. Wechselwirkungen mit anderen Medikamenten beachten.	Kapseln
Gut für Haut, Haare und Nägel. Bei der Einnahme kein rohes Eigelb essen (vermindert die Wirkung).	Tabletten
Bei Vitamin-B-Mangelerscheinungen, vitaminarmer Kost, überhöhtem Alkoholkonsum sinnvoll.	Kapseln
Bei Vitamin-B-Mangel, der mit der Ernährung nicht behoben werden kann; bei chronischen Krankheiten, Risikoschwangerschaften, Kindern mit Entwicklungsstörungen im Zentralnervensystem.	Kapseln

Vitamine, Mineralstoffe und Co.

Name/Hersteller	Wirkstoffe	Risiken & Nebenwirkungen
Calcium Sandoz forte / fortissimum Sandoz	Calciumlactogluconat, Calciumcarbonat	Selten leichte Magen-Darm-Beschwerden.
Cal-C-Vita Roche	Vitamin C, B6, Calcium	Überwiegend nur bei hoher Dosierung.
Cebion / -N Merck	Ascorbinsäure (Vitamin C)	Selten Überempfindlichkeits-reaktionen.
Cetebe Fink	Ascorbinsäure (Vitamin C)	Keine nennenswerten Risiken.
cuprenase peroral G.N. Pharm	Kupfer	Übelkeit aufgrund des intensiven Geschmacks (in Einzelfällen).
Eunova / -forte Fink	Vitamin A, B1, B2, B6, B12, C, D, E, Kupfer, Mangan, Zink, Natrium, Kalium, Magnesium u.a.	Keine nennenswerten Risiken.
Eusovit 300 Wölfer	Tocopherol (Vitamin E)	Keine nennenswerten Risiken.

Beratung	Darreichungsform
Bei calciumarmer Ernährung, Osteoporose, erhöhtem Bedarf (Schwangerschaft). Nicht bei Nierenschwäche und -steinen. Für Diabetiker: Zuckerfrei!	Brausetabletten
Aufbaupräparat für Wachstum, Schwangerschaft, Stillzeit, Rekonvaleszenz. Günstig für Knochen und Zähne.	Brausetabletten
Bei erhöhtem Vitamin-C-Bedarf nach Krankheiten, bei Infektionen, Streß und Abwehrschwäche. Verfalldatum beachten.	Brausetabletten, Injektionslösung
Bei erhöhtem Vitamin-C-Bedarf bei Infektionen, grippalen Infekten und Streß. Retardeffekt (lang anhaltende Wirkung).	Kapseln
Günstig bei entzündlichen Prozessen, besonders rheumatischen, als Begleittherapie.	Trinkampullen
Wirksame Kombination der wichtigsten Vitamine und Mineralstoffe zur Vorbeugung und Behandlung von Mangelzuständen. Nicht in der Schwangerschaft. Vorsicht in der Stillzeit!	Dragees, Kapseln
Unterstützend bei Arteriosklerose und Durchblutungsstörungen, degenerativen Gelenk- und Muskelerkrankungen. Beugt freien Radikalen vor. 300 mg Wirkstoff pro Kapsel ist eine passable Dosis – zweimal täglich.	Kapseln

Vitamine, Mineralstoffe und Co.

Name/Hersteller	Wirkstoffe	Risiken & Nebenwirkungen
Frubiase Brause Calcium Boehringer Ingelheim	Calciumcarbonat	Verstopfung möglich.
Hermes Cevitt + Calcium Hermes	Ascorbinsäure (Vitamin C), Calciumcarbonat	Verstopfung möglich.
Heweselen mono Hevert	Selen	Keine nennenswerten Risiken.
Kneipp Bi-Selen Kneipp	Selen, Vitamin C und E, Provitamin A	Keine nennenswerten Risiken.
Kneipp Magnesium + Calcium-Tabletten Kneipp	Magnesium, Calcium	Keine nennenswerten Risiken.
Kneipp Multivitamin-Dragees Kneippvit Kneipp	Vitamin A, C, E, B1, B2, B6, B12, Rutin, Nicotinsäureamid, Rosmarin, Wacholder	Keine nennenswerten Risiken.
Kneipp Vitamin C Kapseln Kneipp	Vitamin C	Keine nennenswerten Risiken.

Beratung	Darreichungsform
Bei Calciummangel, Osteoporose und Allergien (z. B. Sonnenallergie). Vorsicht bei Harnsteinen und Störungen der Nierenfunktion! Verfalldatum beachten.	Brausetabletten
Bei erhöhter körperlicher und geistiger Belastung zur Vorbeugung gegen Calcium- und Vitamin-C-Mangelzustände.	Brausetabletten
Bei Wachstumsstörungen an Haut, Haaren und Nägeln, bei Entzündungen der oberen Luftwege, Akne, Neurodermitis. Sinnvoll zur Unterstützung anderer Therapien.	Tabletten
Wichtig für die richtige Funktion der Körperzellen. 1 Kapsel täglich genügt. Mit einem Glas Wasser zur Hauptmahlzeit einnehmen.	Kapseln
Für alle, die starken körperlichen und geistigen Belastungen ausgesetzt sind. Täglich 4 bis 6 Tabletten über den Tag verteilt mit etwas Wasser zu einer Mahlzeit einnehmen.	Tabletten
Bei Leistungsabfall, beruflicher Überforderung, natürlichen Verbrauchserscheinungen, im beginnenden Alter, zur Förderung der körpereigenen Abwehrkräfte, zur schnelleren Genesung, bei Vitaminmangel und zur Förderung der Blutzirkulation.	Dragees
Bei erhöhtem Vitamin-C-Bedarf nach Krankheiten, bei Infektionen, Streß, Abwehrschwäche.	Kapseln

Vitamine, Mineralstoffe und Co.

Name/Hersteller	Wirkstoffe	Risiken & Nebenwirkungen
Kneipp Vitamin E Kapseln Kneipp	Tocopherolacetat (Vitamin E)	Keine nennenswerten Risiken.
Kneipp Vitamin Trio Kneipp	Provitamin A, Vitamin C, Vitamin E	Keine nennenswerten Risiken.
Levurinetten N Zyma	Medizinische Trockenhefe (Vitamin B)	Kopfschmerzen möglich.
Macalvit Sandoz	Ascorbinsäure (Vitamin C), Calciumlactogluconat, Calciumphosphinat	Keine nennenswerten Risiken.
Magnesium Tonil APS	Magnesiumoxid, Tocopherolacetat (Vitamin E)	Nur bei hochdosierter und längerer Einnahme leichte Müdigkeit.
Magnesium Verla Verla	Magnesium-hydrogenaspartat	Bei hoher Dosis Durchfall.
Merz Spezial Dragees SN Merz & Co.	Vitamin A, B1, B2, B6, B12, C, E, Biotin, Folsäure, Eisen	Keine nennenswerten Risiken.

Beratung	Darreichungsform
Bei Leistungsschwäche und erhöhten Anforderungen. 2 bis 3 Kapseln täglich.	Kapseln
Eine ernährungsphysiologisch sinnvolle Kombination von Vitaminen, die für die Haut wichtig ist. 1 Kapsel täglich.	Kapseln
Unterstützend bei Akne, Furunkeln und bei Appetitlosigkeit. Kurmäßig mindestens 3 Wochen einnehmen!	Tabletten
Aufbaupräparat bei Erkältungen, grippalen Infekten und erhöhter Beanspruchung.	Brausetabletten
Sinnvolle Kombination zur Leistungssteigerung und bei Störungen der Muskeltätigkeit (Wadenkrämpfe). Wechselwirkungen beachten.	Kapseln
Bei Störungen der Muskeltätigkeit. Auch für Kinder ab 6 Jahren.	Kautabletten, Brausetabletten
Relativ niedrig dosiertes Multivitaminpräparat, dessen Zusammensetzung besonders für Haut, Haare und Nägel konzipiert ist. Wer Wirkung erzielen will, muß das Präparat einige Wochen nehmen.	Dragees

Name/Hersteller	Wirkstoffe	Risiken & Nebenwirkungen
Multibionta plus Mineral Merck	Vitamin A, B1, B2, B6, B12, C, D, E, Folsäure, Nicotinamid, Eisen, Kupfer, Mangan, Zink	Überempfindlichkeitsreaktionen möglich.
Multi-Sanosvit mit Eisen Roland	Vitamin A, B2, B6, C, E, Calcium, Eisen	Keine nennenswerten Risiken.
Multivitol Hermes	Vitamin A, E, C, B1, B2, B6, B12, D, Biotin, Calcium, Eisen, Kalium, Jod, Zink, Kupfer	In Schwangerschaft und Stillzeit den Arzt fragen.
Neurotrat S forte Nordmark	Thiaminnitrat, Pyridoxin (B-Vitamine)	Überempfindlichkeitsreaktionen möglich.
Optovit / forte / fortissimum 500 Hermes	Tocopherol (Vitamin E)	Magen-Darm-Beschwerden bei Überdosierung.
Pregnavit F Merckle	Vitamin A, B1, B6, C, D, E, Calcium, Folsäure	Keine nennenswerten Risiken.
Saltadol Lindopharm	Kalium, Natrium	Völlegefühl, Aufstoßen.

Beratung	Darreichungsform
Vitamin- und Mineralstoffkombination bei einseitiger Ernährung zur Vorbeugung von Mangelzuständen.	Dragees
Bei Appetitmangel, erhöhter Infektanfälligkeit, Konzentrations- und Leistungsschwäche, Wachstumsstörungen. Wechselwirkungen beachten.	Saft
Bei Mangelzuständen, Krankheitsanfälligkeit, krasser einseitiger Ernährung, Genußmittelmißbrauch. Alle wichtigen Vitamine und Mineralstoffe sind enthalten.	Filmtabletten
Ausgezeichnete, hochdosierte Vitamin-B-Kombination. Bei Vitamin-B-Mangel und entsprechenden Erkrankungen, starken nervlichen Belastungen.	Tabletten
Zur Leistungssteigerung, Vorbeugung gegen vorzeitige Zellalterung und Arterienverkalkung. Ratsam ist eine kurmäßige Einnahme.	Kapseln
Zur Vorbeugung von Vitaminmangel in Schwangerschaft, Wochenbett und Stillzeit. Vorgeschriebene Dosis nicht überschreiten.	Brausetabletten
Bei Elektrolyt- und Flüssigkeitsverlusten, z. B. bei Durchfällen, starkem Schwitzen (Leistungssport!). Für Kinder ab 6 Jahren.	Pulver

	Name/Hersteller	Wirkstoffe	Risiken & Nebenwirkungen
	TerraBion Multi-Spurenelemente BioPan GmbH	Zink, Eisen, Mangan, Kupfer, Molybdän, Selen, Chrom	Keine nennenswerten Risiken.
	Zinkorotat / -Pos Ursapharm	Zink	Keine nennenswerten Risiken.
ÖSTERREICH	**Levurinetten N** Zyma	Medizinische Trockenhefe (Vitamin B)	Kopfschmerzen möglich.
ÖSTERREICH	**Multibionta Tropfen** Merck	Vitamin A, B1, B2, B6, C, D, E	Keine nennenswerten Risiken.
ÖSTERREICH	**Supradyn + Mineralien + Spurenelemente** Roche	Vitamin A, B1, B2, B6, B12, C, E, Calcium, Eisen, Magnesium	Schweißausbrüche, beschleunigter Puls, Hautreaktionen mit Juckreiz (nur in Einzelfällen).
SCHWEIZ	**Bio-C** Bioforce	Vitamin C	Keine nennenswerten Risiken.
SCHWEIZ	**Multibionta** Merck	Multivitamine	Vorsicht bei hohen Dosen in der Schwangerschaft! Überempfindlichkeitsreaktionen an der Haut und den Atmungsorganen möglich.

Beratung	Darreichungsform
Nahrungsergänzung bei einseitigen Diäten, nährstoffarmer Ernährung.	Kapseln
Unterstützend bei Wundheilungsstörungen, Hautentzündungen, Akne, bei Diabetes mellitus. Unbedingt Gegenanzeigen beachten!	Tabletten
Unterstützend bei Akne, Furunkeln und bei Appetitlosigkeit. Kurmäßig mindestens 3 Wochen einnehmen!	Tabletten
Gute Kombination bei gelegentlichem Vitaminmangel und zur Nahrungsergänzung. Auch für Säuglinge und Kleinkinder. Angenehm einzunehmen in Milch, Saft oder Tee.	Tropfen
Gut dosierte, hochwirksame Vitaminkombination bei einseitigen Diäten, nährstoffarmer Ernährung (im Alter!), nach Krankheiten, in Schwangerschaft und Stillzeit. Auch als Kindersaft angeboten.	Brausetabletten, Tabletten, Kindersaft
Zur Stärkung der Widerstandskraft gegen Infektionen und Erkältungskrankheiten. Bei erhöhtem Bedarf an Vitamin C während Schwangerschaft, Stillzeit und Rekonvaleszenz. Bei Frühjahrsmüdigkeit und zur Vorbeugung eines Vitamin-C-Mangels.	Lutschtabletten
Enthält 12 Vitamine zur Vorbeugung gegen Vitaminmangelerscheinungen und zur Deckung erhöhten Bedarfs in Wachstumsphasen. Nicht gleichzeitig mit anderen Vitaminpräparaten einnehmen. Vor Feuchtigkeit schützen.	Kapseln

Literatur

Abel, U.: Die zytostatische Chemotherapie fortgeschrittener epithelialer Tumoren. Hippokrates Verlag. Stuttgart 1990

Augustin, M./Schmiedel, V.: Praxisleitfaden Naturheilkunde. Methoden, Diagnostik, Therapieverfahren in Synopsen. Jungjohann Verlag, Neckarsulm. Stuttgart 1994

Dittmar, F.W./Loch, E.-G./Wiesenauer, M.: Naturheilverfah-ren in der Frauenheilkunde und Geburtshilfe. Grenzen und Möglichkeiten. Hippokrates Verlag. Stuttgart 1994

Eimeren, W. van/Biehl, G./Tuluweit, K.: Therapie trauma-tisch verursachter Schwellungen. Georg Thieme Verlag. Stuttgart, New York 1994

Glenk, W./Neu, S.: Enzyme – Die Bausteine des Lebens. Heyne Verlag. München 1992

Gräfenstein, K. u. a.: Klinische Rheumatologie – Diagnostik, Klinik, Behandlung. ecomed Verlag. Landsberg 1992

Kaufmann, S./Müller, F.: Ärztlicher Kunstfehler – und dann? Haug Verlag. Heidelberg 1994

Ransberger, K.: Max Wolf – Ein Leben für die Enzymtherapie. FORUM Medizin Verlag. Gräfelfing 1994

Vinzenz, K./Waclawiczek, W. (Hrsg.): Chirurgische Therapie von Kopf-Hals-Karzinomen. Springer Verlag. Wien, New York 1992

Waldvogel, H. H. u. a.: Antiemetische Therapie – Nausea und Emesis. Georg Thieme Verlag. Stuttgart, New York 1995

Wrba, H./Pecher, O.: Enzyme – Wirkstoffe der Zukunft. Orac Verlag. Wien, München, Zürich 1993

Wrba, H.: Medikamentöse Krebstherapie mit proteolytischen Enzymen. Hippokrates Verlag. Stuttgart 1991

Zech, R./Domagk, G.: Enzyme – Biochemie, Pathobiochemie, Klinik, Therapie. VCH Verlag. Weinheim 1986

Zilch, M. J.: Immunologie im Spannungsfeld individueller Disposition und Exposition. Beiträge vom XII. Kumpfmühler Symposium. FORUM Medizin Verlag. Gräfelfing 1992

Zöller, B./Zöller, J. E.: Komplementäre Schmerztherapie in der Zahnheilkunde. Hippokrates Verlag. Stuttgart 1995

Impressum

Redaktion: Dr. Alex Klubertanz, Dr. Jörg Theilacker,
Dr. med. Christiane Lentz
Medizinische Fachberatung: Dr. med. Hans Brunner
Umschlaggestaltung: Till Eiden
Illustration: Renate Holzner, Donaustauf
DTP/Satz: Reiner Löb, Wolfgang Lehner
Printed in Italy

Gedruckt auf chlor- und säurearmem Papier

ISBN 3-932100-18-2

Register

Deutschland

Österreich

Schweiz

Jutta Wellmann,

ist seit 15 Jahren als Medizinjournalistin tätig. Nach dem Studium der Kommunikationswissenschaften war sie zehn Jahre als Redakteurin im Burda Verlag tätig, seit vier Jahren arbeitet sie als freie Autorin. Ihre Themenschwerpunkte liegen im Bereich der Selbstmedikation und der Gesundheitsvorsorge.

Dr. med. Christiane Lentz,

studierte Medizin in München. Nach dem medizinischen Staatsexamen und ihrer Promotion war sie zunächst als Ärztin in einer Allgemeinpraxis tätig, bevor sie zum Medizinjournalismus wechselte. Sie betreute eine medizinische Fachzeitschrift als Chefredakteurin und verlegte dann ihren Interessenschwerpunkt in den Bereich der Gesundheitsratgeber und populärwissenschaftlicher Medizinbücher.

Hinweis

Das vorliegende Buch ist sorgfältig erarbeitet worden. Der Leser darf darauf vertrauen, daß alle Hinweise auf Medikamente und Therapievorschläge bzw. Dosierungen dem aktuellen Stand der Wissenschaft entsprechen.

Die Auswahl der Medikamente erhebt keinen Anspruch auf Vollständigkeit. Grundsätzlich sollten jedoch alle Befindlichkeitsstörungen mit einem Arzt besprochen werden, ehe eine Selbstbehandlung vorgenommen wird. Insbesondere sollte abgeklärt werden, daß etwaige vorliegende Beschwerden nicht Symptome von Krankheiten sind, die dringender ärztlicher Behandlung bedürfen.

Weil bei jeder Therapie immer die genauen Umstände des Einzelfalls berücksichtigt werden müssen, sollten auch alle in diesem Buch empfohlenen Anwendungen mit dem Arzt besprochen werden.

Für den Erfolg bzw. die Richtigkeit der Anwendungen können Autoren, Redaktion und Verlag deshalb keine Gewähr übernehmen.